회사에서 바로 통하는

전미진 지음

FOR STARTERS

전면 개정판 · 챗GPT & AI 활용 · 모든 버전 사용 가능

왕초보가 시작하는
엑셀 입문서

개념은 **쉽게** 기능은 **빠르게** 실무활용은 **바로**

한빛미디어

지은이 전미진 (smileimp@naver.com)

삼성전자, 삼성항공, 삼성코닝, 삼성멀티캠퍼스, 삼성석유화학, 삼성토탈, 지역난방공사, 농협대학, 국민건강보험공단, 경기경제과학진흥원, 한국생산성본부 등에서 업무 개선을 위한 엑셀과 파워포인트, 프로그래밍 관련 강의를 진행했습니다. 저서로는 《회사에서 바로 통하는 실무 엑셀 파워포인트 워드&한글(전면 개정판)》, 《회사에서 바로 통하는 엑셀 핵심기능 34》, 《회사에서 바로 통하는 실무 엑셀 최강 업무 활용법》, 《회사에서 바로 통하는 엑셀 실무 강의》, 《회사에서 바로 통하는 엑셀+파워포인트+워드 2016&한글 NEO&윈도우 10》 등이 있습니다.

회사에서 바로 통하는
엑셀 FOR STARTERS(전면 개정판) : 왕초보가 시작하는 엑셀 입문서 - 챗GPT&AI 활용, 모든 버전 사용 가능

초판 1쇄 발행 2025년 10월 20일

지은이 전미진 / **펴낸이** 전태호
펴낸곳 한빛미디어(주) / **주소** 서울특별시 서대문구 연희로2길 62 한빛미디어(주) IT출판1부
전화 02-325-5544 / **팩스** 02-336-7124
등록 1999년 6월 24일 제25100-2017-000058호 / **ISBN** 979-11-6921-444-5 13000

총괄 배윤미 / **책임편집** 장용희 / **기획** 홍현정 / **교정** 박서연, 유희현
디자인 박정우 / **전산편집** 오정화
영업마케팅 송경석, 김형진, 장경환, 조유미, 한종진, 이행은, 김선아, 고광일, 성화정, 김한솔 / **제작** 박성우, 김정우

이 책에 대한 의견이나 오탈자 및 잘못된 내용은 출판사 홈페이지나 아래 이메일로 알려주십시오.
파본은 구매처에서 교환하실 수 있습니다. 책값은 뒤표지에 표시되어 있습니다.
홈페이지 www.hanbit.co.kr / **이메일** ask@hanbit.co.kr

Published by HANBIT Media, Inc. Printed in Korea
Copyright © 2025 전미진 & HANBIT Media, Inc.
이 책의 저작권은 전미진과 한빛미디어(주)에 있습니다.
저작권법에 의해 보호를 받는 저작물이므로 무단 복제 및 무단 전재를 금합니다.

지금 하지 않으면 할 수 없는 일이 있습니다.
책으로 펴내고 싶은 아이디어나 원고를 메일(writer@hanbit.co.kr)로 보내주세요.
한빛미디어(주)는 여러분의 소중한 경험과 지식을 기다리고 있습니다.

머리말

엑셀을 잘 다루고 싶나요?

엑셀은 회사에서 가장 많이 사용하는 소프트웨어입니다. 엑셀을 잘 다루기만 해도 업무를 빨리, 효율적으로 처리할 수 있으며, 그러다 보면 유능하다는 말을 듣는 직장인이 될 수도 있습니다.

엑셀은 흔히 어렵다고 알려져 있고 실제로 어렵습니다. 잘 다루고 싶어 열심히 공부해도 생각만큼 쉽게 실력이 쌓이지 않습니다. 따라서 엑셀을 공부할 때는 자신에게 맞는 책을 찾는 것이 중요합니다. 아무리 좋은 책이라도 처음부터 어려운 내용을 접하거나 분량이 너무 방대하면 중간에 포기하는 경우가 많기 때문입니다.

핵심기능과 혼자해보기로 기초를 탄탄하게!

엑셀을 익힐 때는 처음부터 기초를 탄탄히 다지는 것이 매우 중요합니다. 엑셀은 기초 기능을 충실하게 익혀두어야만 실력을 쌓은 후에 여러 가지 기능을 복합적으로 연계해서 사용할 수 있습니다.

이 책은 엑셀의 기초 기능을 빠르고, 쉽게 익히고 싶은 독자들을 위한 책입니다. 꼭 알아두어야 할 기본적인 핵심기능이 107가지의 실무 예제로 구성되어 있습니다. 하루에 최소한 한두 가지 핵심기능만 익혀도 두 달이면 엑셀의 기본기를 완벽히 다질 수 있습니다. 또한 스스로 배운 내용을 복습하며 실습할 수 있도록 각각의 핵심기능과 연계된 혼자해보기 예제를 수록했습니다. 이 책에서 소개하는 엑셀의 핵심기능을 여러 차례 반복해서 학습하다 보면 어느새 엑셀의 기초를 완벽히 익힐 수 있을 것입니다. 또한 익숙하지 않은 함수식 풀이를 ChatGPT에 질문하고 답을 얻는 방법을 소개해, 학습한 내용을 언제든 심화하고 응용할 수 있습니다.

엑셀에 대해 관심을 갖는 계기가 되기를!

마지막으로 이 책을 기획하고 완성할 때까지 격려와 노력을 아끼지 않은 홍현정, 배윤미 기획자와 한빛미디어 관계자 분들에게 감사의 말씀을 드립니다. 이 책이 엑셀을 처음 사용하는 모든 분들의 기초를 탄탄하게 다지는 기본서가 되기를 바라며, 엑셀에 대해 관심을 가지는 계기가 되기를 바랍니다.

전미진

이 책의 특징

엑셀 왕초보를 위한
이 책의 네 가지 특징

회사에서 바로 통하는 엑셀 FOR STARTERS로 엑셀을 배워야 하는 네 가지 이유!
엑셀 입문자에게 특화된 콘텐츠로 엑셀 왕초보라도 엑셀 공부를 바로 시작할 수 있습니다!

01 엑셀을 전혀 몰라도 따라 할 수 있다!
엑셀의 기본 화면 구성부터 데이터베이스 관리까지 한 권으로 배운다!
상세한 따라 하기로 엑셀 핵심기능을 단숨에 익힌다!

02 모든 버전에서 엑셀을 학습할 수 있다!
버전별로 차이가 나는 부분은 팁을 통해 설명하여 엑셀의 모든 버전에서 학습한다!
엑셀 2010, 2013, 2016, 2019, 2021, 2024, Microsoft 365까지 꼼꼼하게 가이드한다!

03 혼자해보기로 복습해 실력을 탄탄히 기른다!
완성 파일 미리 보기와 단계별 실습 과정을 살펴보면서,
앞서 학습한 핵심기능을 실제 업무에 연계하여 활용하는 방법을 익힌다!

04 챗GPT와 AI로 실무 효율을 높인다!
엑셀에 챗GPT와 AI를 적용하여 실무 생산성과 효율을 한층 끌어올린다!

우선순위 핵심기능

반드시 알아야 할 핵심기능으로
엑셀을 쉽고 빠르게 시작하자!

엑셀 왕초보가 엑셀 고수로 성장하는 엑셀 학습의 지름길!
엑셀을 잘 다루려면 반드시 알아야 하는 핵심기능만 쏙쏙 뽑았습니다!

쉽고 빠르게 배우는 엑셀의 기초
문서 작성과 편집, 인쇄

빠른 실행 도구 모음	29쪽
워크시트 이름/탭 색 변경	44쪽
문자/숫자 입력	53쪽
날짜/시간 입력	55쪽
데이터 수정, 행 삽입/삭제	62쪽
글꼴 그룹 서식 지정	86쪽
맞춤/표시 형식 그룹에서 서식 지정	89쪽
문자/숫자 표시 형식 사용자 지정	96쪽
셀 강조, 상위/하위 규칙으로 조건부 서식 지정	108쪽
수식으로 조건부 서식 지정	115쪽
틀 고정	124쪽
인쇄 선택 영역, 여백 설정	126쪽
반복 인쇄할 제목 행 지정	129쪽
머리글/바닥글 설정	132쪽
머리글에 배경 삽입	135쪽

엑셀 실력 업그레이드의 핵심
수식 작성 및 함수

상대 참조 수식	142쪽
절대 참조 수식	144쪽
혼합 참조 수식	146쪽
COUNTA	168쪽
COUNTBLANK	168쪽
IF	179쪽
COUNTIF	196쪽
COUNTIFS	196쪽
UNIQUE	203쪽
SUMIF	203쪽
SUMIFS	203쪽
구조적 참조	203쪽
VLOOKUP	216쪽
XLOOKUP	216쪽
HLOOKUP	216쪽

복잡한 데이터를 한눈에 파악하는
엑셀 차트 만들기

차트 만들기	234쪽
차트 종류 변경	234쪽
차트 레이아웃 변경	237쪽
차트 색 변경	237쪽
차트 스타일 변경	237쪽
차트 데이터 필터링하기	237쪽
원형 차트 3차원 서식 변경	243쪽
원형 차트 테마 변경	243쪽

엑셀 왕초보에서 엑셀 고수가 되는 법
데이터 관리/분석, ChatGPT

구분 기호	265쪽
중복 데이터 제거	267쪽
데이터 통합	269쪽
셀 값 기준으로 정렬	274쪽
자동 필터로 데이터 추출	280쪽
다중 부분합 작성	283쪽
사용자 지정 새 피벗 테이블 만들기	289쪽
ChatGPT에 엑셀 함수 질문	324쪽
ChatGPT로 함수식 오류 수정	327쪽
ChatGTP에 데이터 전달	330쪽
ChatGPT로 데이터 분석/키워드 추출, 분류	333쪽

이 책의 구성

핵심기능
프로그램별로 반드시 알아야 하는 핵심기능을 선별했습니다. 실습을 따라 하며 기초부터 탄탄하게 익힐 수 있습니다.

버전 표기
엑셀 버전에 따른 실습 가능한 기능을 따로 표시하여, 버전별 학습에 활용할 수 있도록 구성했습니다.

인수 설명
엑셀 함수의 이해를 돕기 위해, 각 함수의 인수 설명을 함께 제공합니다.

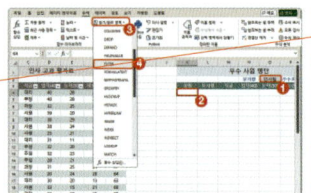

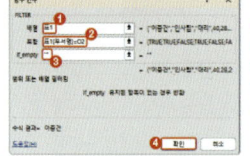

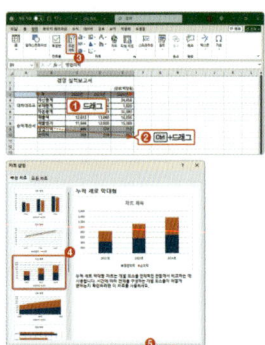

우선순위
먼저 학습해야 할 기능을 표시했습니다. 빠르게 익혀야 할 경우, 우선적으로 학습할 수 있습니다.

실습 파일&완성 파일
따라 하기에 필요한 실습 파일과 결과를 비교해볼 수 있는 완성 파일을 제공합니다.

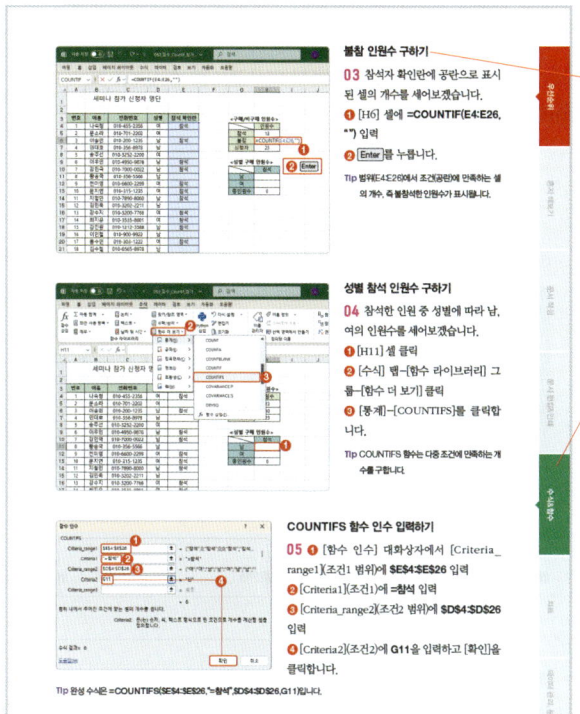

따라 하기 단계별 제목

실습 과정마다 단계별 제목을 표시하여 작업 내용과 순서를 한눈에 파악할 수 있습니다.

인덱스

학습 중인 위치를 바로 확인할 수 있어, 전체 흐름 속에서 현재 진행 단계를 쉽게 파악할 수 있습니다. 우선순위 기능도 위치를 빠르게 찾아볼 수 있습니다.

Tip

실습 중 헷갈리기 쉬운 부분을 정리해주며, 버전 차이로 달라질 수 있는 내용도 함께 안내해 학습에 도움을 줍니다.

Note

추가로 알면 좋은 유용한 정보나 주요 개념을 더욱 깊이 이해할 수 있는 심화 정보 등을 상세히 소개합니다.

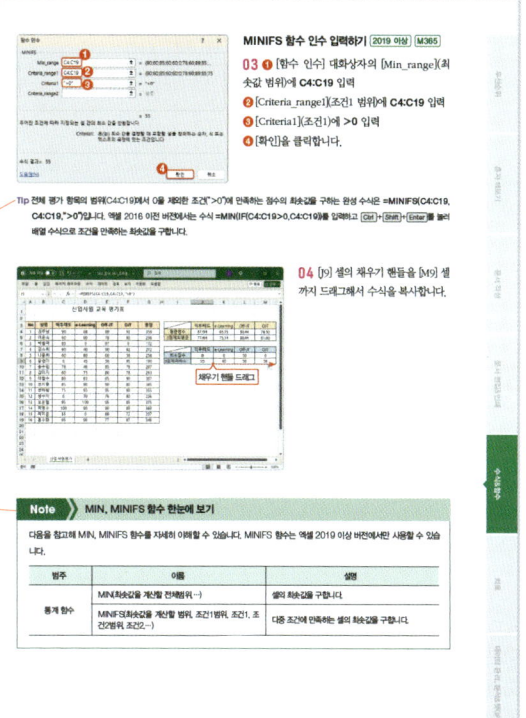

이 책의 구성 **007**

회사에서 바로 통하는 실습 파일 다운로드하기

이 책에 사용된 모든 실습 및 완성 파일은 한빛+ 홈페이지(www.hanbit.co.kr)에서 다운로드할 수 있습니다. 실습 파일은 따라 하기를 진행할 때마다 사용되므로 컴퓨터에 복사해두고 활용합니다.

1. 한빛+ 홈페이지(www.hanbit.co.kr)로 접속합니다. 메인 페이지에서 [자료실]을 클릭합니다.

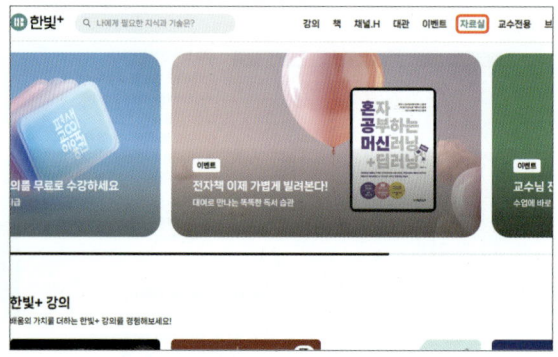

2. 자료실 도서 검색란에 도서명을 입력하여 검색합니다.

3. 선택한 도서 정보가 표시되면 [예제소스]를 클릭해 실습 파일을 다운로드합니다.

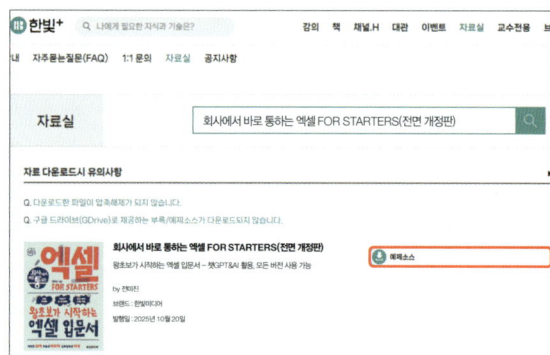

다운로드한 예제 파일은 일반적으로 [다운로드] 폴더에 저장되며, 사용하는 웹 브라우저 설정에 따라 다를 수 있습니다.

목차

CHAPTER 01
엑셀의 시작, 화면 구성과 데이터 입력으로 첫걸음 떼기

- **000** 엑셀의 기본 화면 구성 살펴보기 — 016
- **001** 엑셀 서식 파일로 열고 통합 문서 저장하기 — 021
- **002** PDF 파일로 저장하기 — 023
- [혼자해보기] 통합 문서에 암호 설정하기 — 024
- **003** 화면 구성 요소 눈금선, 리본 메뉴 보이기/숨기기 — 027
- [우선순위] **004** 빠른 실행 도구 모음에 명령어 추가하고 단축키로 실행하기 — 029
- [혼자해보기] 사용자 지정 리본 메뉴 탭 만들기 — 031
- **005** 키보드로 범위 지정하기 — 035
- **006** 이름 정의로 범위 지정하기 — 036
- **007** 행 높이와 열 너비 조절하기 — 038
- **008** 열 너비를 유지하여 붙여넣기 및 선택하여 붙여넣기 — 039
- **009** 그림으로 연결하여 붙여넣기 — 042
- [우선순위] **010** 워크시트 이름 및 탭 색 변경하기 — 044
- **011** 워크시트 이동/복사/삭제하기 — 045
- [혼자해보기] 매출실적표에서 시트 이름 바꾸고 그림 복사하기 — 047
- **012** 워크시트 보호하기 — 050
- [우선순위] **013** 문자/숫자 데이터 입력하기 — 053
- [우선순위] **014** 날짜/시간 입력하기 — 055
- **015** 한자/기호 입력하기 — 057
- **016** 노트 삽입 및 편집하기 — 060
- [우선순위] **017** 데이터 수정 및 행 삽입/삭제하기 — 062
- [혼자해보기] 특정 텍스트를 찾아 바꾸고 공백 셀을 찾아 데이터 채우기 — 065
- **018** 채우기 핸들로 데이터 채우기 — 068
- **019** 빠른 채우기로 신속하게 데이터 열 채우기 — 072
- **020** 데이터 유효성 검사로 한글/영문 모드 설정하기 — 073

목차

021 데이터 유효성 검사로 목록 설정하기 — 075
[혼자해보기] 데이터 유효성 검사로 오류 데이터 찾기 — 078

CHAPTER 02
문서 편집 및 인쇄하기

022 표 서식과 셀 스타일 적용하기 — 082
023 표 디자인 변경 및 범위로 변환하기 — 084
[우선순위] 024 글꼴 그룹에서 서식 지정하기 — 086
[우선순위] 025 맞춤, 표시 형식 그룹에서 서식 지정하기 — 089
[혼자해보기] 글꼴/맞춤 서식과 표시 형식을 지정하여 임율표 완성하기 — 092
[우선순위] 026 문자, 숫자 데이터 표시 형식 사용자 지정하기 — 096
027 숫자를 한글로 표시하는 서식 지정하기 — 098
028 숫자 데이터 표시 형식으로 양수/음수/0의 서식 지정하기 — 100
029 숫자 백만 단위 이하 자르고 네 자리마다 쉼표 표시하기 — 102
030 요일과 누적 시간에 사용자 지정 표시 형식 설정하기 — 105
[우선순위] 031 셀 강조와 상위/하위 규칙으로 조건부 서식 지정하기 — 108
032 색조, 아이콘으로 조건부 서식 지정하기 — 110
033 막대로 조건부 서식 지정 및 규칙 편집하기 — 112
[우선순위] 034 수식으로 조건부 서식 지정하기 — 115
[혼자해보기] 조건부 서식과 사용자 지정 표시 형식 지정하기 — 117
035 빠른 분석 도구를 사용하여 표 서식과 조건부 서식 지정하기 — 122
[우선순위] 036 틀 고정하기 — 124
037 문서를 바둑판식으로 정렬해서 작업하기 — 125
[우선순위] 038 인쇄 미리 보기에서 인쇄 선택 영역 및 여백 설정하기 — 126
[우선순위] 039 반복 인쇄할 제목 행 지정하기 — 129
040 페이지 나누기 미리 보기 및 인쇄 배율 지정하기 — 130

	041 페이지 나누기 구분선 수정하기	131
우선순위 ▶	042 머리글/바닥글 설정하기	132
우선순위 ▶	043 머리글에 배경 그림 삽입하기	135
혼자해보기	페이지 레이아웃과 머리글/바닥글 설정하기	137

CHAPTER 03
수식 작성 및 함수 활용하기

우선순위 ▶	044 상대 참조로 수식 만들기	142
우선순위 ▶	045 절대 참조로 수식 만들기	144
우선순위 ▶	046 혼합 참조로 수식 만들기	146
혼자해보기	셀 참조로 시간 외 근무 수당 계산하기	148
	047 이름 정의로 범위 지정하기	151
	048 다른 시트의 셀을 참조하여 수식 만들기	154
	049 자동 합계 기능으로 수식 계산하기	156
혼자해보기	셀 이름 정의하여 시간제 근무 비용 구하기	157
	050 표에서 구조적 참조를 이용해 한 번에 수식 계산하기	160
	051 표에서 요약 행 표시하기	162
	052 SUM, MAX, LARGE 함수로 합계, 최댓값 구하기	164
우선순위 ▶	053 COUNTA, COUNTBLANK 함수로 출석일, 결석일 구하기	168
	054 INT, ROUND 함수로 내림과 반올림하기	170
	055 QUOTIENT, MOD 함수로 몫, 나머지 값 표시하기	173
	056 ROW, SUMPRODUCT 함수로 행 번호와 합계 금액 구하기	175
	057 RANK.EQ, RANK.AVG 함수로 순위 구하기	177
우선순위 ▶	058 IF 함수로 과정 수료자와 교육점수 구하기	179
	059 중첩 IF 함수와 IFS 함수로 부서별 포상금과 부서 등급 구하기	182
	060 IF, AND, OR 함수로 기업 신용도 분류하기	185

목차

혼자해보기 개인별 판매 실적표에서 실적평가 완성하기	188
061 AVERAGE, AVERAGEIF 함수로 평균 구하기	191
062 MIN, MINIFS 함수로 최솟값 구하기	194
우선순위 ▶ 063 COUNTIF, COUNTIFS 함수로 조건에 만족하는 인원수 구하기	196
혼자해보기 개인별 판매 실적표에서 구조적 참조로 판매실적 조회하기	199
우선순위 ▶ 064 UNIQUE, SUMIF, SUMIFS 함수와 구조적 참조로 조건에 맞는 합계 구하기	203
065 CHOOSE, MID 함수로 주민번호에서 성별 구하기	206
066 LEFT, FIND, SUBSTITUTE, TEXTJOIN 함수로 문자 수정하기	209
067 DATE, LEFT, MID 함수로 생년월일 계산하기	212
068 DATEDIF, EOMONTH 함수로 근무 기간과 퇴직금 지급일 구하기	214
우선순위 ▶ 069 VLOOKUP, XLOOKUP, HLOOKUP 함수로 상품 정보 표시하기	216
혼자해보기 구조적 참조와 함수를 사용해 경력(재직) 증명서 완성하기	220
070 IFERROR 함수로 오류 처리하기	223
071 INDEX, MATCH 함수로 최저가 업체 선정하기	225
072 FILTER, SORT 배열 함수와 구조적 참조로 데이터 추출 및 정렬하기	228
073 IMAGE 배열 함수로 이미지 불러오기	231

CHAPTER 04
차트 만들기

우선순위 ▶ 074 데이터에 적합한 차트 만들고 차트 종류 변경하기	234
우선순위 ▶ 075 차트 레이아웃, 색, 스타일 변경하고 차트 데이터 필터링하기	237
076 차트의 눈금 간격 조절 및 레이블, 범례 표시하기	239
077 차트 배경 설정 및 눈금선 없애기	241
우선순위 ▶ 078 원형 차트 3차원 서식 및 테마 바꾸기	243
079 이중 축 혼합(이중 축 콤보) 차트 만들기	245

| 혼자해보기 | 분기별 매출과 영업이익의 추이를 그림 차트로 만들기 | 247 |

080 선버스트 차트로 사업 영역 한눈에 살펴보기 — 250

| 혼자해보기 | 영업이익의 추이를 폭포 차트로 만들기 | 252 |

081 스파크라인 차트 삽입하고 종류 변경하기 — 255
082 스파크라인 차트 스타일과 디자인 변경하기 — 257

CHAPTER 05
데이터베이스 관리/분석 및 ChatGPT 사용하기

083 텍스트 파일로 데이터베이스 만들기 — 260
우선순위 ▶ 084 구분 기호로 텍스트 나누기 — 265
우선순위 ▶ 085 중복 데이터 제거하고 상품 목록표 만들기 — 267
우선순위 ▶ 086 동일한 항목으로 데이터 통합하고 빠른 서식 적용하기 — 269

| 혼자해보기 | 상품명으로 입출고 데이터 통합하고 빠른 서식 적용하기 | 271 |

우선순위 ▶ 087 셀 값을 기준으로 정렬하기 — 274
088 사용자가 지정한 순서로 정렬하기 — 276
089 SUBTOTAL 함수로 부분합 계산하기 — 278
우선순위 ▶ 090 자동 필터로 데이터 추출하기 — 280
091 평균과 상위 10 기준으로 데이터 추출하기 — 282
우선순위 ▶ 092 여러 그룹으로 다중 부분합 작성하기 — 283
093 부분합의 요약된 결과만 복사하기 — 286
094 추천 피벗 테이블 만들기 — 288
우선순위 ▶ 095 사용자 지정 새 피벗 테이블 만들기 — 289
096 피벗 테이블 그룹 지정/해제 및 필드 필터링하기 — 292
097 피벗 테이블 레이아웃 및 디자인 변경하기 — 294

| 혼자해보기 | 피벗 테이블을 사용하여 연도/등급별 거래내역 통계표 작성하기 | 297 |

목차

098 피벗 테이블 슬라이서와 시간 막대 삽입/제거하기	302
099 개발 도구 탭 추가 및 매크로 보안 설정하기	305
100 자동 매크로 기록 및 저장하기	306
101 바로 가기 키와 양식 컨트롤로 매크로 실행하기	311
102 매크로 편집하기	314
103 매크로 삭제하기	318
혼자해보기 　테두리 구분 매크로 기록하고 바로 가기 키로 실행하기	319
우선순위 ▶　**104** ChatGPT에 엑셀 함수 질문하고 도움받기	324
우선순위 ▶　**105** ChatGPT로 함수식 오류 수정 및 함수식 질문하기	327
우선순위 ▶　**106** ChatGPT에 데이터 전달하고 함수식 질문하기	330
우선순위 ▶　**107** ChatGPT로 데이터 분석하고 키워드 추출 및 분류하기	333
찾아보기	336

CHAPTER
01

엑셀의 시작, 화면 구성과 데이터 입력으로 첫걸음 떼기

엑셀의 기본 화면 구성 살펴보기

실습 파일 없음 완성 파일 없음

기본 화면 구성

엑셀은 2007 버전부터 최신 버전까지 몇 년간 꾸준히 업그레이드되었습니다. 따라서 각 버전별로 인터페이스 모양이 일부 다를 수는 있지만 기본 화면 구성은 동일합니다. 여기서는 Microsoft 365 버전의 엑셀을 기준으로 설명합니다. 다음은 엑셀을 실행하면 나타나는 기본 화면입니다. ❶ 리본 메뉴, ❷ 워크시트, ❸ 상태 표시줄로 구성됩니다.

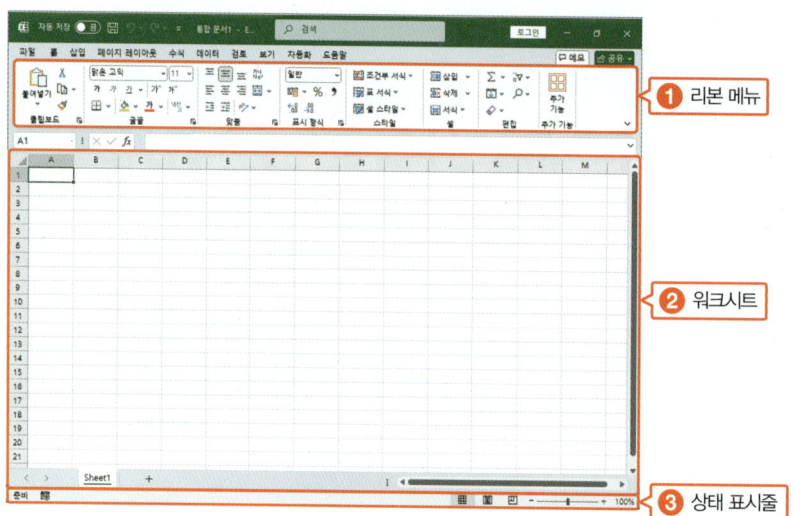

1 리본 메뉴

리본 메뉴는 화면 상단에서 확인합니다. 텍스트 형태의 메뉴와 아이콘 형태의 명령이 모여 있습니다.

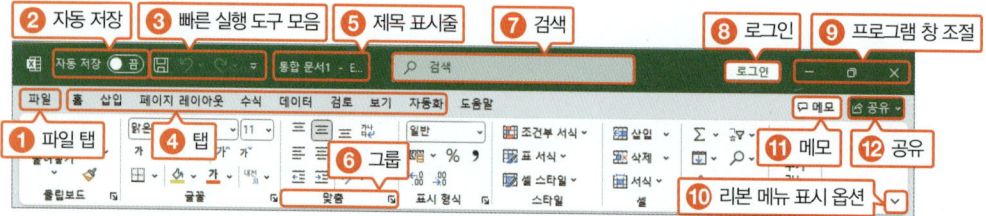

❶ **파일 탭** : 파일을 관리하는 메뉴가 모여 있으며 개인 정보를 설정하고 저장, 공유, 인쇄 및 옵션 등을 설정할 수 있습니다.

❷ **자동 저장** : 파일이 온라인 위치(OneDrive, SharePoint)에 저장되어 있고, [자동 저장]이 [켬]으로 활성화되어 있다면, 변경 사항은 자동으로 온라인에 저장됩니다.

❸ **빠른 실행 도구 모음** : 자주 사용하는 기능을 추가하여 빠르게 실행할 수 있습니다.

❹ **탭** : 비슷한 종류의 명령을 그룹별로 모은 메뉴입니다. 파일, 홈, 삽입, 페이지 레이아웃, 수식, 데이터, 검토, 보기 등으로 구성되어 있습니다.

❺ **제목 표시줄** : 프로그램 이름과 현재 작업 중인 파일 이름이 표시되며 작업 상태에 따라 [읽기 전용], [호환 모드], [공유], [그룹]이 표시됩니다. Microsoft 365에서 온라인 위치(OneDrive, SharePoint)에 저장하면 파일 이름, 저장 위치, 버전 기록을 알 수 있습니다.

❻ **그룹** : 각각의 탭 관련 기능을 세부적으로 구분합니다.

❼ **검색** : 작업에 필요한 키워드나 설명을 입력해 관련 엑셀 기능, 도움말, 스마트 조회 창을 열 수 있습니다.

❽ **로그인** : 로그인한 후 온라인 위치에 오피스 문서를 [업로드], [열기], [공유]할 수 있습니다.

❾ **프로그램 창 조절** : 엑셀 창을 최소화/최대화하거나 닫을 때 사용합니다.

❿ **리본 메뉴 표시 옵션** ☑ : [전체 화면 모드], [탭만 표시], [항상 리본 표시], [빠른 실행 도구 모음 표시], [빠른 실행 도구 모음 감추기]를 선택해 작업 영역을 조절할 수 있습니다.

⓫ **메모** : Microsoft 365의 대화형 메모를 활용하면 파일을 공유하거나 온라인 위치(OneDrive, SharePoint)를 이용해 공동 작업을 진행할 때 메신저를 사용하듯 셀에 댓글을 입력할 수 있습니다.

⓬ **공유** : 온라인 위치(OneDrive, SharePoint)에 저장한 오피스 문서를 다른 사용자와 공유합니다. 공유할 사용자를 추가하거나, 보기, 편집 링크를 활용해 공동 작업을 할 수 있습니다. Microsoft 365에서는 실시간으로 파일과 작업을 공유할 수 있으며 동기화 속도가 개선되었습니다.

2 워크시트(작업 영역)

워크시트는 격자 형태의 모눈종이처럼 보이는 공간입니다.

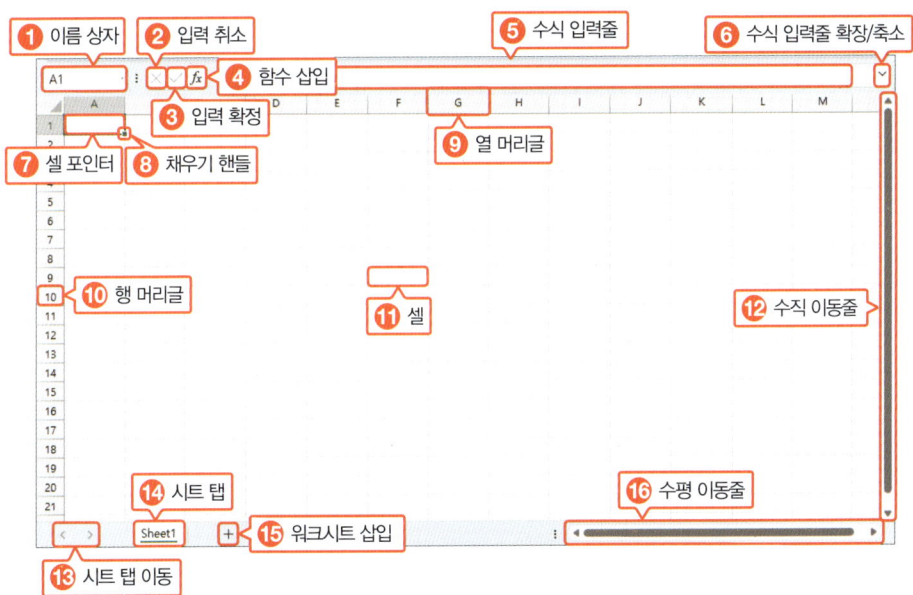

❶ **이름 상자** : 셀 주소와 정보 또는 수식이나 함수 목록이 나타납니다.
❷ **입력 취소** ✕ : 셀에 입력한 내용을 취소합니다. Esc 를 누르는 것과 같습니다.
❸ **입력 확정** ✓ : 셀에 입력한 내용을 확정합니다. Enter 를 누르는 것과 같습니다.
❹ **함수 삽입** *fx* : 함수 마법사를 실행하여 함수를 삽입합니다.
❺ **수식 입력줄** : 선택한 셀에 입력한 내용이나 수식이 나타나며 셀 내용을 직접 입력하거나 수정할 수 있습니다.
❻ **수식 입력줄 확장/축소** : 수식 입력줄을 확장/축소합니다.
❼ **셀 포인터** : 셀이 선택되었다는 표시로 굵은 테두리가 셀 주위에 표시됩니다.
❽ **채우기 핸들** : 셀 포인터 오른쪽 아래의 점입니다. 드래그하면 셀 내용을 연속으로 채울 수 있습니다.
❾ **열 머리글** : 열 이름이 표시되는 곳으로 A열부터 XFD열까지 16,384개의 열이 있습니다.
❿ **행 머리글** : 행 번호가 표시되는 곳으로 1행부터 1,048,576행까지 있습니다.
⓫ **셀** : 행과 열이 만나는 격자 형태의 사각형 영역으로 데이터나 수식 등을 입력할 수 있습니다.
⓬ **수직 이동줄** : 화면을 위/아래로 옮기면서 볼 수 있습니다.
⓭ **시트 탭 이동** : 시트 개수가 많아 가려진 시트 탭이 있을 경우 클릭하여 이동할 수 있습니다.
⓮ **시트 탭** : 현재 통합 문서에 있는 시트의 이름이 표시됩니다.
⓯ **워크시트 삽입** ⊕ : 새 워크시트를 삽입할 수 있습니다.
⓰ **수평 이동줄** : 화면을 왼쪽/오른쪽으로 옮기면서 볼 수 있습니다.

3 상태 표시줄

상태 표시줄에서는 현재의 작업 상태를 확인할 수 있습니다.

❶ **셀 모드** : 준비, 입력, 편집 등의 셀 작업 상태를 표시합니다.
❷ **표시 영역** : 키보드 기능키의 선택 상태를 표시하며, 숫자가 입력된 범위를 지정하면 자동 계산 결과를 표시합니다.
❸ **보기 바로 가기** : 기본, 페이지 레이아웃, 페이지 나누기 미리 보기 등 워크시트 보기 상태를 선택할 수 있습니다.
❹ **확대/축소 슬라이드** : 확대/축소 버튼을 클릭하여 10% 단위로 확대/축소하거나, 조절바를 드래그하여 확대/축소할 수 있습니다.
❺ **확대/축소 비율** : [확대/축소] 대화상자를 열어 원하는 배율을 지정합니다.

작업 영역의 기본 구조

엑셀은 통합 문서, 워크시트(Worksheet), 셀(Cell)로 이루어져 있습니다. 엑셀의 기본 구조를 살펴보면 엑셀의 동작 원리와 용도를 명확하게 알 수 있습니다.

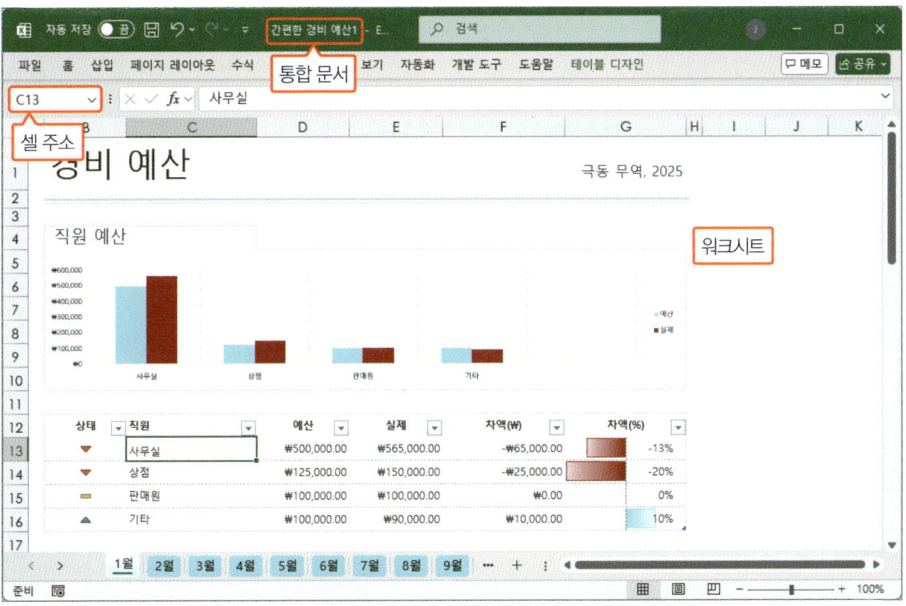

1 모든 작업의 시작, 셀과 셀 주소

엑셀의 작업 영역은 가로 행과 세로 열이 교차하여 격자 형태의 모눈종이처럼 직사각형으로 이루어져 있습니다. 이 직사각형 하나를 셀(Cell)이라 부릅니다. 셀은 데이터를 입력(저장)할 수 있는 공간으로 각 셀에는 고유한 주소(셀 주소)가 부여됩니다. 셀 주소는 열 머리글과 행 머리글을 조합해서 만듭니다.

2 데이터를 편집하는 공간, 워크시트

워크시트는 1,048,576행과 16,384열의 셀이 모여 문서를 만들고 편집하는 공간입니다. 엑셀을 처음 실행하면 기본으로 [Sheet1] 워크시트 하나가 생성되며 총 255개까지 삽입할 수 있습니다. 장부에 견출지를 붙이는 것처럼 각 워크시트 또한 이름이나 색으로 구분할 수 있습니다.

3 워크시트를 한꺼번에 관리하는 통합 문서

통합 문서는 한 권의 책에 해당합니다. 개별 문서에 해당하는 워크시트를 묶어서 관리하는 셈입니다. 엑셀에서는 통합 문서 단위로 문서를 저장하므로 관련 있는 내용을 하나로 묶어서 관리하면 편리합니다. 예를 들어 경비 예산 문서라면 2025년 1월부터 12월까지의 예산을 하나의 통합 문서에서 작성하고 관리하는 것입니다.

엑셀 시작하고 저장하기

엑셀을 시작하면 [홈] 화면이 나타납니다. [새로 만들기], [열기], [새 통합 문서], [추가 서식 파일], [최근 항목] 중에서 선택할 수 있습니다. 작업한 엑셀 문서는 컴퓨터, 이동식 디스크, 클라우드 등에 저장합니다.

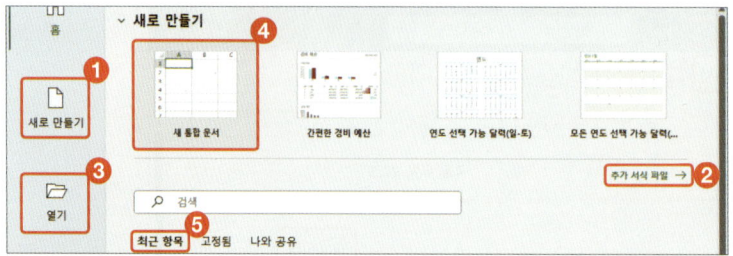

❶ **새로 만들기** : [새 통합 문서]를 엽니다.
❷ **추가 서식 파일** : [서식 파일]을 온라인에서 검색한 후 열어 빠르게 문서 작업을 할 수 있습니다.
❸ **열기** : 기존에 작업했던 통합 문서를 저장 공간(컴퓨터/OneDrive 등)에서 찾아옵니다.
❹ **새 통합 문서** : 새로운 통합 문서를 열어 데이터 입력, 편집, 서식 적용 등을 할 수 있습니다.
❺ **최근 항목** : 최근에 작업한 통합 문서 목록에서 통합 문서를 불러옵니다.

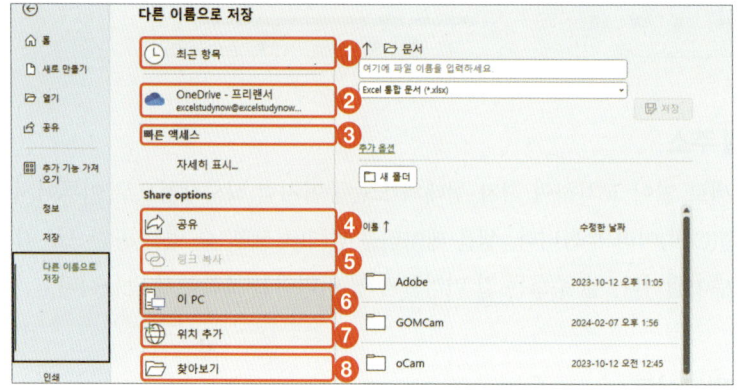

❶ **최근 항목** : 최근에 작업한 컴퓨터, 클라우드의 목록에서 폴더를 선택해 통합 문서를 저장합니다.
❷ **OneDrive** : OneDrive에 통합 문서를 저장합니다.
❸ **빠른 액세스** : 최근에 사용한 공유 라이브러리, Microsoft Teams 채널 및 폴더를 포함해 자주 사용되는 스토리지 위치를 쉽게 찾을 수 있습니다.
❹ **공유** : 오피스 문서를 클라우드에 저장한 다음 사용자(사용자, 그룹, 이메일)를 초대하면 효율적인 공동 작업을 할 수 있습니다.
❺ **링크 복사** : 문서에 액세스할 수 있는 링크를 복사합니다. 공동 작업자에게 링크를 전달하여 문서를 안전하게 공유할 수 있습니다.
❻ **이 PC** : 최근에 작업한 컴퓨터 목록에서 폴더를 선택해 통합 문서를 저장합니다.
❼ **위치 추가** : 온라인 위치를 추가하여 통합 문서를 클라우드(OneDrive, SharePoint)에 간편하게 저장할 수 있습니다.
❽ **찾아보기** : 로컬 컴퓨터에서 저장할 위치를 찾아 문서를 저장합니다.

엑셀 서식 파일로 열고 통합 문서 저장하기

실습 파일 없음 완성 파일 1장\001_달력_2025년_완성.xlsx

서식 파일로 통합 문서 만들기

01 엑셀에서 제공하는 서식 파일을 열어서 문서를 작성합니다.

① [파일] 탭 클릭
② [새로 만들기] 클릭
③ [온라인 서식 파일 검색]에서 [캘린더]를 클릭합니다.

Tip 새 통합 문서를 만들 때는 [새로 만들기]를 클릭합니다.

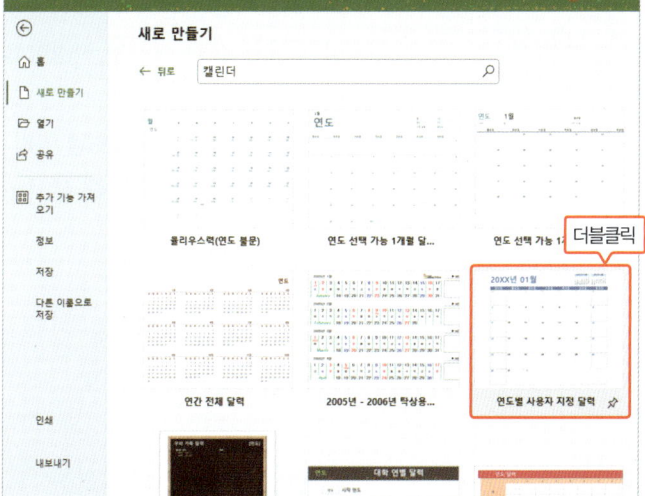

02 캘린더와 관련된 서식 파일 목록에서 [연도별 사용자 지정 달력]을 더블클릭합니다.

Tip 온라인(Office.com)에서 다운로드한 후 서식 파일이 열리므로 인터넷에 연결되어 있어야 합니다. 서식 파일 목록은 엑셀 버전에 따라 다를 수 있습니다.

CHAPTER 01 엑셀의 시작, 화면 구성과 데이터 입력으로 첫걸음 떼기

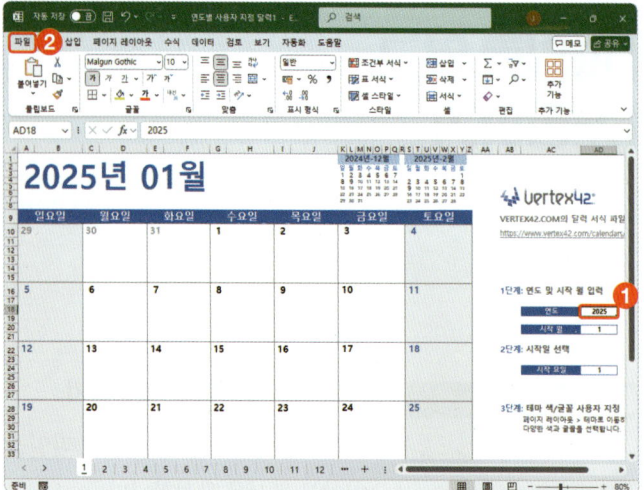

03 ❶ [AD18] 셀에 **2025** 입력
❷ [파일] 탭을 클릭합니다.

통합 문서 저장하기

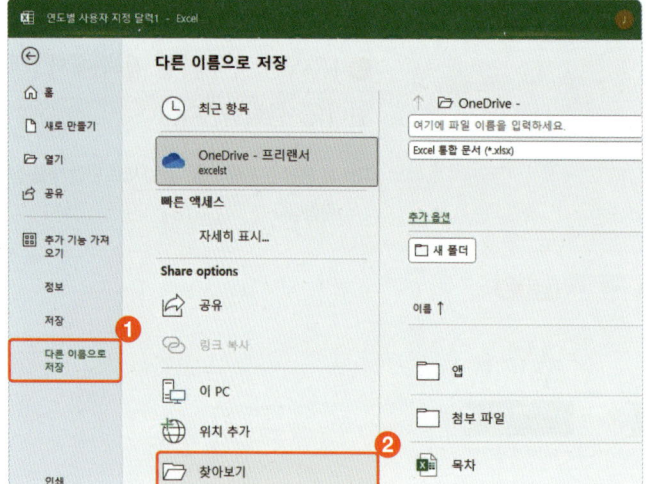

04 ❶ [다른 이름으로 저장] 클릭
❷ [찾아보기]를 클릭합니다.

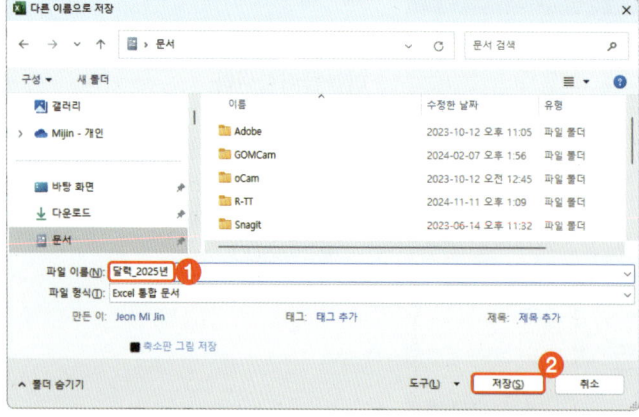

05 [다른 이름으로 저장] 대화상자에서 저장할 폴더 위치를 지정하고 저장합니다.

❶ [파일 이름]에 **달력_2025년** 입력
❷ [저장]을 클릭해서 통합 문서를 저장합니다.

Tip 통합 문서 저장 형식의 확장자는 .xlsx입니다.

002 PDF 파일로 저장하기

실습 파일 1장\002_저장_견적서.xlsx 완성 파일 1장\002_저장_견적서_완성.pdf

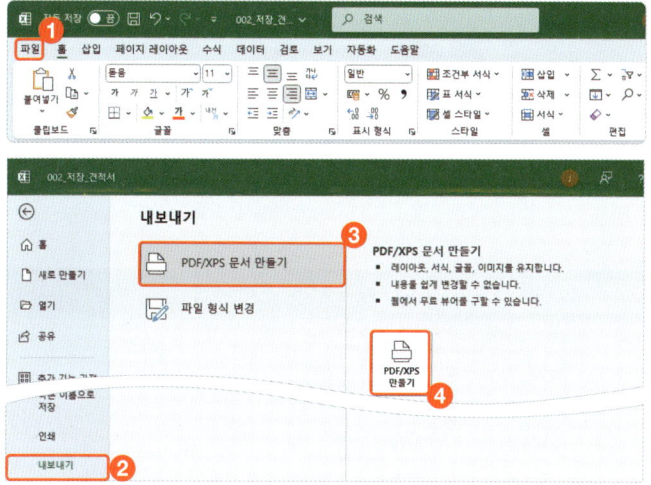

01 엑셀이 설치되어 있지 않은 컴퓨터에서도 파일 내용을 확인할 수 있도록 PDF 형식으로 저장해보겠습니다.

① [파일] 탭 클릭
② [내보내기] 클릭
③ [PDF/XPS 문서 만들기] 클릭
④ [PDF/XPS 만들기]를 클릭합니다.

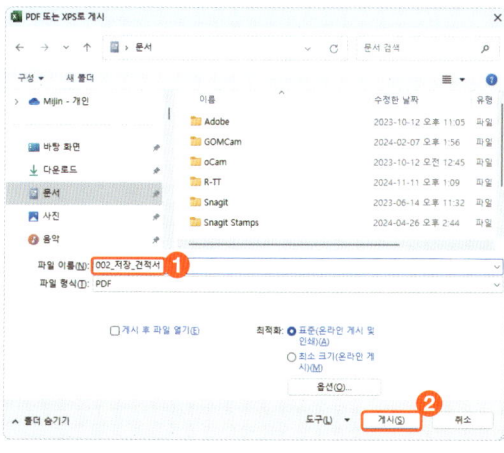

02 ① [PDF 또는 XPS로 게시] 대화상자에서 [파일 이름]에 **002_저장_견적서** 입력
② [게시]를 클릭합니다.

Tip 저장_견적서.pdf 파일이 저장됩니다.

Note ▶ PDF 파일의 크기 줄이기

PDF나 XPS 형식으로 저장할 때 인쇄 품질을 높이려면 최적화 항목에서 [표준(온라인 게시 및 인쇄)]를 선택하고 파일 크기를 줄이려면 [최소 크기(온라인 게시)]를 선택합니다. 그밖에 파일의 옵션을 설정하려면 [옵션]을 클릭합니다. 뷰어 프로그램(PDF Reader)을 통해 저장한 PDF 문서를 확인할 수 있습니다.

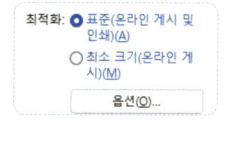

 ## 통합 문서에 암호 설정하기

실습 파일 1장\혼자해보기\001_통합문서암호_개인고객정보.xlsx
완성 파일 1장\혼자해보기\001_통합문서암호_개인고객정보_완성.xlsx

예제 설명 및 완성 화면

공용 컴퓨터를 사용하거나 업무상 보안이 필요한 문서는 암호를 설정하는 것이 좋습니다. 통합 문서를 불러올 때 암호가 설정되어 있으면 암호를 입력해야만 파일을 열 수 있습니다. 따라서 설정한 암호는 잊어버리지 않도록 주의해야 합니다. 통합 문서를 불러와 암호를 설정해보겠습니다.

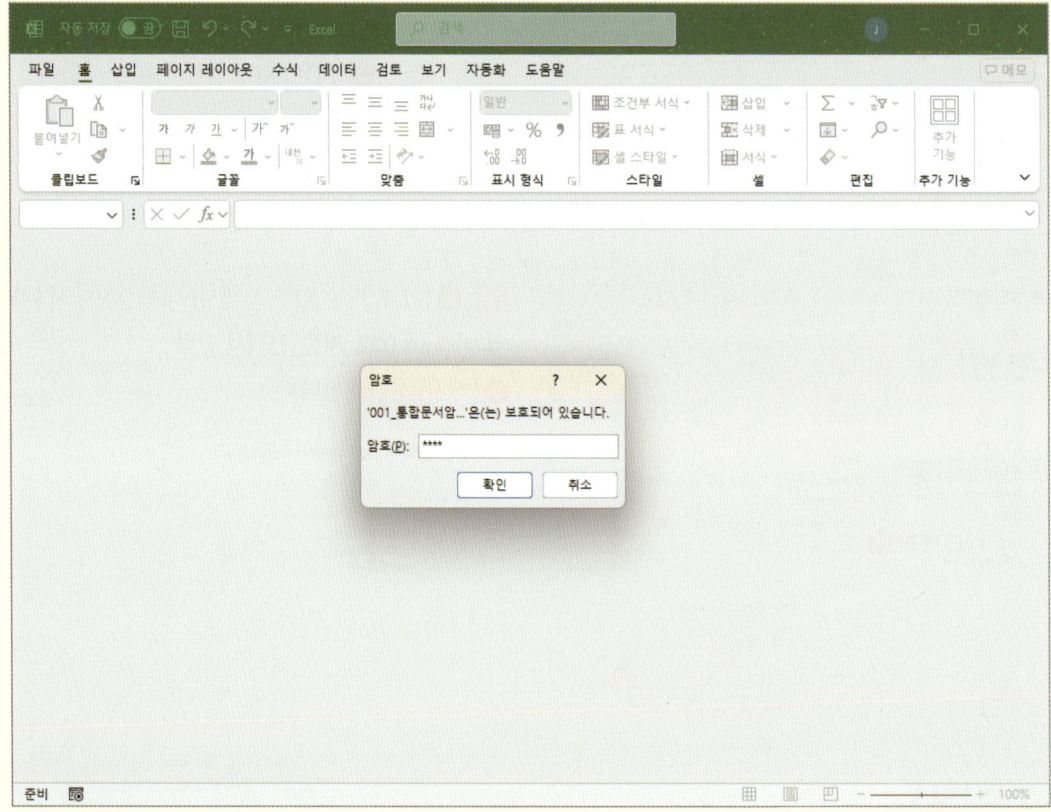

▲ 암호가 설정된 파일을 열었을 때의 첫 화면

01 ❶ [파일] 탭 클릭
❷ [정보]-[통합 문서 보호]-[암호 설정]을 클릭합니다.

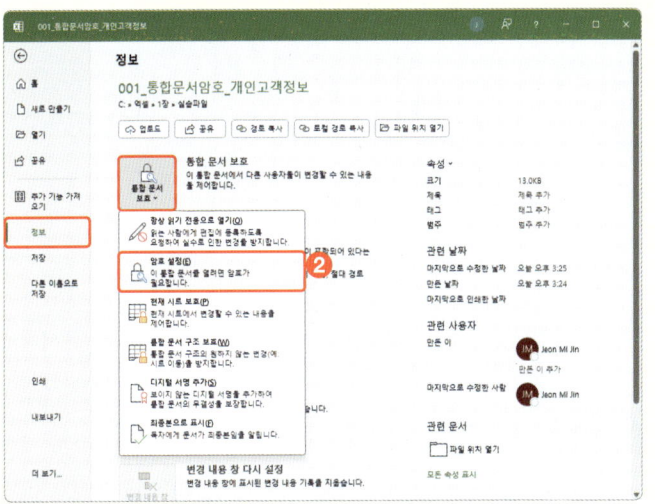

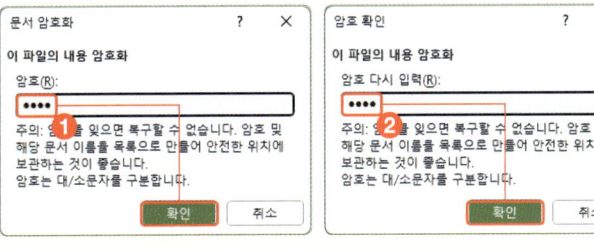

02 ❶ [문서 암호화] 대화상자에서 [암호]에 **1111** 입력 후 [확인] 클릭
❷ [암호 확인] 대화상자에서 [암호 다시 입력]에 **1111**을 입력하고 [확인]을 클릭합니다. 통합 문서가 보호되었습니다.

Tip 통합 문서의 암호를 잊어버리면 문서를 열 수 없으므로 따로 메모해두는 것이 좋습니다. 암호는 대문자, 소문자를 구분합니다.

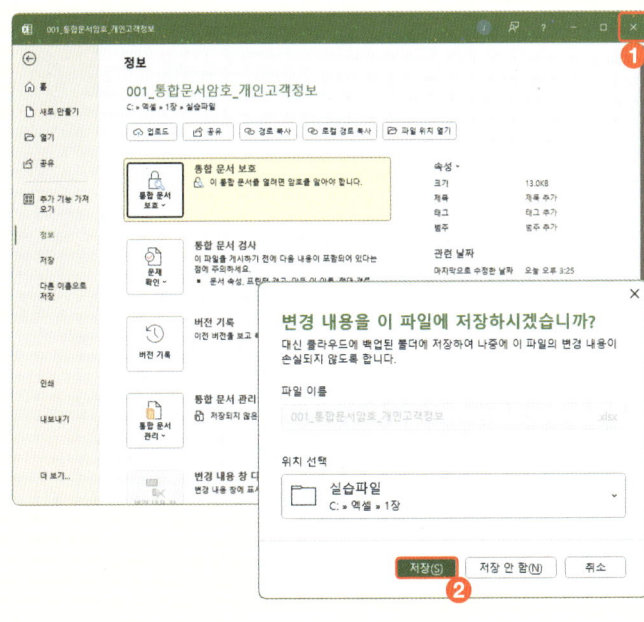

03 ❶ [닫기 ✕] 클릭
❷ 변경 내용을 저장하는지 묻는 대화상자가 나타나면 [저장]을 클릭합니다.

Tip 열기/쓰기의 암호를 각각 지정하려면 [다른 이름으로 저장] 대화상자의 아래쪽에서 [도구]-[일반 옵션]을 클릭해 암호를 지정합니다.

Tip 엑셀 M365 최신 버전에서는 왼쪽 그림처럼 변경 내용을 파일에 저장하는지 묻는 대화상자에서 '위치 선택'을 설정할 수 있습니다.

04 ❶ **001_통합문서암호_개인고객정보.xlsx** 파일 열기 ❷ [암호] 대화상자가 나타나면 **1111** 입력
❸ [확인]을 클릭하면, 파일이 열립니다.

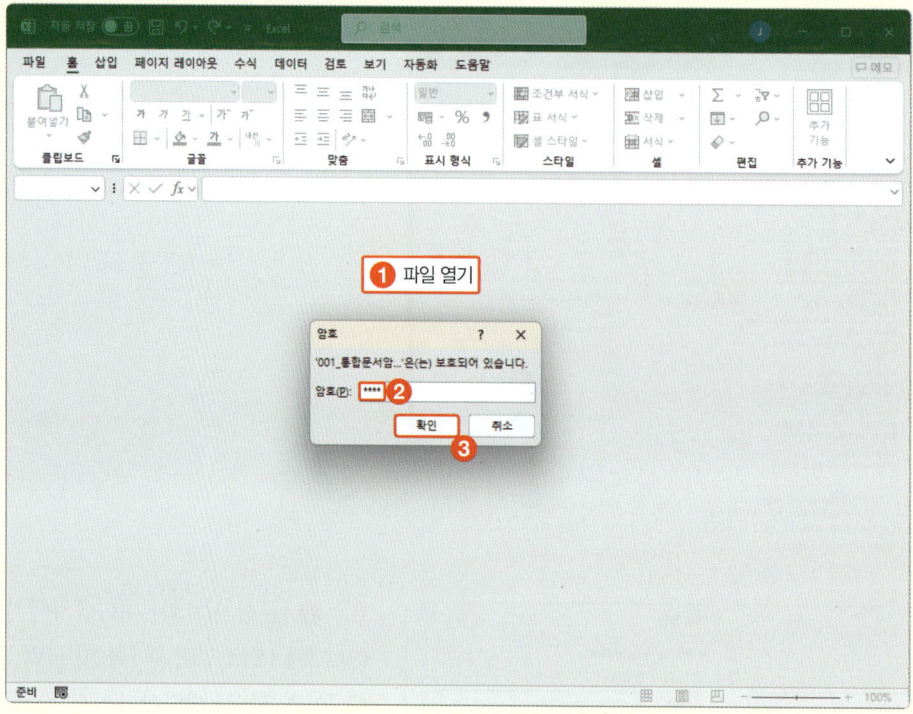

Tip 암호 지정을 취소하려면 [파일] 탭-[정보]-[통합 문서 보호]-[암호 설정]을 클릭한 후 [문서 암호화] 대화상자에서 암호를 삭제합니다. 공란으로 남긴 후 [확인]을 클릭합니다.

003 화면 구성 요소 눈금선, 리본 메뉴 보이기/숨기기

실습 파일 1장\003_화면구성_경력증명서.xlsx 완성 파일 없음

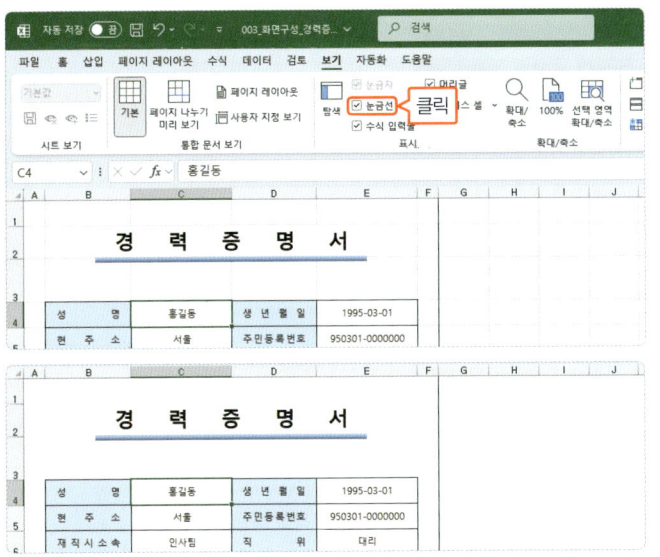

눈금선 숨기기

01 완성된 경력증명서를 확인할 때는 눈금선과 같은 불필요한 요소를 숨기는 것이 좋습니다. [보기] 탭-[표시] 그룹-[눈금선]을 클릭하여 체크를 해제합니다.

Tip 눈금선 외에 눈금자, 수식 입력줄, 머리글 등의 요소도 같은 방법으로 숨기거나 표시할 수 있습니다.

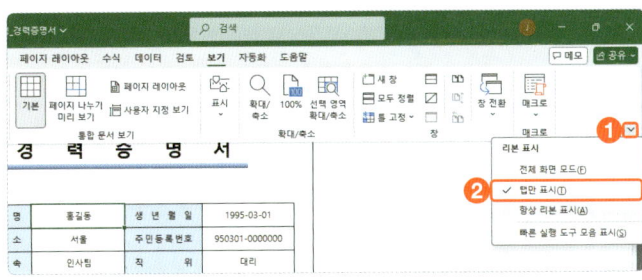

리본 메뉴 축소하기

02 ① [리본 메뉴 표시 옵션 ∨] 클릭 ② [탭만 표시]를 클릭하면 리본 메뉴가 축소됩니다.

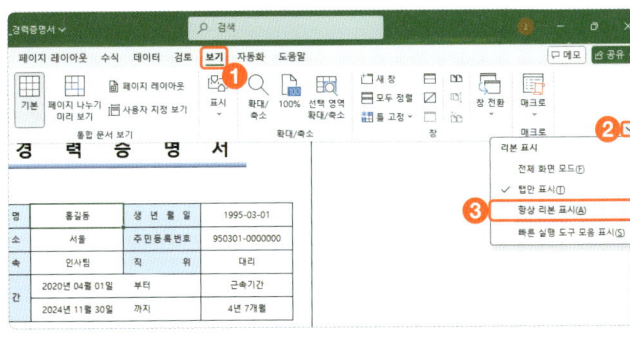

03 ① 임의의 리본 탭 클릭 ② [리본 메뉴 표시 옵션 ∨] 클릭 ③ [항상 리본 표시]를 클릭하면 원래 상태로 돌아갑니다.

Tip [탭만 표시]를 클릭하면 리본 메뉴가 축소되면서 작업 창의 문서 내용을 좀 더 넓은 영역에서 볼 수 있습니다. 임의의 리본 탭을 더블클릭하거나 단축키 Ctrl + F1을 눌러 리본 메뉴를 축소/확장할 수 있습니다.

CHAPTER 01 엑셀의 시작, 화면 구성과 데이터 입력으로 첫걸음 떼기

Note 내가 작업하고 있는 셀이 어디에 있는지 강조할 수 있나요? M365

Microsoft 365에 새롭게 추가된 포커스 셀 기능은 데이터가 많을 때 정확한 셀의 위치를 빠르게 확인할 수 있습니다.
1장\003_TIP_포커스셀.xlsx 실습 파일로 확인할 수 있습니다.

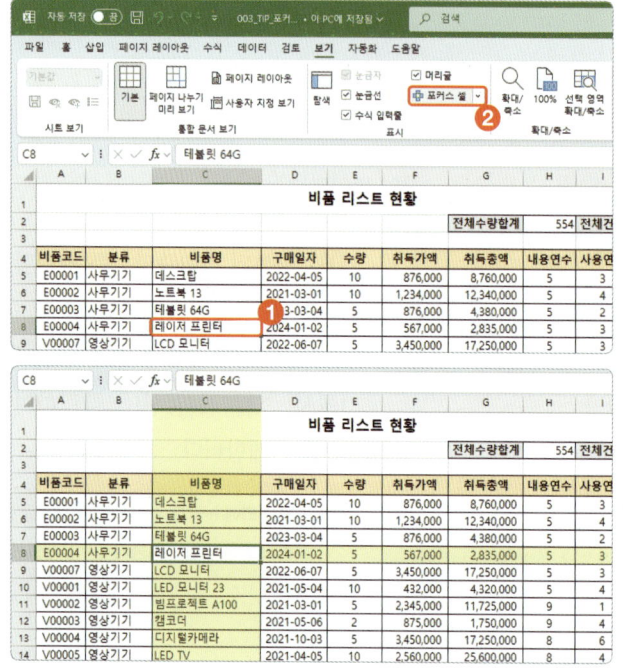

작업 셀 강조하기

① [C8] 셀 클릭

② [보기] 탭-[표시] 그룹-[포커스 셀]을 클릭합니다. 8행과 C열을 노란색으로 강조해서 보여줍니다. 행과 열이 교차하는 선택 셀을 빠르게 확인할 수 있습니다.

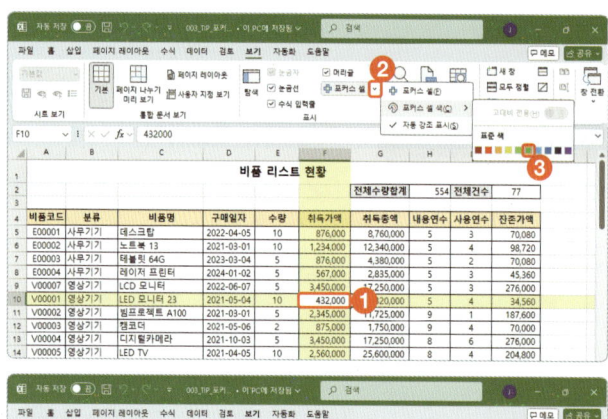

작업 셀 강조 색 변경하기

① [F10] 셀 클릭

② [보기] 탭-[표시] 그룹-[포커스 셀] 클릭

③ [포커스 셀 색]-[녹색]을 클릭합니다. 포커스 셀의 강조색이 녹색으로 변경됩니다.

Tip [보기] 탭-[표시] 그룹-[포커스 셀]에서 자동 강조 표시를 활성화하면 [찾기(Ctrl+F)]로 특정 내용을 찾았을 때 위치를 강조해서 표시합니다.

우선순위
004 빠른 실행 도구 모음에 명령어 추가하고 단축키로 실행하기

실습 파일 없음 완성 파일 없음

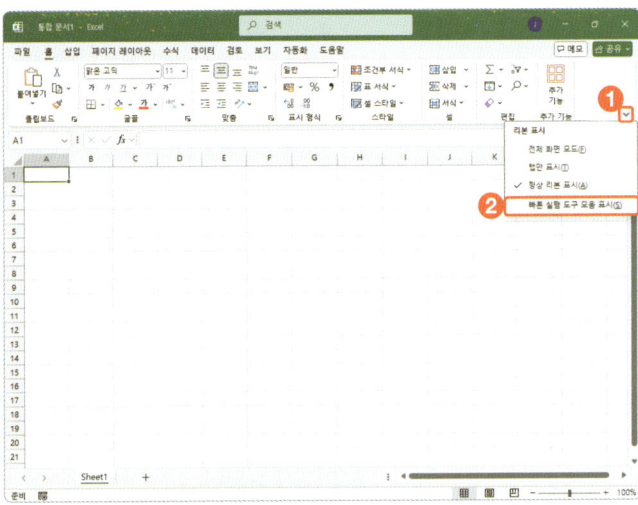

빠른 실행 도구 모음 표시하기

01 ❶ [리본 메뉴 표시 옵션 ∨] 클릭
❷ [빠른 실행 도구 모음 표시]를 클릭합니다.

Tip 이미 빠른 실행 도구 모음이 표시된 경우에는 건너뜁니다.

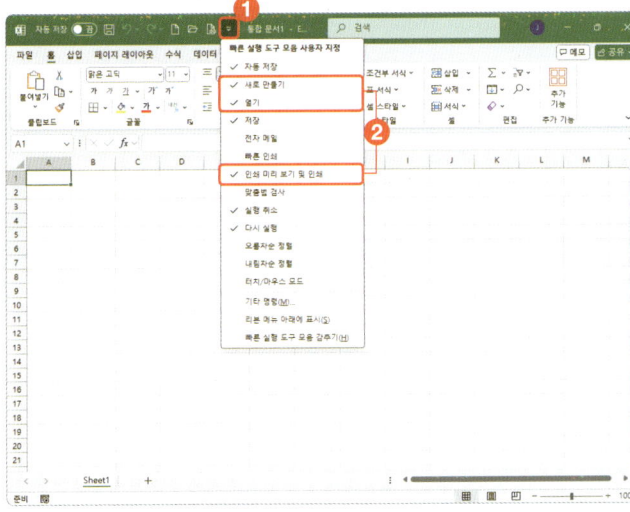

빠른 실행 도구 모음에 명령어 추가하기

02 ❶ [빠른 실행 도구 모음 사용자 지정 ∨] 클릭
❷ [새로 만들기], [열기], [인쇄 미리 보기 및 인쇄]를 각각 클릭하여 빠른 실행 도구 모음에 추가합니다.

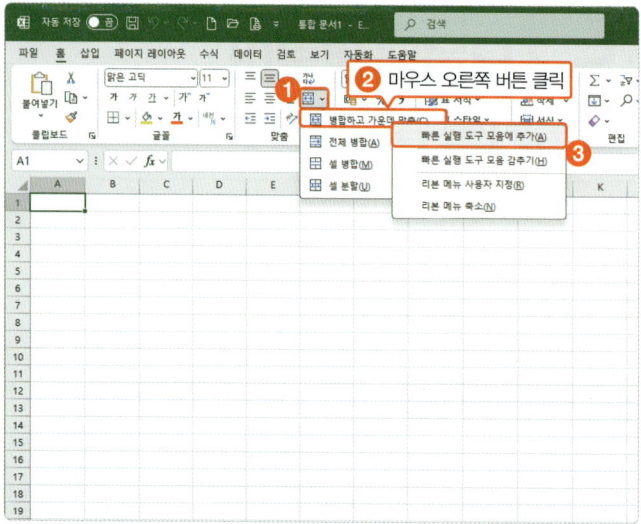

리본 메뉴 탭의 명령어 추가하기

03 ❶ [홈] 탭-[맞춤] 그룹-[병합하고 가운데 맞춤 ▾] 클릭

❷ [병합하고 가운데 맞춤]에서 마우스 오른쪽 버튼 클릭

❸ [빠른 실행 도구 모음에 추가]를 클릭합니다.

Tip [병합하고 가운데 맞춤]의 목록 버튼 ▾ 에서 마우스 오른쪽 버튼을 클릭하고 [빠른 실행 도구 모음에 추가]를 클릭하면 [병합하고 가운데 맞춤] 목록 메뉴 전체를 빠른 실행 도구 모음에 추가할 수 있습니다.

키 번호로 명령어 실행하기

04 Alt 를 누르면 빠른 실행 도구 모음과 리본 메뉴를 실행할 수 있는 키 번호가 표시됩니다. Alt + 5 를 누르면 통합 문서 [새로 만들기] 기능이 실행됩니다.

Tip 엑셀 환경이나 버전에 따라 키 번호가 다를 수 있으므로 빠른 실행 도구 모음에 추가한 순서를 확인하고 키 번호를 입력합니다.

Note 빠른 실행 도구 모음을 저장할 수 있나요?

자주 사용하는 명령어를 빠른 실행 도구 모음으로 등록한 후 이를 저장할 수 있습니다. [빠른 실행 도구 모음 사용자 지정 ▾]-[기타 명령]을 클릭하면 [Excel 옵션] 대화상자가 나타납니다. [빠른 실행 도구 모음] 항목에서 [가져오기/내보내기]-[모든 사용자 지정 항목 내보내기]를 클릭한 후 빠른 실행 도구 모음을 저장(*.exportedUI)합니다.

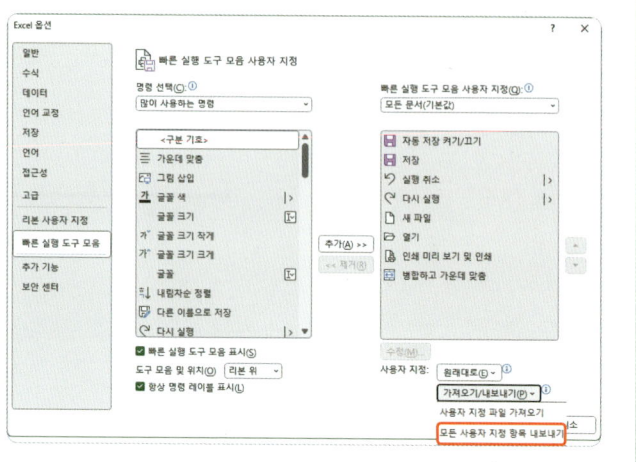

 **사용자 지정 리본 메뉴 탭 만들기**

실습 파일 없음
완성 파일 1장\혼자해보기\002_엑셀메뉴.exportedUI

예제 설명 및 완성 화면

빠른 실행 도구 모음뿐만 아니라 리본 메뉴도 인터페이스를 변경할 수 있습니다. 자신의 작업 스타일에 맞게 사용자 환경(UI)을 수정하면 작업 시간을 단축할 수 있습니다. [엑셀명령모음] 탭을 새로 정의하고 자주 사용하는 명령어를 추가해보겠습니다.

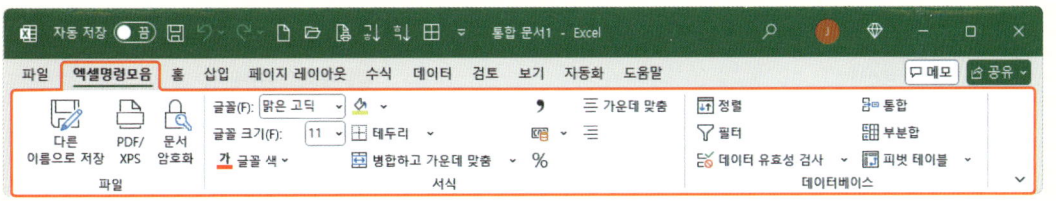
▲ [엑셀명령모음] 탭을 새로 정의한 리본 메뉴

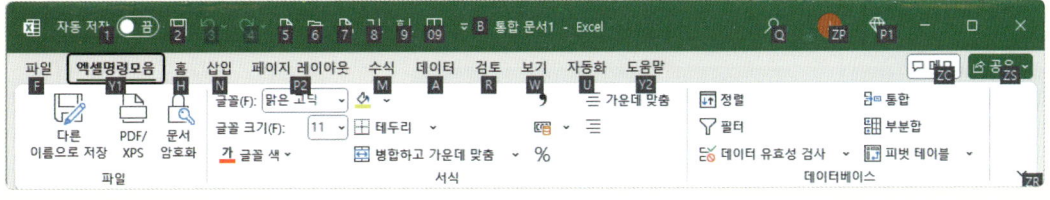
▲ Alt 를 눌러 리본 메뉴의 단축키 확인

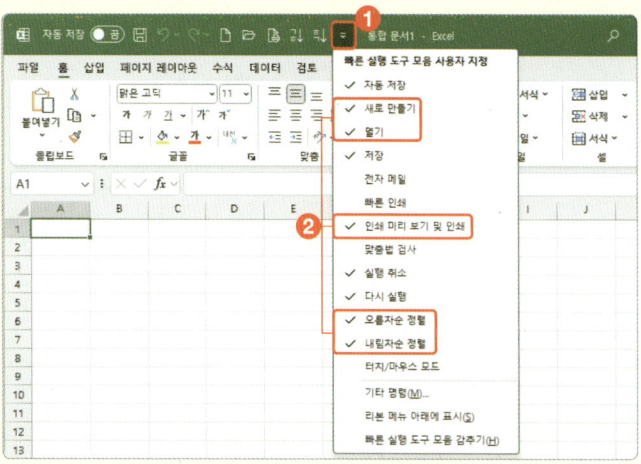

01 ❶ [빠른 실행 도구 모음 사용자 지정▼] 클릭

❷ [새로 만들기], [열기], [인쇄 미리 보기 및 인쇄], [오름차순 정렬], [내림차순 정렬]에 체크하여 빠른 실행 도구 모음에 추가합니다.

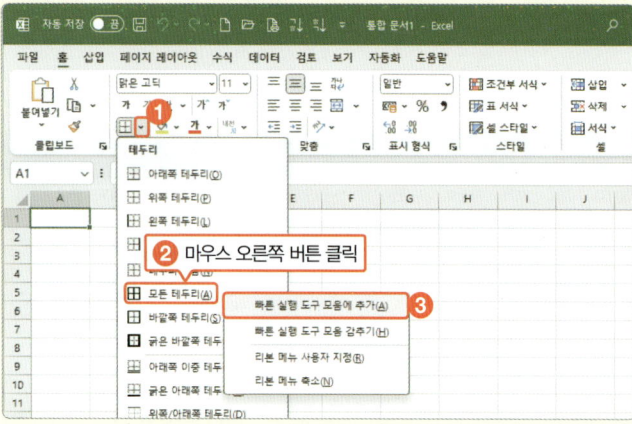

02 ❶ [홈] 탭–[글꼴] 그룹–[테두리▦]의 ▼ 클릭

❷ [모든 테두리]에서 마우스 오른쪽 버튼 클릭

❸ [빠른 실행 도구 모음에 추가]를 클릭합니다. 빠른 실행 도구 모음에 [모든 테두리]가 추가됩니다.

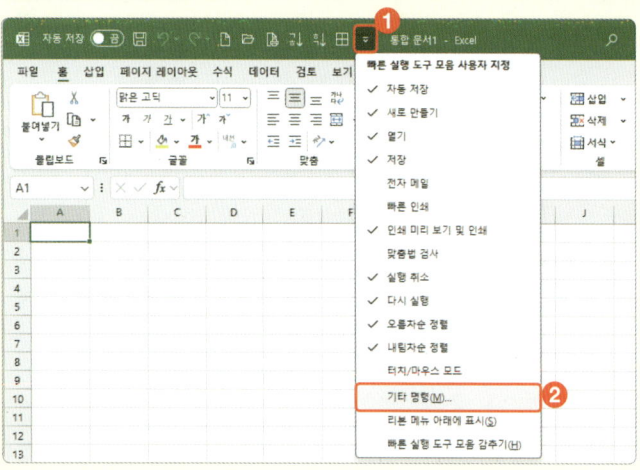

03 ❶ [빠른 실행 도구 모음 사용자 지정▼] 클릭

❷ [기타 명령]을 클릭합니다.

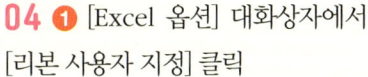
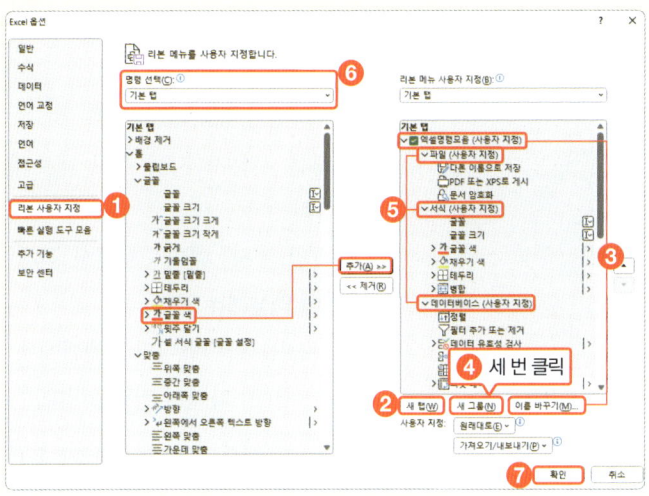

04 ❶ [Excel 옵션] 대화상자에서 [리본 사용자 지정] 클릭

❷ [새 탭] 클릭

❸ [이름 바꾸기] 클릭 후 **엑셀명령모음**으로 변경

❹ [새 그룹] 세 번 클릭

❺ **파일, 서식, 데이터베이스**로 이름 변경

❻ 각 그룹에 필요한 명령어를 [명령 선택]에서 그룹별로 찾은 후 [추가] 클릭

❼ [확인]을 클릭해 리본 메뉴 사용자 지정을 마칩니다. [엑셀명령모음] 탭이 추가됩니다.

Tip [파일] 그룹에 필요한 명령어는 [명령 선택]-[파일 탭]에서 찾을 수 있습니다. [서식]과 [데이터베이스] 그룹에 필요한 명령어는 [명령 선택]-[기본 탭]-[홈], [데이터] 그룹에서 찾을 수 있습니다. 명령어를 찾은 후 [추가] 또는 [제거]를 클릭하여 그룹에 추가하거나 제거합니다.

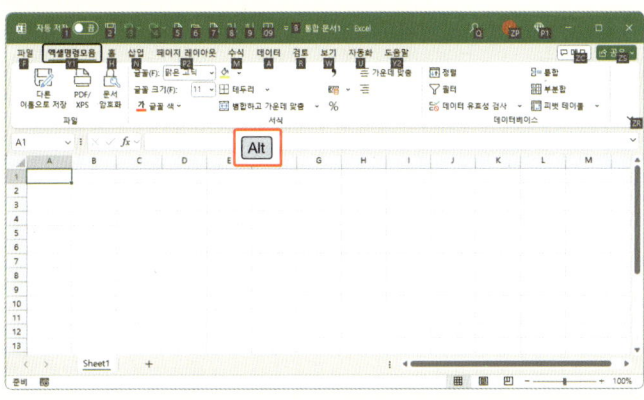

05 Alt 를 누르면 키보드로 리본 메뉴를 실행할 수 있는 키 번호가 표시됩니다. 원하는 키 번호를 누르면 해당 기능이 실행됩니다.

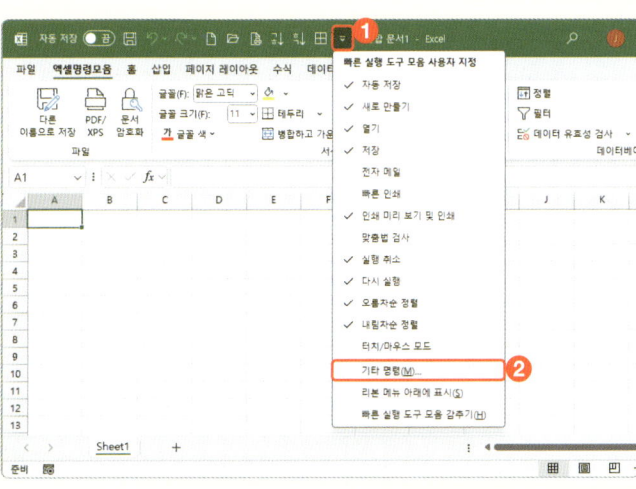

06 [엑셀명령모음] 사용자 지정 리본 메뉴 탭을 파일로 저장해보겠습니다.

❶ [빠른 실행 도구 모음 사용자 지정] 클릭

❷ [기타 명령]을 클릭합니다.

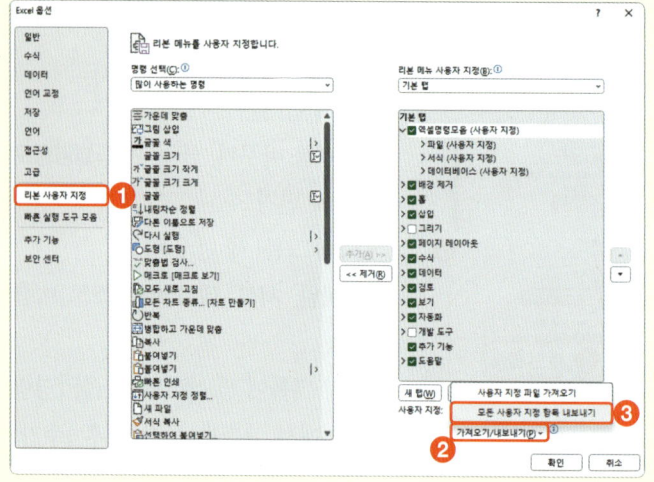

07 ❶ [Excel 옵션] 대화상자에서 [리본 사용자 지정] 클릭

❷ [가져오기/내보내기] 클릭

❸ [모든 사용자 지정 항목 내보내기] 클릭

❹ [파일 저장] 대화상자에서 [파일 이름]에 **엑셀메뉴** 입력

❺ [저장]을 클릭합니다. [엑셀메뉴.exportedUI] 파일이 저장됩니다.

Tip [Excel 옵션] 대화상자에서 [가져오기/내보내기]를 클릭한 후 [사용자 지정 파일 가져오기]를 클릭하면 사용자 지정 메뉴를 다시 불러올 수 있습니다.

Tip [Excel 옵션] 대화상자에서 [원래대로]를 클릭한 후 [모든 사용자 지정 다시 설정]을 클릭하고 경고 창에서 [예]를 클릭하면 리본 메뉴를 초기 상태로 돌려놓을 수 있습니다.

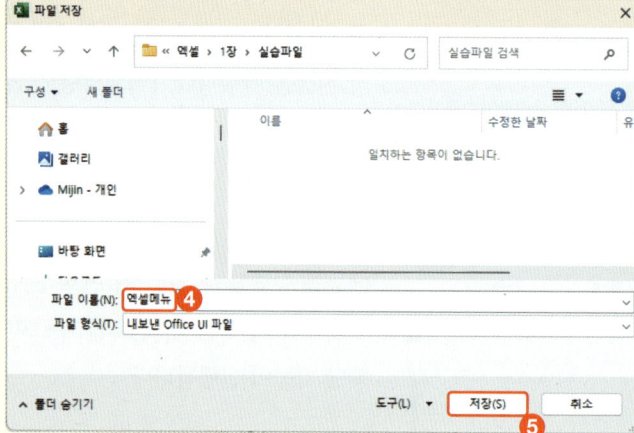

키보드로 범위 지정하기

실습 파일 1장\005_셀범위_거래처판매현황1.xlsx 완성 파일 없음

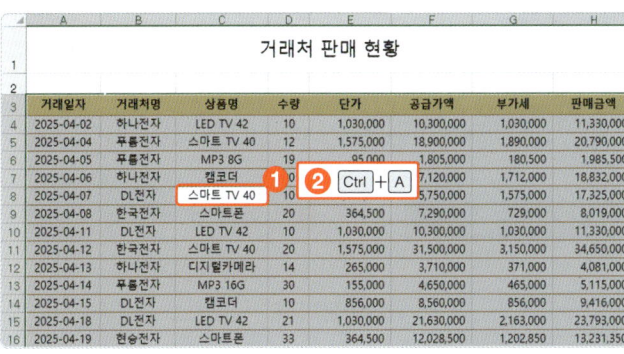

키보드로 범위 지정하기

01 ❶ [A4] 셀 클릭
❷ Ctrl + Shift + ↓ 를 누르면 [A4:A83] 범위가 지정됩니다.

전체 데이터 범위 지정하기

02 ❶ 데이터 목록에서 임의의 셀 클릭
❷ Ctrl + A 를 누르면 데이터가 입력된 전체 범위가 지정됩니다.

Tip 워크시트 전체 범위를 지정할 때는 [A1] 셀 왼쪽 위에 있는 [전체 선택 ◢]을 클릭해도 됩니다.

Note 데이터의 범위를 지정할 때 꼭 알아야 할 단축키가 있나요?

다음 표의 단축키를 알아두면 빠르게 데이터의 범위를 지정할 수 있습니다.

단축키	수학/삼각
Ctrl + Shift + 방향키(↑/↓/←/→)	데이터가 입력된 현재 셀에서 열의 첫 행 또는 마지막 행, 첫 열 또는 마지막 열까지 범위를 지정합니다. 단, 데이터가 입력되지 않았을 때는 현재 열/행의 처음 또는 마지막 셀까지 범위가 지정됩니다.
Ctrl + Shift + *	데이터가 입력된 전체 범위를 지정합니다. 단, 데이터가 입력되지 않았을 때는 범위 지정이 되지 않습니다.
Ctrl + A	데이터가 입력된 전체 범위를 지정합니다. 단, 데이터가 입력되지 않았을 때는 현재 워크시트 전체 셀 범위가 지정됩니다.
Ctrl + Spacebar	현재 셀 위치의 열 전체를 범위 지정합니다.
Shift + Spacebar	현재 셀 위치의 행 전체를 범위 지정합니다.

이름 정의로 범위 지정하기

실습 파일 1장\006_셀범위_거래처판매현황2.xlsx   완성 파일 1장\006_셀범위_거래처판매현황2_완성.xlsx

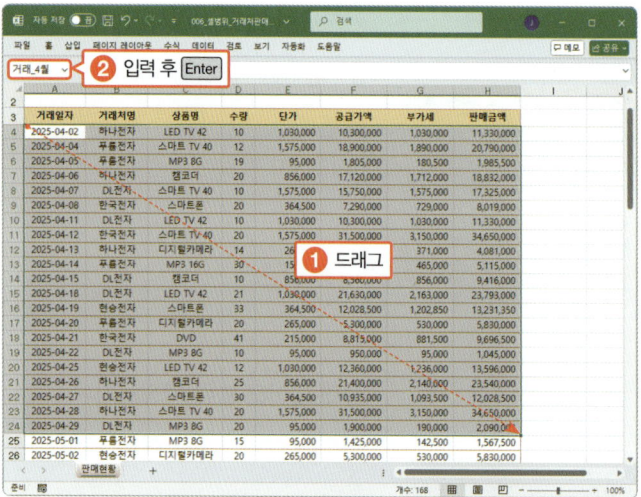

범위를 이름 정의하기

01 셀과 범위에 이름을 정의할 수 있습니다.

❶ [A4:H24] 범위 지정

❷ [이름 상자]에 **거래_4월**을 입력한 후 Enter 를 누릅니다.

Tip [A4:H24] 범위가 '거래_4월'이란 이름으로 정의됩니다.

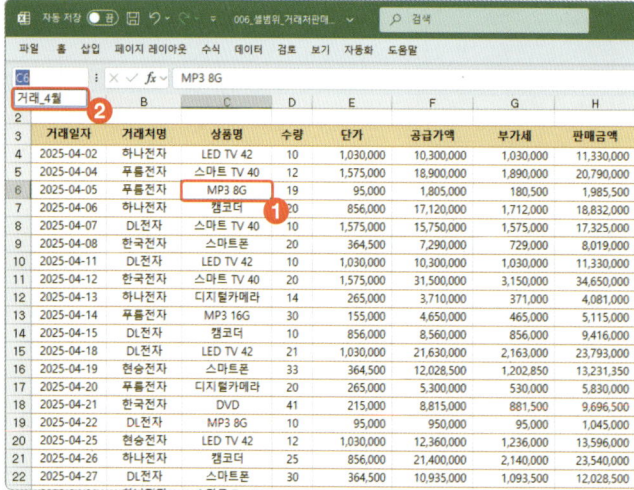

02 ❶ 임의의 셀 클릭

❷ [이름 상자]에서 [거래_4월]을 선택합니다.

Tip 특정 범위를 이름으로 정의하면 한 번에 그 범위를 지정할 수 있습니다.

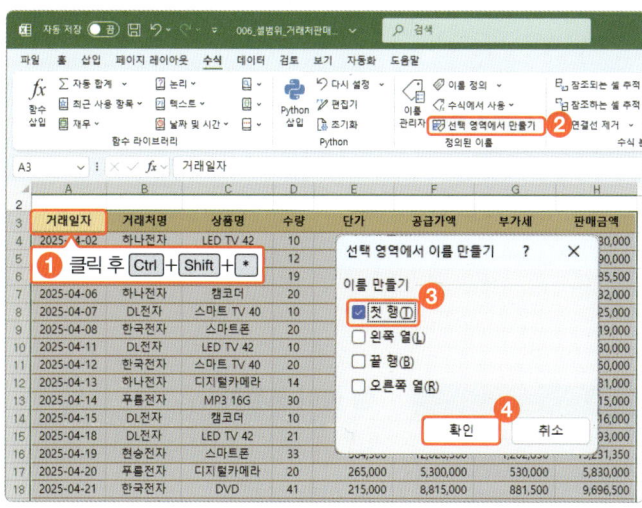

선택 영역에서 만들기

03 [선택 영역에서 만들기]를 이용하면 한 번에 이름을 지정할 수 있습니다.

① [A3] 셀 클릭 후 Ctrl + Shift + *
② [수식] 탭-[정의된 이름] 그룹-[선택 영역에서 만들기 📝] 클릭
③ [선택 영역에서 이름 만들기] 대화상자에서 [첫 행]에 체크
④ [확인]을 클릭합니다.

Tip 선택 범위에서 각 열의 첫 행이 범위 이름으로 정의되며 단축키는 Ctrl + Shift + F3 입니다.

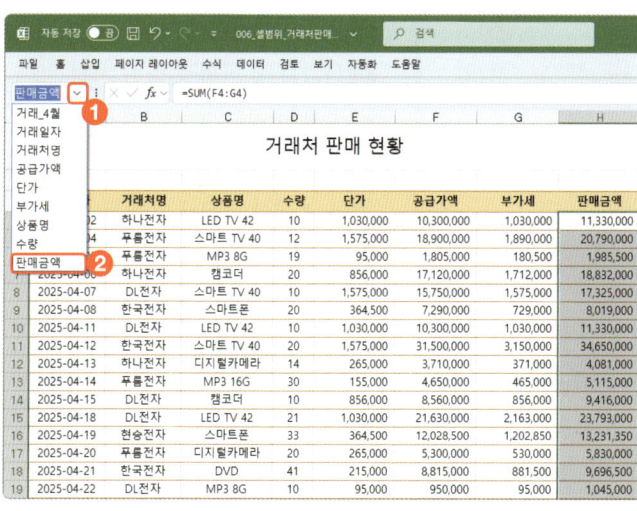

04 앞서 첫 행을 이름으로 정의하였으므로 [이름 상자]의 목록에는 거래일자, 거래처명, 공급가액, 단가, 부가세, 상품명, 수량, 판매금액이 추가됩니다.

① [이름 상자 목록 단추 ∨] 클릭
② 앞서 이름 정의한 범위 중에 [판매금액]을 클릭하면 판매금액 열이 선택됩니다.

Note 정의한 이름을 수정하거나 삭제할 수 있나요?

정의된 셀 이름 목록은 [수식] 탭-[정의된 이름] 그룹-[이름 관리자]에서 확인할 수 있습니다. [이름 관리자] 대화상자에서는 정의한 이름을 수정하거나 삭제할 수 있으며, 이름을 새로 정의할 수 있습니다. 이름 관리자의 단축키는 Ctrl + F3 입니다.

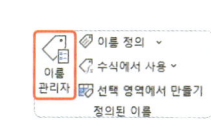
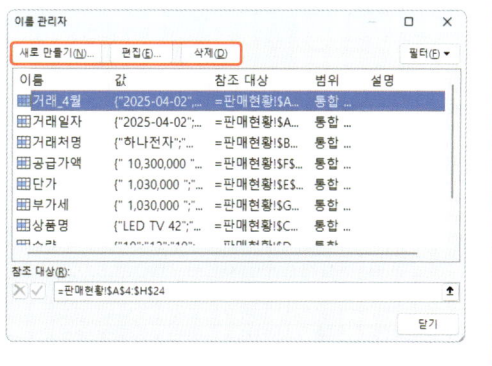

행 높이와 열 너비 조절하기

실습 파일 1장\007_행열너비_청구서.xlsx   완성 파일 1장\007_행열너비_청구서_완성.xlsx

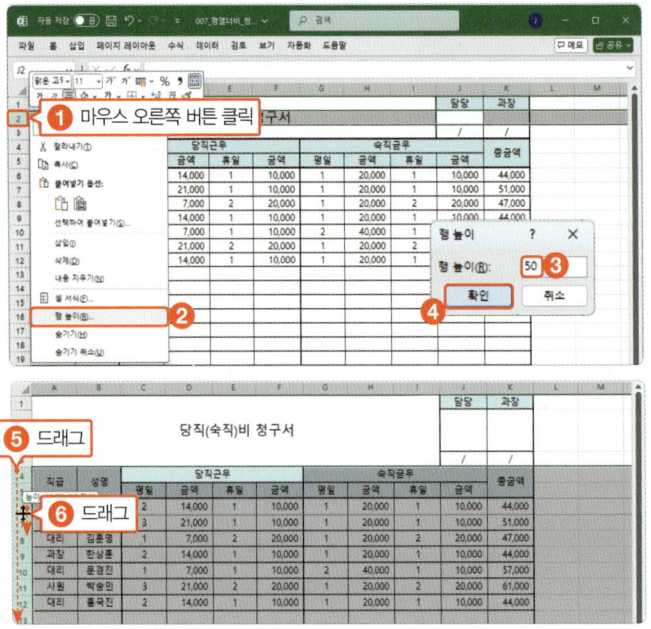

행 높이 조정하기

01 ❶ 2행 머리글에서 마우스 오른쪽 버튼 클릭
❷ [행 높이] 클릭
❸ [행 높이] 대화상자에 **50** 입력
❹ [확인] 클릭
❺ [4:21] 행 머리글 범위 지정
❻ 5행 머리글 경계선에 마우스 포인터를 위치시키고 아래쪽으로 드래그하여 행의 높이를 조절합니다.

Tip 행의 범위에 포함된 임의의 행 머리글의 경계를 드래그한 만큼 일괄적으로 나머지 행의 높이도 변경됩니다.

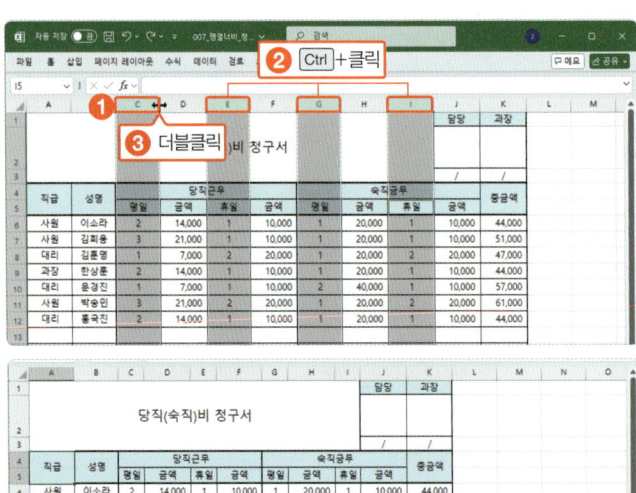

열 너비 자동 조절하기

02 ❶ C열 머리글 클릭
❷ Ctrl 을 누른 채 E, G, I열 머리글 각각 클릭
❸ 선택한 열 머리글 사이 경계선에 마우스 포인터를 위치시키고 더블클릭합니다.

Tip 행/열 머리글에서 행의 아래쪽 및 열의 오른쪽 경계선을 더블클릭하면 행/열의 높이/너비가 셀에 입력된 내용에 맞춰 자동으로 조절됩니다.

008 열 너비를 유지하여 붙여넣기 및 선택하여 붙여넣기

실습 파일 1장\008_복사_개인고객정보.xlsx 완성 파일 1장\008_복사_개인고객정보_완성.xlsx

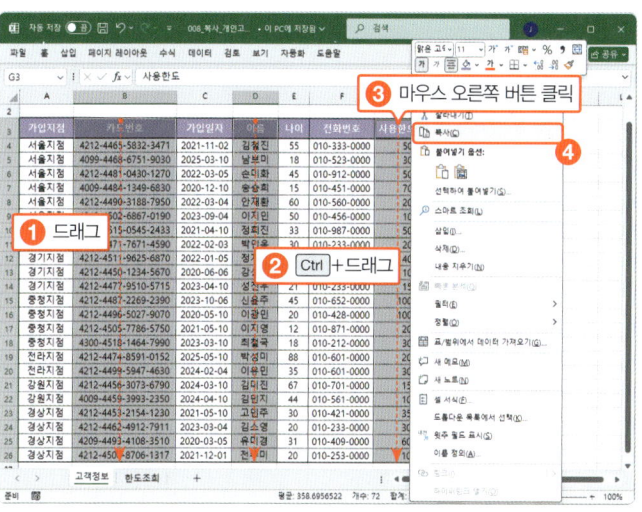

열 너비를 유지하여 붙여넣기

01 [고객정보] 시트의 카드번호, 이름, 사용한도를 열 너비를 유지한 채 [한도조회] 시트에 붙여 넣어보겠습니다.

❶ [고객정보] 시트에서 [B3:B26] 범위 지정

❷ Ctrl 을 누른 채 [D3:D26], [G3:G26] 범위 각각 지정

❸ 마우스 오른쪽 버튼 클릭

❹ [복사]를 클릭합니다.

Tip [복사] 단축키는 Ctrl + C , [잘라내기]는 Ctrl + X , [붙여넣기]는 Ctrl + V 입니다.

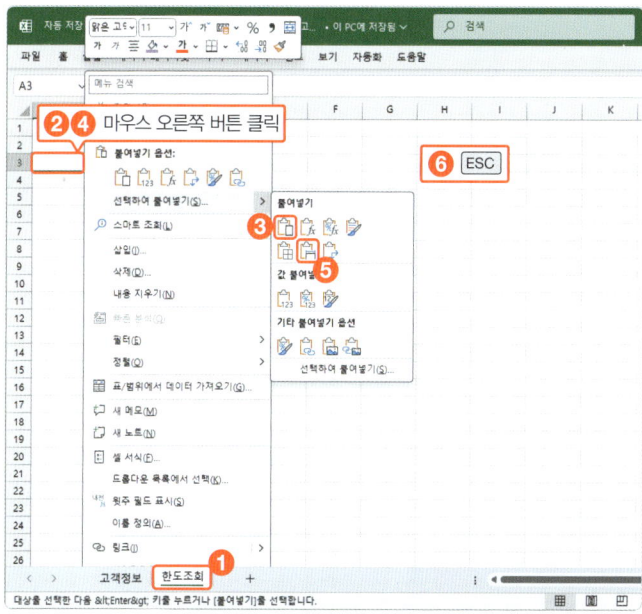

02 ❶ [한도조회] 시트 탭 클릭

❷ [A3] 셀에서 마우스 오른쪽 버튼 클릭

❸ [선택하여 붙여넣기]-[붙여넣기 📋] 클릭

❹ 한 번 더 마우스 오른쪽 버튼 클릭

❺ [선택하여 붙여넣기]-[원본 열 너비 유지 📋] 클릭

❻ ESC 를 눌러 복사 모드를 해제합니다.

Tip [붙여넣기 📋]는 복사한 데이터, 서식, [원본 열 너비 유지 📋]는 복사한 데이터의 열 너비가 유지된 채 붙여 넣어집니다.

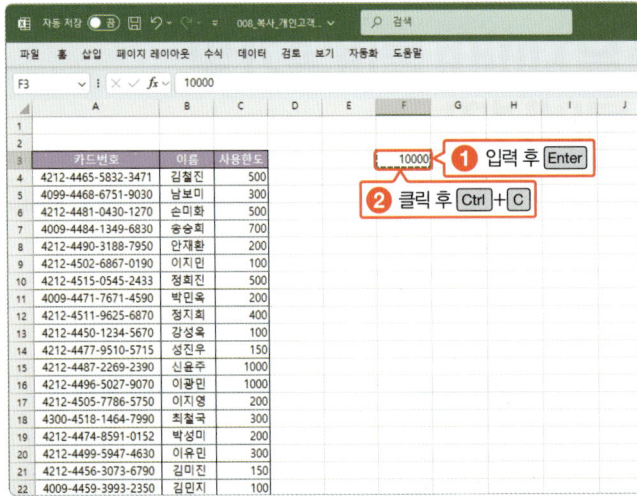

곱하여 붙여넣기

03 [선택하여 붙여넣기] 대화상자를 이용해 사용한도 금액에 10000을 곱해서 표시해보겠습니다.

① [F3] 셀에 **10000** 입력 후 Enter
② [F3] 셀을 클릭한 후 Ctrl + C 를 누릅니다.

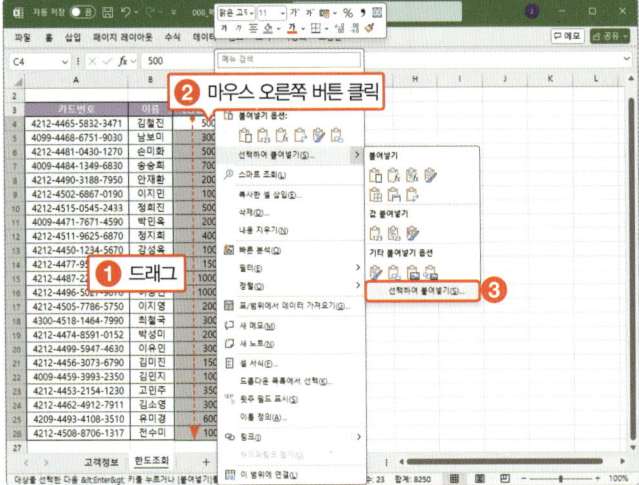

04 ① [C4:C26] 범위 지정
② 마우스 오른쪽 버튼 클릭
③ [선택하여 붙여넣기]-[선택하여 붙여넣기]를 클릭합니다.

Tip [선택하여 붙여넣기] 단축키는 Ctrl + Alt + V 입니다.

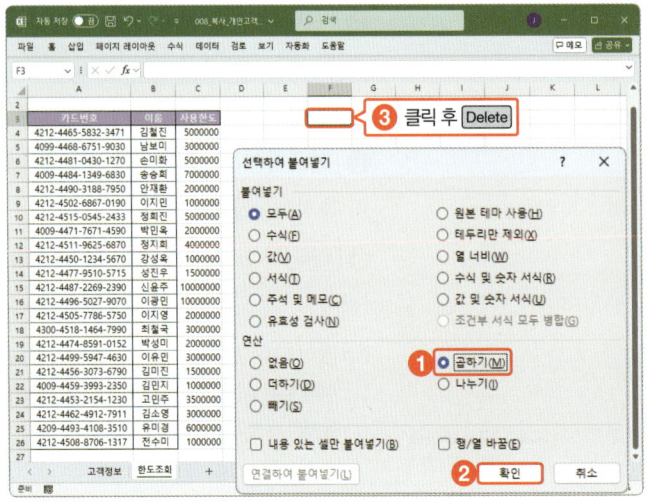

05 ① [선택하여 붙여넣기] 대화상자에서 [연산]-[곱하기] 클릭
② [확인] 클릭
③ [F3] 셀을 클릭한 후 Delete 를 눌러 값을 삭제합니다.

Tip 선택한 범위의 값에 10000이 곱해집니다.

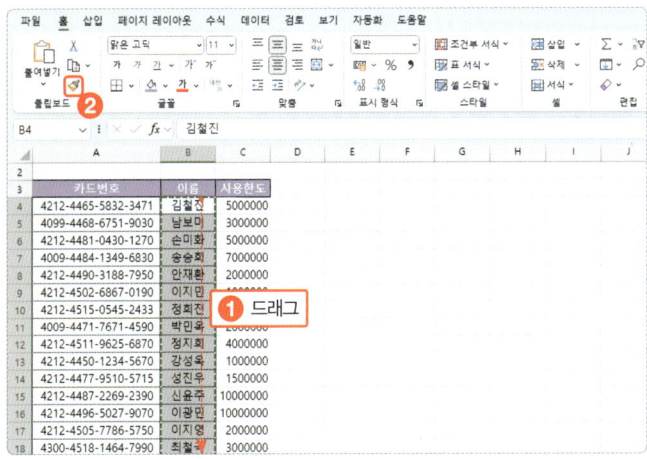

이름 열의 서식만 복사하기

06 ❶ [B4:B26] 범위 지정

❷ [홈] 탭-[클립보드] 그룹-[서식 복사 🖌]를 클릭합니다.

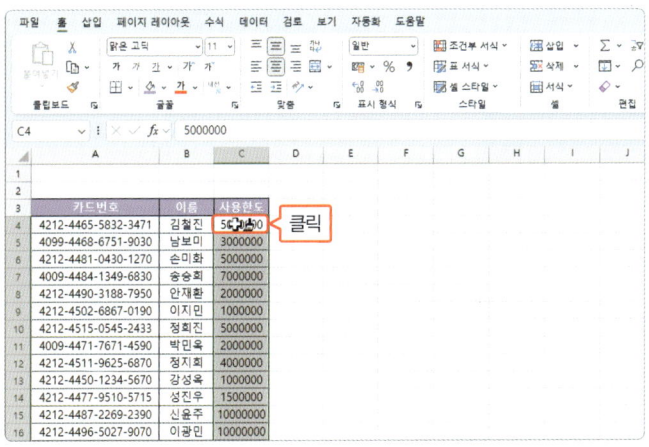

07 마우스 포인터가 서식 붙여넣기 모양 ➕🖌으로 변경됩니다. [C4] 셀을 클릭하면 이름 열의 서식이 사용한도 열로 복사됩니다.

Tip [서식 복사 🖌]를 더블클릭하면 동일한 서식을 반복해서 복사할 수 있습니다. 서식 복사를 중단하려면 ESC 를 누릅니다.

Note ▶ 붙여넣기(Ctrl + V)와 선택하여 붙여넣기 옵션(Ctrl + Alt + V)의 차이점은 무엇인가요?

일정 셀(범위)을 복사하면 지정한 셀(범위)의 값, 서식, 수식, 메모, 노트, 하이퍼링크 등이 붙여 넣어집니다. 하지만 [선택하여 붙여넣기]는 원하는 옵션만 선택해서 붙여 넣을 수 있습니다. [선택하여 붙여넣기] 단축키는 Ctrl + Alt + V 입니다.

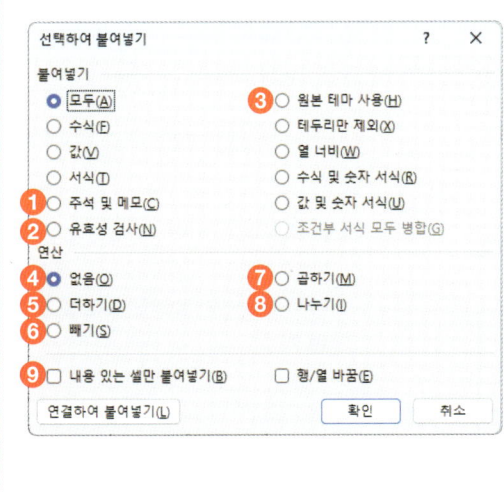

❶ **주석 및 메모** : 셀에 설명을 적은 메모만 붙여 넣음

❷ **유효성 검사** : 셀에 설정된 데이터 유효성 검사 규칙만 붙여 넣음

❸ **원본 테마 사용** : 원본 데이터에 적용된 테마를 사용하여 모든 셀 내용과 서식을 붙여 넣음

❹ **없음** : 연산 없이 복사할 영역의 내용을 붙여 넣음

❺ **더하기** : 복사할 셀의 값을 붙여 넣을 범위의 값에 더함

❻ **빼기** : 붙여 넣을 셀의 값에서 복사할 셀의 값을 뺌

❼ **곱하기** : 붙여 넣을 셀의 값에 복사할 셀의 값을 곱함

❽ **나누기** : 붙여 넣을 셀의 값을 복사할 셀의 값으로 나눔

❾ **내용 있는 셀만 붙여넣기** : 내용이 있는 셀만 붙여 넣고 빈 셀은 붙여 넣지 않음

009 그림으로 연결하여 붙여넣기

실습 파일 1장\009_복사_인사평가표.xlsx 완성 파일 1장\009_복사_인사평가표_완성.xlsx

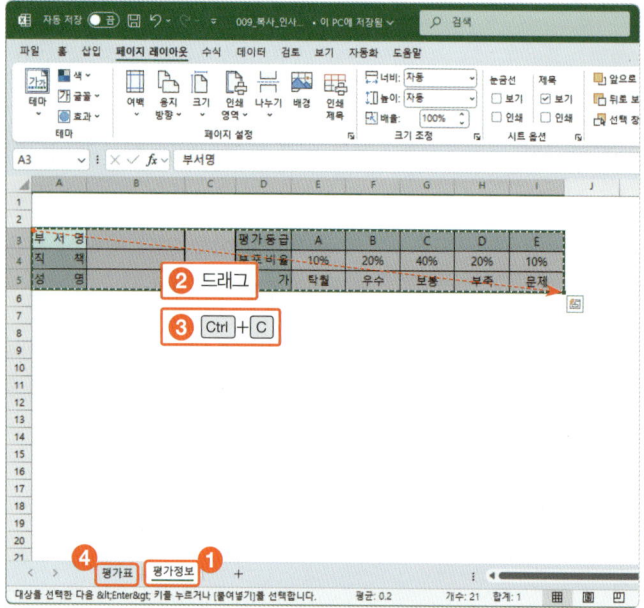

평가정보 표 복사하기

01 [평가정보] 시트에 작성된 표를 복사하여 [평가표] 시트에 그림으로 붙여 넣어보겠습니다.

❶ [평가정보] 시트 탭 클릭

❷ [A3:I5] 범위 지정

❸ Ctrl + C

❹ [평가표] 시트 탭을 클릭합니다.

Tip 그림으로 붙여넣기는 표뿐만 아니라 눈금선도 복사하므로 복사하기 전에 [보기] 탭-[표시] 그룹-[눈금선]의 체크를 해제합니다.

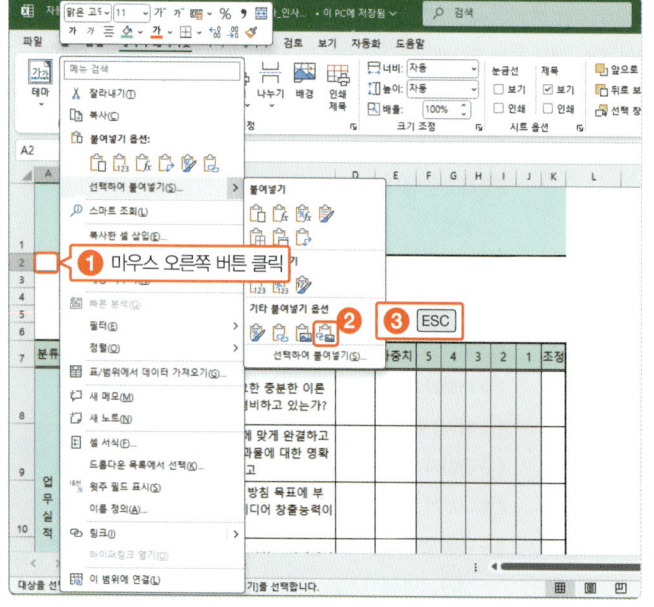

그림으로 붙여넣기

02 ❶ [A2] 셀에서 마우스 오른쪽 버튼 클릭

❷ [선택하여 붙여넣기]-[기타 붙여넣기 옵션]에서 [연결된 그림] 클릭

❸ ESC 를 눌러 복사 모드를 해제합니다.

Tip [연결된 그림]을 사용하면 원본 데이터와 동일하게 자동으로 수정됩니다. 만약 원본 데이터의 영향을 받지 않으려면 [그림]을 선택합니다.

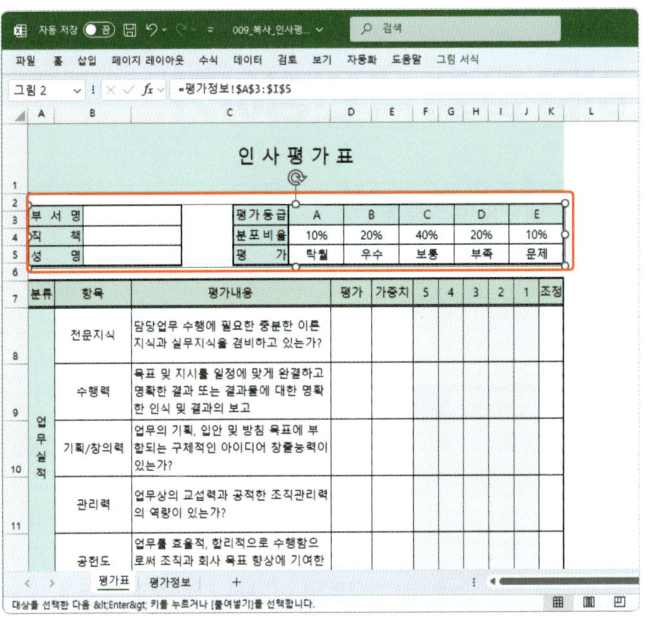

03 붙여 넣은 그림 개체를 클릭한 후 드래그하여 위치와 크기를 조절합니다.

Tip 개체를 선택한 후 방향키(←↑→↓)를 눌러 위치를 이동할 수 있습니다.

Note 단축 메뉴에 있는 선택하여 붙여넣기 옵션 아이콘은 어떻게 다른가요?

엑셀 2010 이후 버전에서 마우스 오른쪽 버튼을 클릭할 때 나타나는 메뉴는 붙여넣기 옵션을 아이콘으로 제공합니다. 이 메뉴를 이용하면 좀 더 쉽고 편리하게 붙여넣기 옵션을 지정할 수 있습니다.

	선택하여 붙여넣기 옵션	설명
붙여넣기	: 붙여넣기	모든 셀 내용과 수식 및 서식 붙여넣기
	: 수식	수식 입력줄에 입력한 수식만 붙여넣기
	: 수식 및 숫자 서식	수식 입력줄에 입력한 수식과 숫자 서식을 붙여넣기
	: 원본 서식 유지	테마가 적용된 원본 서식을 유지하면서 다른 통합 문서에 셀 내용과 수식을 붙여넣기
	: 테두리 없음	테두리 없이 셀 내용과 서식 및 수식을 붙여넣기
	: 원본 열 너비 유지	원본 열 너비를 유지하면서 셀 내용과 서식, 수식을 붙여넣기
	: 행/열 바꿈	행과 열을 바꿔서 셀 내용과 서식, 수식을 붙여넣기
	: 조건부 서식 병합	조건부 서식을 붙여 넣을 영역에 있는 조건부 서식과 병합하여 붙여넣기
값 붙여넣기	: 값	셀 내용만 붙여넣기
	: 값 및 숫자 서식	셀 내용과 숫자 서식만 붙여넣기
	: 값 및 원본 서식	셀 내용과 서식을 붙여넣기
기타 붙여넣기	: 서식	셀 서식만 붙여넣기
	: 연결하여 붙여넣기	셀 내용만 연결하여 붙여넣기
	: 그림	원본과 연결 없이 그림으로 붙여넣기
	: 연결된 그림	원본과 연결하여 그림으로 붙여넣기

010 워크시트 이름 및 탭 색 변경하기

실습 파일 1장\010_시트_실적현황1.xlsx   완성 파일 1장\010_시트_실적현황1_완성.xlsx

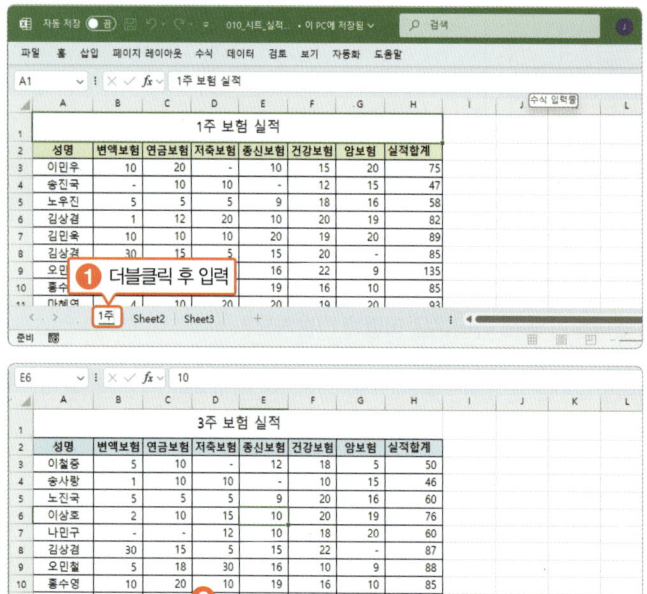

워크시트 이름 변경하기

01 ❶ [Sheet1] 시트 탭 더블클릭 후 **1주** 입력

❷ 같은 방법으로 [Sheet2], [Sheet3] 시트의 이름을 각각 **2주**, **3주**로 변경합니다.

Tip 워크시트 이름은 31자를 넘지 않아야 하며 \, /, ?, *, [,], '를 포함하지 않아야 합니다.

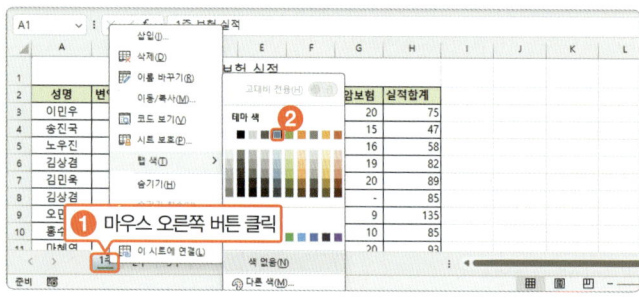

워크시트 탭 색 변경하기

02 ❶ [1주] 시트 탭에서 마우스 오른쪽 버튼 클릭

❷ [탭 색]-[바다색, 강조 1] 클릭

❸ 같은 방법으로 [2주], [3주] 시트 탭의 색을 각각 [녹색, 강조 2], [황금색, 강조 5]로 변경합니다.

워크시트 이동/복사/삭제하기

실습 파일 1장\011_시트_실적현황2.xlsx 완성 파일 1장\011_시트_실적현황2_완성.xlsx

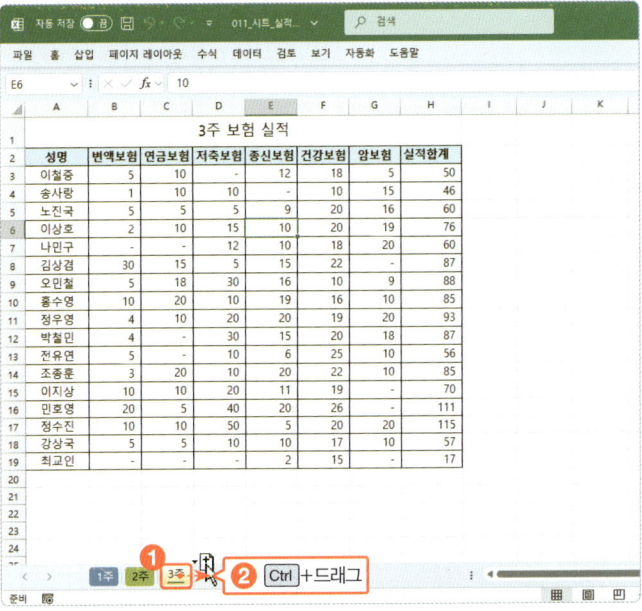

워크시트 복사하기

01 4주간의 매출 실적을 각각의 시트에 기록하려고 합니다. [4주] 시트가 없으므로 [3주] 시트를 복사한 후 이름을 바꿔보겠습니다.

❶ [3주] 시트 탭 클릭

❷ Ctrl 을 누른 상태에서 오른쪽으로 드래그합니다.

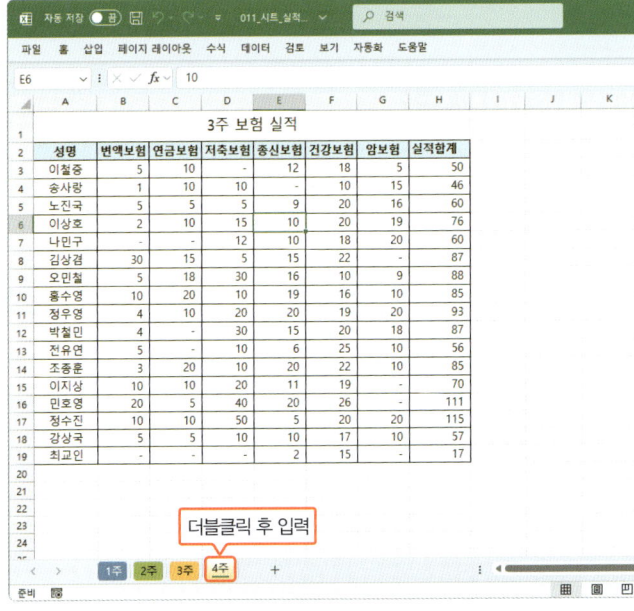

복사된 워크시트 이름 변경하기

02 복사된 시트를 더블클릭하고 **4주**를 입력합니다.

워크시트 삽입 및 이동하기

03 ❶ [새 시트 +] 클릭

❷ 새로운 시트 탭 더블클릭 후 **월실적** 입력

❸ [월실적] 시트 탭을 [1주] 시트 탭 왼쪽으로 드래그합니다.

Tip 시트는 최대 255개를 삽입할 수 있습니다. 새 통합 문서에서 시트의 개수를 조절하려면 [파일] 탭-[옵션]을 클릭하고 [Excel 옵션] 대화상자에서 [일반] 항목의 [포함할 시트 수]에서 1~255 사이의 값을 입력합니다.

워크시트 삭제하기

04 앞서 추가한 [4주] 시트를 삭제해보겠습니다.

❶ [4주] 시트 탭에서 마우스 오른쪽 버튼 클릭

❷ [삭제] 클릭

❸ 해당 시트를 삭제해도 되는지 물어보는 대화상자가 나타나면 [삭제]를 클릭합니다.

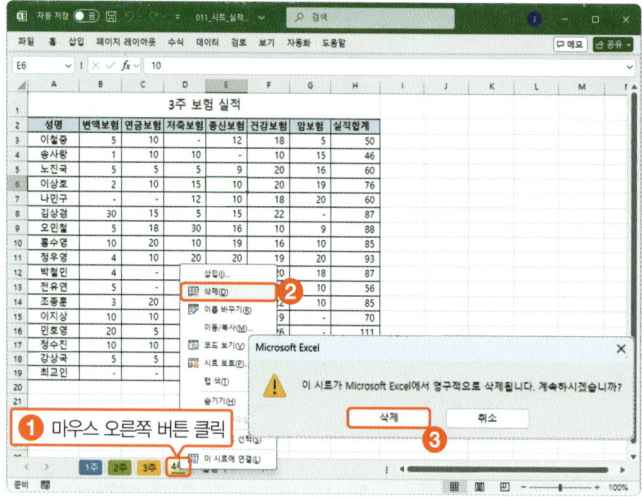

Tip 삭제된 시트는 명령 취소를 할 수 없으므로 주의합니다.

Note 워크시트와 관련해서 꼭 알아야 할 단축키가 있나요?

워크시트를 원하는 대로 다루기 위해서 알아두면 좋은 단축키입니다.

단축키	설명
Shift + F11	새 워크시트를 삽입합니다.
Ctrl + PgUp/PgDn	현재 워크시트에서 다음 또는 이전 워크시트로 이동합니다.
Ctrl + 시트 이동 단추 ◀ Ctrl + 시트 이동 단추 ▶	워크시트의 처음/끝으로 이동합니다. (워크시트의 개수가 많아서 탭 위치에 시트가 모두 보이지 않을 때만 활성화됩니다)
시트 이동 단추(◀ ▶)에서 마우스 오른쪽 버튼 클릭	[활성화] 대화상자에 전체 워크시트 목록이 표시됩니다. 워크시트 이름을 더블클릭하면 해당 워크시트로 이동합니다.
Shift + 시트 탭 클릭	Shift 를 누른 채 워크시트를 클릭하면 처음 선택한 워크시트와 마지막에 선택한 워크시트 사이에 위치한 모든 워크시트가 그룹화됩니다.
Ctrl + 시트 탭 클릭	Ctrl 을 누른 채 워크시트를 클릭하면 클릭한 워크시트만 그룹화됩니다.

매출실적표에서 시트 이름 바꾸고 그림 복사하기

실습 파일 1장\혼자해보기\003_분기매출실적.xlsx
완성 파일 1장\혼자해보기\003_분기매출실적_완성.xlsx

예제 설명 및 완성 화면

2분기 영업사원 매출실적에서 먼저 각 시트 탭의 이름을 지정합니다. 시트 전체의 글꼴을 지정하고 결재 양식과 개인별 매출실적을 그림으로 복사한 후 [2분기실적보고] 시트에 붙여 넣어보겠습니다.

사원성명	김우진	송성수	이미옥	강진욱	최민아	문승욱
실적	9,381,000	12,588,000	14,796,000	10,530,000	18,852,000	6,174,000
성명	박민욱	노숭아	홍성준	나국환	한민수	유민철
실적	8,382,000	18,762,000	10,530,000	20,580,000	8,382,000	13,017,000

사원성명	부서명	직급	이익률 (%)	달성률 (%)	반품률 (%)	회수율 (%)
김우진	국내영업1팀	사원	23%	89%	2%	90%
송성수	국내영업1팀	대리	19%	86%	1%	45%
이미옥	국내영업1팀	대리	25%	82%	0%	35%
강진욱	국내영업1팀	사원	20%	80%	1%	50%
최민아	국내영업2팀	사원	26%	85%	1%	43%
문승욱	국내영업2팀	대리	25%	80%	3%	9%
박민욱	국내영업2팀	사원	33%	78%	1%	12%
노숭아	국내영업2팀	사원	23%	83%	2%	10%
홍성준	국내영업3팀	대리	26%	81%	1%	10%
나국환	국내영업3팀	사원	39%	82%	3%	10%
한민수	국내영업3팀	대리	26%	81%	1%	10%
유민철	국내영업3팀	대리	26%	88%	6%	10%
평균			26%	83%	2%	28%

4월 | 5월 | 6월 | 2분기실적보고 | 개인별2분기실적

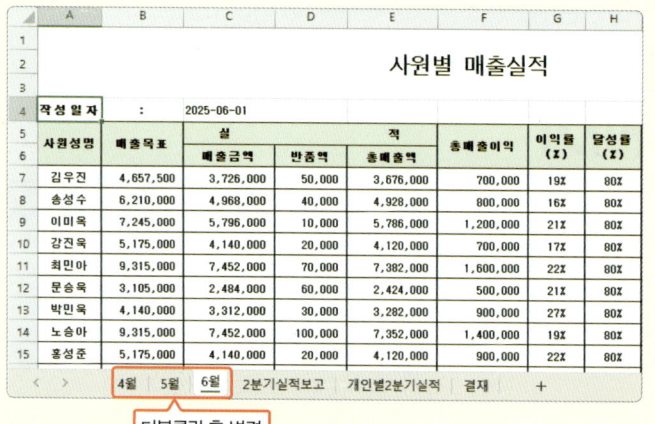

01 [Sheet1], [Sheet2], [Sheet3] 시트 탭을 더블클릭하고 이름을 각각 **4월**, **5월**, **6월**로 변경합니다.

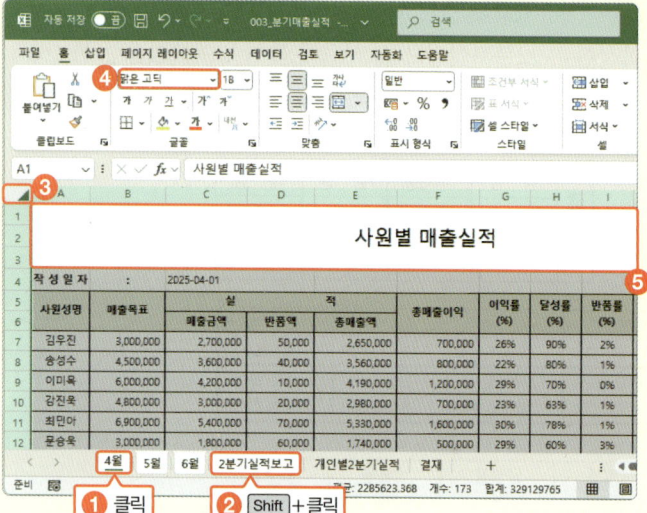

02 ❶ [4월] 시트 탭 클릭
❷ Shift 를 누른 채 [2분기실적보고] 시트 탭 클릭
❸ [전체 선택 ▲] 클릭
❹ [홈] 탭-[글꼴] 그룹-[맑은 고딕] 선택
❺ 임의의 셀을 클릭해 범위를 해제합니다. 선택한 시트의 글꼴이 맑은 고딕으로 변경됩니다.

03 ❶ [결재] 시트 탭 클릭 ❷ [B4:F7] 범위 지정 후 Ctrl + C ❸ [2분기실적보고] 시트 탭 클릭 ❹ [D3] 셀에서 마우스 오른쪽 버튼 클릭 ❺ [선택하여 붙여넣기]-[그림 📋] 클릭 ❻ 결재 양식의 크기를 적절하게 조절한 후 적당한 위치에 배치합니다.

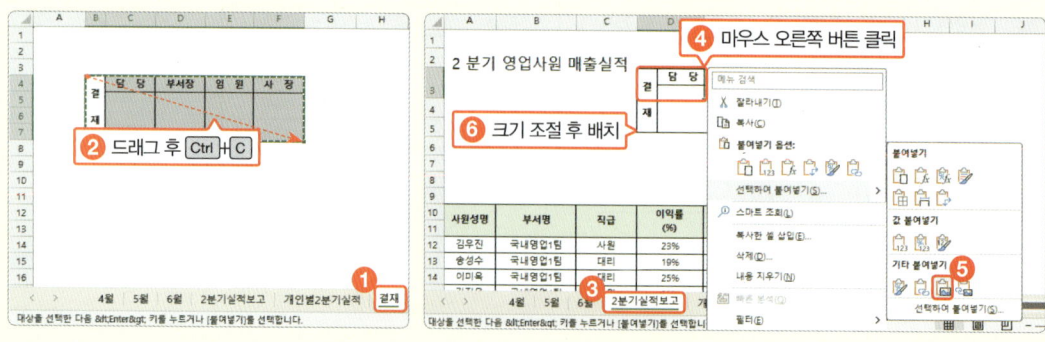

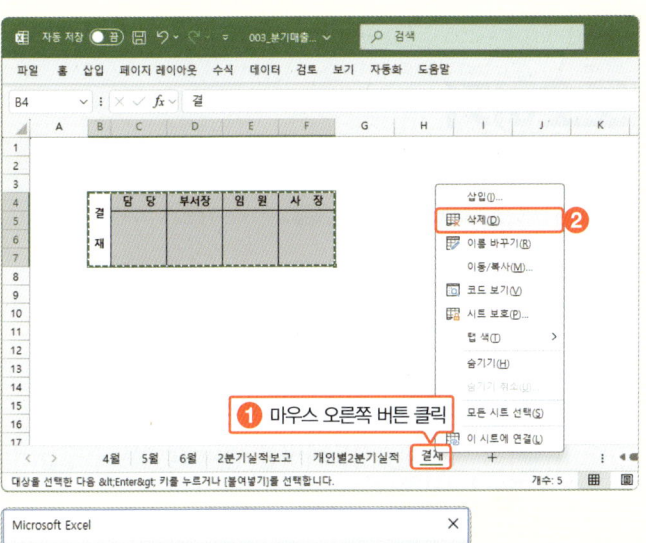

04 ① [결재] 시트 탭에서 마우스 오른쪽 버튼 클릭
② [삭제] 클릭
③ 시트가 영구적으로 삭제된다는 대화상자가 나타나면 [삭제]를 클릭합니다.

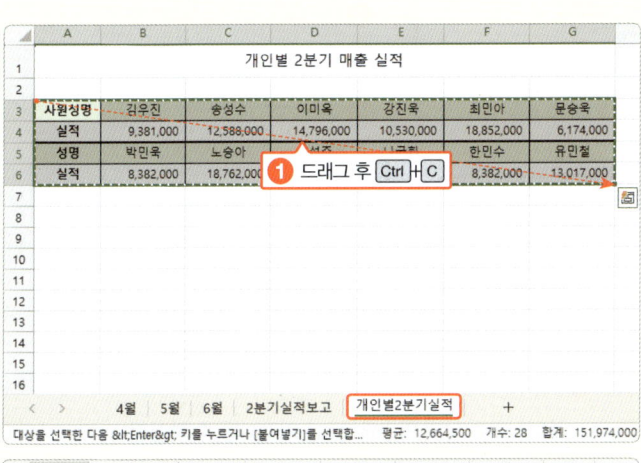

05 ① [개인별2분기실적] 시트에서 [A3:G6] 범위 지정 후 Ctrl + C
② [2분기실적보고] 시트 탭의 [A5] 셀에서 마우스 오른쪽 버튼 클릭
③ [선택하여 붙여넣기]-[연결된 그림] 클릭
④ 크기를 적절하게 조절한 후 적당한 위치에 배치합니다.

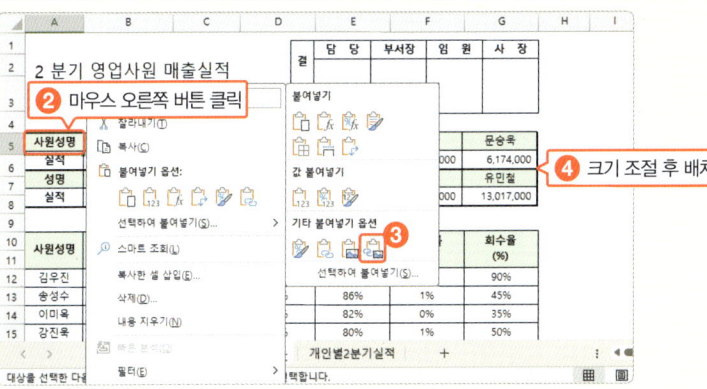

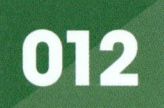
워크시트 보호하기

실습 파일 1장\012_시트보호_거래명세서.xlsx   완성 파일 1장\012_시트보호_거래명세서_완성.xlsx

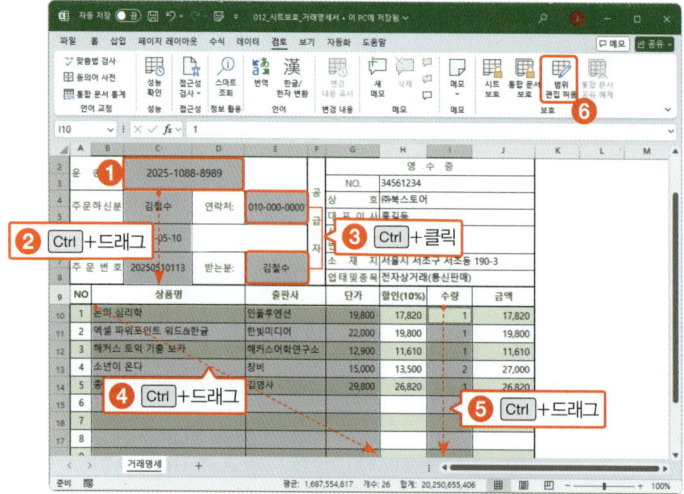

범위 편집 허용하기

01 지정한 범위 외에는 수정할 수 없도록 편집 허용 범위를 설정해보겠습니다.

❶ [C2] 셀 클릭

❷ Ctrl 을 누른 채 [C4:C7] 범위 지정

❸ Ctrl 을 누른 채 [E4] 셀, [E7] 셀 클릭

❹ Ctrl 을 누른 채 [B10:G19] 범위 지정

❺ Ctrl 을 누른 채 [I10:I19] 범위 지정

❻ [검토] 탭-[보호] 그룹-[범위 편집 허용]을 클릭합니다.

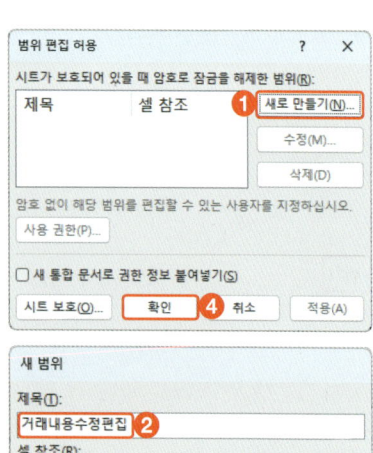

02 ❶ [범위 편집 허용] 대화상자에서 [새로 만들기] 클릭

❷ [새 범위] 대화상자의 [제목]에 **거래내용수정편집** 입력

❸ [확인] 클릭

❹ [범위 편집 허용] 대화상자에서도 [확인]을 클릭합니다.

Tip 지정한 범위만 편집할 수 있도록 편집 허용 범위가 설정됩니다.

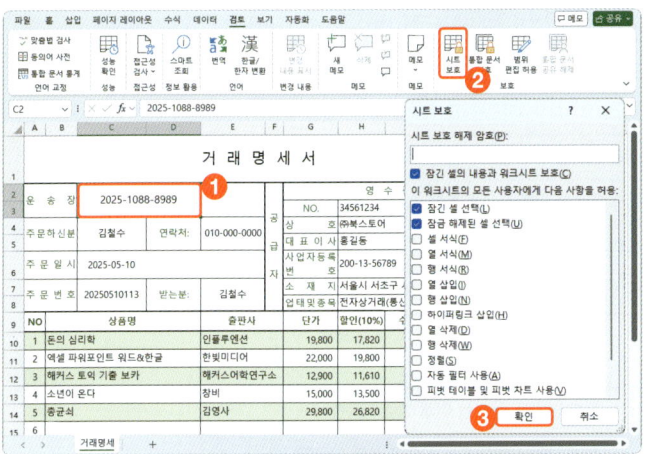

시트 보호하기

03 데이터와 서식을 변경할 수 없도록 시트 보호를 설정해보겠습니다.

❶ 임의의 셀 클릭

❷ [검토] 탭-[보호] 그룹-[시트 보호] 클릭

❸ [시트 보호] 대화상자에서 [확인]을 클릭합니다.

Tip 편집 허용 범위를 지정한 후 시트 보호를 설정하면 [거래내용수정편집]에서 지정한 [C2], [C4:C7], [E4], [E7], [B10:G19], [I10:I19] 셀만 수정할 수 있습니다. 만약 [시트 보호 해제 암호]를 입력했다면 암호를 잊어버리지 않도록 주의합니다.

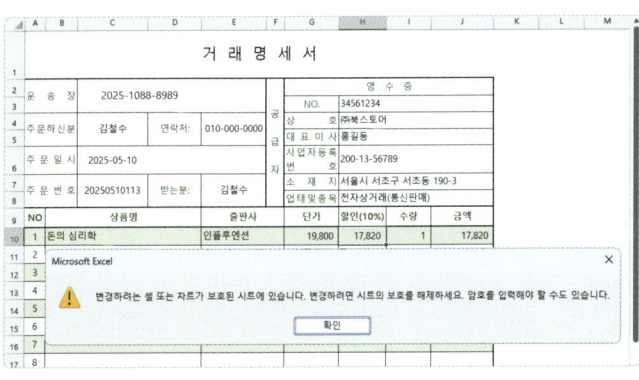

04 편집 범위를 허용한 운송장, 주문하신분, 연락처, 주문일시, 주문번호, 받는분, 상품명, 출판사, 단가, 수량 이외의 셀인 [H10] 셀에서 데이터 수정을 시도하면 경고 메시지가 나타납니다.

Tip 시트 보호를 해제하려면 [검토] 탭-[보호] 그룹-[시트 보호 해제]를 클릭합니다.

Note 수식 셀을 보호하고 수식을 숨길 수 있나요?

셀(범위)을 [잠금]하는 이유는 개인 사용자나 공유된 문서를 사용하는 여러 사용자가 실수나 고의로 워크시트 또는 통합 문서의 중요한 데이터를 변경, 이동, 삭제할 수 없도록 하기 위해서입니다. 특히 [숨김]은 계산 결과만 셀에 표시하고, 수식은 숨겨서 어떤 수식을 사용했는지 숨길 수 있습니다.

❶ 시트 보호를 해제한 상태에서 수식이 입력된 범위를 지정합니다. ❷ Ctrl + 1 을 누른 후 ❸ [셀 서식] 대화상자-[보호] 탭에서 [잠금], [숨김]에 체크합니다. ❹ [확인]을 클릭해 수식 셀을 보호하고 수식을 숨깁니다. 이후 [검토] 탭-[보호] 그룹-[시트 보호]를 클릭해 시트 보호를 설정합니다. 수식 셀을 클릭해보면 수식 입력줄의 수식이 숨겨집니다.

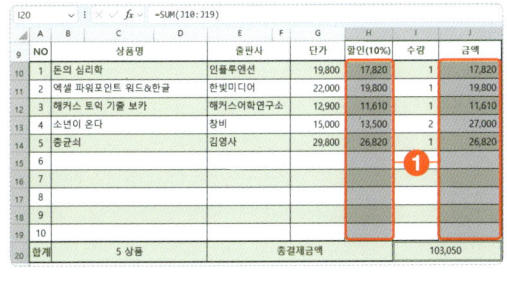
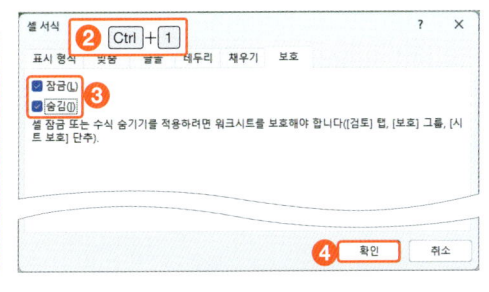

Note 셀 이동과 화면 이동 단축키

근처 셀로 이동할 때

↓ 또는 Enter	현재 셀의 위치를 아래 셀로 이동합니다.
↑ 또는 Shift + Enter	현재 셀의 위치를 위쪽 셀로 이동합니다.
→ 또는 Tab	현재 셀의 위치를 오른쪽 셀로 이동합니다.
↑ 또는 Shift + Tab	현재 셀 위치의 행 전체를 범위 지정합니다.

화면 단위로 이동할 때

키보드	PgUp / PgDn	화면 단위로 위 또는 아래 셀로 이동합니다.
	Alt + PgUp / PgDn	화면 단위로 왼쪽 또는 오른쪽 셀로 이동합니다.
마우스	마우스 휠 버튼	마우스 휠 버튼을 올리거나 내리면 화면 단위로 위 또는 아래로 이동합니다.
	Ctrl + Shift + 마우스 휠 버튼	화면 단위로 왼쪽/오른쪽으로 이동합니다.

행/열의 처음이나 끝으로 이동할 때

Ctrl + 방향키(↑/↓/←/→)	데이터가 입력된 현재 셀에서 행의 위, 아래, 열의 왼쪽, 오른쪽 셀로 이동합니다. 단, 데이터가 입력되지 않았을 때는 현재 행/열의 처음 또는 마지막 셀로 이동합니다.
Ctrl + Home	현재 셀 위치에서 [A1] 셀로 이동합니다. 단, 틀이 고정되어 있을 때는 고정된 위치의 첫 셀로 이동합니다.

Note 실행 취소와 다시 실행

[실행 취소]나 [다시 실행]을 이용하면 잘못 실행한 작업이나 명령을 100단계까지 취소하거나 다시 실행할 수 있습니다. 단, 메뉴 탭을 선택하거나 [시트 보호], [통합 문서 저장], [매크로 실행] 등의 일부 작업은 취소할 수 없습니다. [실행 취소]와 [다시 실행]은 빠른 실행 도구 모음에 있으며 단축키는 각각 Ctrl + Z 와 Ctrl + Y 입니다.

❶ **실행 취소**(Ctrl + Z) : 최근 작업이나 그 이전 작업을 취소하고 싶을 때는 빠른 실행 도구 모음에서 [실행 취소]를 클릭합니다.
❷ **다시 실행**(Ctrl + Y) : 실행 취소한 최근 작업을 다시 실행하려면 빠른 실행 도구 모음에서 [다시 실행]을 클릭합니다.

우선순위
013 문자/숫자 데이터 입력하기

실습 파일 1장\013_데이터입력.xlsx [문자], [숫자] 시트 완성 파일 1장\013_데이터입력_완성.xlsx

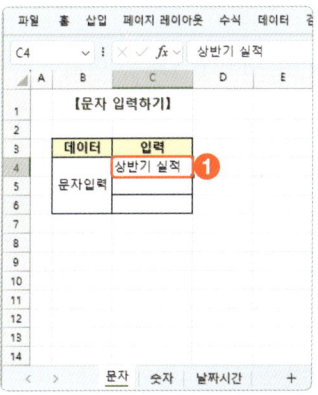
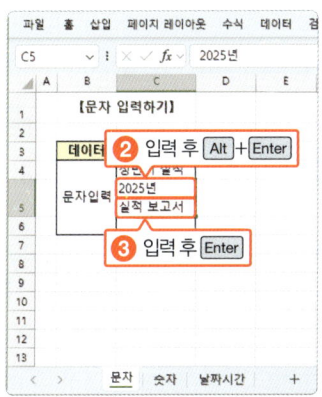

문자 데이터 입력하기

01 ❶ [문자] 시트에서 [C4] 셀에 **상반기 실적** 입력

❷ [C5] 셀에 **2025년** 입력 후 Alt + Enter 눌러 행갈이

❸ 이어서 **실적 보고서**를 입력한 후 Enter 를 누릅니다.

Tip 2025년 실적 보고서가 두 줄로 입력됩니다.

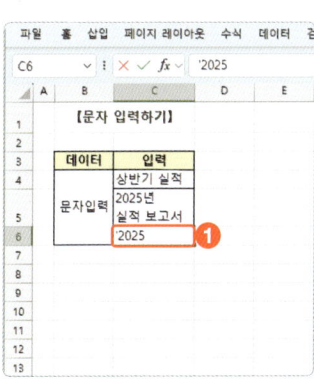
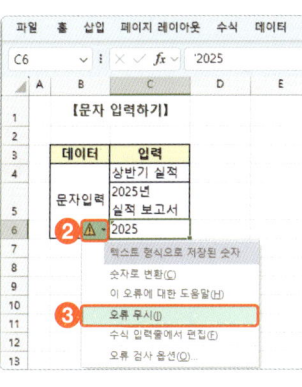

02 ❶ [C6] 셀에 **'2025** 입력

❷ [C6] 셀 옆 [오류 검사 ⚠] 클릭

❸ [오류 무시]를 클릭하여 오류 표시를 지웁니다.

Tip 숫자 데이터 앞에 아포스트로피(')를 입력하면 엑셀은 이를 문자 데이터로 인식합니다. 따라서 숫자에 아포스트로피를 붙여 입력한 데이터로는 계산에 포함되지 않습니다.

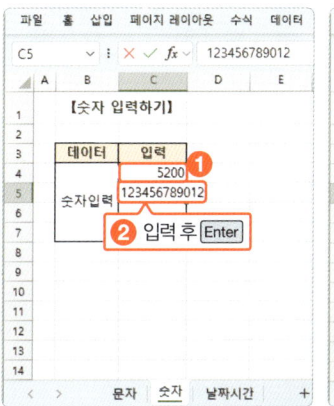
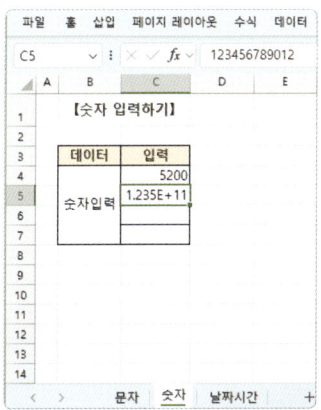

숫자 데이터 입력하기

03 ❶ [숫자] 시트에서 [C4] 셀에 **5200** 입력

❷ [C5] 셀에 **123456789012**를 입력한 후 Enter 를 누릅니다.

Tip 숫자 데이터는 셀 너비가 좁거나 12자리 이상이면 지수 형태로 표시됩니다.

CHAPTER 01 엑셀의 시작, 화면 구성과 데이터 입력으로 첫걸음 떼기 **053**

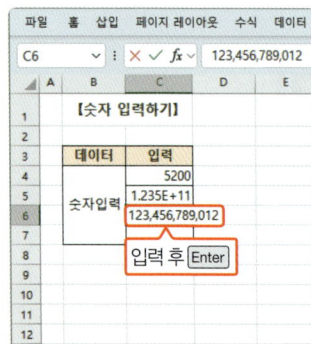
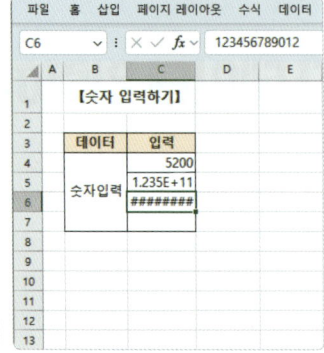

04 [C6] 셀에 **123,456,789,012**를 입력한 후 Enter 를 누릅니다.

Tip 서식이 포함된 숫자 데이터가 셀 너비보다 길면 '######'으로 표시됩니다. 열 너비를 조절하면 123,456,789,012 값이 나타납니다.

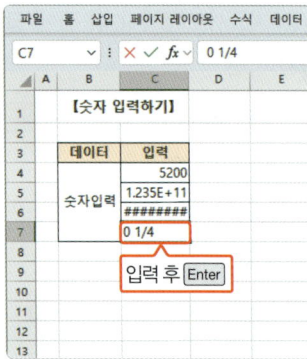
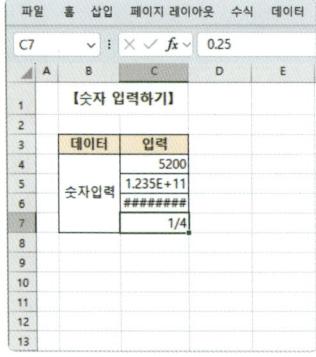

05 [C7] 셀에 **0 1/4**을 입력한 후 Enter 를 누르면 분수로 입력됩니다.

Tip 셀에 '1/4'로 표시되고 수식 입력줄에는 '0.25'로 표시됩니다. 숫자 데이터를 분수로 표시하려면 0 이상의 숫자를 입력한 후 한 칸 띄고 분자/분모 값을 입력합니다.

Note 〉 문자와 숫자 데이터를 구별할 수 있나요?

데이터는 반드시 목적에 따라 정확한 데이터 형식을 정해야 합니다. 정해진 목적에 맞춰 문자, 숫자를 입력했을 때 문자는 왼쪽 맞춤, 숫자는 오른쪽 맞춤으로 표시되어 직관적으로 구별할 수 있습니다.

❶ 문자 : 한글, 한자, 일본어, 특수문자 등 계산할 수 없는 데이터로, 셀 내에서 왼쪽 정렬됩니다.

❷ 숫자 : 계산 및 통계에 사용되는 가장 기본적인 데이터로, 셀 내에서 오른쪽 정렬되며, 15자리(최대 999조)까지 정밀도가 보장됩니다.

	A	B
❶ 1	문자	입력
2	한　　글	엑셀
3	영　　문	Excel
4	특 수 문 자	■■■■□
5	' 숫 자 - 숫 자	1-4
6		
❷ 7	숫자	입력
8	숫　　자	1234567
9	지수(12자리)	1.23457E+11
10	통　　화	￦ 1,234,567
11	백 분 율	12.31%

014 날짜/시간 입력하기

실습 파일 1장\013_데이터입력.xlsx [날짜시간] 시트   완성 파일 1장\013_데이터입력_완성.xlsx

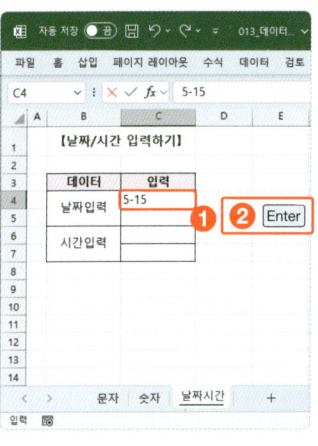
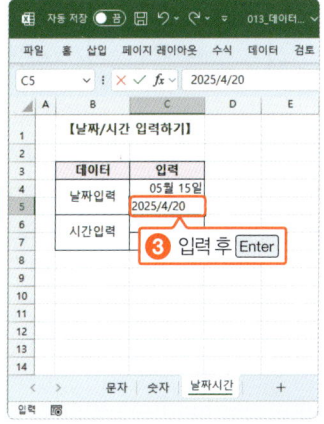

날짜 입력하기

01 ❶ [날짜시간] 시트에서 [C4] 셀에 **5-15** 입력

❷ Enter 를 눌러 해당 연도를 기준으로 날짜 표시

❸ [C5] 셀에 **2025/4/20**을 입력한 후 Enter 를 누릅니다.

Tip 2025/4/20을 입력하면 연-월-일로 인식해 2025-04-20으로 표시됩니다. 현재 날짜를 입력하는 단축키는 Ctrl + ; 입니다.

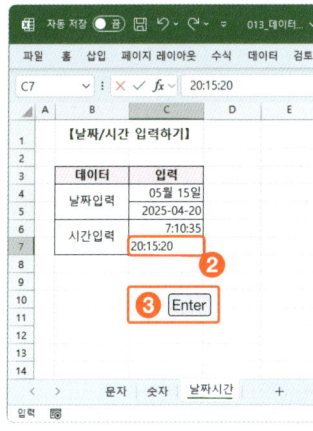

시간 입력하기

02 ❶ [C6] 셀에 **7:10:35** 입력

❷ [C7] 셀에 **20:15:20** 입력

❸ Enter 를 누릅니다.

Tip 기본적으로 시간 데이터는 24시간제로 표시되며 [C6] 셀, [C7] 셀을 클릭하면 수식 입력줄에 각각 7:10:35 AM, 8:15:20 PM이 표시됩니다. 현재 시간을 입력하는 단축키는 Ctrl + Shift + ; 입니다.

> **Note** 날짜와 시간은 형식을 맞춰서 입력해야 하나요?

엑셀에서 날짜와 시간은 단순히 보여주는 문자 데이터일 경우 형식에 맞춰서 입력할 필요가 없지만 날짜 사이의 간격이나, 경과 시간 등을 계산하려면 반드시 날짜와 시간 형식에 맞춰 입력해야 합니다.

날짜 데이터

엑셀에서는 날짜를 1900년 1월 1일부터 9999년 12월 31일까지의 누적 일수에 따른 일련번호로 관리합니다. 예를 들어, 셀에 1900-01-01을 입력하면 일련번호 1로 저장되며, 1900-01-30을 입력하면 일련번호 30으로 저장됩니다. 셀에는 이 값이 날짜 형식(년-월-일)으로 표시됩니다. 따라서 날짜 간의 차이(일 수, 개월 수, 연 수 등)를 계산하려면 날짜 형식에 맞게 값을 입력해야 합니다.

날짜	1900-01-01	...	1900-12-31	...	2025-05-10	...	9999-12-31
실제 값	1	...	366	...	45,787	...	2,958,465

시간 데이터

엑셀에서 시간 데이터는 시, 분, 초로 구분되어 보이지만, 실제로는 1일을 24시간으로 나눈 소수 값으로 저장됩니다. 즉, 24시간은 숫자 1로 표현되며, 이 값을 24로 나눈 비율로 시간이 표시됩니다. 예를 들어 06:00:00은 0.25, 18:00:00은 0.75, 24:00:00은 1로 저장됩니다. 숫자 1.25는 시간 형식으로 보면 1일 6시간, 즉 30시간(30H)을 의미합니다. 따라서 시간 간의 차이(시, 분, 초)를 계산하려면 시간 형식에 맞게 값을 입력해야 합니다.

시간	1:00:00	...	6:00:00	...	12:00:00	...	18:00:00	...	24:00:00
실제 값	0.041666667	...	0.25	...	0.5	...	0.75	...	1

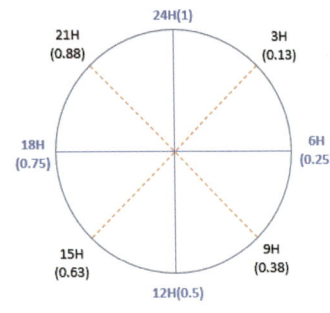

015 한자/기호 입력하기

실습 파일 1장\015_데이터입력_설문조사.xlsx 완성 파일 1장\015_데이터입력_설문조사_완성.xlsx

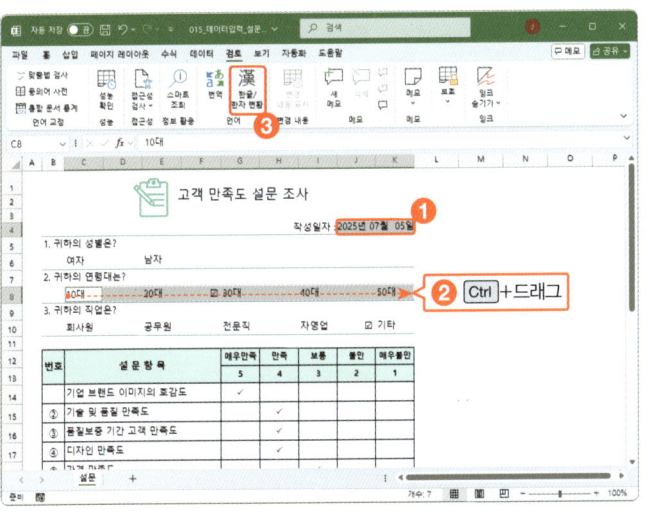

한자로 바꿀 범위 지정하기

01 한자로 바꿀 범위를 지정한 후 한글을 한자로 바꿔보겠습니다.

❶ [J4] 셀 클릭

❷ Ctrl 을 누른 채 [C8:K8] 범위 지정

❸ [검토] 탭-[언어] 그룹-[한글/한자 변환 漢]을 클릭합니다.

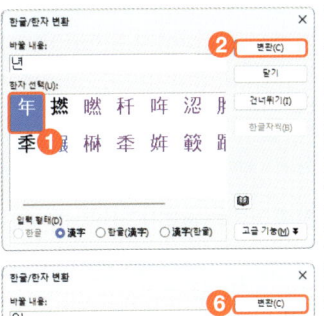
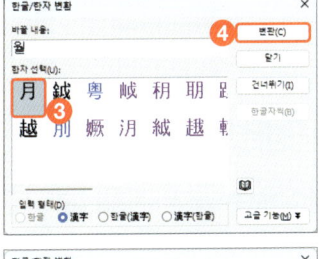
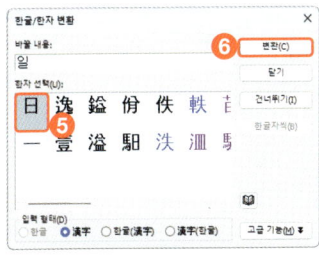
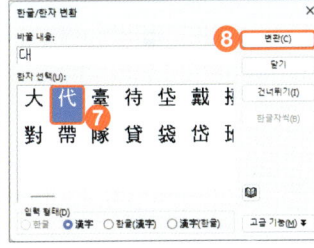
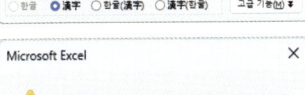

한자로 바꾸기

02 ❶ [한글/한자 변환] 대화상자에서 年(년) 클릭

❷ [변환] 클릭하여 한자 변환

❸❹❺❻❼❽ 月(월), 日(일), 代(대)를 순서대로 변환

❾ 한자 변환이 모두 끝났다는 대화상자가 나타나면 [확인]을 클릭해서 변환을 마칩니다.

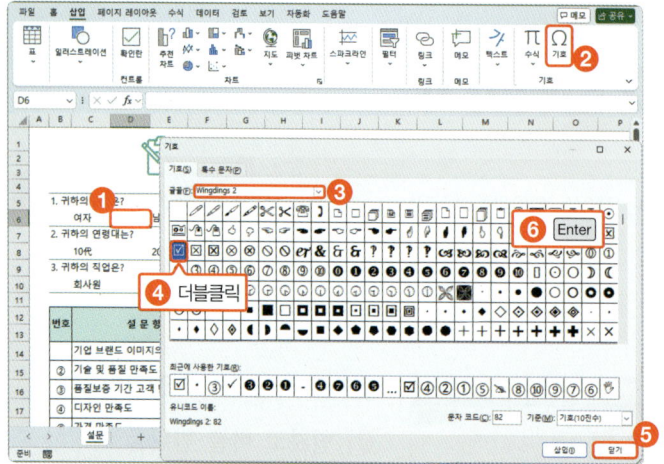

기호 입력하기

03 ❶ [D6] 셀 클릭

❷ [삽입] 탭-[기호] 그룹-[기호 Ω] 클릭

❸ [기호] 대화상자의 [글꼴]에서 [Wingdings 2] 선택

❹ [체크 ☑] 더블클릭

❺ [닫기] 클릭

❻ Enter 를 누릅니다.

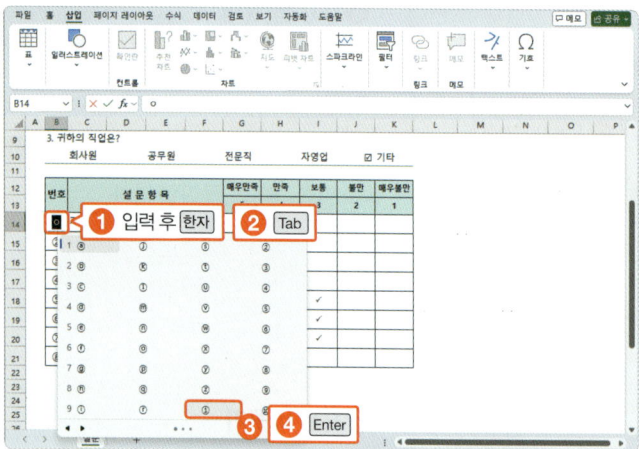

한자 를 이용하여 기호 입력하기

04 ❶ [B14] 셀에 ㅇ 입력 후 한자

❷ 목록이 나타나면 Tab

❸ [①] 클릭

❹ Enter 를 누릅니다.

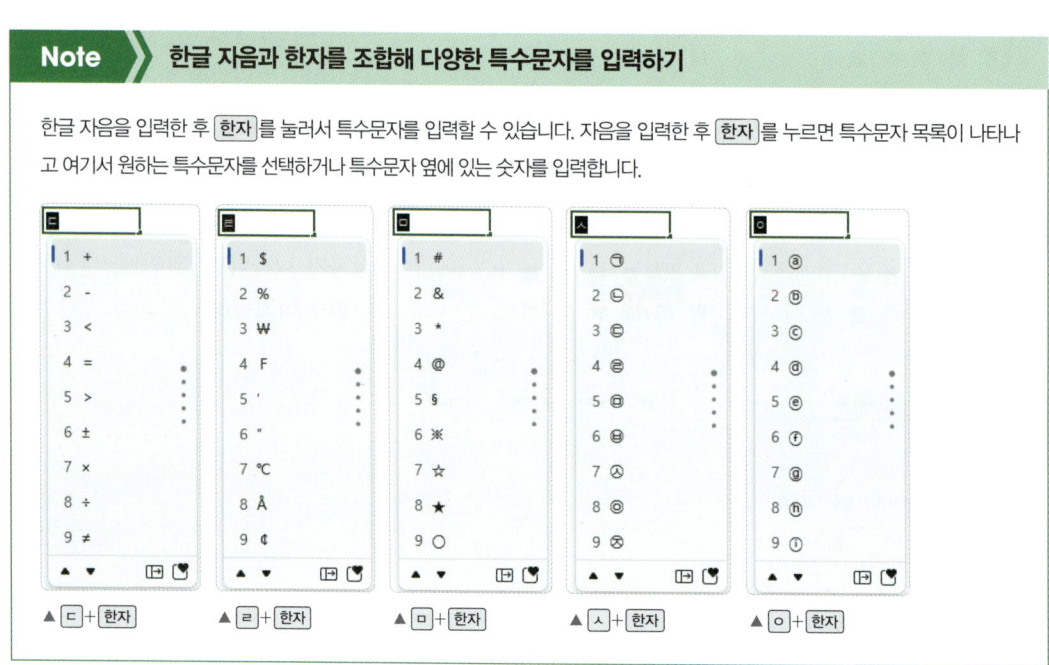

Note > 한글 자음과 한자를 조합해 다양한 특수문자를 입력하기

한글 자음을 입력한 후 한자 를 눌러서 특수문자를 입력할 수 있습니다. 자음을 입력한 후 한자 를 누르면 특수문자 목록이 나타나고 여기서 원하는 특수문자를 선택하거나 특수문자 옆에 있는 숫자를 입력합니다.

Note

특수 기호 대신 확인란(☑)을 셀에 삽입할 수 있나요? M365

Microsoft 365 구독자는 셀에 확인란(☑)을 삽입할 수 있습니다. 확인란을 클릭하면 체크(☑)되고 TRUE 값을, 한 번 더 클릭하면 체크가 해제(☐)되고 FALSE 값을 가집니다.

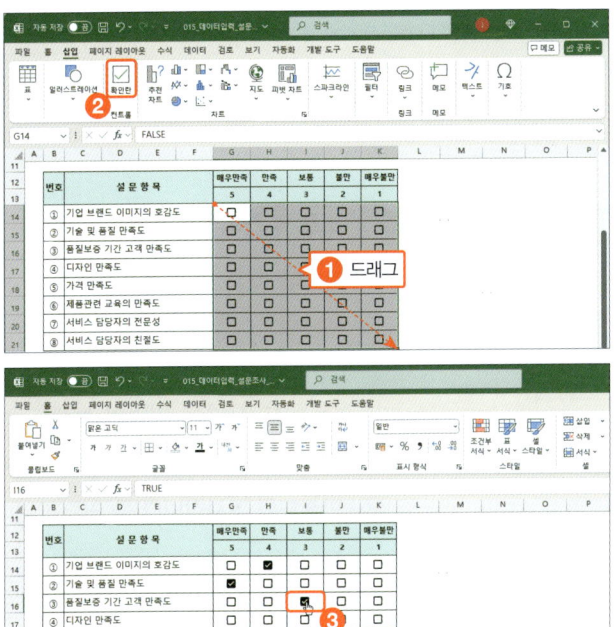

설문조사 항목을 선택하는 확인란을 삽입하려면 ❶ [G14:K21] 범위를 지정하고 ❷ [삽입] 탭-[컨트롤] 그룹-[확인란 ☑]을 클릭합니다. ❸ 셀에 삽입된 확인란을 클릭하면 체크(☑)가 표시됩니다.

Tip 확인란 삽입 예제는 **015_데이터입력_설문조사_완성.xlsx** 실습 파일의 [설문확인란] 시트를 참고합니다.

Tip 확인란에 체크가 해제☐되어 있으면 Delete 를 누르고, 확인란에 체크☑되어 있다면 Delete 를 두 번 눌러 삭제합니다.

016 노트 삽입 및 편집하기

실습 파일 1장\016_메모삽입_설문조사.xlsx 완성 파일 1장\016_메모삽입_설문조사_완성.xlsx

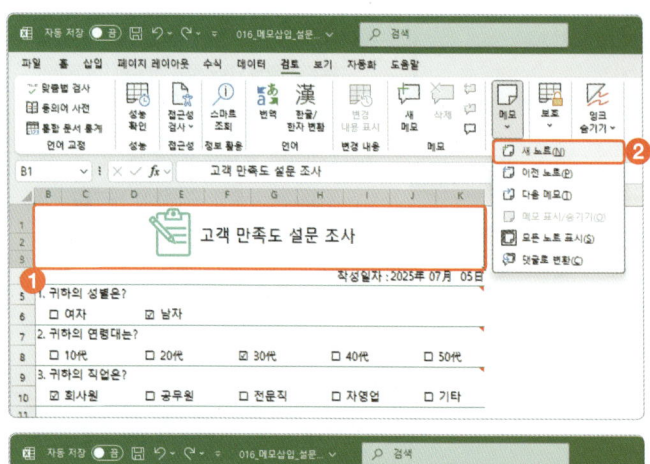

노트 추가하기

01 ❶ [B1] 셀 클릭

❷ [검토] 탭-[메모] 그룹-[새 노트 📝] 클릭

❸ 노트 상자에 **기업의 브랜드 이미지와 품질, 디자인, 가격, 교육, 서비스 만족도를 조사합니다.**를 입력합니다.

Tip 새 노트 단축키는 Shift + F2 입니다. 엑셀 2019 이전 버전에서는 [검토] 탭-[메모] 그룹-[새 메모]를 클릭합니다.

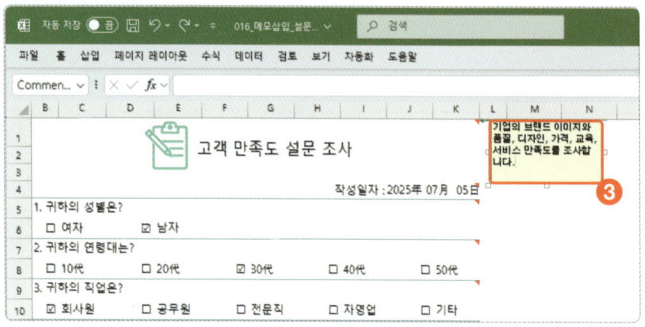

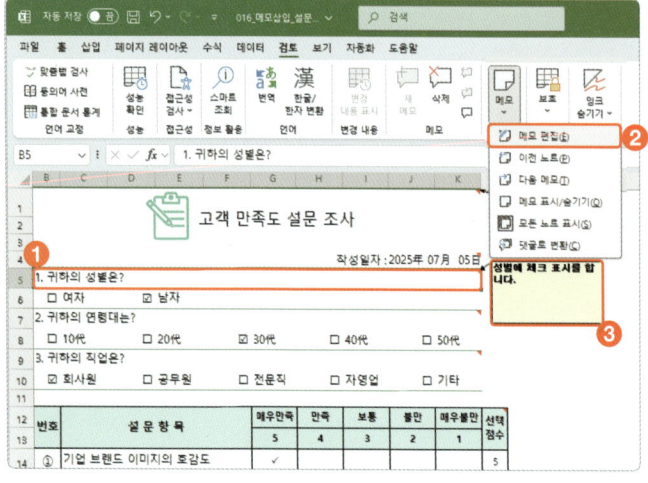

노트 수정하기

02 ❶ [B5] 셀 클릭

❷ [검토] 탭-[메모] 그룹-[메모 편집 📝] 클릭

❸ 노트 상자의 내용을 **성별에 체크 표시를 합니다.**로 수정합니다.

Tip 노트 편집 단축키는 Shift + F2 입니다.

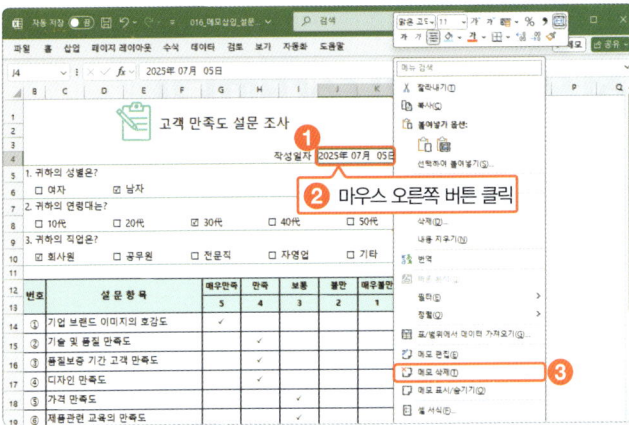

노트 삭제하기

03 ❶ [J4] 셀 클릭

❷ 마우스 오른쪽 버튼 클릭

❸ [메모 삭제]를 클릭합니다.

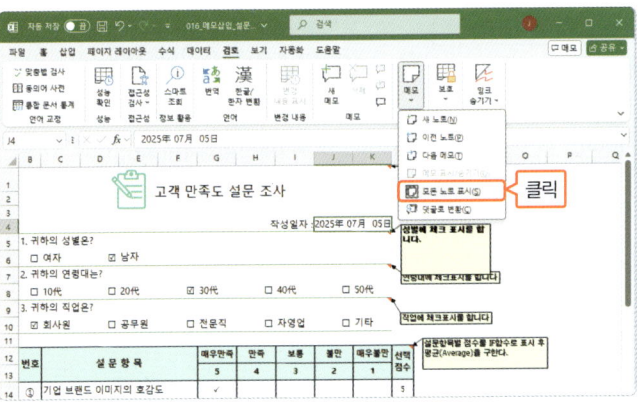

노트 모두 표시하기

04 [검토] 탭-[메모] 그룹-[모든 노트 표시]를 클릭합니다.

Tip 엑셀 2019 이전 버전에서 메모를 표시하거나 숨기려면 [검토] 탭-[메모] 그룹-[메모 모두 표시]를 클릭합니다.

Note 메모와 노트는 무엇이 다른가요?

최신 버전의 엑셀에서는 [검토] 탭-[메모] 그룹에 ❶ 노트와 ❷ 메모 기능이 있으며, 두 기능의 차이는 다음과 같습니다.

❶ **노트**(엑셀 2019 버전에서는 '메모')는 셀에 간단한 설명을 입력할 때 사용하며, 노트가 추가된 셀에는 빨간색 삼각형이 표시됩니다. 회신 기능은 제공되지 않습니다.

❷ **메모**는 파일을 공유하거나 클라우드를 이용한 공동 작업 시 유용하며, 메신저의 채팅처럼 셀에 설명을 입력하고 다른 사용자가 답글(멘션)을 달아 토론할 수 있습니다. 메모가 삽입된 셀은 자주색으로 표시됩니다.

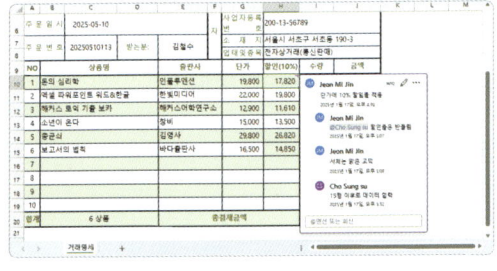

▲ 문서를 공유한 엑셀 화면

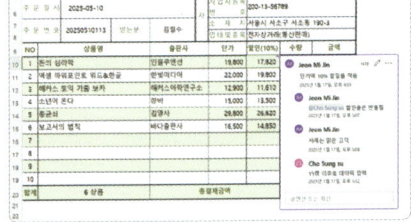

▲ 공유 대상자의 엑셀 화면

우선순위
017 데이터 수정 및 행 삽입/삭제하기

실습 파일 1장\017_수정_대출금.xlsx 완성 파일 1장\017_수정_대출금_완성.xlsx

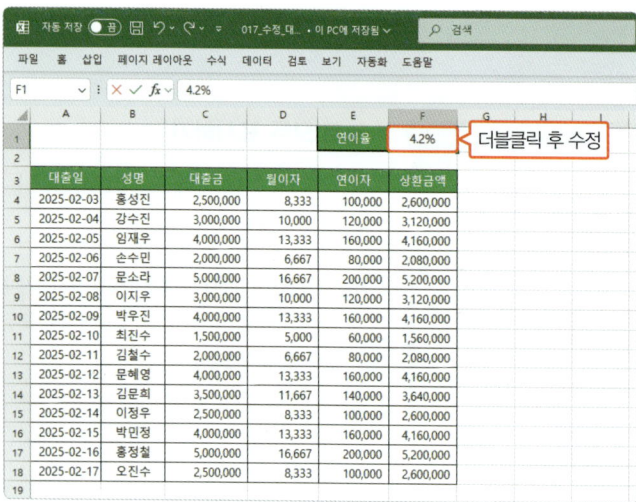

데이터 수정하기

01 셀을 더블클릭하여 데이터를 수정할 수 있습니다. [F1] 셀을 더블클릭하여 **4.2**로 수정합니다.

Tip 연이율에서는 백분율 서식이 지정되어 있어 '%'가 자동으로 입력됩니다.

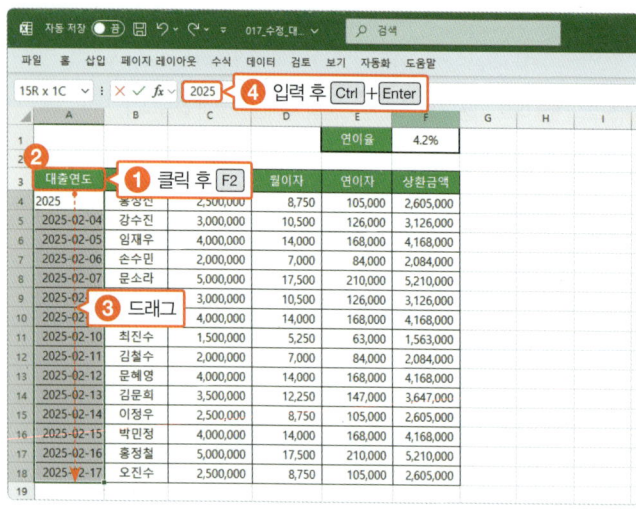

02 F2 를 누르면 셀을 편집 상태로 만들어서 데이터를 수정할 수 있습니다.

❶ [A3] 셀 클릭 후 F2
❷ **대출연도**로 수정
❸ [A4:A18] 범위 지정
❹ 수식 입력줄에서 **2025**라고 입력한 후 Ctrl + Enter 를 눌러 지정한 범위에 같은 값을 넣습니다.

Tip 대출연도 열에는 날짜 서식이 지정되어 있습니다.

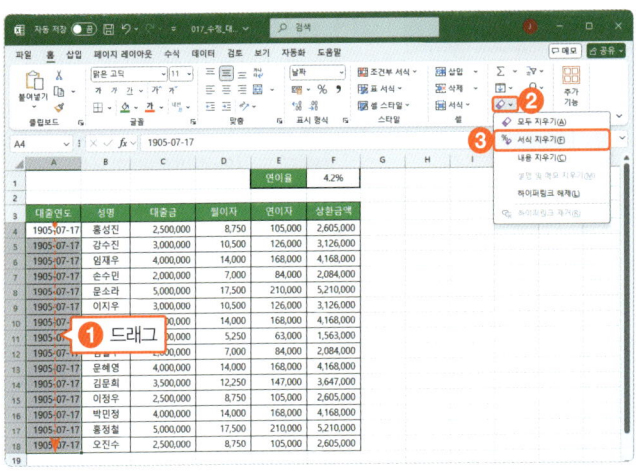

서식 지우기

03 셀에 지정된 서식을 지워보겠습니다.

❶ [A4:A18] 범위 지정
❷ [홈] 탭-[편집] 그룹-[지우기 ◇▼] 클릭
❸ [서식 지우기 ◇]를 클릭합니다.

Tip 범위에 적용된 날짜 서식과 테두리가 지워져서 '2025'라는 숫자만 표시됩니다.

Note 엑셀에서 Delete 와 [지우기]는 무엇이 다른가요?

셀에 입력된 내용을 지우려면 Delete 를 누르거나 [홈] 탭-[편집] 그룹-[지우기 ◇▼]를 클릭합니다. Delete 를 누르면 셀에 입력된 내용만 지워지고, 서식, 메모, 노트, 하이퍼링크는 지워지지 않습니다. 따라서 셀에 적용된 일부 또는 전체를 선택적으로 지우려면 지우기 기능을 사용합니다.

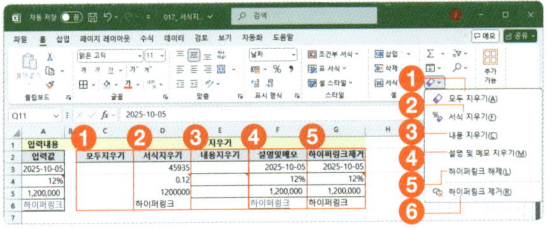

❶ **모두 지우기** : 셀에 입력된 서식, 내용, 메모를 모두 지웁니다.
❷ **서식 지우기** : 셀에 입력된 내용은 남겨두고 서식만 지웁니다.
❸ **내용 지우기** : 셀에 입력된 서식은 남겨두고 내용만 지웁니다.
❹ **설명 및 메모 지우기** : 셀에 입력된 설명 및 메모만 지웁니다.
❺ **하이퍼링크 해제** : 셀의 하이퍼링크 해제 옵션에서 하이퍼링크만 해제하거나 하이퍼링크 및 서식을 지웁니다.
❻ **하이퍼링크 제거** : 셀의 하이퍼링크를 해제하고 서식을 지웁니다.

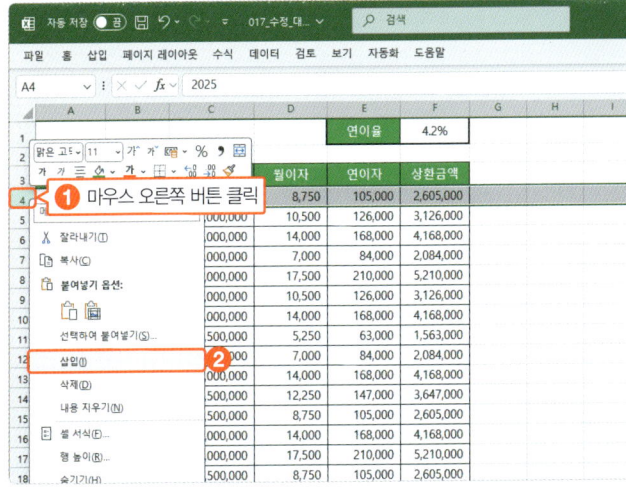

행 삽입하기

04 ❶ 4행 머리글에서 마우스 오른쪽 버튼 클릭
❷ [삽입]을 클릭하여 행을 삽입합니다.

Tip 행/열을 삽입하는 단축키는 Ctrl + + 입니다.

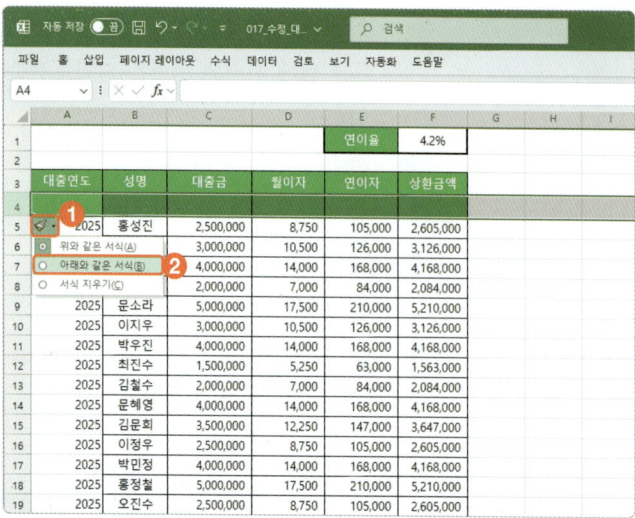

05 ❶ [삽입 옵션] 클릭
❷ [아래와 같은 서식]을 클릭합니다.

Tip 행을 삽입하면 기본적으로 위쪽 행의 서식이 적용되므로 서식을 변경하려면 [삽입 옵션]에서 원하는 항목을 선택합니다.

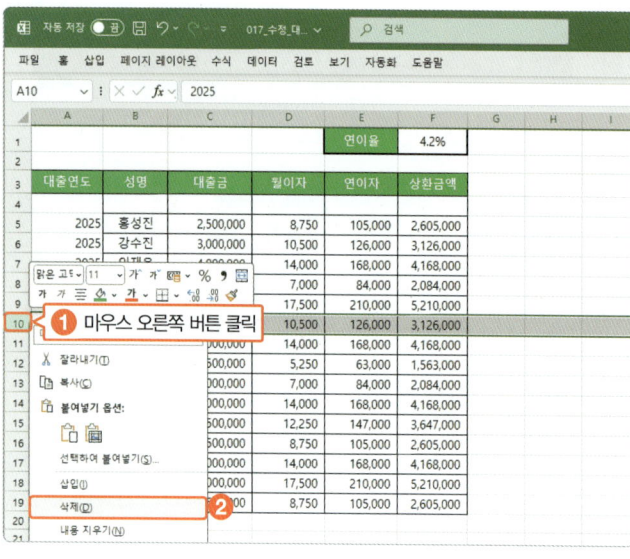

행 삭제하기

06 ❶ 10행 머리글에서 마우스 오른쪽 버튼 클릭
❷ [삭제]를 클릭하여 행을 삭제합니다.

Tip 행/열을 삭제하는 단축키는 Ctrl + - 입니다.

혼자 해보기 — 특정 텍스트를 찾아 바꾸고 공백 셀을 찾아 데이터 채우기

실습 파일 1장\혼자해보기\004_교육과정출석부.xlsx
완성 파일 1장\혼자해보기\004_교육과정출석부_완성.xlsx

예제 설명 및 완성 화면

찾기/바꾸기 기능을 활용하면 데이터 범위에서 특정 값을 찾아 바꿀 수 있습니다. 이동 옵션 기능을 활용하면 데이터 범위에서 텍스트, 숫자, 수식, 빈 셀, 오류 등의 특정 셀을 지정해 선택할 수도 있습니다. 집합교육 리더십 수료 명단(교육 과정 출석부)의 부서명에서 관리팀을 찾아 경영관리팀으로 바꿔보고, 이동 옵션 기능으로 빈 셀을 선택한 후 'X'로 데이터를 채워보겠습니다.

	A	B	C	D	E	F	G	H	I	J	K
1		집합교육 리더십 수료 명단									
2											
3	번호	부서명	이름	1일	2일	3일	4일	5일	출석일	과정수료	교육점수
4	1	인사팀	이호연	O	O	O	O	O			
5	2	총무팀	송진구	X	O	O	X	O			
6	3	영업팀	문소영	O	O	O	O	O			
7	4	경영관리팀	강성우	O	O	X	X	X			
8	5	기획팀	홍진욱	O	O	O	O	O			
9	6	인사팀	김철수	O	O	O	O	O			
10	7	IT정보팀	임성우	O	X	O	O	O			
11	8	홍보팀	김희정	O	O	O	O	O			
12	9	영업팀	나문수	O	O	O	O	O			
13	10	경영관리팀	마구영	O	O	X	O	X			
14	11	기획팀	송선아	O	O	O	O	O			
15	12	인사팀	이남수	O	O	O	O	O			
16	13	인사팀	김명진	O	O	O	O	O			
17	14	총무팀	이미현	O	X	X	O	O			
18	15	영업팀	전우철	O	O	O	O	O			
19	16	경영관리팀	이진우	O	O	O	O	O			
20	17	기획팀	최성수	O	O	O	O	O			
21	18	인사팀	성진우	O	X	O	O	X			
22	19	IT정보팀	최성수	O	O	O	O	O			
23	20	홍보팀	박소라	O	X	O	O	O			

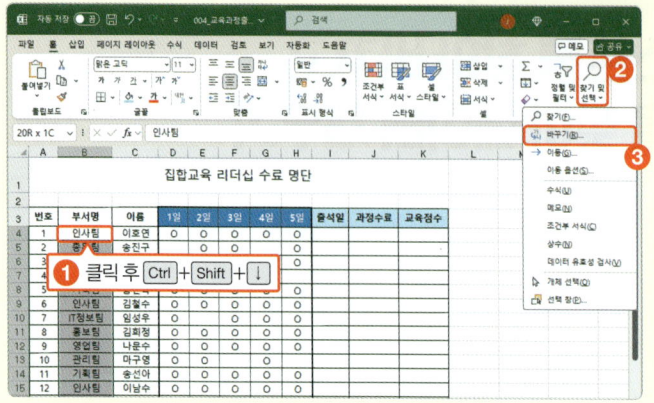

01 부서명에서 관리팀을 찾아 경영관리팀으로 바꿔보겠습니다. ① [B4] 셀 클릭 후 Ctrl + Shift + ↓ 를 눌러 범위 지정 ② [홈] 탭-[편집] 그룹-[찾기 및 선택 🔍] 클릭 ③ [바꾸기]를 클릭합니다.

Tip [찾기] 단축키는 Ctrl + F, [바꾸기] 단축키는 Ctrl + H 입니다.

02 ① [찾기 및 바꾸기] 대화상자에서 [찾을 내용]에 **관리팀**, [바꿀 내용]에 **경영관리팀** 입력 ② [모두 바꾸기] 클릭 ③ 3개의 항목이 바뀌었다는 대화상자가 나타나면 [확인] 클릭 ④ [닫기]를 클릭하여 [찾기 및 바꾸기] 대화상자를 닫습니다.

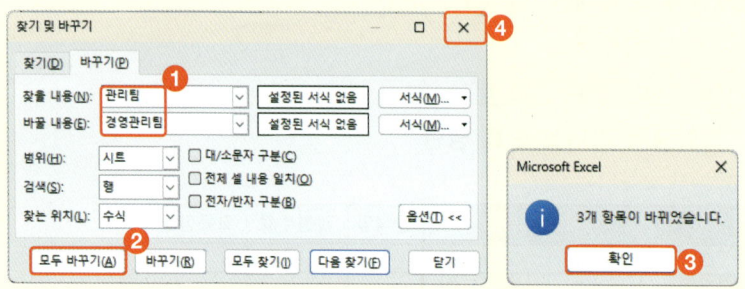

03 빈 셀이 포함된 데이터만 선택해 'X'로 채우겠습니다. ① [D4:H23] 범위 지정 ② [홈] 탭-[편집] 그룹-[찾기 및 선택 🔍] 클릭 ③ [이동 옵션] 클릭 ④ [이동 옵션] 대화상자에서 [빈 셀] 클릭 ⑤ [확인]을 클릭하면 출석부 범위에서 빈 셀만 선택됩니다.

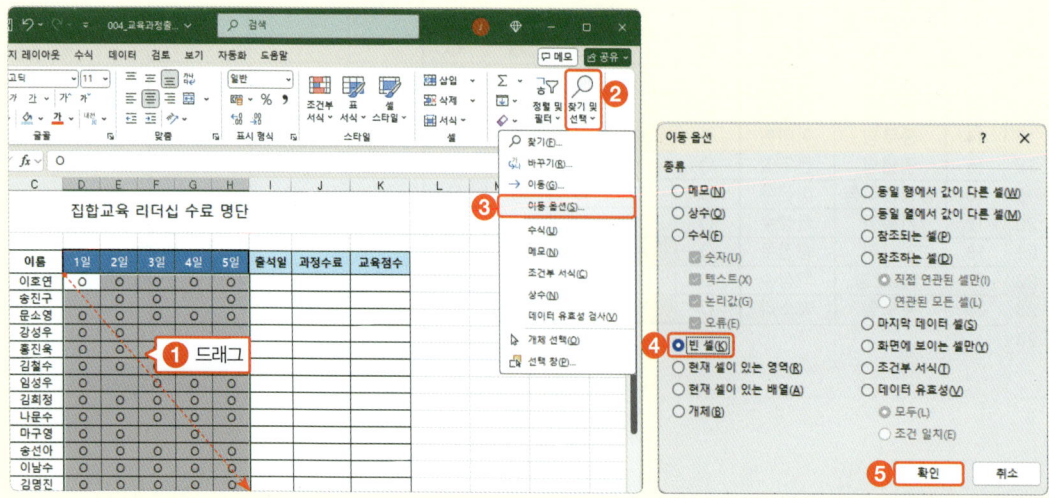

Tip [이동 옵션]은 F5 를 누르면 나타나는 [이동] 대화상자에서 [옵션]을 클릭해 빠르게 사용할 수 있습니다.

04 ❶ 빈 셀만 선택된 상태에서 수식 입력줄에 **X** 입력 ❷ Ctrl+Enter를 누릅니다. 빈 셀에 'X'가 모두 채워집니다.

05 ❶ 범위가 지정된 상태에서 [홈] 탭-[글꼴] 그룹-[채우기 색 🪣]의 ▼ 클릭 ❷ 원하는 색을 선택해 'X'가 입력된 셀의 색을 채웁니다.

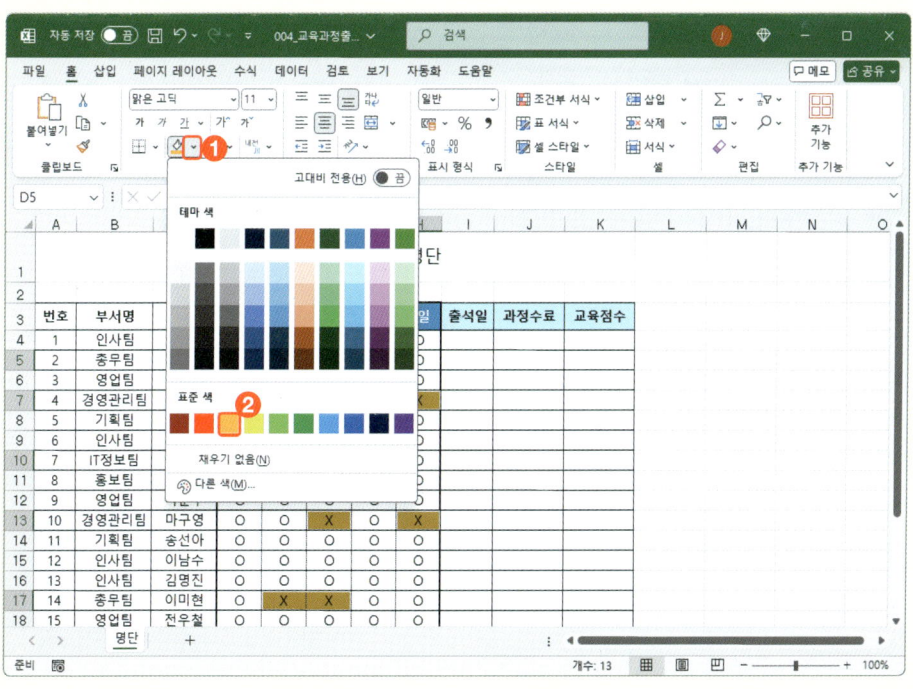

018 채우기 핸들로 데이터 채우기

실습 파일 1장\018_채우기_생산현황.xlsx   완성 파일 1장\018_채우기_생산현황_완성.xlsx

같은 내용으로 채우기

01 문서에서 제품 및 생산 공장에 해당하는 내용을 채우기 핸들을 이용해 채우겠습니다.

❶ [A4] 셀 클릭

❷ 채우기 핸들을 [A12] 셀까지 드래그합니다.

Tip 문자 데이터는 동일한 내용인 'LED TV'로 채워집니다.

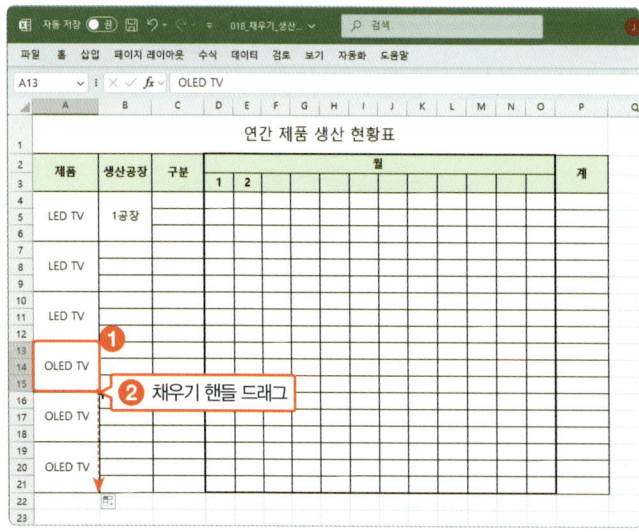

02 ❶ [A13] 셀 클릭

❷ 채우기 핸들을 [A21] 셀까지 드래그하면 동일한 데이터가 채워집니다.

> **Note** 엑셀 데이터를 빠르게 채우는 가장 효과적인 방법은?
>
> 셀 포인터의 오른쪽 아래에 있는 점(□)을 '채우기 핸들'이라고 합니다. 마우스 포인터를 채우기 핸들 위에 올리면 십자 모양(✚)으로 바뀌며, 이때 드래그하면 데이터를 자동으로 채울 수 있습니다. ❶ 문자 데이터는 동일한 내용으로 채워지고, ❷ 문자와 숫자가 혼합된 경우에는 숫자만 1씩 증가하면서 채워집니다. ❸ 숫자 데이터는 두 셀을 선택한 후 드래그하면 두 값의 차이를 기준으로 증가하거나 감소하는 방식으로 채워집니다. 이처럼 채우기 핸들을 이용하면 연속적인 데이터나 일정한 규칙이 있는 데이터를 빠르게 입력할 수 있습니다.

숫자만 바꾸면서 채우기

03 [B4] 셀의 채우기 핸들을 [B12] 셀까지 드래그합니다.

Tip 문자+숫자가 혼합된 문자는 숫자만 1씩 증가하므로 '1공장', '2공장', '3공장' 순서로 채워집니다.

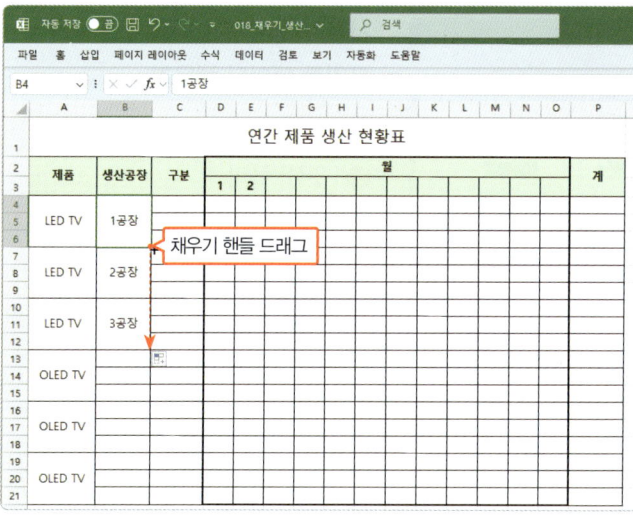

04 ❶ [B4:B12] 범위 지정
❷ Ctrl을 누른 채 채우기 핸들을 [B21] 셀까지 드래그합니다.

Tip 문자+숫자가 혼합된 문자는 Ctrl을 누른 상태에서 채우기 핸들을 드래그하면 동일한 내용이 복제됩니다. 숫자일 경우 Ctrl을 누른 상태에서 채우면 1씩 증가합니다.

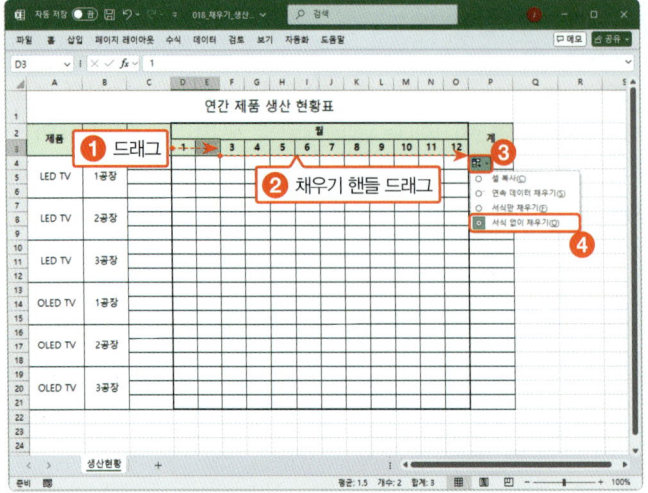

숫자 1씩 증가하면서 채우기

05 월에 해당하는 항목에 12월까지 숫자를 채워보겠습니다.

❶ [D3:E3] 범위 지정

❷ 채우기 핸들을 [O3] 셀까지 드래그

❸ [자동 채우기 옵션 🖃] 클릭

❹ [서식 없이 채우기]를 클릭합니다.

Tip 서식은 그대로 유지되면서 숫자 데이터는 범위 지정한 셀 값의 차이만큼 증가하며 채워집니다.

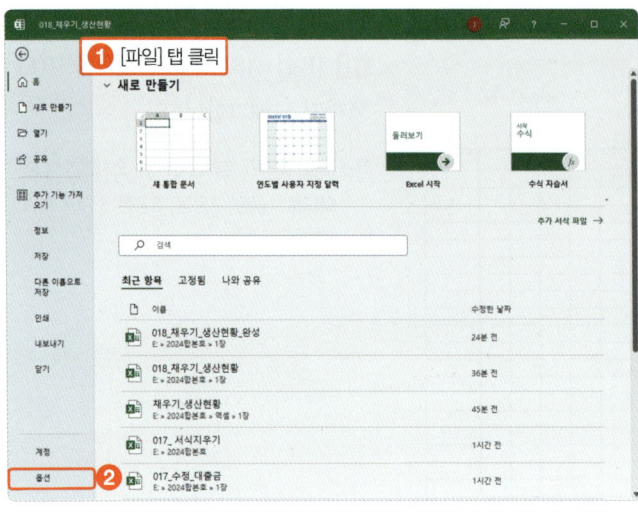

사용자가 지정한 목록에 등록된 요일로 데이터 채우기

06 ❶ [파일] 탭 클릭

❷ [옵션] 클릭

❸ [Excel 옵션] 대화상자에서 [고급] 클릭

❹ [일반]에서 [사용자 지정 목록 편집]을 클릭합니다.

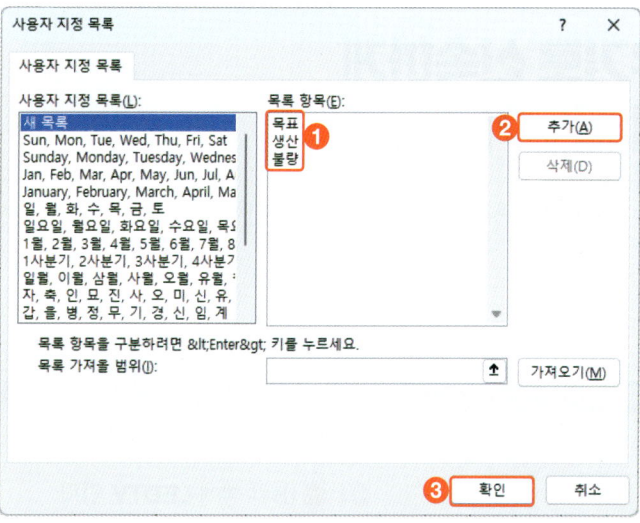

07 ❶ [사용자 지정 목록] 대화상자의 [목록 항목]에 **목표, 생산, 불량** 입력
❷ [추가]를 클릭해 사용자 지정 목록에 등록
❸ [확인]을 클릭해서 대화상자를 닫습니다.

Tip 요일(일~토), 월(1월~12월) 등과 같이 시작과 끝이 정해진 상태에서 반복되는 데이터는 사용자 지정 목록에 등록되어 있으며 필요에 따라 사용자 지정 목록에 목록을 행갈이나 콤마(,)로 구분해서 추가합니다.

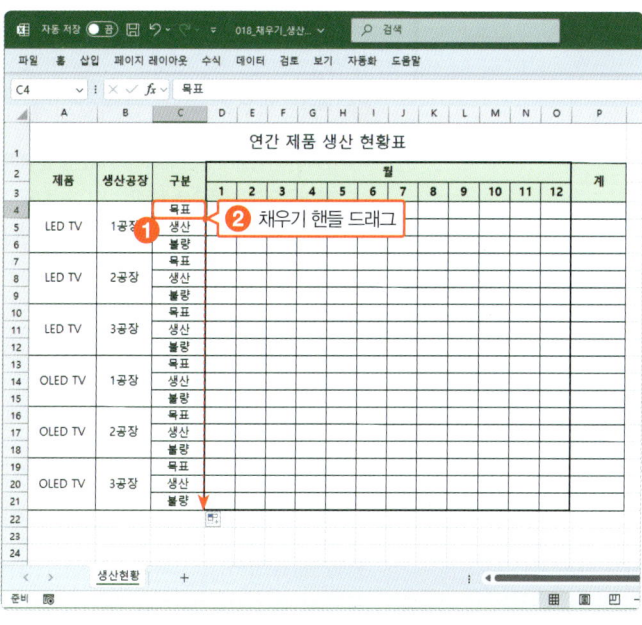

08 ❶ [C4] 셀에 **목표** 입력
❷ [C4] 셀의 채우기 핸들을 [C21] 셀까지 드래그합니다.

Tip 사용자 지정 목록에 추가한 '목표', '생산', '불량' 순서대로 셀이 채워집니다.

019 빠른 채우기로 신속하게 데이터 열 채우기

실습 파일 1장\019_채우기_제품목록.xlsx 완성 파일 1장\019_채우기_제품목록_완성.xlsx

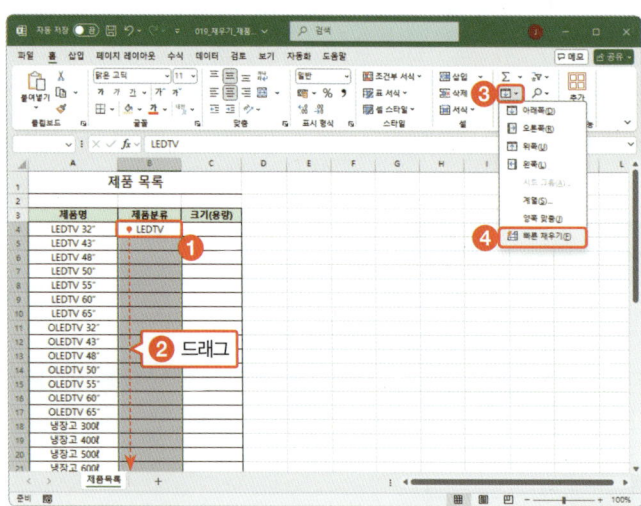

빠른 채우기로 같은 패턴의 데이터를 분할하여 입력하고 채우기

01 ❶ [B4] 셀에 **LEDTV** 입력
❷ [B4:B44] 범위 지정
❸ [홈] 탭-[편집] 그룹-[채우기] 클릭
❹ [빠른 채우기]를 클릭합니다.

Tip [B44] 범위까지 같은 데이터의 패턴을 분석하여 제품명이 자동으로 채워집니다. 빠른 채우기는 일관성 있는 데이터를 채울 때 적합합니다. 빠른 채우기의 단축키는 Ctrl + E 입니다.

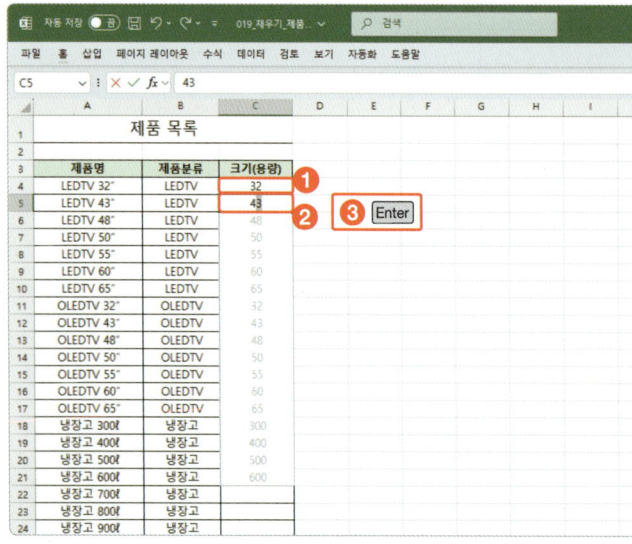

02 ❶ [C4] 셀에 **32** 입력
❷ [C5] 셀에 **4** 입력
❸ 빠른 채우기에서 제안한 목록이 나타나면 Enter 를 눌러 빠르게 데이터를 채웁니다.

Tip 제품 용량이 반복해서 채워집니다. 빠른 채우기에서 제안한 목록으로 채우지 않으려면 끝까지 데이터를 입력하거나 ESC 를 누릅니다. 만약 패턴 규칙을 발견하지 못한 경우 빠른 채우기 제안 목록이 나타나지 않습니다.

020 데이터 유효성 검사로 한글/영문 모드 설정하기

실습 파일 1장\020_유효성_직무교육1.xlsx 완성 파일 1장\020_유효성_직무교육1_완성.xlsx

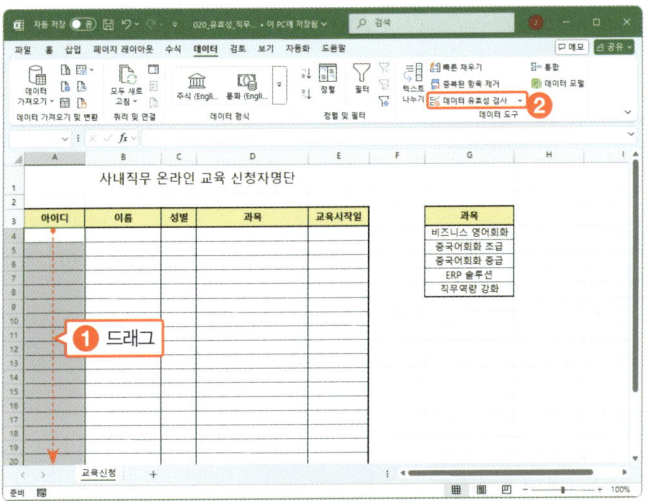

아이디 열에 데이터 유효성 검사 설정하기

01 데이터 유효성 검사를 설정하여 아이디 항목을 영문 모드 상태로만 입력할 수 있도록 변경해보겠습니다.

❶ [A4:A24] 범위 지정

❷ [데이터] 탭-[데이터 도구] 그룹-[데이터 유효성 검사]를 클릭합니다.

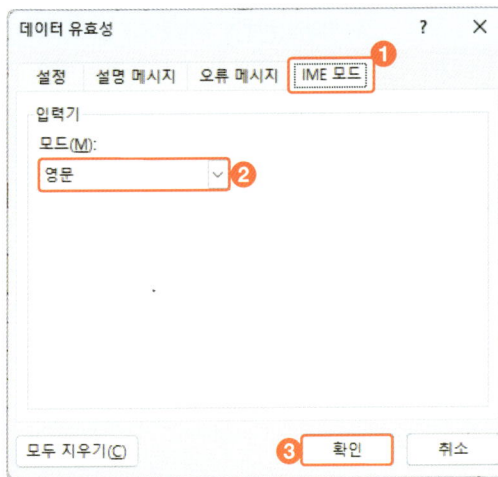

02 ❶ [데이터 유효성] 대화상자에서 [IME 모드] 탭 클릭

❷ [입력기]-[모드]에서 [영문] 선택

❸ [확인]을 클릭합니다.

Tip 데이터 유효성 검사가 설정되어 영문 모드로만 아이디 항목을 입력할 수 있습니다.

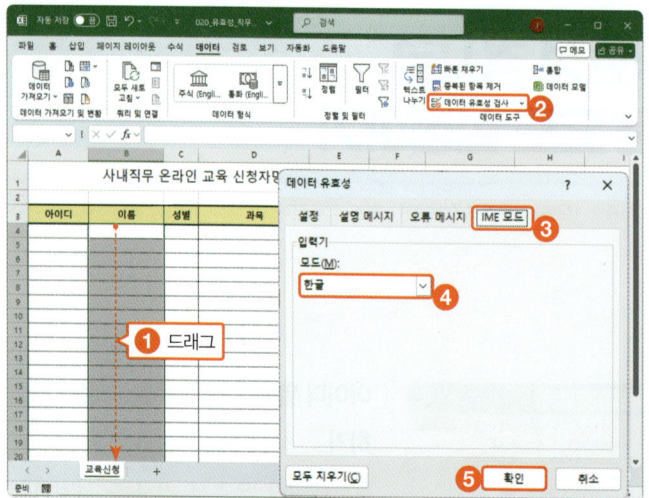

이름 열에 데이터 유효성 검사 설정하기

03 이름 항목을 한글 모드 상태로만 입력할 수 있도록 변경해보겠습니다.

❶ [B4:B24] 범위 지정

❷ [데이터] 탭-[데이터 도구] 그룹 -[데이터 유효성 검사] 클릭

❸ [데이터 유효성] 대화상자에서 [IME 모드] 탭 클릭

❹ [입력기]-[모드]에서 [한글] 선택

❺ [확인]을 클릭합니다.

Tip 데이터 유효성 검사가 설정되어 한글 모드로만 이름 항목을 입력할 수 있습니다. 셀에서 한/영 을 누르면 설정한 모드가 변경됩니다.

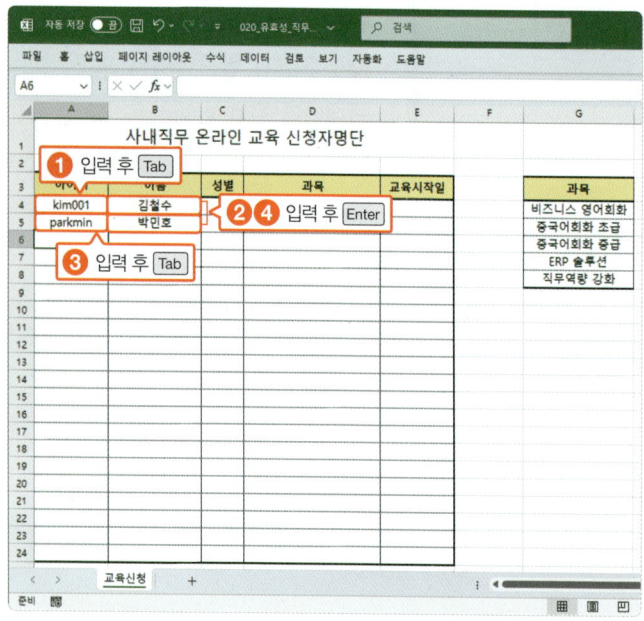

04 ❶ [A4] 셀에 **kim001** 입력 후 Tab

❷ [B4] 셀에 **김철수** 입력 후 Enter

❸ [A5] 셀에 **parkmin** 입력 후 Tab

❹ [B5] 셀에 박민호를 입력한 후 Enter 를 누릅니다.

Tip [IME 모드]에서 [한글] 또는 [영문] 모드를 설정하면 한/영 을 눌러 한글과 영문을 바꾸지 않아도 설정한 형식으로 데이터를 입력할 수 있습니다.

데이터 유효성 검사로 목록 설정하기

실습 파일 1장\021_유효성_직무교육2.xlsx 완성 파일 1장\021_유효성_직무교육2_완성.xlsx

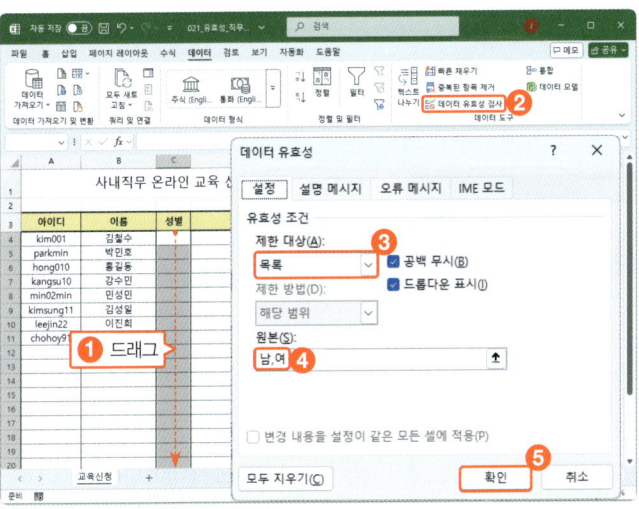

성별에 데이터 유효성 검사 설정하기

01 성별 셀을 클릭했을 때 목록에서 남, 여를 고를 수 있도록 설정해보겠습니다.

❶ [C4:C24] 범위 지정

❷ [데이터] 탭-[데이터 도구] 그룹 -[데이터 유효성 검사] 클릭

❸ [데이터 유효성] 대화상자의 [설정] 탭-[제한 대상]으로 [목록] 선택

❹ [원본]에 **남,여** 입력

❺ [확인]을 클릭합니다.

Tip [설정] 탭에서 설정한 사항은 입력할 데이터에 대한 제한 조건입니다. [C4:C24] 범위에 제한 조건을 설정했으므로 '남', '여' 이외의 데이터는 입력할 수 없습니다.

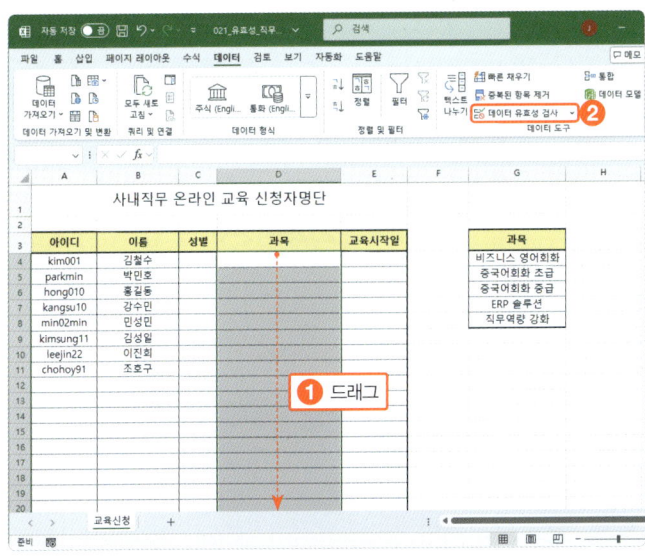

과목에 데이터 유효성 검사 설정하기

02 G열에 입력된 데이터 범위에서 과목을 고를 수 있도록 설정해보겠습니다.

❶ [D4:D24] 범위 지정

❷ [데이터] 탭-[데이터 도구] 그룹 -[데이터 유효성 검사]를 클릭합니다.

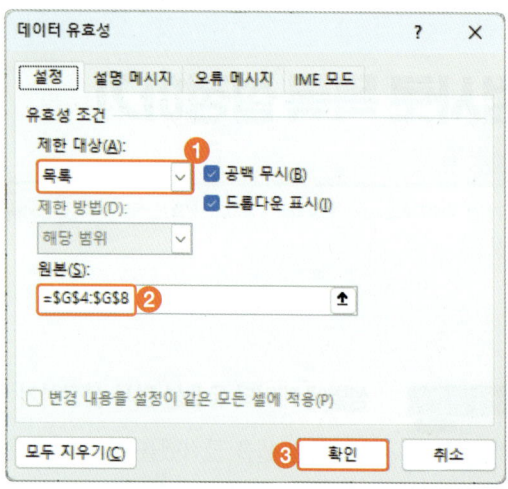

03 ① [데이터 유효성] 대화상자의 [설정] 탭-[유효성 조건]의 [제한 대상]으로 [목록] 선택

② [원본]에 **=$G$4:$G$8** 입력

③ [확인]을 클릭합니다.

Tip 데이터 유효성 검사가 설정되어 [G4:G8] 셀에 범위 입력된 과목 이외의 데이터는 입력할 수 없습니다.

교육시작일에 데이터 유효성 검사 설정하기

04 특정 날짜 범위에서만 시작일과 종료일을 표시할 수 있도록 설정해 보겠습니다.

① [E4:E24] 범위 지정

② [데이터] 탭-[데이터 도구] 그룹-[데이터 유효성 검사]를 클릭합니다.

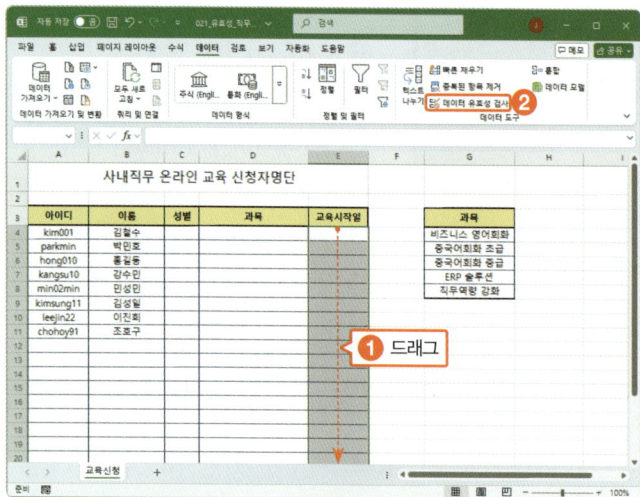

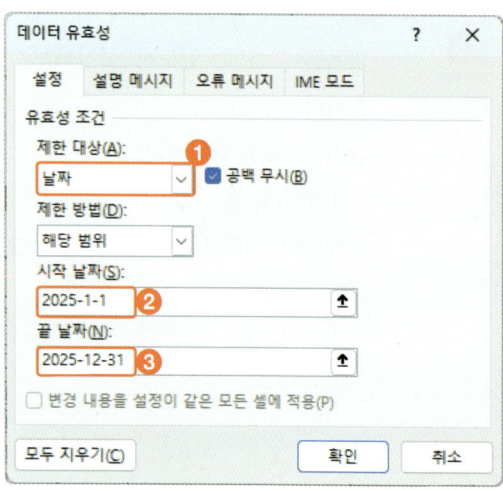

05 ① [데이터 유효성] 대화상자의 [설정] 탭-[제한 대상]으로 [날짜] 선택

② [시작 날짜]에 **2025-1-1** 입력

③ [끝 날짜]에는 **2025-12-31**을 입력합니다.

Tip 데이터 유효성 검사가 설정되어 2025년에 해당하는 날짜만 입력할 수 있습니다.

날짜에 설정한 조건에 대한 설명 메시지 입력하기

06 날짜 데이터를 입력할 때 데이터 유효성 검사에서 설정한 조건에 대한 설명 메시지를 입력해보겠습니다.

❶ [데이터 유효성] 대화상자에서 [설명 메시지] 탭 클릭

❷ [제목]에 **교육시작일** 입력

❸ [설명 메시지]에 **2025-01-01~2025-12-31 사이의 기간** 입력

❹ [확인]을 클릭합니다.

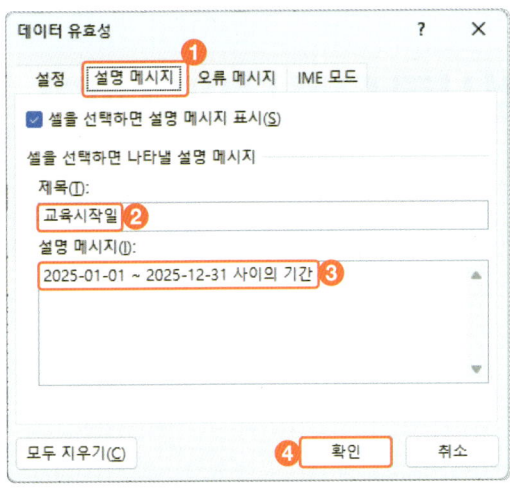

Tip 유효성 검사에서 설정한 유효 값 이외의 값을 입력했을 때 나타나는 오류 메시지는 [오류 메시지] 탭에서 입력합니다.

07 유효성 검사를 모두 설정했습니다. 성별과 과목 열에서 셀을 클릭한 후 목록 상자에서 원하는 항목을 선택하거나 목록에 있는 내용을 직접 입력합니다. 교육 시작일에는 2025-01-01~2025-12-31 사이의 날짜를 입력할 수 있고 잘못 입력하면 오류 메시지가 나타납니다.

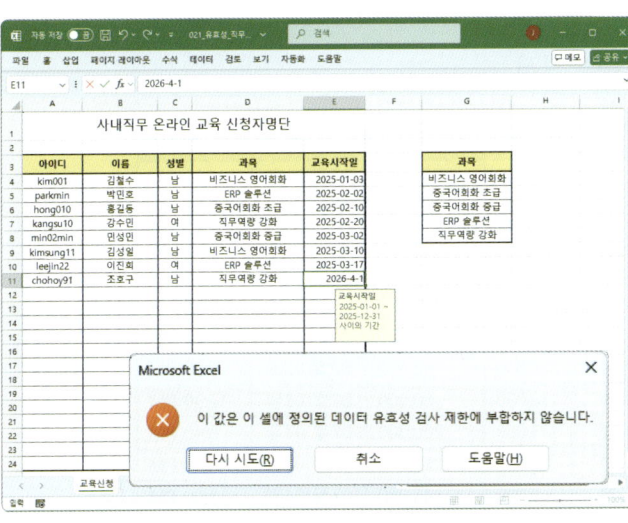

Tip 성별이나 과목 등의 목록을 빠르게 입력하려면, Alt + ↓ 를 눌러 목록을 연 후, 방향키(↑, ↓)로 원하는 항목을 선택하고 Enter 를 누릅니다.

Note 데이터 유효성 검사로 잘못 입력된 데이터를 찾을 수 있나요?

데이터 유효성 검사를 설정하지 않고 데이터를 입력했을 경우 잘못된 데이터를 표시할 수 있습니다.

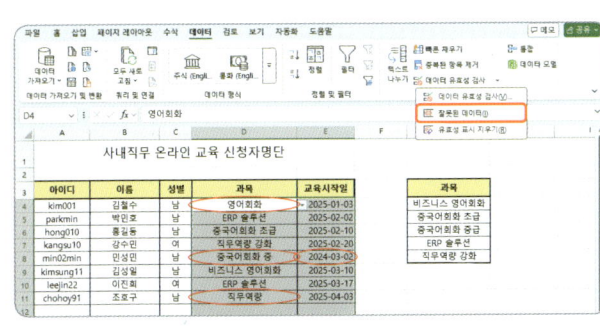

❶ 범위를 지정하고 [데이터 유효성 검사] 대화상자의 [설정] 탭에서 [제한 대상]을 설정합니다.

❷ 범위가 지정된 상태에서 [데이터] 탭-[데이터 도구] 그룹-[데이터 유효성 검사]-[잘못된 데이터]를 클릭하면 빨간색 타원형으로 잘못된 데이터를 찾아 셀에 표시합니다.

CHAPTER 01 엑셀의 시작, 화면 구성과 데이터 입력으로 첫걸음 떼기

데이터 유효성 검사로 오류 데이터 찾기

실습 파일 1장\혼자해보기\005_배송일지.xlsx
완성 파일 1장\혼자해보기\005_배송일지_완성.xlsx

예제 설명 및 완성 화면

배송 정보를 관리하는 배송일지에서 운송장번호, 요금부담, 배송료에 데이터 유효성 검사를 설정하고 잘못된 데이터가 있는지 검사합니다.

운송장번호	고객명	배송지	요금부담	배송료	물품가격	배송일	배송시간
5008-02-101	홍길동	서울	선불	10,000	1,050,000	07월 01일	4:00 PM
5008-02-102	김성미	부산	선불	5,000	75,000	07월 01일	10:30 AM
5008-02-103	홍성길	서울	선물	2,000	100,000	07월 02일	1:00 PM
5008-02-104	박상훈	인천	선불	5,500	55,000	07월 02일	2:00 PM
5008-02-05	이미영	경기	착불	4,500	100,000	07월 02일	11:20 AM
5008-02-106	최수미	충남	선불	6,500	35,000	06월 03일	2:20 PM
5008-02-107	강미영	전남	선불	6,000	55,000	07월 03일	5:00 PM
5008-02-108	송수근	제주	찰불	12,000	80,000	07월 03일	12:30 PM
5008-02-109	김남국	서울	착불	3,000	200,000	07월 04일	3:40 PM
5008-02-110	방성일	서울	선물	2,500	15,000	07월 04일	4:30 PM
5008-02-10	이민정	인천	선불	5,500	45,000	07월 04일	2:00 PM
5008-02-112	박나림	경기	착불	4,500	321,000	07월 10일	11:20 AM
5008-02-113	문수성	충남	선불	6,500	345,600	07월 05일	2:20 PM
5008-02-114	오영욱	전남	선불	6,000	2,145,600	07월 05일	2:00 PM
5008-02-15	나경민	제주	찰불	18,000	45,000	07월 06일	11:20 AM
5008-02-116	전민석	서울	착불	3,000	100,000	07월 06일	2:20 PM
5008-02-117	김선욱	광주	선불	5,000	250,000	07월 06일	5:00 PM

▲ 데이터 유효성 검사로 오류 데이터를 찾음

01 ❶ [A4:A20] 범위 지정 ❷ [데이터] 탭-[데이터 도구] 그룹-[데이터 유효성 검사] 클릭 ❸ [데이터 유효성] 대화상자에서 [제한 대상]에 [텍스트 길이], [제한 방법]에 [=] 선택 ❹ [길이]에 **11** 입력 ❺ [확인]을 클릭해 데이터 유효성 검사를 적용합니다.

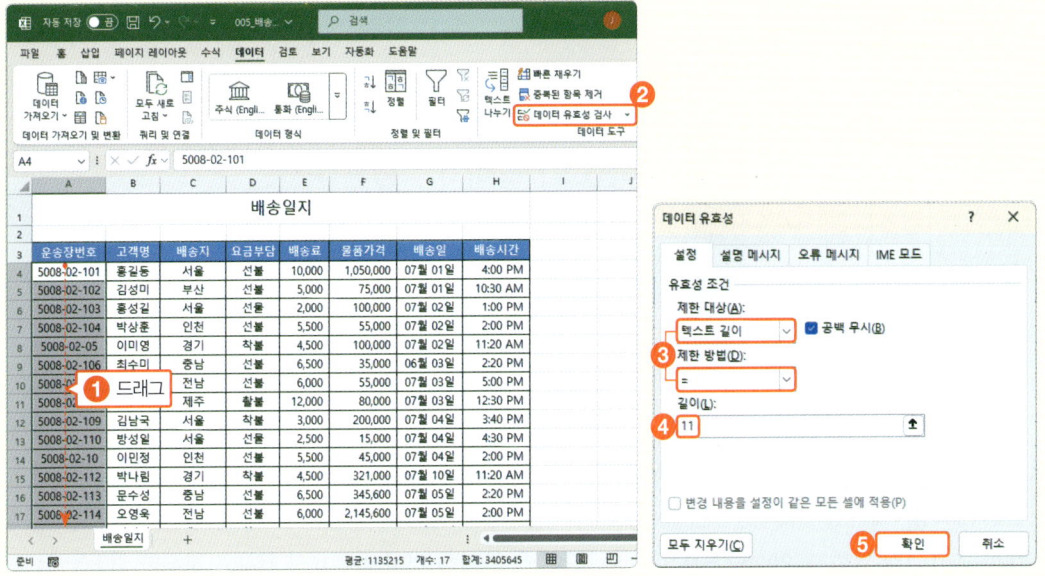

02 ❶ [D4:D20] 범위 지정 ❷ [데이터] 탭-[데이터 도구] 그룹-[데이터 유효성 검사] 클릭 ❸ [데이터 유효성] 대화상자에서 [제한 대상]에 [목록] 선택 ❹ [원본]에 **선불,착불** 입력 ❺ [확인]을 클릭해 데이터 유효성 검사를 적용합니다.

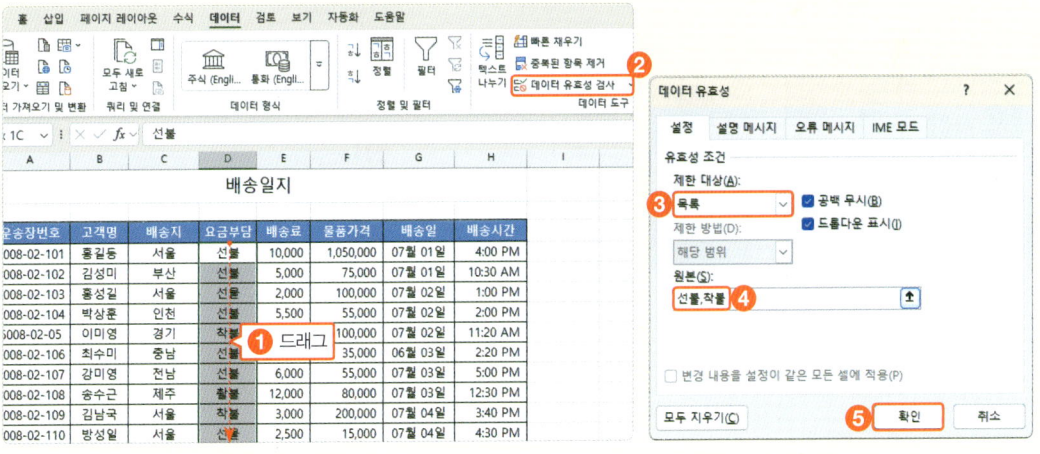

03 ❶ [E4:E20] 범위 지정 ❷ [데이터] 탭-[데이터 도구] 그룹-[데이터 유효성 검사] 클릭 ❸ [데이터 유효성] 대화상자에서 [제한 대상]에 [정수], [제한 방법]에 [<=] 선택 ❹ [최대값]에 **15000** 입력 ❺ [확인]을 클릭해 데이터 유효성 검사를 적용합니다.

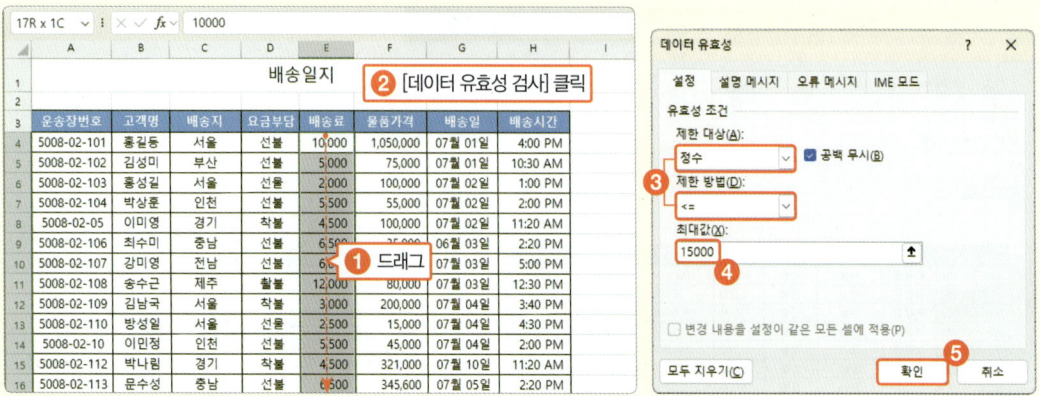

04 ❶ [G4:G20] 범위 지정 ❷ [데이터] 탭-[데이터 도구] 그룹-[데이터 유효성 검사] 클릭 ❸ [데이터 유효성] 대화상자에서 [제한 대상]에 [날짜], [제한 방법]에 [해당 범위] 선택 ❹ [시작 날짜]에 **2025-7-1**, [끝 날짜]에 **2025-7-9** 입력 ❺ [확인]을 클릭해 데이터 유효성 검사를 적용합니다.

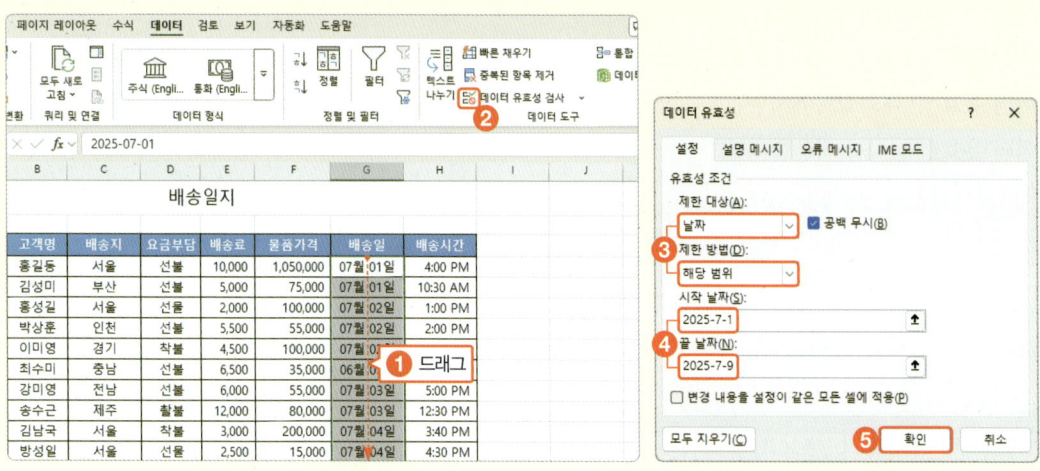

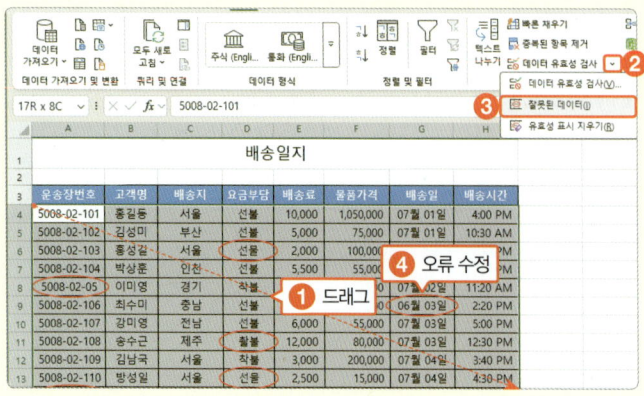

05 ❶ [A4:H20] 범위 지정
❷ [데이터] 탭-[데이터 도구] 그룹
-[데이터 유효성 검사]의 클릭
❸ [잘못된 데이터] 클릭
❹ 오류 데이터가 표시됩니다. 수정하면 오류 표시가 지워집니다.

CHAPTER
02

문서 편집 및 인쇄하기

022 표 서식과 셀 스타일 적용하기

실습 파일 2장\022_서식_교통비지불증1.xlsx 완성 파일 2장\022_서식_교통비지불증1_완성.xlsx

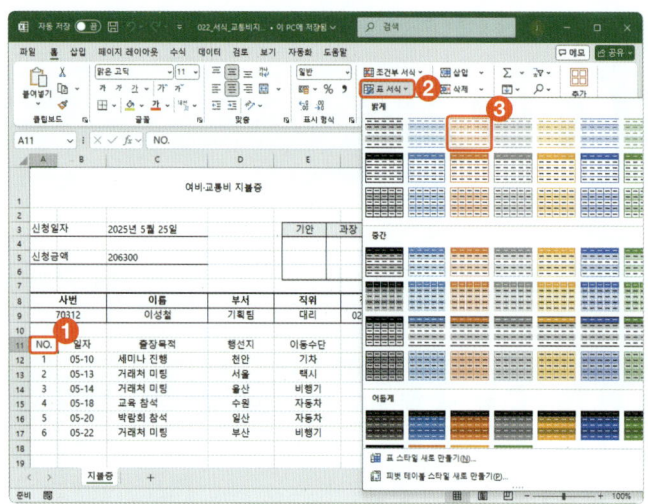

표 서식 적용하기

01 표 서식과 셀 스타일을 이용해 문서를 꾸며보겠습니다.

❶ [A11] 셀 클릭

❷ [홈] 탭-[스타일] 그룹-[표 서식 ] 클릭

❸ [밝게] 영역의 [연한 주황, 표 스타일 밝게 3]을 클릭합니다.

Tip 표 서식이 적용되는 범위에 셀이 병합되어 있으면 자동으로 병합이 해제됩니다.

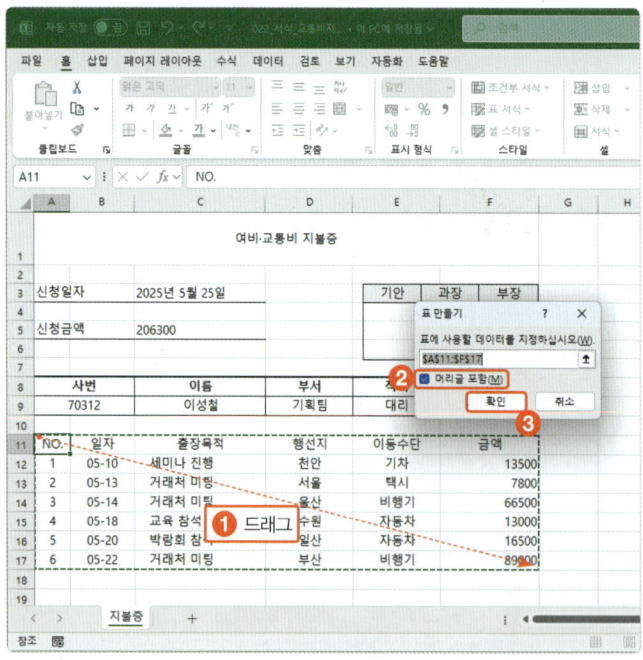

02 [표 만들기] 대화상자에서 표에 사용할 데이터를 범위로 지정해보겠습니다.

❶ [A11:F17] 범위 지정

❷ [머리글 포함]에 체크

❸ [확인]을 클릭해서 서식을 적용합니다.

Tip [머리글 포함]에 체크하면 표의 범위에서 첫 행은 제목 행이 되고 그 이후 행은 데이터가 됩니다. 표 서식이 적용되면 제목 행에는 필터 단추로 데이터를 빠르게 필터링하고 정렬할 수 있습니다. 표에서 수식을 입력하는 방법은 160쪽을 참고합니다.

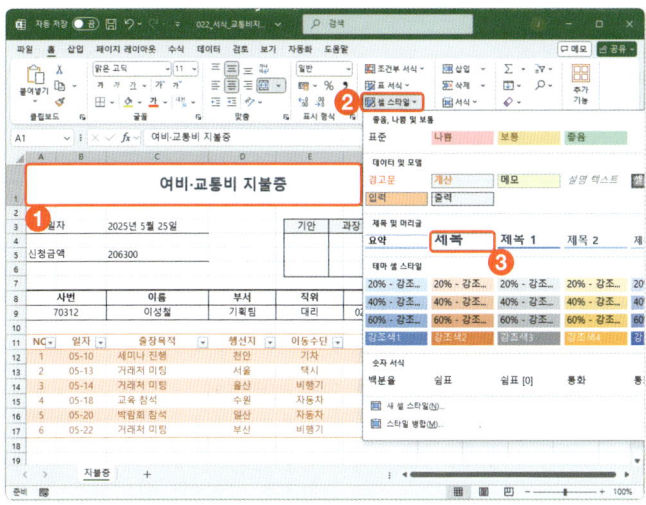

셀 스타일 적용하기

03 ❶ [A1] 셀 클릭

❷ [홈] 탭-[스타일] 그룹-[셀 스타일 📝] 클릭

❸ [제목 및 머리글] 영역의 [제목]을 클릭해서 스타일을 변경합니다.

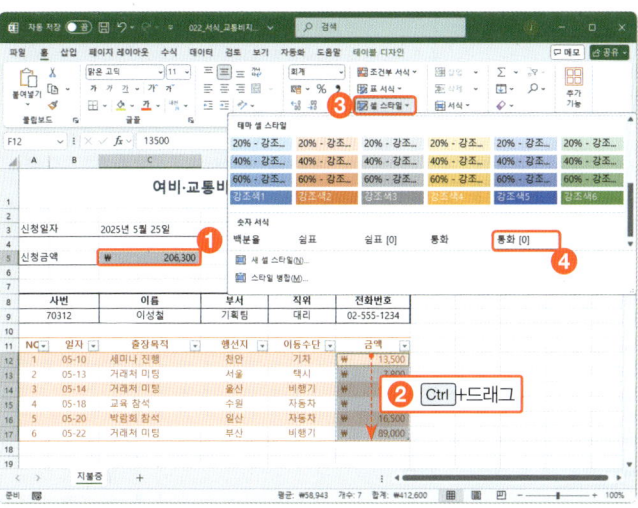

숫자 서식 셀 스타일 적용하기

04 ❶ [C5] 셀 클릭

❷ Ctrl 을 누른 채 [F12:F17] 범위 지정

❸ [홈] 탭-[스타일] 그룹-[셀 스타일 📝] 클릭

❹ [숫자 서식] 영역에서 [통화 [0]]을 클릭합니다.

Tip 숫자 서식에서 [통화]와 [통화[0]]은 둘 다 통화 기호(₩)와 천 단위 쉼표를 표시합니다. [통화]는 소수점 둘째 자리까지 표시하고 [통화[0]]은 정수만 표시합니다.

> **Note** 표와 데이터를 일목요연하게 꾸미는 이유는?

엑셀은 기본적으로 표와 숫자로 구성되며 셀과 워크시트는 모두 격자로 이루어져 있습니다. 그러다 보니 계산과 통계에는 효율적이지만 직관적으로 데이터를 보기에는 어려움이 있습니다. 엑셀에서 제공하는 여러 디자인 도구(표 서식과 셀 스타일 또는 각종 서식 도구 등)를 사용하면 데이터를 훨씬 더 잘 보이도록 깔끔하게 꾸밀 수 있습니다.

▲ 일반 표 　　　　　　　　　　　　　　　　　▲ 서식과 스타일을 적용한 표

023 표 디자인 변경 및 범위로 변환하기

실습 파일 2장\023_서식_교통비지불증2.xlsx 완성 파일 2장\023_서식_교통비지불증2_완성.xlsx

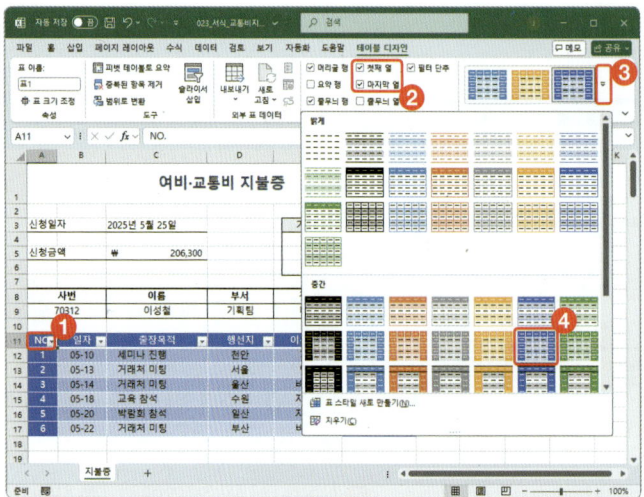

표 서식 적용하기

01 ❶ 표 영역에서 임의의 셀 클릭 ❷ [테이블 디자인] 탭–[표 스타일 옵션] 그룹에서 [첫째 열], [마지막 열]에 체크 ❸ [표 스타일] 그룹에서 [자세히 ▼] 클릭 ❹ [중간] 영역의 [파랑, 표 스타일 보통 13]을 클릭합니다.

Tip 첫째 열과 마지막 열이 굵게 처리되어 데이터를 쉽게 구분할 수 있습니다. 엑셀 2019 이전 버전에서는 [표 도구]–[디자인] 탭을 클릭합니다.

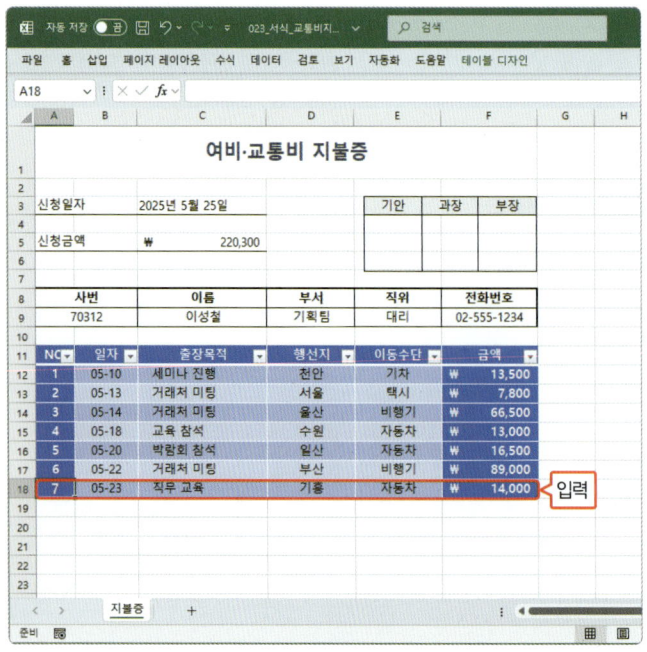

추가 데이터 입력하기

02 [A18:F18] 셀에 **7**, **5-23**, **직무 교육**, **기흥**, **자동차**, **14000**을 각각 입력하면 표 서식이 자동으로 확장됩니다.

표 서식을 지우고 범위로 변환하기

03 ① 표 영역에서 임의의 셀 클릭
② [테이블 디자인] 탭-[표 스타일] 그룹에서 [자세히 ▼]를 클릭합니다.

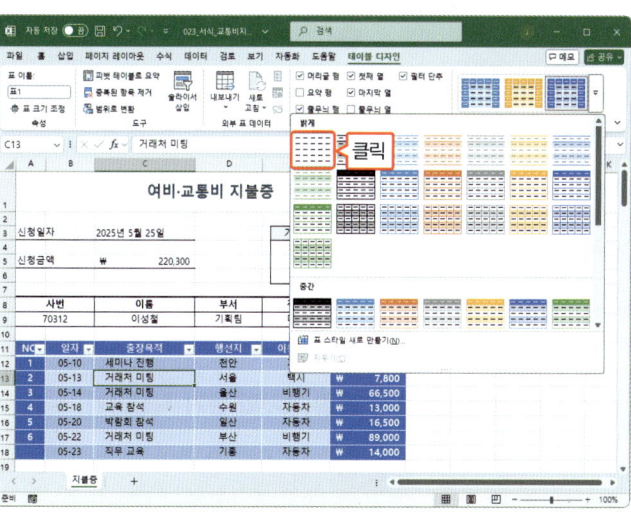

04 [밝게] 영역의 [없음]을 클릭합니다.

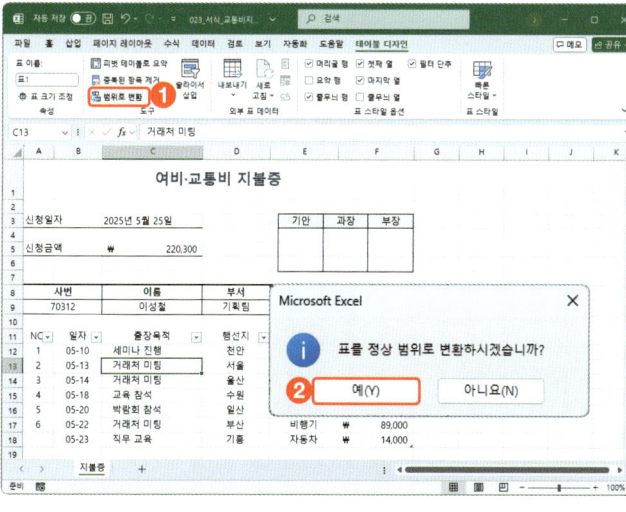

범위로 변환하기

05 표 스타일은 변경되었지만 아직 표로 변환되어 있으므로 표 범위를 일반 데이터 범위로 변환해보겠습니다.
① [테이블 디자인] 탭-[도구] 그룹-[범위로 변환 🖳] 클릭
② 표를 정상 범위로 변환하는 것인지 묻는 대화상자가 나타나면 [예]를 클릭합니다.

Tip 표가 데이터 범위로 바뀝니다.

우선순위
024 글꼴 그룹에서 서식 지정하기

실습 파일 2장\024_서식_세금계산서.xlsx   완성 파일 2장\024_서식_세금계산서_완성.xlsx

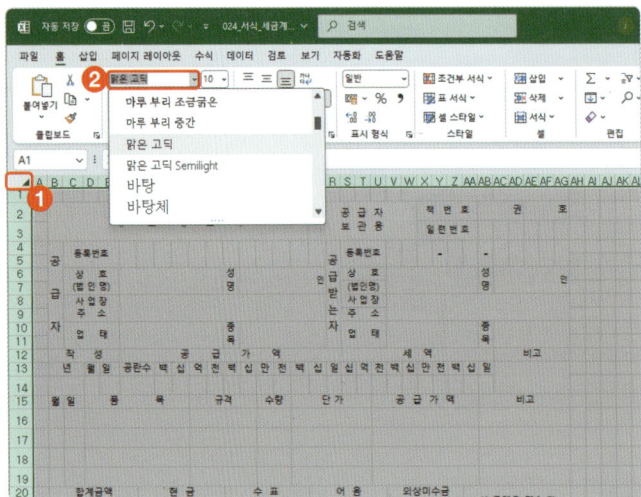

글꼴 지정하기

01 글꼴, 크기, 테두리, 채우기 색의 서식을 지정해 문서를 꾸며보겠습니다.

❶ [셀 전체 선택 ▲] 클릭
❷ [홈] 탭-[글꼴] 그룹-[맑은 고딕]을 선택합니다.

Tip 워크시트 전체가 범위로 지정되고 글꼴이 [맑은 고딕]으로 변경됩니다.

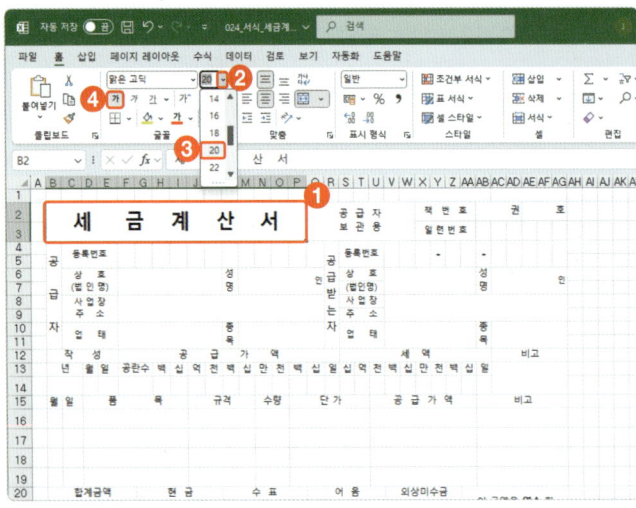

글꼴 크기와 굵기 지정하기

02 ❶ [B2] 셀 클릭
❷ [홈] 탭-[글꼴] 그룹-[글꼴 크기 ▼] 클릭
❸ [20] 클릭
❹ [굵게 가]를 클릭해서 글꼴을 굵게 표시합니다.

테두리 설정하기

03 ❶ [B2:AG21] 범위 지정

❷ [홈] 탭-[글꼴] 그룹-[테두리 ▦]의 ▼ 클릭

❸ [다른 테두리]를 클릭합니다.

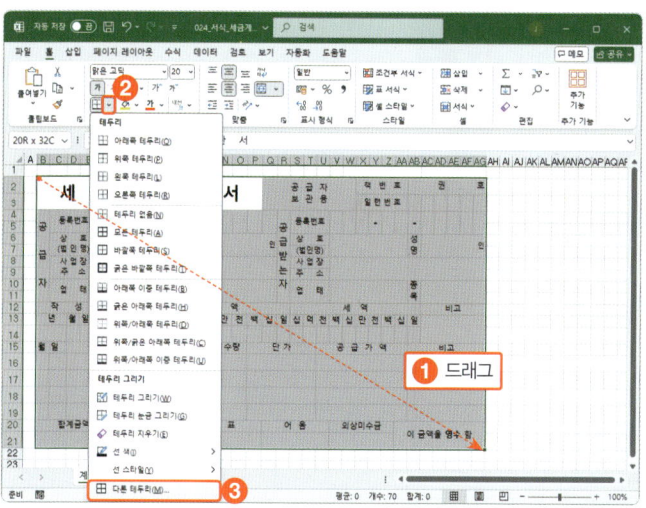

04 [셀 서식] 대화상자가 나타나면

❶ [테두리] 탭 클릭

❷ [선]-[스타일]에서 [중간 굵기] 클릭

❸ [미리 설정]에서 [윤곽선] 클릭

❹ 다시 [선]-[스타일]에서 [실선] 클릭

❺ [미리 설정]에서 [안쪽] 클릭

❻ [확인]을 클릭합니다.

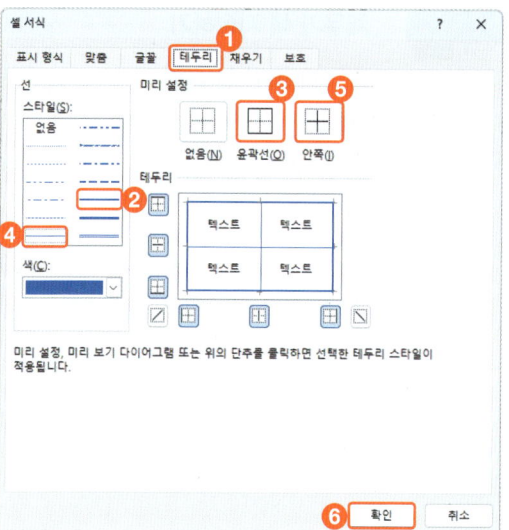

05 ❶ [F4:Q7] 범위 지정

❷ Ctrl 을 누른 채 [V4:AG5] 범위 지정

❸ Ctrl 을 누른 채 [B12:AG14] 범위를 지정합니다.

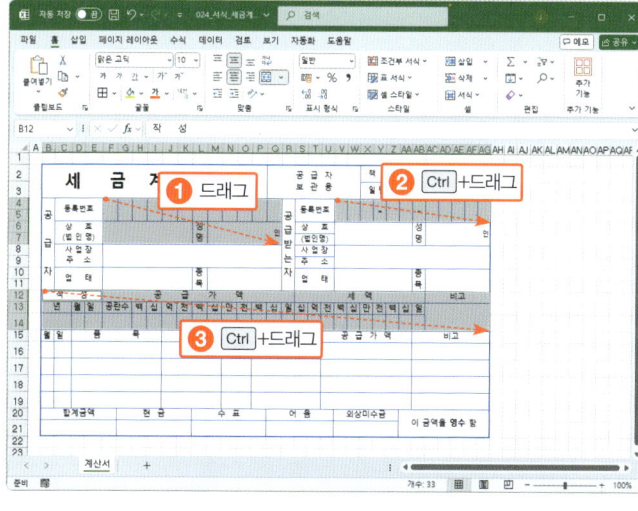

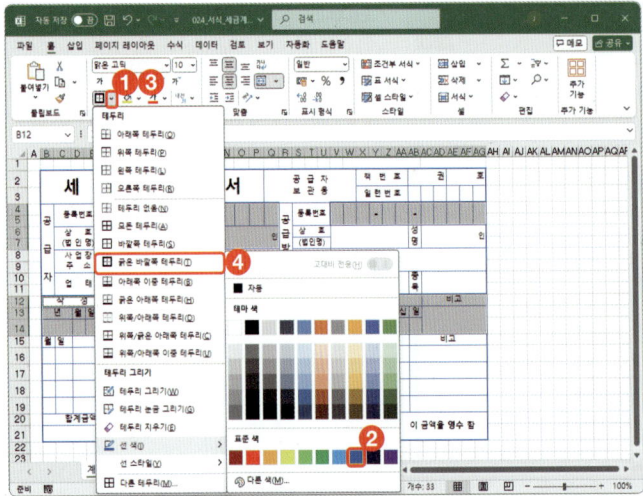

06 ❶ [홈] 탭-[글꼴] 그룹-[테두리]의 ⌄ 클릭

❷ [선 색]-[파랑] 클릭

❸ [글꼴] 그룹-[테두리]의 ⌄ 클릭

❹ [굵은 바깥쪽 테두리]를 클릭해서 각 선택 영역에 윤곽선을 적용합니다.

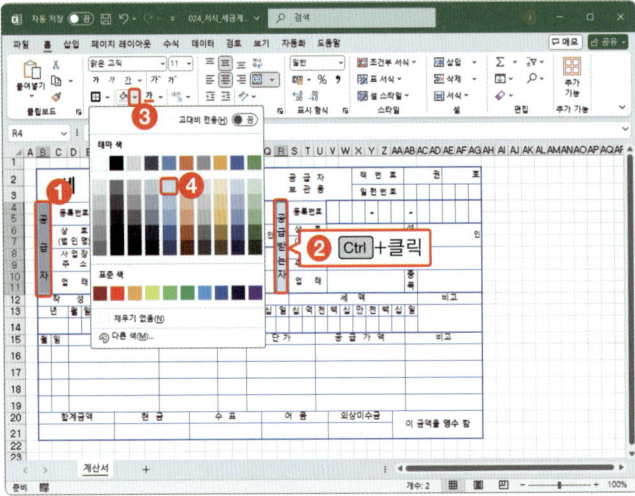

채우기 색 지정하기

07 ❶ [B4] 셀 클릭

❷ Ctrl 을 누른 채 [R4] 셀 클릭

❸ [홈] 탭-[글꼴] 그룹-[채우기 색]의 ⌄ 클릭

❹ [테마 색]에서 [파랑, 강조 1, 80% 더 밝게]를 클릭해서 셀에 색을 채웁니다.

025 맞춤, 표시 형식 그룹에서 서식 지정하기

실습 파일 2장\025_서식_실적분석.xlsx 완성 파일 2장\025_서식_실적분석_완성.xlsx

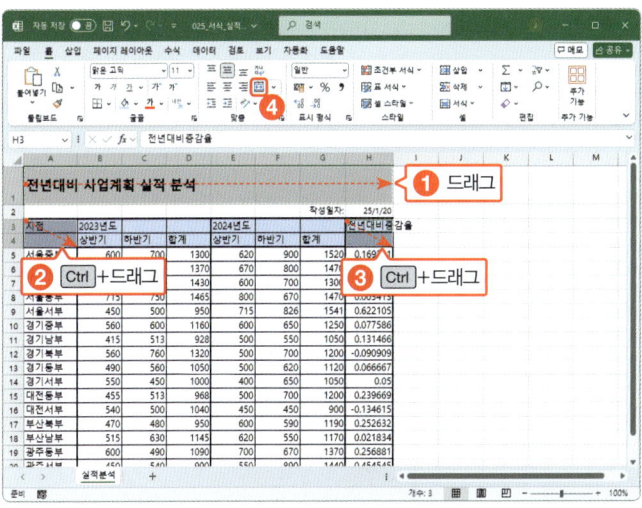

병합하고 가운데 맞춤 지정하기

01 ❶ [A1:H1] 범위 지정

❷ Ctrl 을 누른 채 [A3:A4] 범위 지정

❸ Ctrl 을 누른 채 [H3:H4] 범위 지정

❹ [홈] 탭-[맞춤] 그룹-[병합하고 가운데 맞춤 🔲]을 클릭합니다.

Tip [병합하고 가운데 맞춤]은 여러 셀을 하나로 병합하고 셀의 가운데로 내용을 정렬합니다. 범위가 떨어져 있는 경우 Ctrl 을 누른 상태에서 각각의 범위를 지정합니다.

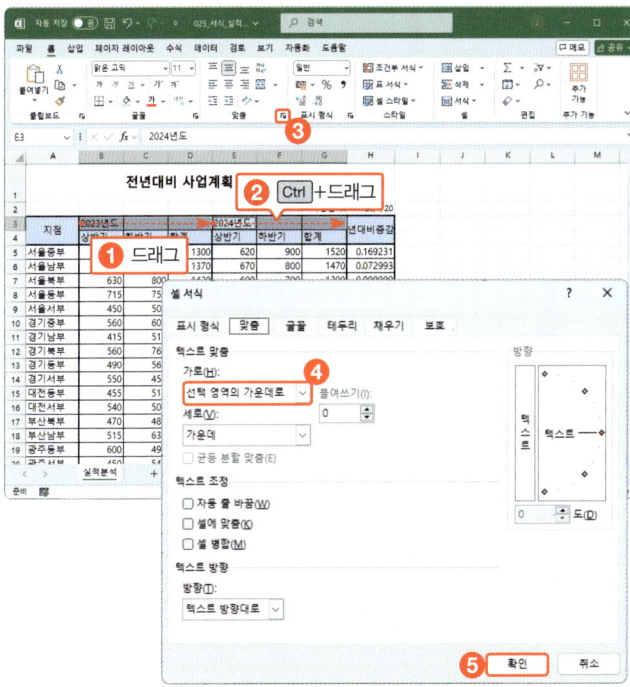

선택 영역의 가운데 맞춤 지정하기

02 여러 셀을 병합하지 않고 내용만 셀의 가운데로 정렬해보겠습니다.

❶ [B3:D3] 범위 지정

❷ Ctrl 을 누른 채 [E3:G3] 범위 지정

❸ [홈] 탭-[맞춤] 그룹-[맞춤 설정 🔽] 클릭

❹ [셀 서식] 대화상자에서 [텍스트 맞춤]-[가로]-[선택 영역의 가운데로] 선택

❺ [확인]을 클릭합니다.

Tip [선택 영역의 가운데로]는 셀을 병합하지 않고도 내용을 가운데로 표시할 수 있습니다.

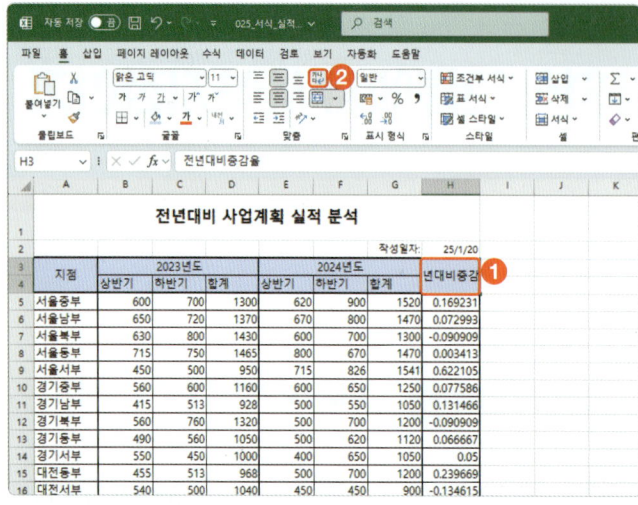

03 전년대비증감율이 표시된 [H3] 셀은 내용 전체가 보이지 않습니다. 텍스트를 줄 바꿈하여 데이터가 한 셀에 모두 표시되도록 수정해보겠습니다.

❶ [H3] 셀 클릭

❷ [홈] 탭-[맞춤] 그룹-[자동 줄 바꿈]을 클릭합니다.

Tip 데이터를 입력할 때 Alt + Enter 를 눌러 텍스트의 줄을 바꿀 수도 있습니다.

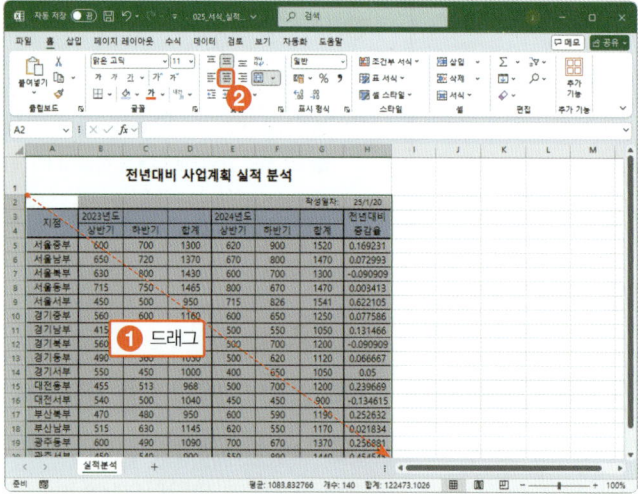

04 ❶ [A2:H20] 범위 지정

❷ [홈] 탭-[맞춤] 그룹-[가운데 맞춤]을 클릭합니다.

Tip 맞춤 옵션을 상세하게 지정하려면 [맞춤] 그룹-[맞춤 설정 □]을 클릭해서 [셀 서식] 대화상자를 불러옵니다.

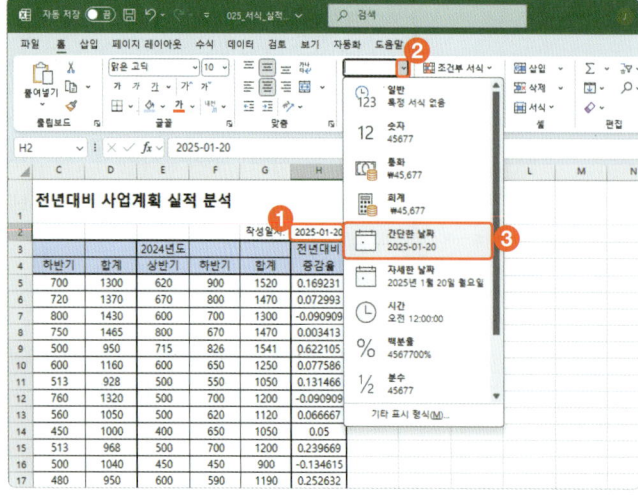

날짜 형식 표시하기

05 작성일자를 년-월-일 형태로 표시해보겠습니다.

❶ [H2] 셀 클릭

❷ [홈] 탭-[표시 형식] 그룹-[표시 형식 □] 클릭

❸ [간단한 날짜]를 클릭합니다.

Tip 날짜 형식이 년-월-일 형태로 바뀝니다.

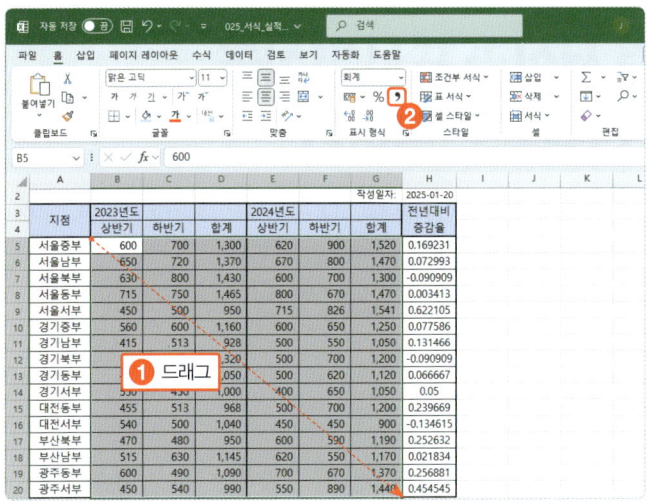

숫자 세 자리마다 쉼표 넣기

06 데이터에서 숫자 세 자리마다 구분 기호로 쉼표가 표시되도록 수정해보겠습니다.

❶ [B5:G20] 범위 지정

❷ [홈] 탭-[표시 형식] 그룹-[쉼표 스타일 ,]을 클릭합니다.

Tip 숫자 세 자리마다 쉼표가 표시됩니다.

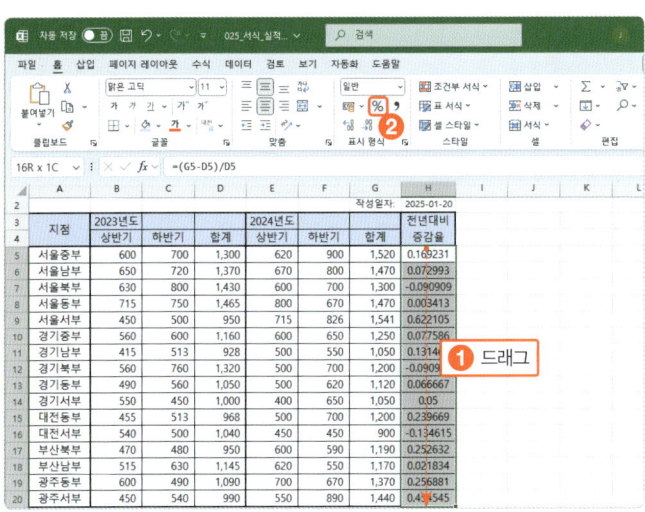

백분율 기호 넣기

07 전년대비증감율을 백분율 형식으로 표시해보겠습니다.

❶ [H5:H20] 범위 지정

❷ [홈] 탭-[표시 형식] 그룹-[백분율 스타일 %]을 클릭해서 숫자에 백분율 기호를 넣습니다.

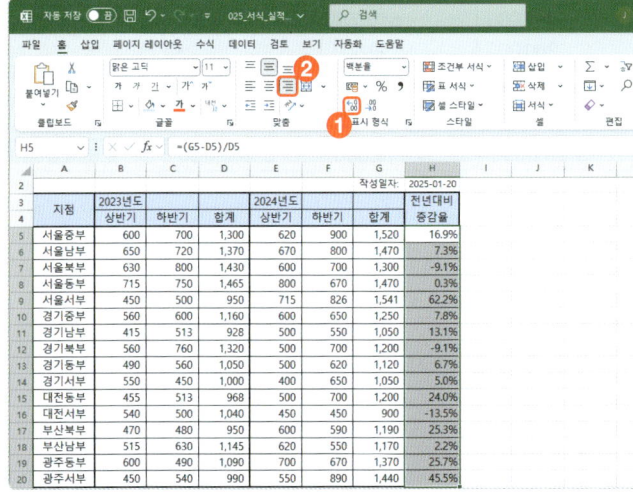

소수점 자릿수 늘리기

08 ❶ [홈] 탭의 [표시 형식] 그룹-[자릿수 늘림]을 한 번 클릭해서 소수점 첫째 자리까지 표시

❷ [홈] 탭-[맞춤] 그룹-[오른쪽 맞춤]을 클릭합니다.

Tip 소수점 자릿수를 줄이려면 줄일 자릿수만큼 [자릿수 줄임]을 클릭합니다.

글꼴/맞춤 서식과 표시 형식을 지정하여 임율표 완성하기

실습 파일 2장\혼자해보기\006_임율표.xlsx 완성 파일 2장\혼자해보기\006_임율표_완성.xlsx

예제 설명 및 완성 화면

직급별 인건비, 복리후생비, 기타 비용이 나타나는 임율표에서 조건에 맞게 글꼴, 맞춤, 표시 형식을 지정해보겠습니다.

	A	B	C	D	E	F	G
1				2025년 임율표			
2						작성일자:	2025-01-02
3		구 분			직 급		
4			부장	차장	과장	대리	사원
5	인건비	기 본 급	4,000,000	3,500,000	3,000,000	2,400,000	1,800,000
6		제 수 당	320,000	280,000	240,000	192,000	144,000
7		상 여 율	600%	600%	500%	450%	400%
8		퇴 직 금	480,000	420,000	360,000	288,000	216,000
9		소계	4,800,000	4,200,000	3,600,000	2,880,000	2,160,000
10	복리후생비	개인연금	55,000	55,000	55,000	55,000	55,000
11		건강보험료	176,000	136,000	105,000	76,000	62,000
12		국민연금	162,000	162,000	160,000	129,000	106,000
13		산재보험	30,000	25,000	20,000	15,000	12,000
14		고용보험	75,000	63,000	50,000	35,000	29,000
15		신체검사비	300,000	300,000	250,000	200,000	200,000
16		소계	798,000	741,000	640,000	510,000	464,000
17	기타	차량유지비	200,000	200,000	150,000	-	-
18		교육지원비	150,000	150,000	100,000	70,000	50,000
19		소계	350,000	350,000	250,000	70,000	50,000
21		합계	5,948,000	5,291,000	4,490,000	3,460,000	2,674,000

01 ❶ 제목(A1:G1) 범위 지정 후 Ctrl + 1 ❷ [셀 서식] 대화상자에서 [맞춤] 탭 클릭 ❸ [텍스트 맞춤]의 [가로]-[선택 영역의 가운데로] 클릭 ❹ [확인]을 클릭합니다.

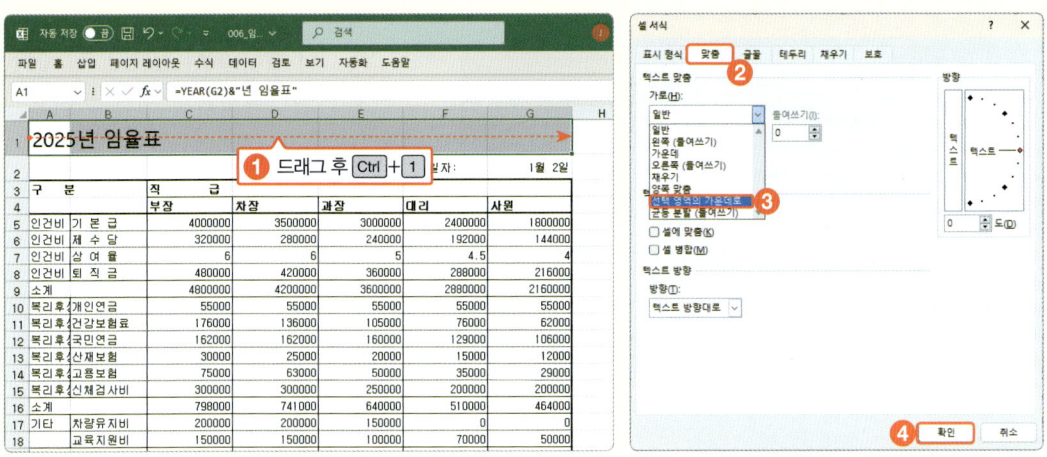

Tip [병합하고 가운데 맞춤]은 셀이 하나로 합쳐지고 텍스트가 가운데로 정렬되지만, [선택 영역의 가운데로]는 셀은 그대로 있고 텍스트만 가운데로 정렬됩니다.

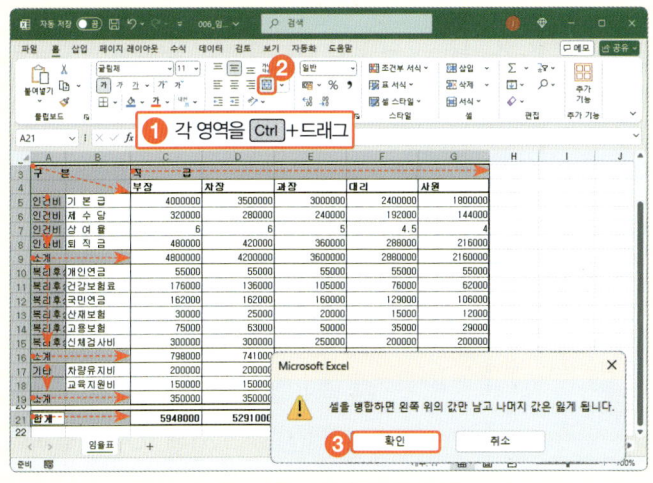

02 ❶ Ctrl 을 누른 채 구분(A3:B4), 직급(C3:G3), 인건비(A5:A8), 복리후생비(A10:A15), 기타(A17:A18), 소계(A9:B9, A16:B16, A19:B19), 합계(A21:B21) 각각 범위 지정

❷ [홈] 탭-[맞춤] 그룹-[병합하고 가운데 맞춤 📴] 클릭

❸ 다음과 같은 대화상자가 나타나면 [확인]을 클릭합니다.

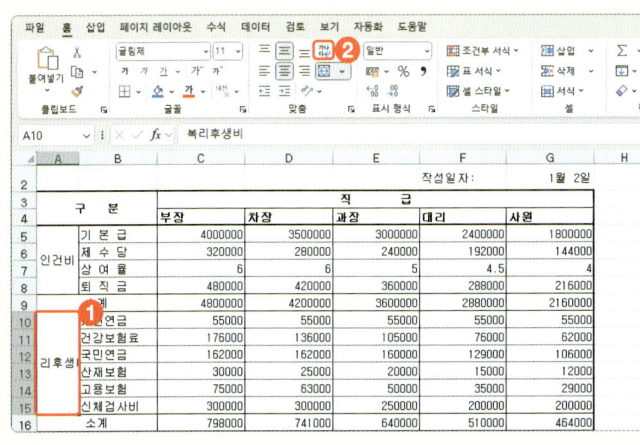

03 ❶ [A10] 셀 클릭

❷ [홈] 탭-[맞춤] 그룹-[자동 줄 바꿈 📝]을 클릭합니다. 셀 너비에 맞춰 글자가 자동 줄 바꿈이 됩니다.

CHAPTER 02 문서 편집 및 인쇄하기 **093**

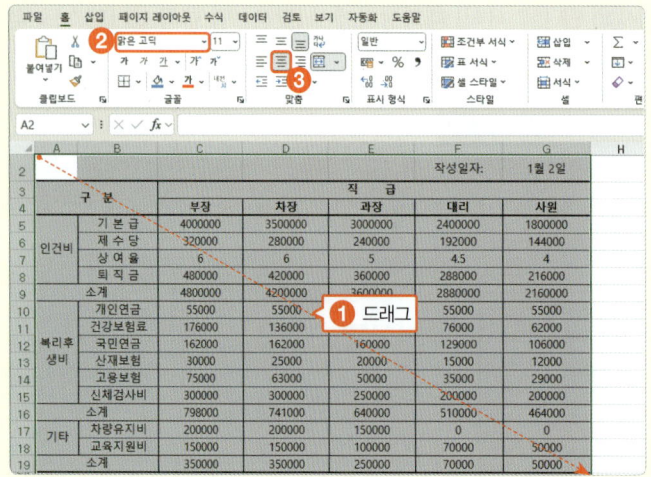

04 ❶ [A2:G21] 범위 지정
❷ [홈] 탭-[글꼴] 그룹-[맑은 고딕] 선택
❸ [홈] 탭-[맞춤] 그룹-[가운데 맞춤]을 클릭하여 가운데 맞춤을 설정합니다.

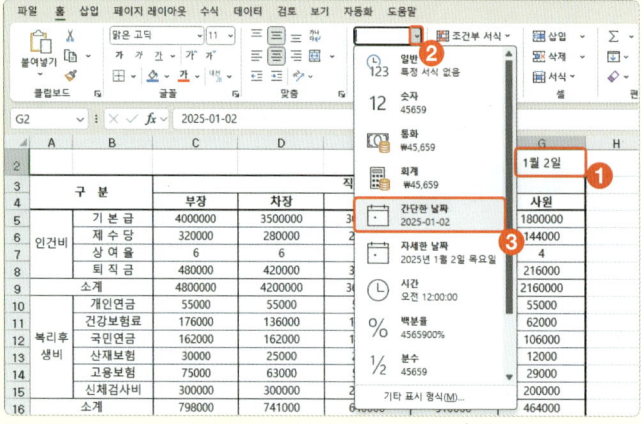

05 ❶ [G2] 셀 클릭
❷ [홈] 탭-[표시 형식] 그룹-[표시 형식]의 ▼ 클릭
❸ [간단한 날짜]를 클릭하여 작성일자를 년-월-일 형태로 변경합니다.

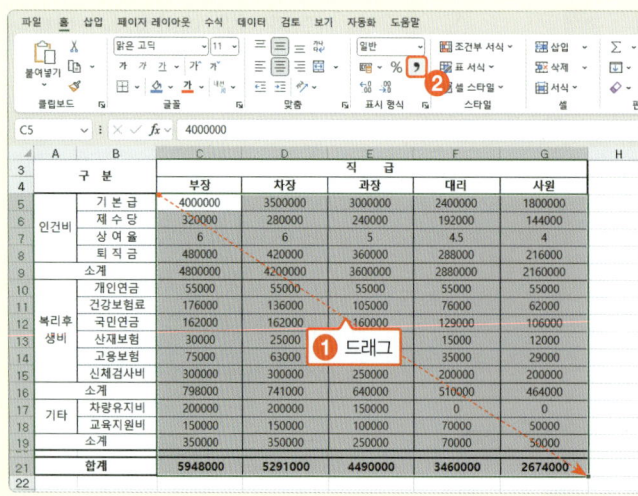

06 ❶ [C5:G21] 범위 지정
❷ [홈] 탭-[표시 형식] 그룹-[쉼표 스타일]을 클릭해 숫자에 쉼표를 적용합니다.

07 ❶ [C7:G7] 범위 지정 ❷ [홈] 탭-[표시 형식] 그룹-[백분율 스타일 %]을 클릭합니다.

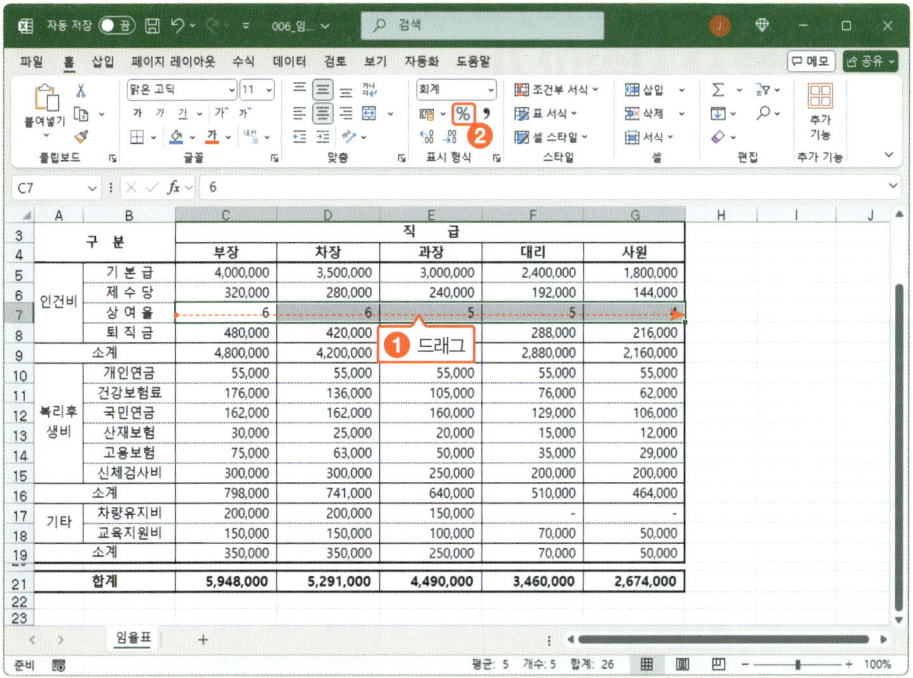

08 ❶❷❸ Ctrl을 누른 채 제목 행(A3:G4), 제목 열(A5:B19), 합계 행(A21:G21) 각각 범위 지정 ❹ [홈] 탭-[글꼴] 그룹-[채우기 색]의 클릭 ❺ [황금색, 강조 4, 80% 더 밝게]를 클릭하여 셀에 색을 채웁니다.

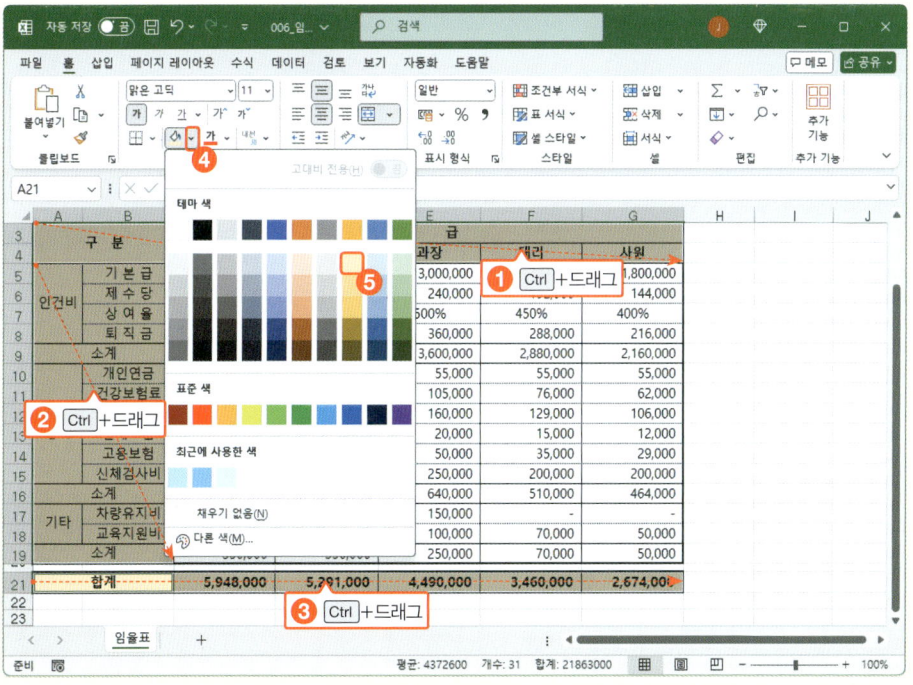

우선순위 026 문자, 숫자 데이터 표시 형식 사용자 지정하기

실습 파일 2장\026_서식_견적서1.xlsx 완성 파일 2장\026_서식_견적서1_완성.xlsx

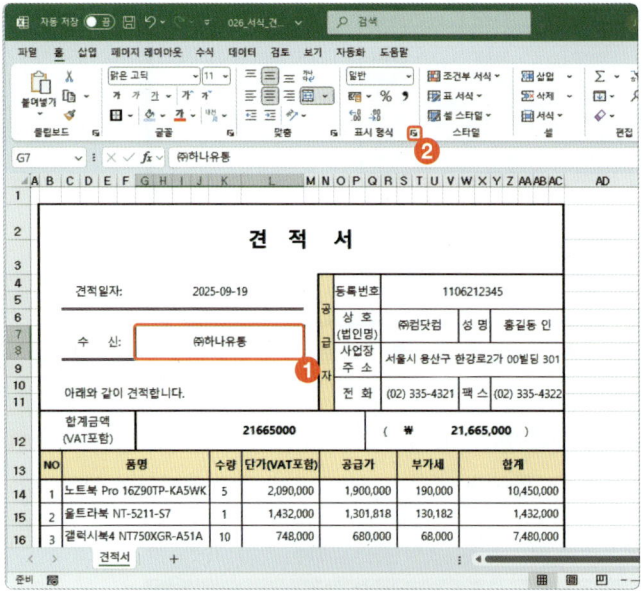

문자 표시 형식 사용자 지정하기

01 고객 명단이나 세미나 참석자 명단, 수신인 등을 표시할 경우 이름 뒤에 '님'이나 '귀하'를 붙이기도 합니다. 문자 사용자 코드인 '@'를 사용해 이름 뒤에 반복되는 문자를 표시할 수 있습니다.

❶ [G7] 셀 클릭
❷ [홈] 탭-[표시 형식] 그룹-[표시 형식 ⤡]을 클릭합니다.

Tip 단축키로 Ctrl + 1 을 누릅니다.

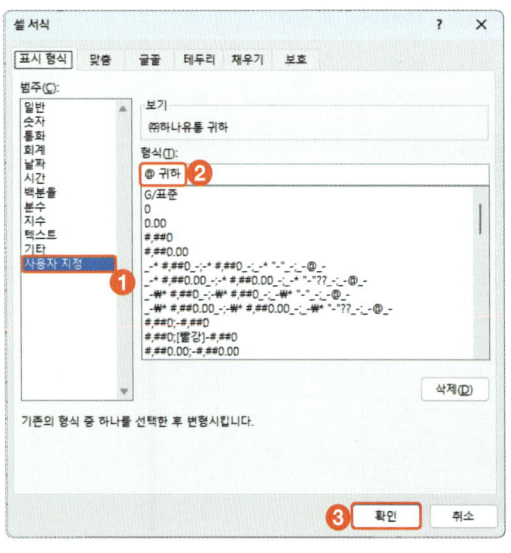

02 [셀 서식] 대화상자가 나타나면
❶ [표시 형식]-[범주]에서 [사용자 지정] 클릭
❷ [형식]에 **@ 귀하** 입력
❸ [확인]을 클릭합니다. 수신자 뒤에 '귀하'가 표시됩니다.

Tip 문자 표시 형식 기호는 '@'를 사용합니다.

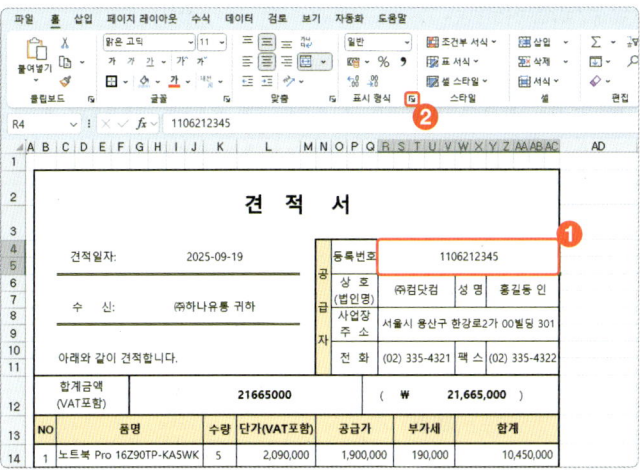

숫자 표시 형식 사용자 지정하기

03 계좌번호나 사업자 등록번호, 신용카드 일련번호 등 숫자의 자릿수를 맞춰 표시해야 하는 경우가 있습니다. 사업자 등록번호 10자리를 3자-2자-5자 형식으로 표시해보겠습니다.

① [R4] 셀 클릭

② [홈] 탭-[표시 형식] 그룹-[표시 형식]을 클릭합니다.

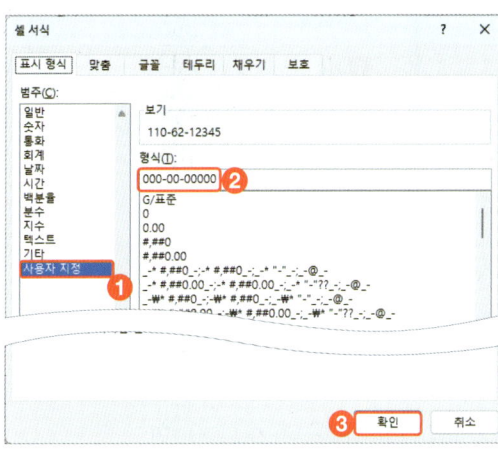

04 [셀 서식] 대화상자가 나타나면

① [표시 형식]-[범주]에서 [사용자 지정] 클릭

② [형식]에 **000-00-00000** 입력

③ [확인]을 클릭해서 서식을 적용합니다. 사업자 등록 번호가 형식에 맞춰 표시됩니다.

Tip 숫자 형식 코드 '0' 기호를 사용하여 자릿수에 맞춰 표시합니다.

Note 숫자 형식 기호에서 '0' 과 '#'의 차이

숫자 데이터는 0과 # 기호를 주로 사용하여 세 자리마다 쉼표를 표시하는 #,##0 형태의 서식을 주로 사용합니다. 0 기호는 자릿수를 맞춰 숫자를 표시할 때, #은 자릿수와 상관없이 유효한 숫자만 표시할 때 사용합니다. 예를 들어 숫자 1을 '00001'로 표시하려면 '00000'으로, '1'로 표시하려면 '####' 형태로 표현합니다. 사용자 지정 표시 형식의 자세한 내용은 다음과 같습니다.

데이터 형식	형식 기호	기능
숫자	#	유효한 숫자를 표시하는 기호(무효한 0은 표시 안 함)입니다.
	0	숫자를 표시하는 기호(무효한 0을 표시하여 자릿수를 맞춤)입니다.
	?	숫자를 표시하는 기호(무효한 0을 공백으로 표시하여 자릿수를 맞춤)입니다.
	%	백분율을 표시합니다.
	.	소수점을 표시합니다.
	,	숫자 세 자리마다 구분 기호를 표시하거나 세 자리씩 잘라서 표시합니다.
	₩, $, ¥	통화 유형 기호를 표시합니다.
문자	@	문자를 대표하는 형식으로 문자에 특정 문자를 표시하고 싶을 때 사용합니다.

숫자를 한글로 표시하는 서식 지정하기

실습 파일 2장\027_서식_견적서2.xlsx 완성 파일 2장\027_서식_견적서2_완성.xlsx

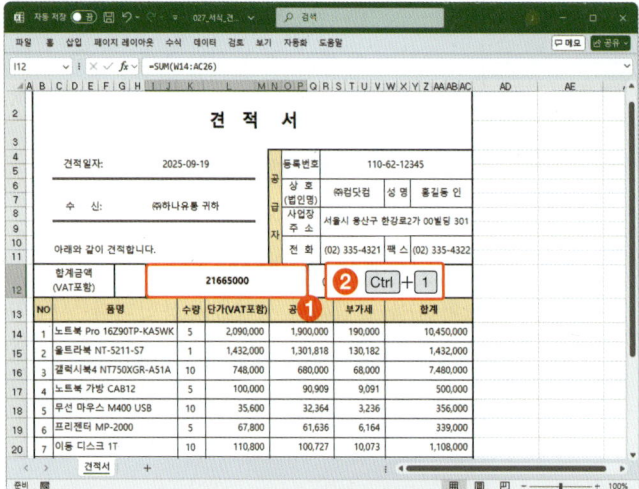

합계금액을 한글로 표시하기

01 견적서의 합계금액을 정확하게 읽을 수 있도록 한글로 표시해보겠습니다.

❶ [I12] 셀 클릭

❷ Ctrl + 1 을 누릅니다.

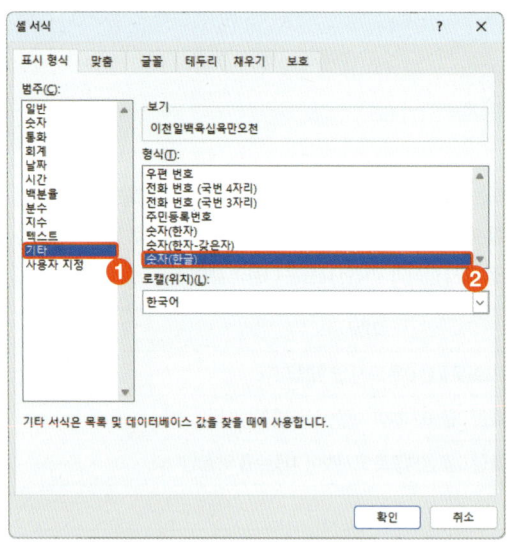

02 [셀 서식] 대화상자가 나타나면

❶ [표시 형식] 탭-[범주]에서 [기타] 클릭

❷ [형식]에서 [숫자(한글)]을 클릭합니다.

Tip [숫자(한글)]은 숫자를 한글로 표시하는 서식입니다. [형식] 목록에 [숫자(한글)]이 보이지 않으면 [로캘(위치)]를 [한국어]로 변경합니다.

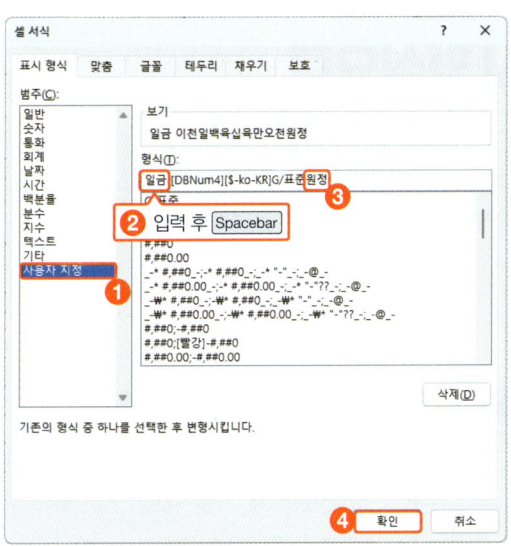

03 ① [범주]에서 [사용자 지정] 클릭
② [형식]에서 맨 앞에 **일금** 입력 후 Spacebar
③ 맨 뒤에 **원정** 입력
④ [확인]을 클릭해서 서식을 적용합니다.

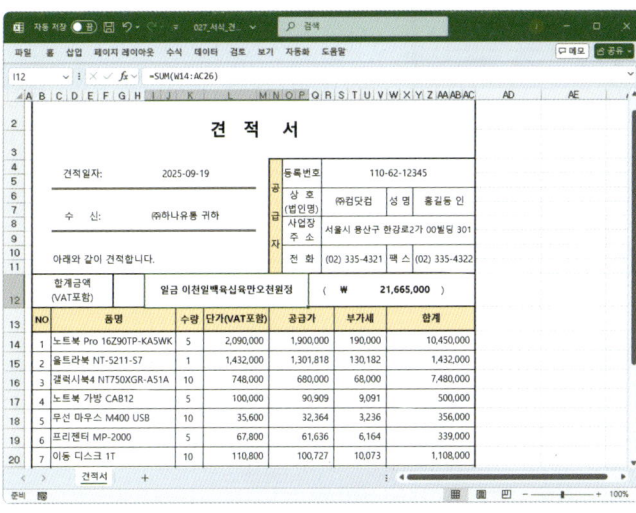

04 숫자가 한글로 표기되며 앞에 '일금', 뒤에 '원정'이 붙습니다.

Note 숫자를 한글, 한자로 표시하는 형식 기호

엑셀에서는 숫자 데이터가 길어지면 값을 잘못 읽어 오해를 일으킬 가능성이 있습니다. 이런 경우에는 숫자를 한글이나 한자로 변경하여 직관적으로 읽을 수 있도록 합니다.

표시 형식 기호	설명	표시 형식
[DBNum1][$-ko-KR]G/표준	한자로 표시	一千二百五十万
[DBNum2][$-ko-KR]G/표준	한자 갖은자 표시	壹仟貳百伍拾萬
[DBNum3][$-ko-KR]G/표준	단위만 한자로 표시	千2百5十万
[DBNum4][$-ko-KR]G/표준	한글로 표시	일천이백오십만

028 숫자 데이터 표시 형식으로 양수/음수/0의 서식 지정하기

실습 파일 2장\028_서식_표시형식.xlsx [실적분석] 시트   완성 파일 2장\028_서식_표시형식_완성.xlsx

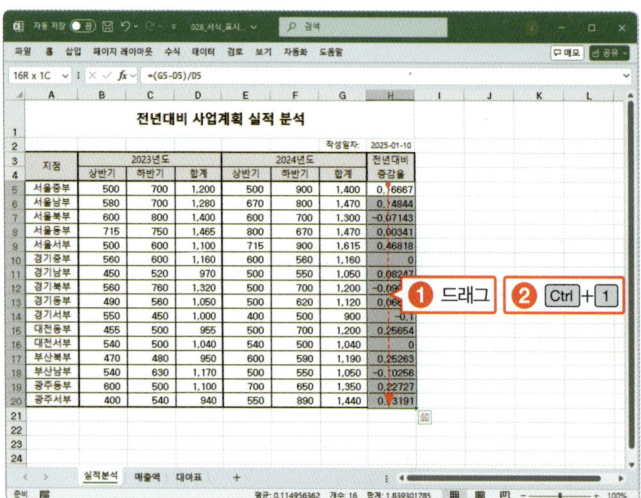

양수/음수/0의 형식 지정하기

01 전년 대비 실적이 증가했을 때와 하락했을 때, 0일 때를 구분하여 셀에 표시해보겠습니다.

❶ [실적분석] 시트에서 [H5:H20] 범위 지정

❷ Ctrl + 1 을 눌러 [셀 서식] 대화상자를 불러옵니다.

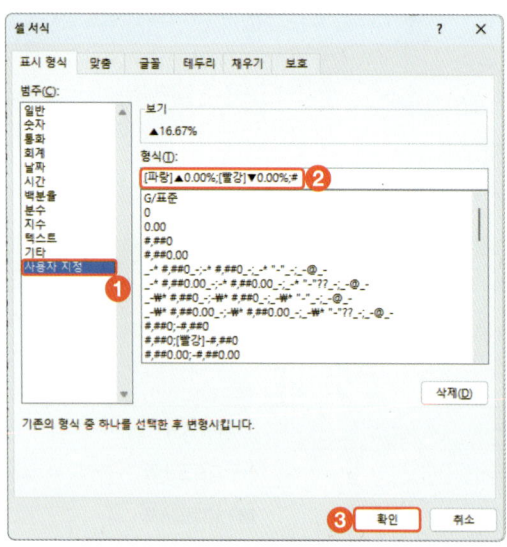

02 [셀 서식] 대화상자가 나타나면

❶ [표시 형식] 탭-[범주]에서 [사용자 지정] 클릭

❷ [형식]에 **[파랑]▲0.00%;[빨강]▼0.00%;#** 입력

❸ [확인]을 클릭합니다.

03 증감율 범위에 양수, 음수, 0의 서식이 적용되어 나타납니다.

	A	B	C	D	E	F	G	H
1				전년대비 사업계획 실적 분석				
2							작성일자:	2025-01-10
3	지점		2023년도			2024년도		전년대비
4		상반기	하반기	합계	상반기	하반기	합계	증감율
5	서울중부	500	700	1,200	500	900	1,400	▲16.67%
6	서울남부	580	700	1,280	670	800	1,470	▲14.84%
7	서울북부	600	800	1,400	600	700	1,300	▼7.14%
8	서울동부	715	750	1,465	800	670	1,470	▲0.34%
9	서울서부	500	600	1,100	715	900	1,615	▲46.82%
10	경기중부	560	600	1,160	600	560	1,160	
11	경기남부	450	520	970	500	550	1,050	▲8.25%
12	경기북부	560	760	1,320	500	700	1,200	▼9.09%
13	경기동부	490	560	1,050	500	620	1,120	▲6.67%
14	경기서부	550	450	1,000	400	500	900	▼10.00%
15	대전동부	455	500	955	500	700	1,200	▲25.65%
16	대전서부	540	500	1,040	540	500	1,040	
17	부산북부	470	480	950	600	590	1,190	▲25.26%
18	부산남부	540	630	1,170	500	550	1,050	▼10.26%
19	광주동부	600	500	1,100	700	650	1,350	▲22.73%
20	광주서부	400	540	940	550	890	1,440	▲53.19%

> **Note** 사용자 지정 형식은 어떤 구조로 입력하나요?

사용자 지정 형식은 **[색]양수 형식;[색]음수 형식;0;문자 형식**으로 입력합니다. 색상은 [검정], [파랑], [녹청], [녹색], [자홍], [빨강], [흰색], [노랑]으로 여덟 가지, 또는 [색1]~[색56]입니다. 기본적으로 0보다 크면 양수, 0보다 작으면 음수, 0이면 0, 문자면 문자 형식으로 표현합니다.

표시 형식 기호	설명
❷ [파랑]▲#,##0;[빨강]▼#,##0;# ❶　　　　　　❸	❶ 양수일 때 파란색으로 ▲ 기호와 숫자 세 자리마다 쉼표를 표시 ❷ 음수일 때 빨간색으로 ▼ 기호와 숫자 세 자리마다 쉼표를 표시 ❸ 0일 때는 표시하지 않음

029 숫자 백만 단위 이하 자르고 네 자리마다 쉼표 표시하기

실습 파일 2장\028_서식_표시형식.xlsx [매출액] 시트   완성 파일 2장\028_서식_표시형식_완성.xlsx

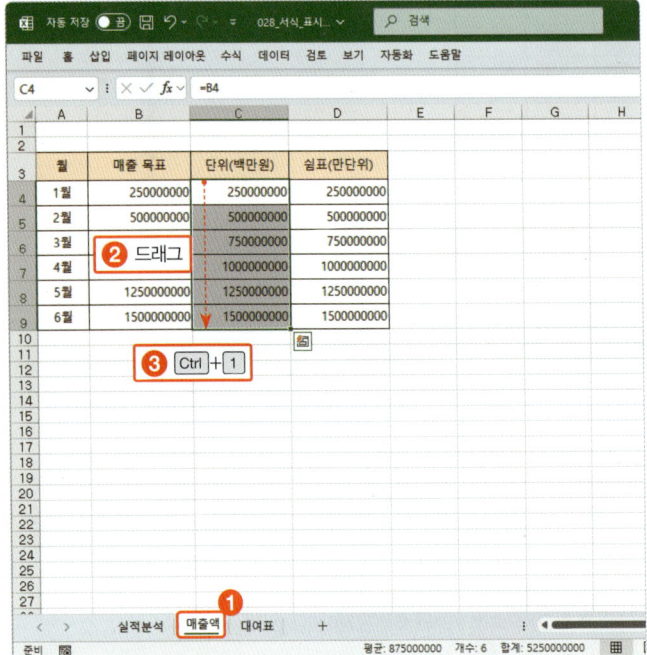

백만 단위 이하는 잘라서 표시하기

01 자릿수가 큰 매출 목표의 숫자를 백만 원 단위로 잘라서 간단하게 표시해보겠습니다.

❶ [매출액] 시트 탭 클릭
❷ [C4:C9] 범위 지정
❸ Ctrl + 1 을 누릅니다.

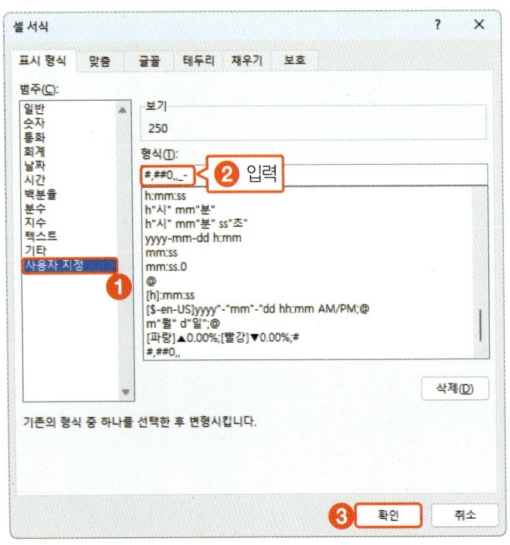

02 [셀 서식] 대화상자가 나타나면
❶ [표시 형식] 탭-[범주]에서 [사용자 지정] 클릭
❷ [형식]에 #,##0,,_- 입력
❸ [확인]을 클릭해서 서식을 적용합니다.

Tip 천 단위 또는 백만 단위로 잘라서 표시할 때는 쉼표(,)를 사용합니다. 천 원 단위는 '#,##0,', 백만 단위는 '#,##0,,'를 입력합니다. 밑줄(_) 기호 뒤에 특수문자(-)를 입력하면 '-' 자폭 너비로 여백을 숫자 뒤에 표시합니다.

네 자리마다 쉼표 표시하기

03 숫자 네 자리마다 쉼표를 표시해 만 단위, 억 단위로 읽을 수 있도록 수정해보겠습니다.

❶ [D4:D9] 범위 지정
❷ Ctrl + 1 을 누릅니다.

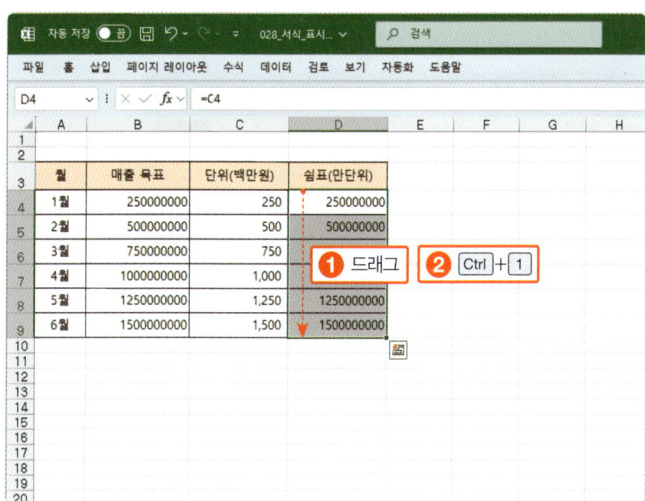

04 [셀 서식] 대화상자가 나타나면
❶ [표시 형식] 탭-[범주]에서 [사용자 지정] 클릭
❷ [형식]에 [>99999999]####","####","####;####","#### 입력
❸ [확인]을 클릭해서 서식을 적용합니다.

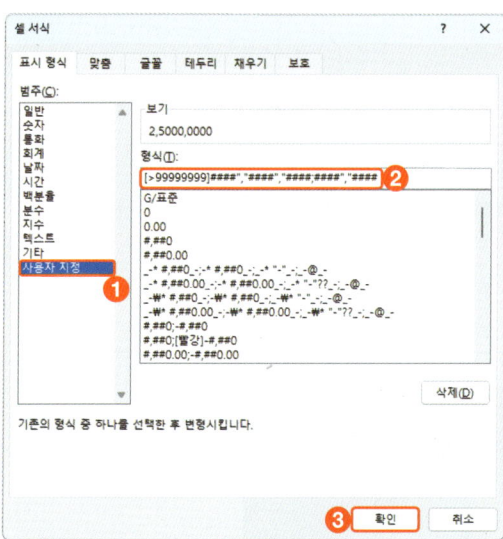

Note 자릿수 조건에 따라 표시 형식을 다르게 지정할 수 있나요?

사용자 서식은 **[조건]서식1 ;서식2**로 입력합니다. 조건을 만족하면 서식1을 적용하고, 조건을 만족하지 않으면 서식2를 적용합니다.

쉼표(,) 형식은 세 자리마다 쉼표를 표시하는 기호이므로, 네 자리마다 쉼표를 표시하려면 문자(",")로 입력해야 합니다.

표시 형식 기호	설명
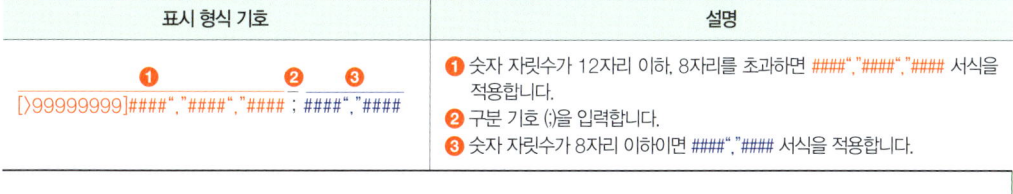	❶ 숫자 자릿수가 12자리 이하, 8자리를 초과하면 ####","####","#### 서식을 적용합니다. ❷ 구분 기호 (;)을 입력합니다. ❸ 숫자 자릿수가 8자리 이하이면 ####","#### 서식을 적용합니다.

05 매출액에 네 자리마다 쉼표가 표시됩니다.

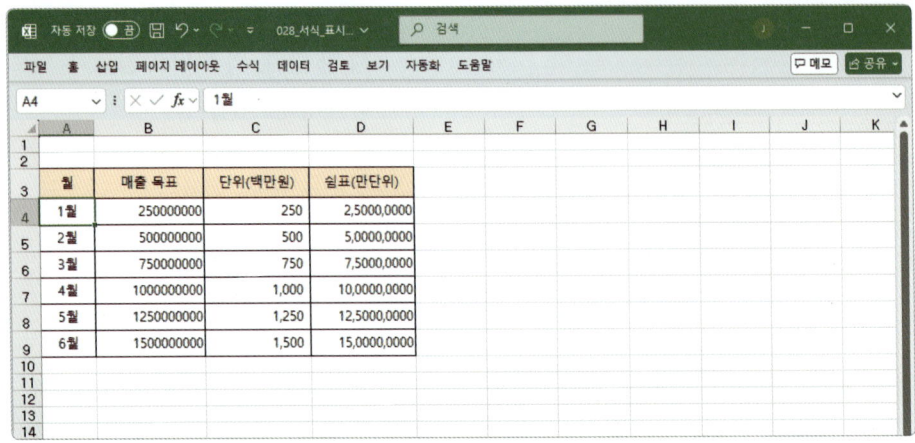

Note 조건, 색, 여백을 지정하는 표시 형식 기호

엑셀에서는 조건, 색을 지정할 때 대괄호([ ])를 사용하며, 반복은 별표(*), 여백은 밑줄(_)을 사용합니다.

데이터 형식	서식 기호	기능
기타	[ ]	조건이나 색을 지정할 때 대괄호([ ])를 입력합니다. 색상은 [검정], [파랑], [녹청], [녹색], [자홍], [빨강], [흰색], [노랑], [색1]~[색56]입니다.
	*	별표(*) 기호 뒤에 특수문자를 뒤의 빈 여백만큼 반복해서 표시합니다.
	_	밑줄(_) 기호 뒤에 특수문자 자폭만큼 여백을 표시합니다.

	색2	색3	색4	색5	색6	색7	색8	색9	색10
색11	색12	색13	색14	색15	색16	색17	색18	색19	색20
색21	색22	색23	색24	색25	색26	색27	색28	색29	색30
색31	색32	색33	색34	색35	색36	색37	색38	색39	색40
색41	색42	색43	색44	색45	색46	색47	색48	색49	색50
		색53	색54	색55					

요일과 누적 시간에 사용자 지정 표시 형식 설정하기

실습 파일 2장\028_서식_표시형식.xlsx [대여표] 시트 완성 파일 2장\028_서식_표시형식_완성.xlsx

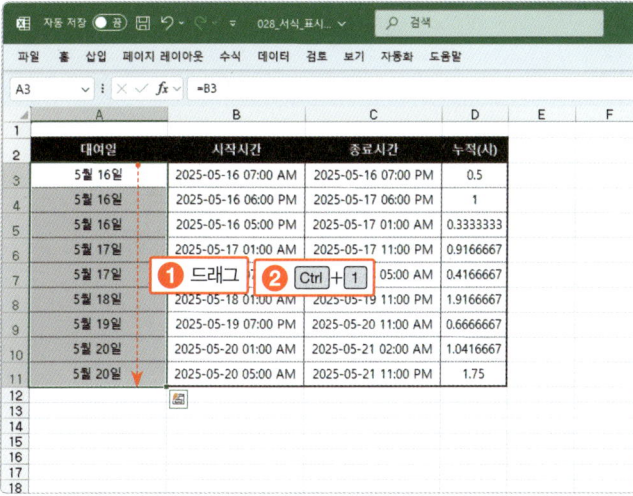

요일 표시하기

01 ❶ [대여표] 시트에서 [A3:A11] 범위 지정

❷ Ctrl + 1 을 눌러 [셀 서식] 대화상자를 불러옵니다.

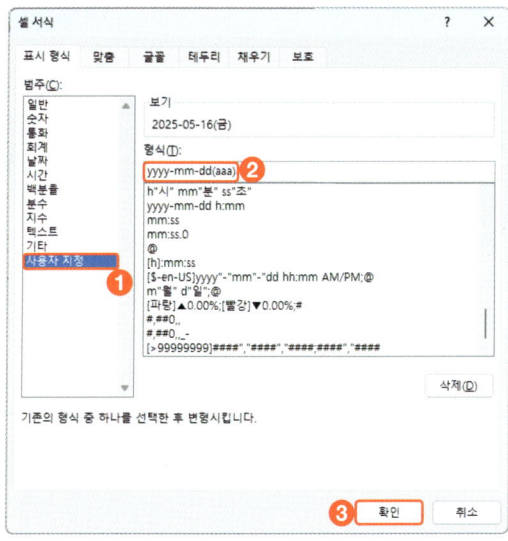

02 [셀 서식] 대화상자가 나타나면

❶ [셀 서식] 대화상자의 [표시 형식] 탭-[범주]에서 [사용자 지정] 클릭

❷ [형식]에 **yyyy-mm-dd(aaa)** 입력

❸ [확인]을 클릭해서 셀에 입력한 내용에 요일이 나타나도록 서식을 적용합니다.

Tip 연도-월-일(요일) 형식인 '2025-05-16(금)'으로 표시됩니다.

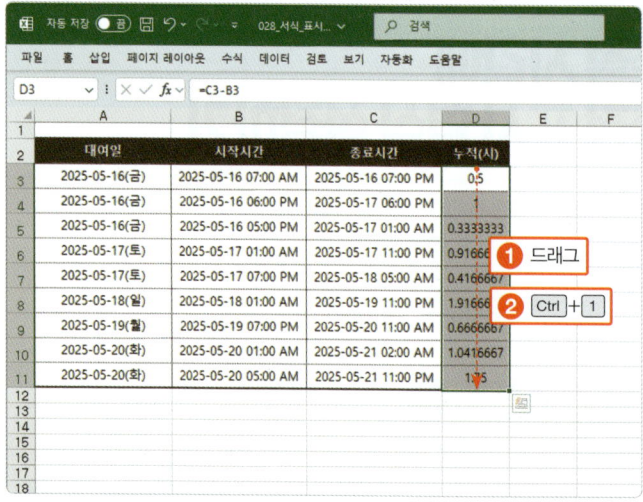

대여 시간 표시하기

03 ① [D3:D11] 범위 지정

② Ctrl + 1 을 눌러 [셀 서식] 대화상자를 불러옵니다.

Tip 1일은 24시간입니다. 1시간은 1을 24로 나눈 값인 숫자 0.041667입니다. 24시간은 24를 24로 나눈 값인 숫자 1로 표시합니다.

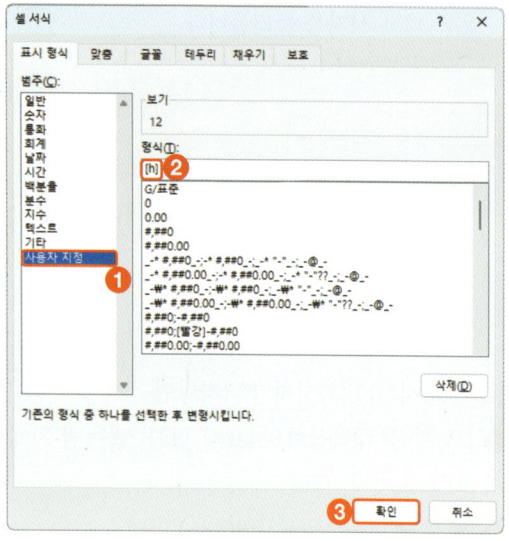

04 [셀 서식] 대화상자가 나타나면

① [표시 형식] 탭-[범주]에서 [사용자 지정] 클릭

② [형식]에 [h] 입력

③ [확인]을 클릭합니다.

Tip 23시간까지의 표시는 'h'를, 24시간이 넘는 시간은 대괄호([])와 함께 사용해서 '[h]'로 지정합니다.

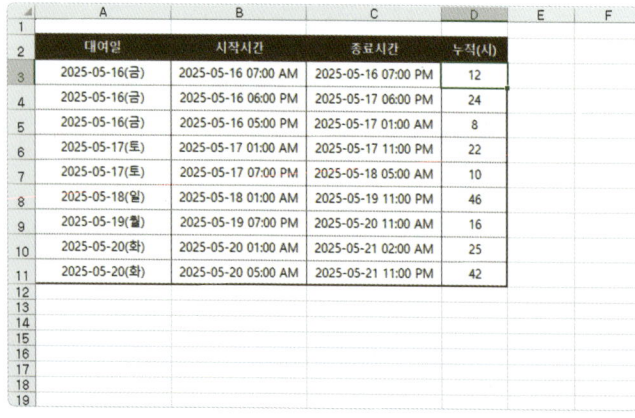

05 시작 시간부터 종료 시간까지 걸린 시간 즉 '=종료시간-시작시간'이 계산되어 누적 시간이 표시되도록 서식이 적용되었습니다.

Note 날짜/시간 사용자 지정 형식에 사용되는 표시 형식 기호

날짜 형식은 주로 년-월-일 형태의 표시 형식을 사용하며 시간 형식은 주로 시:분:초 형태의 h:m:s 표시 형식을 사용합니다. 24시간이 넘는 누적 시간을 표시할 때는 대괄호([ ])와 함께 h,m,s 기호를 사용합니다.

데이터 형식	형식 기호	기능
날짜	YY/YYYY	연도를 두 자리 또는 네 자리로 표시합니다.
	M/MM/MMMM	월을 1~12 또는 01~12로 표시합니다.
	D/DD	일을 1~31 또는 01~31로 표시합니다.
	DDD/DDDD	요일을 영문 세 자리 또는 영문으로 표시(예 : Mon 또는 Monday)합니다.
	AAA/AAAA	요일을 한글 한 자리 또는 한글로 표시(예 : 월 또는 월요일)합니다.
시간	H/HH	시간을 0~23 또는 00~23으로 표시합니다.
	M/MM	분을 0~59 또는 00~59로 표시합니다.
	S/SS	초를 0~59 또는 00~59로 표시합니다.

우선순위

031 셀 강조와 상위/하위 규칙으로 조건부 서식 지정하기

실습 파일 2장\031_서식_실적현황.xlsx   완성 파일 2장\031_서식_실적현황_완성.xlsx

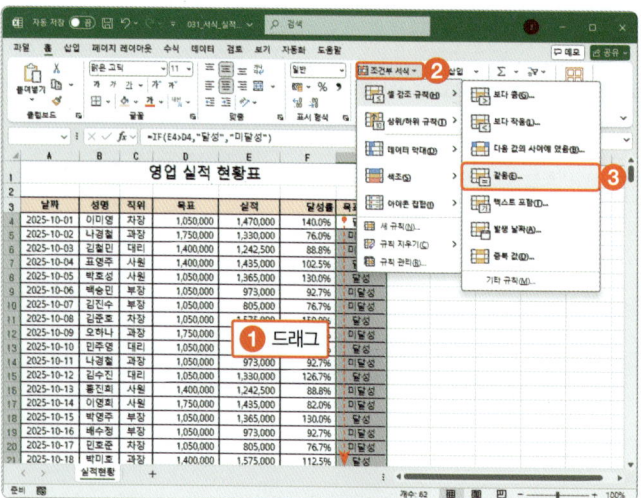

조건부 서식의 셀 강조 규칙 적용하기

01 목표 달성에서 '달성'인 셀을 색으로 강조해보겠습니다.

❶ [G4:G65] 범위 지정

❷ [홈] 탭-[스타일] 그룹-[조건부 서식 📋] 클릭

❸ [셀 강조 규칙]-[같음]을 클릭합니다.

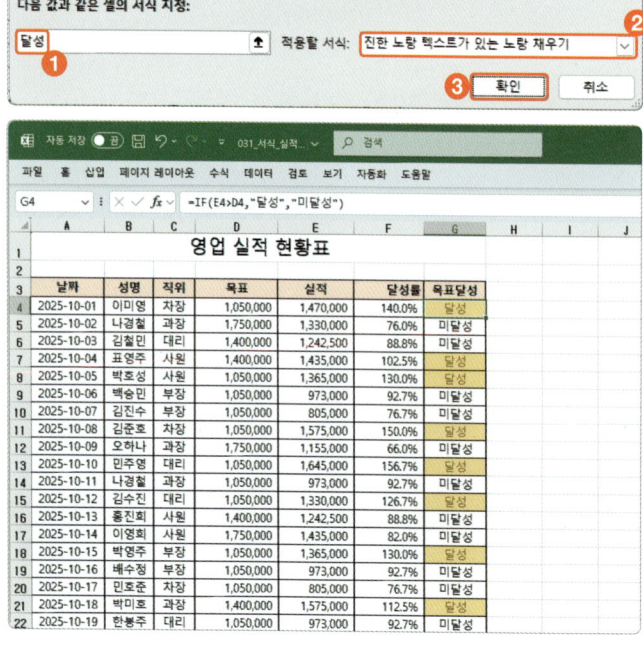

02 ❶ [같음] 대화상자의 서식을 지정할 셀 값에 **달성** 입력

❷ [적용할 서식]에서 [진한 노랑 텍스트가 있는 노랑 채우기] 선택

❸ [확인]을 클릭합니다.

Tip 목표달성에서 '달성'인 셀에 서식이 적용되어 강조됩니다.

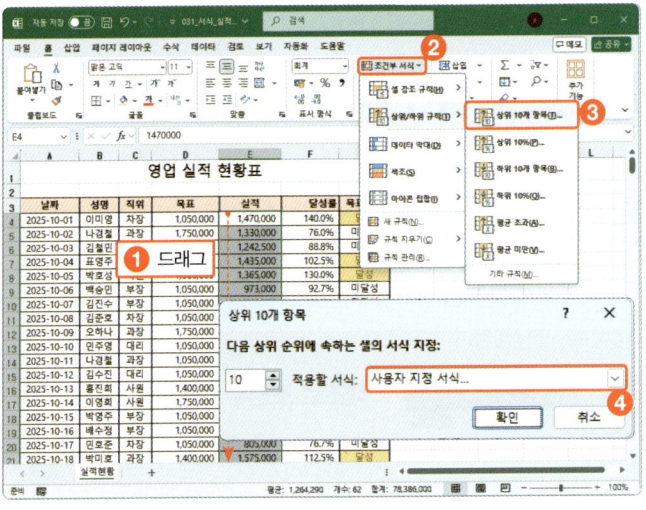

상위/하위 규칙 적용하기

03 실적을 기준으로 상위 10개 목록에 포함되는 셀의 경우 글꼴을 굵게, 빨간색으로 표시해보겠습니다.

① [E4:E65] 범위 지정

② [홈] 탭-[스타일] 그룹-[조건부 서식] 클릭

③ [상위/하위 규칙]-[상위 10개 항목] 클릭

④ [상위 10개 항목] 대화상자의 [적용할 서식]에서 [사용자 지정 서식]을 선택합니다.

04 [셀 서식] 대화상자가 나타나면

① [글꼴] 탭 클릭

② [글꼴 스타일]은 [굵게] 클릭

③ [색]은 [진한 빨강] 선택

④ [확인]을 클릭합니다.

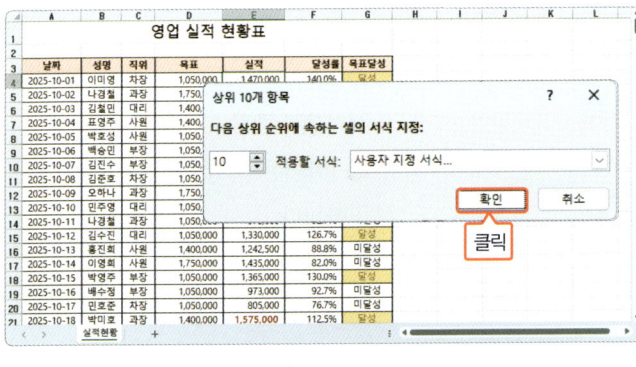

05 [상위 10개 항목] 대화상자에서 [확인]을 클릭하면 전체 실적 데이터에서 상위 10개에 포함되는 셀에 서식이 적용됩니다.

CHAPTER 02 문서 편집 및 인쇄하기

032 색조, 아이콘으로 조건부 서식 지정하기

실습 파일 2장\032_서식_예산집계표1.xlsx 완성 파일 2장\032_서식_예산집계표1_완성.xlsx

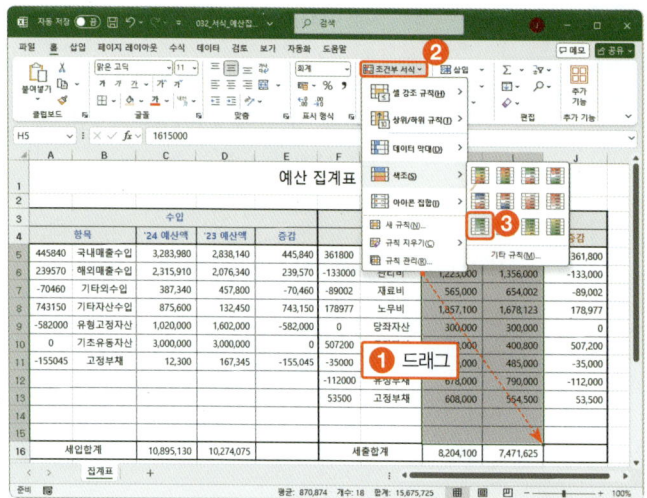

색조로 조건부 서식 지정하기

01 2023년과 2024년 예산액을 녹색과 흰색 두 가지 색조로 표시한 후 비교해보겠습니다.

❶ [H5:I15] 범위 지정
❷ [홈] 탭-[스타일] 그룹-[조건부 서식] 클릭
❸ [색조]-[녹색, 흰색 색조]를 클릭합니다.

Tip 색조로 값의 크고 작음을 시각화합니다. 예산액 값이 클수록 녹색에, 작은 값일수록 흰색에 가깝게 표시됩니다.

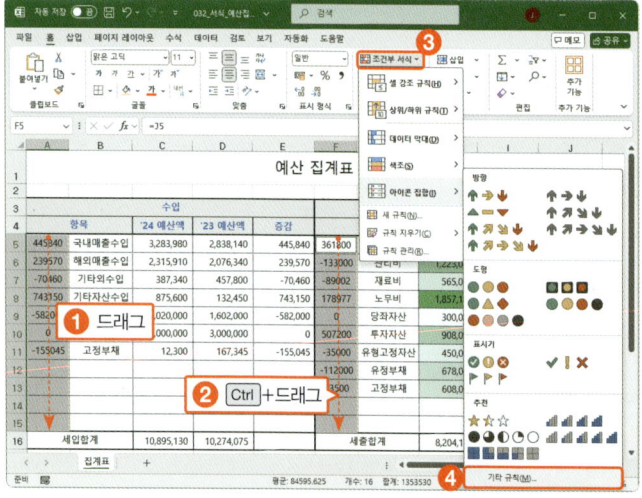

아이콘으로 조건부 서식 지정하기

02 2023년 대비 2024년의 수입이나 지출이 증가했을 때, 감소했을 때, 그대로일 때를 비교해 아이콘으로 표시해보겠습니다.

❶ [A5:A15] 범위 지정
❷ Ctrl 을 누른 채 [F5:F15] 범위 지정
❸ [홈] 탭-[스타일] 그룹-[조건부 서식] 클릭
❹ [아이콘 집합]-[기타 규칙]을 클릭합니다.

110 회사에서 바로 통하는 엑셀 FOR STARTERS

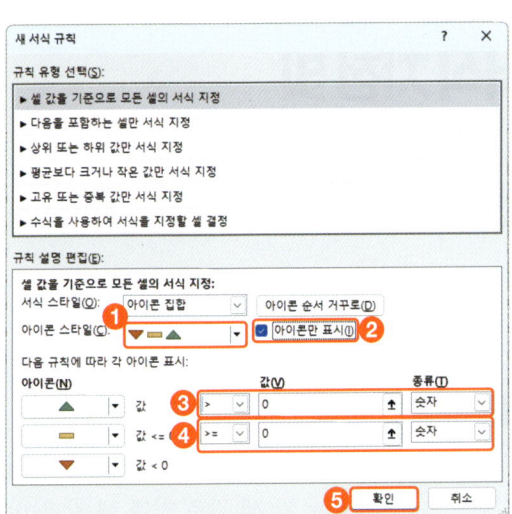

03 [새 서식 규칙] 대화상자에서

① [아이콘 스타일]은 [삼각형 3개 ▼━▲] 클릭
② [아이콘만 표시]에 체크
③ [다음 규칙에 따라 아이콘 표시] 영역에서 [▲] 값에 [> ,0, 숫자] 지정
④ [━] 값에 [>=, 0, 숫자] 지정
⑤ [확인]을 클릭하여 대화상자를 닫습니다.

Tip 셀 값을 기준으로 백분율, 숫자, 백분위수, 수식으로 변경할 수 있습니다. 백분율과 백분위수에 0~100 사이 값을 입력합니다.

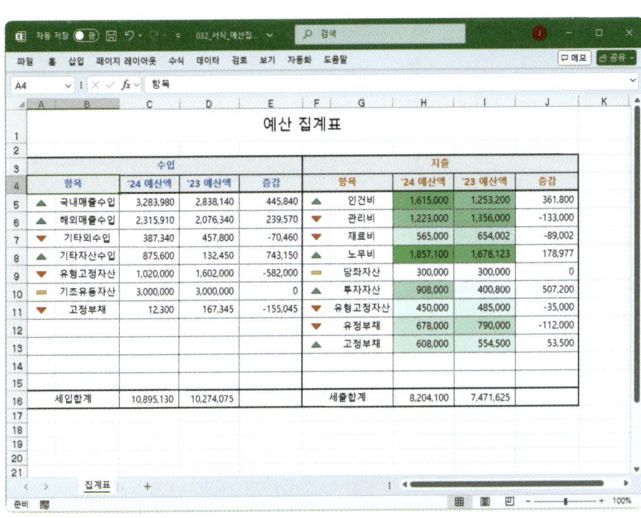

04 셀 값이 0 초과면 ▲, 0이면 ━, 0 미만이면 ▼ 아이콘이 표시됩니다. 아이콘에 맞춰서 A열과 F열의 너비를 적당히 조절합니다.

Note 조건부 서식이 적용된 범위를 찾거나 삭제할 수 있나요?

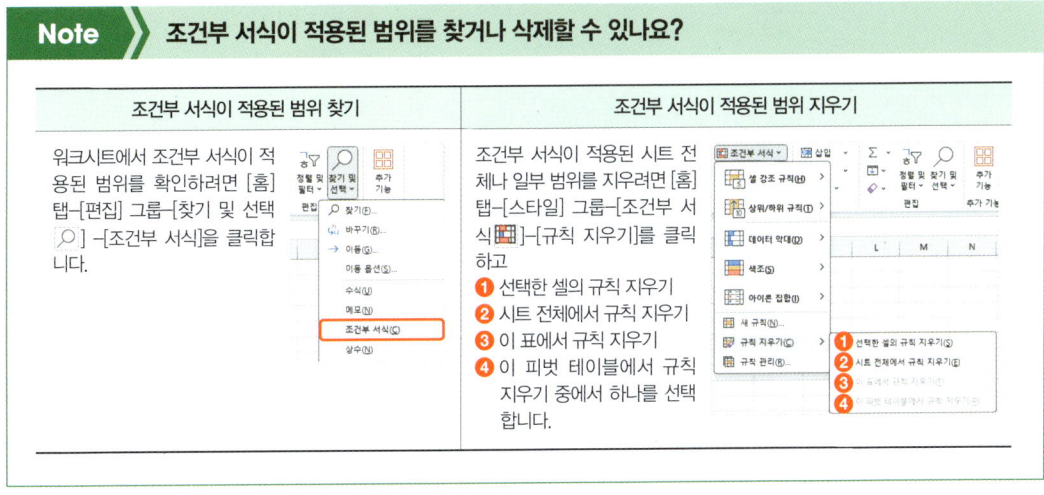

조건부 서식이 적용된 범위 찾기	조건부 서식이 적용된 범위 지우기
워크시트에서 조건부 서식이 적용된 범위를 확인하려면 [홈] 탭-[편집] 그룹-[찾기 및 선택]-[조건부 서식]을 클릭합니다.	조건부 서식이 적용된 시트 전체나 일부 범위를 지우려면 [홈] 탭-[스타일] 그룹-[조건부 서식]-[규칙 지우기]를 클릭하고 ① 선택한 셀의 규칙 지우기 ② 시트 전체에서 규칙 지우기 ③ 이 표에서 규칙 지우기 ④ 이 피벗 테이블에서 규칙 지우기 중에서 하나를 선택합니다.

033 막대로 조건부 서식 지정 및 규칙 편집하기

실습 파일 2장\033_서식_예산집계표2.xlsx 완성 파일 2장\033_서식_예산집계표2_완성.xlsx

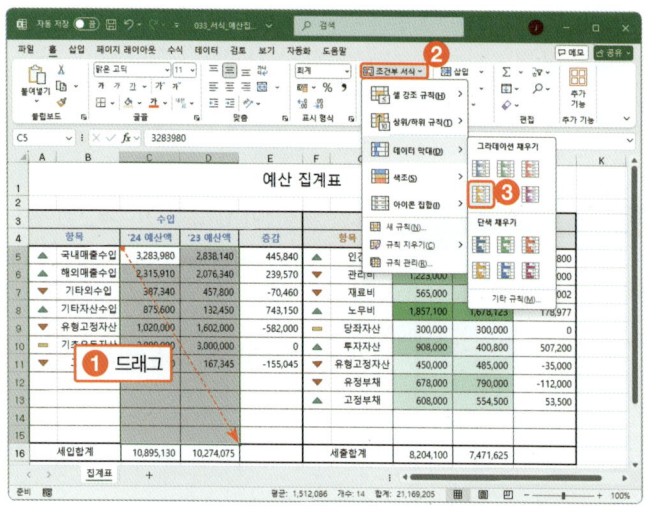

Tip 셀 값에 따라 막대 길이가 다르게 표시됩니다.

데이터 막대로 조건부 서식 지정하기

01 2023년과 2024년 예산액에 해당하는 각 셀 값을 전체 셀 값과 비교했을 때 예산액이 차지하는 비율을 데이터 막대 길이로 표시해보겠습니다.

❶ [C5:D15] 범위 지정

❷ [홈] 탭-[스타일] 그룹-[조건부 서식] 클릭

❸ [데이터 막대]-[그라데이션 채우기]-[주황 데이터 막대]를 클릭합니다.

02 2023년 대비 2024년의 수입이나 지출의 증감을 데이터 막대로 표시해보겠습니다.

❶ [E5:E15] 범위 지정

❷ Ctrl 을 누른 채 [J5:J15] 범위를 지정합니다.

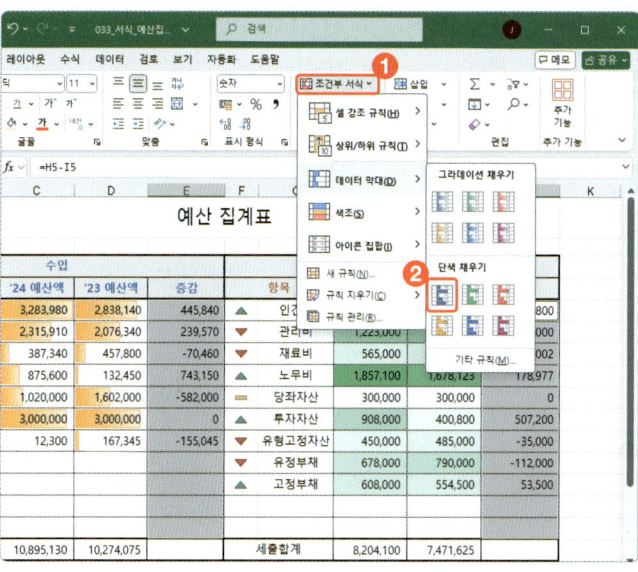

03 ❶ [홈] 탭-[스타일] 그룹-[조건부 서식] 클릭

❷ [데이터 막대]-[단색 채우기]-[파랑 데이터 막대]를 클릭합니다.

Tip 셀 값에 따라 음수와 양수 막대로 표시됩니다. 예산액이 증가한 경우 파란색 데이터 막대가 오른쪽으로 길게 표시되고 감소한 경우 빨간색 데이터 막대가 왼쪽으로 길게 표시됩니다.

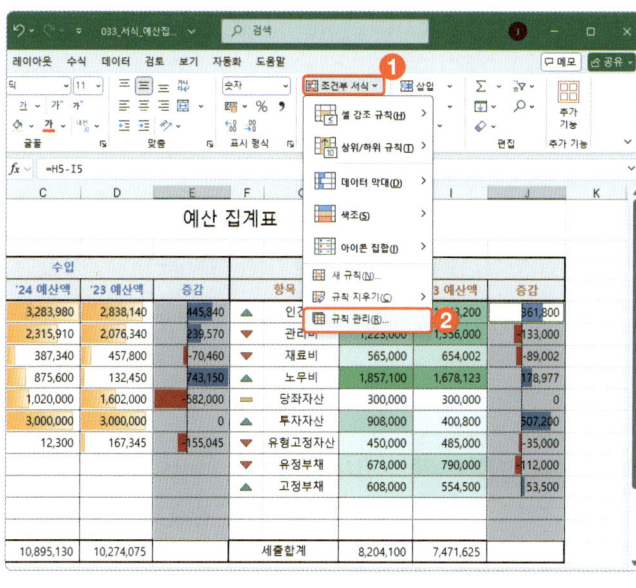

음수와 양수의 막대를 반대 방향으로 표시하기

04 예산액 증감이 표시된 데이터 막대의 방향을 바꿔보겠습니다.

❶ 범위가 지정된 상태에서 [홈] 탭-[스타일] 그룹-[조건부 서식] 클릭

❷ [규칙 관리]를 클릭합니다.

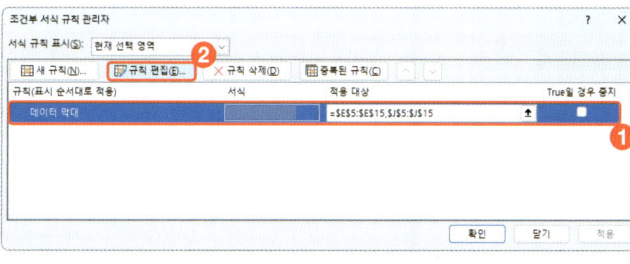

05 [조건부 서식 규칙 관리자] 대화상자가 나타나면

❶ [데이터 막대] 규칙 클릭

❷ [규칙 편집]을 클릭합니다.

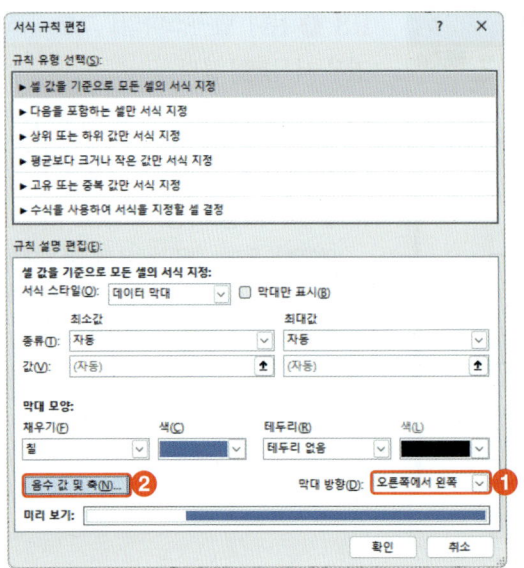

06 [서식 규칙 편집] 대화상자가 나타나면
❶ [규칙 설명 편집]-[막대 모양]-[막대 방향]을 [오른쪽에서 왼쪽] 선택
❷ [음수 값 및 축]을 클릭합니다.

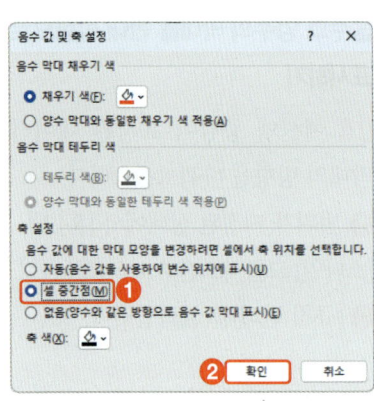

07 예산액 증감이 표시된 데이터 막대의 중심축을 셀 가운데로 바꿔보겠습니다.
❶ [음수 값 및 축 설정] 대화상자의 [축 설정]에서 [셀 중간점] 클릭
❷ [확인]을 클릭하고 [조건부 서식 규칙 관리자] 대화상자와 [서식 규칙 편집] 대화상자에서 [확인]을 클릭해 대화상자를 모두 닫습니다.

08 막대의 방향이 오른쪽에서 왼쪽으로 변경되고 중심축이 셀 중간으로 변경됩니다.

우선순위
034 수식으로 조건부 서식 지정하기

실습 파일 2장\034_서식_신용평가.xlsx   완성 파일 2장\034_서식_신용평가_완성.xlsx

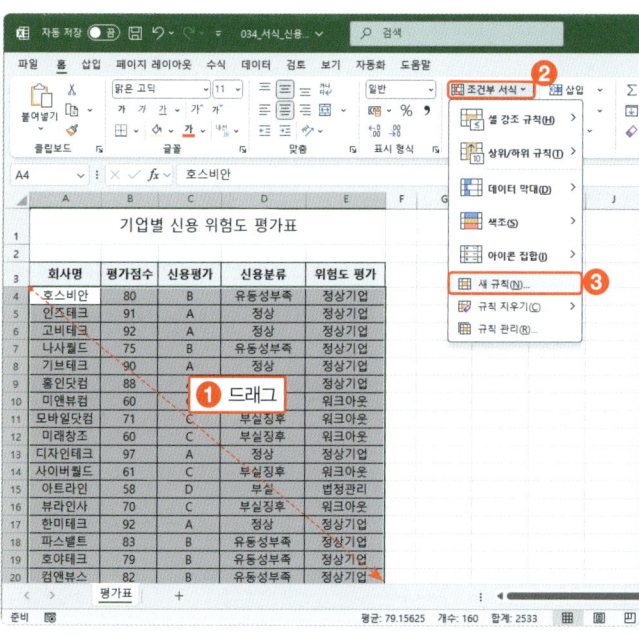

수식으로 조건부 서식 지정하기

01 위험도 평가에서 워크아웃 대상 기업인 경우 해당 행을 연한 노란색으로 채워보겠습니다.

❶ [A4:E35] 범위 지정
❷ [홈] 탭-[스타일] 그룹-[조건부 서식 ▦] 클릭
❸ [새 규칙]을 클릭합니다.

02 [새 서식 규칙] 대화상자가 나타나면

❶ [규칙 유형 선택]에서 [수식을 사용하여 서식을 지정할 셀 결정] 클릭
❷ 목표를 달성한 행 전체에 서식을 적용하기 위해 수식 입력란에 **=$E4="워크아웃"** 입력
❸ [서식]을 클릭합니다.

Tip 수식 =$E4="워크아웃"은 [A4:E35] 범위에서 '워크아웃'을 찾아 E열 기준으로 행 전체를 강조합니다.

CHAPTER 02 문서 편집 및 인쇄하기 115

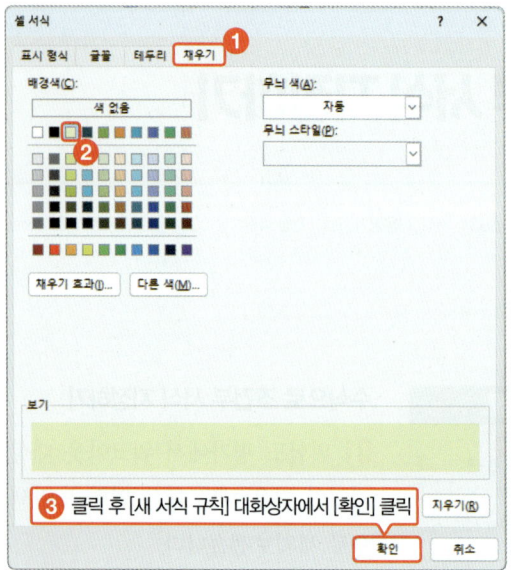

03 [셀 서식] 대화상자가 나타나면

① [채우기] 탭 클릭

② [배경색]의 [연한 노랑] 클릭

③ [확인]을 클릭하고 [새 서식 규칙] 대화상자에서도 [확인]을 클릭해서 대화상자를 모두 닫습니다.

04 워크아웃이 포함된 셀의 행 전체가 연한 노란색으로 강조됩니다.

조건부 서식과 사용자 지정 표시 형식 지정하기

실습 파일 2장\혼자해보기\007_매출월보.xlsx　　**완성 파일** 2장\혼자해보기\007_매출월보_완성.xlsx

예제 설명 및 완성 화면

사원별 월 매출 실적을 기록한 영업사원별 매출월보에서 조건에 맞게 사용자 지정 표시 형식과 조건부 서식을 지정해보겠습니다.

	A	B	C	D	E	F	G
1				영업사원별 매출월보			
2							(단위 : 천원, %)
3	성명	매출목표	실적			달성률 (%)	반품률 (%)
4			매출금액	반품액	총매출액		
5	김민철	300,000	350,000	20,000	330,000	116.67%	5.71%
6	강민욱	250,000	225,000	5,000	220,000	90.00%	2.22%
7	이민규	250,000	150,000	10,000	140,000	60.00%	6.67%
8	한상민	230,000	180,000	7,000	173,000	78.26%	3.89%
9	김진철	210,000	160,000	1,000	159,000	76.19%	0.63%
10	최상호	200,000	280,000	10,000	270,000	140.00%	3.57%
11	민재철	170,000	130,000	35,000	95,000	76.47%	26.92%
12	이남길	160,000	120,000	4,000	116,000	75.00%	3.33%
13	전은철	160,000	100,000	2,000	98,000	62.50%	2.00%
14	홍규만	150,000	150,000	15,000	135,000	100.00%	10.00%
15	김유진	150,000	100,000	20,000	80,000	66.67%	20.00%
16	문길중	150,000	270,000	3,000	267,000	180.00%	1.11%
17	홍철민	140,000	130,000	30,000	100,000	92.86%	23.08%
18	박은옥	100,000	80,000	6,000	74,000	80.00%	7.50%

01 매출목표와 실적 범위(B5:E18)에는 세 자리마다 쉼표가 표시되도록 지정하고, 천 단위까지만 숫자가 표시되도록 설정해보겠습니다. ❶ [B5:E18] 범위 지정 후 Ctrl + 1 ❷ [셀 서식] 대화상자에서 [표시 형식] 탭 클릭 ❸ [사용자 지정] 클릭 ❹ [형식]에 **#,##0,_-** 입력 ❺ [확인]을 클릭합니다. 세 자리마다 쉼표가 있는 천 단위 금액으로 표시됩니다.

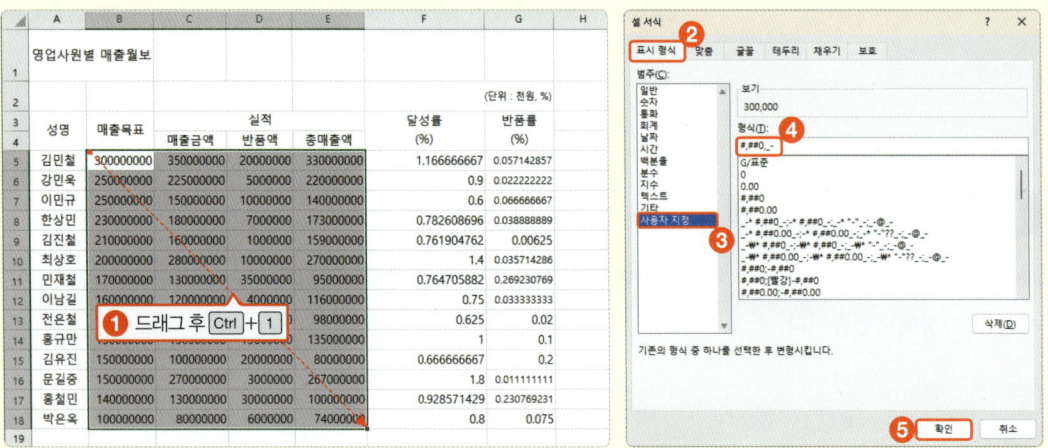

Tip 언더 바(_)는 언더 바 뒤에 입력된 기호 문자(-)의 너비만큼 여백을 줍니다.

02 달성률과 반품률이 '0.00%' 형태로 표시되도록 설정해보겠습니다. ❶ [F5:G18] 범위 지정 후 Ctrl + 1 ❷ [셀 서식] 대화상자에서 [표시 형식] 탭 클릭 ❸ [사용자 지정] 클릭 ❹ [형식]에 **0.00%_-** 입력 ❺ [확인]을 클릭합니다.

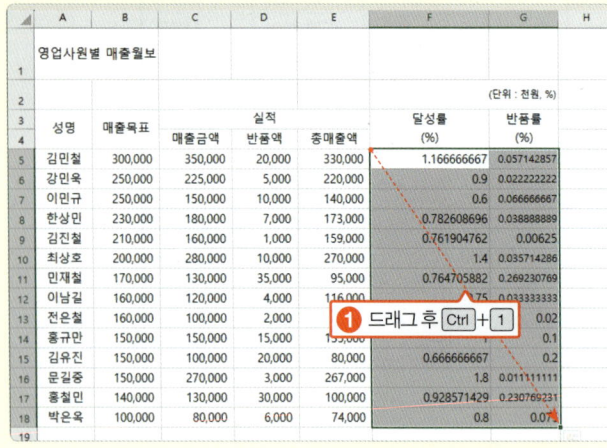
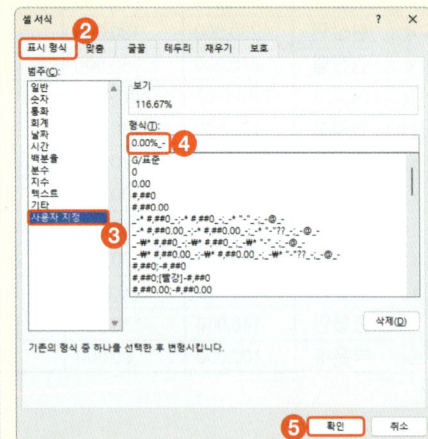

03 달성률 범위를 데이터 막대로 표시해보겠습니다. ❶ [F5:F18] 범위 지정 ❷ [홈] 탭-[스타일] 그룹-[조건부 서식] 클릭 ❸ [데이터 막대] 클릭 ❹ [그라데이션 채우기]-[자주 데이터 막대]를 클릭합니다. 달성률 범위에 데이터 막대가 표시됩니다.

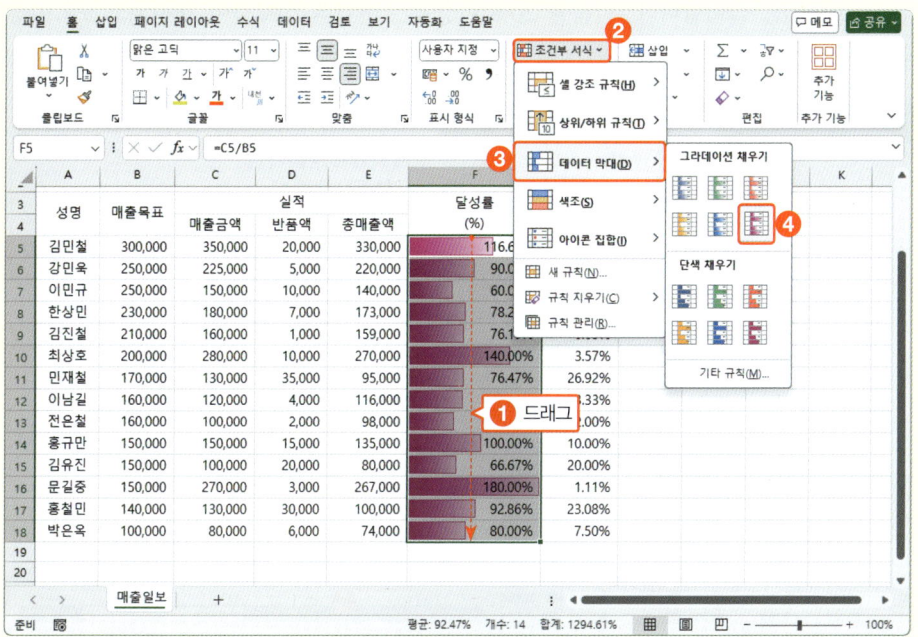

04 반품률 범위에는 신호등 아이콘으로 상태를 표시해보겠습니다. ❶ [G5:G18] 범위 지정 ❷ [홈] 탭-[스타일] 그룹-[조건부 서식] 클릭 ❸ [아이콘 집합] 클릭 ❹ [도형]-[3색 신호등(테두리 없음)]을 선택해 신호등 아이콘을 삽입합니다.

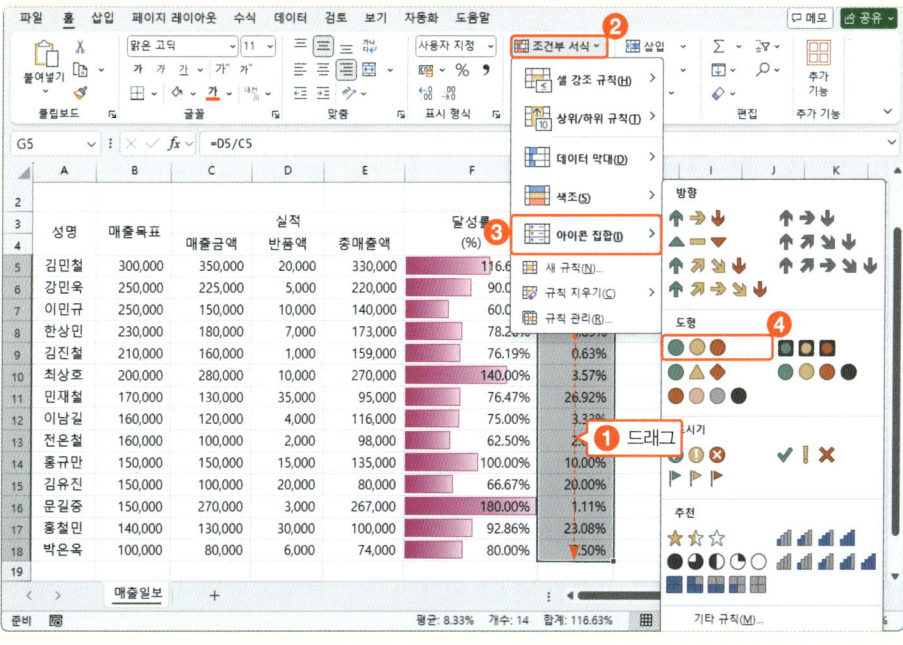

05 반품률 범위의 상태 표시 규칙을 수정해보겠습니다. ❶ [G5:G18]이 선택된 상태에서 [홈] 탭-[스타일] 그룹-[조건부 서식圖] 클릭 ❷ [규칙 관리圖] 클릭 ❸ [조건부 서식 규칙 관리자] 대화상자에서 [규칙 편집圖] 클릭 ❹ [서식 규칙 편집] 대화상자에서 [규칙 설명 편집]의 항목을 다음과 같이 수정 ❺ 모든 대화상자에서 [확인]을 클릭합니다. 반품률 20% 이상에는 빨간색 신호등이 표시되고 5% 이상 20% 이하에는 노란색 신호등이 표시됩니다.

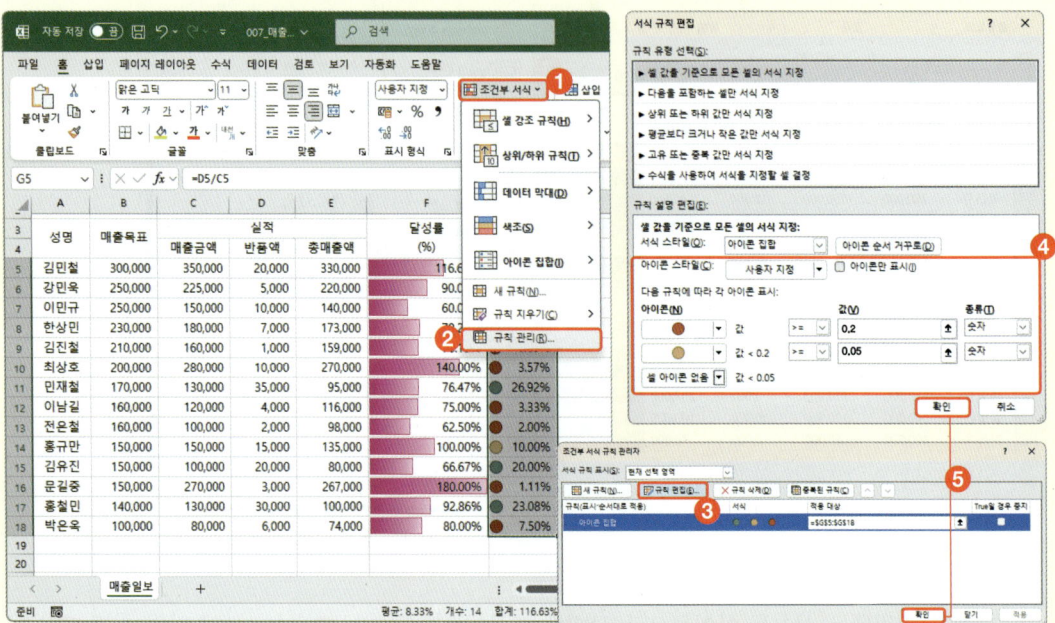

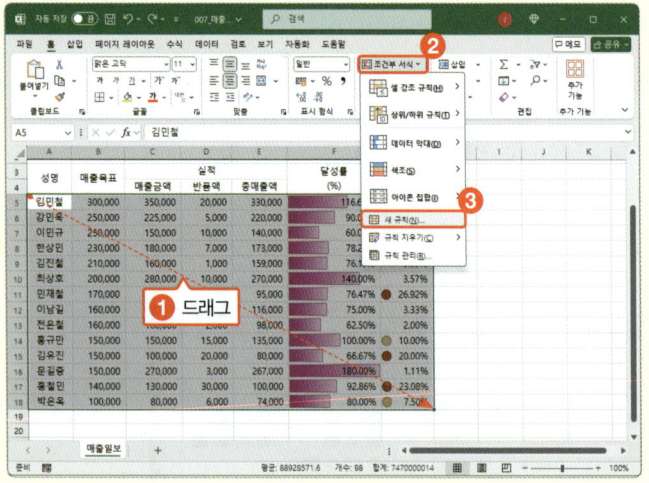

06 데이터 전체 범위에서 달성률이 100% 이상인 경우 굵은 파란색 글꼴이 적용되도록 수식으로 조건부 서식을 지정하겠습니다.
❶ [A5:G18] 범위 지정
❷ [홈] 탭-[스타일] 그룹-[조건부 서식圖] 클릭
❸ [새 규칙圖]을 클릭합니다.

07 ❶ [새 서식 규칙] 대화상자에서 [수식을 사용하여 서식을 지정할 셀 결정] 클릭 ❷ [다음 수식이 참인 값의 서식 지정]에 **=$F5)=100%** 입력 ❸ [서식] 클릭 ❹ [셀 서식] 대화상자에서 [색]을 [파랑, 강조 1], [글꼴 스타일]을 [굵게]로 설정 ❺ [확인] 클릭 ❻ [새 서식 규칙] 대화상자에서도 [확인]을 클릭합니다. 달성률이 100% 이상인 행에 조건부 서식이 지정됩니다.

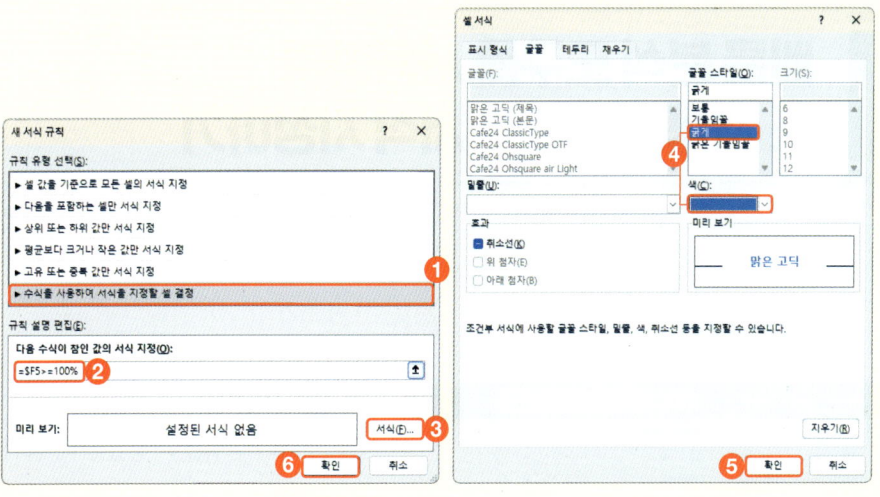

08 전체 데이터가 보기 좋도록 글꼴, 채우기 색을 지정해보겠습니다. ❶ [A1:G1] 범위 지정 후 Ctrl + 1 ❷ [셀 서식] 대화상자에서 [맞춤] 탭 클릭 ❸ [텍스트 맞춤]의 [가로]-[선택 영역의 가운데로] 클릭 ❹ [확인] 클릭 ❺ [A3:G18] 범위 지정 후 Ctrl + 1 ❻ [셀 서식] 대화상자에서 [테두리] 탭 클릭 ❼ 대각선을 제외한 가로세로, 외곽선 테두리 클릭 ❽ [확인]을 클릭합니다.

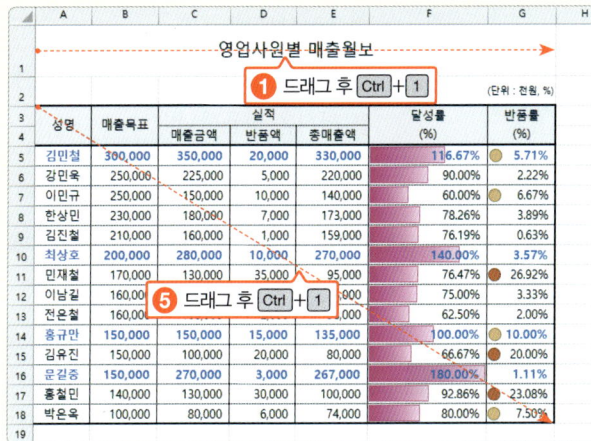

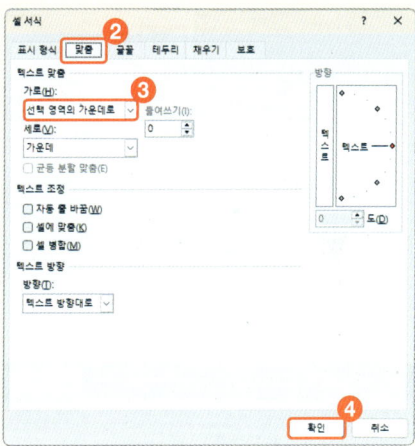

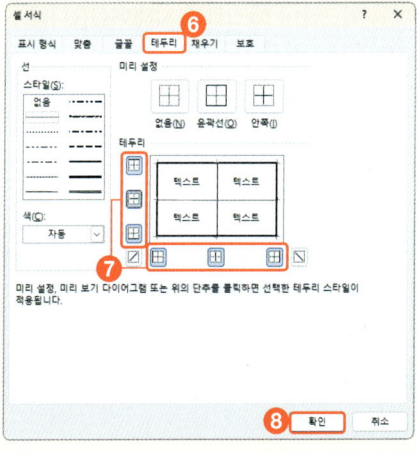

Tip 외곽선 테두리의 두께는 좀 더 두껍게 설정하고 제목 행에는 임의로 음영을 주어 데이터 셀과 구분합니다.

035 빠른 분석 도구를 사용하여 표 서식과 조건부 서식 지정하기

실습 파일 2장\035_서식_수출입추이.xlsx 완성 파일 2장\035_서식_수출입추이_완성.xlsx

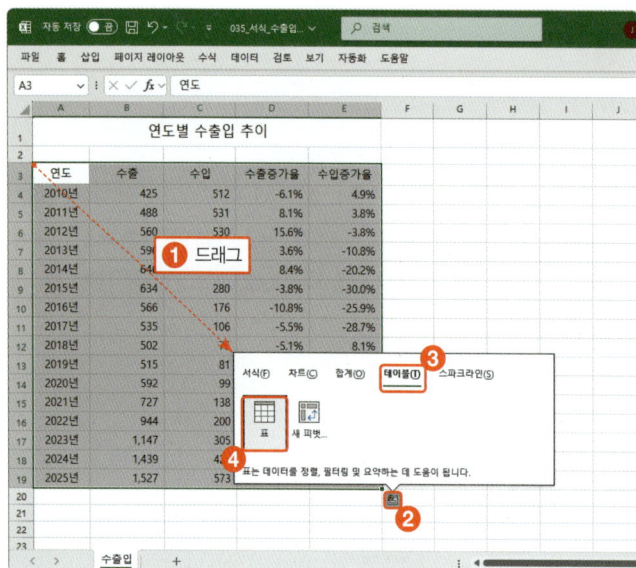

표 서식 지정하기

01 데이터 범위를 지정했을 때 범위 끝에 자동으로 표시되는 빠른 분석 도구를 이용해 표 서식을 지정해보겠습니다.

❶ [A3:E19] 범위 지정
❷ 표의 오른쪽 아래에 나타나는 [빠른 분석 📊] 클릭
❸ [테이블] 탭 클릭
❹ [표]를 클릭하여 지정한 범위에 표 서식을 적용합니다.

Tip 표 스타일이 적용되고 머리글 행에 필터 단추가 나타납니다. 빠른 분석 도구에서 적용한 표의 스타일은 [테이블 디자인] 탭-[표 스타일] 그룹에서 변경할 수 있습니다.

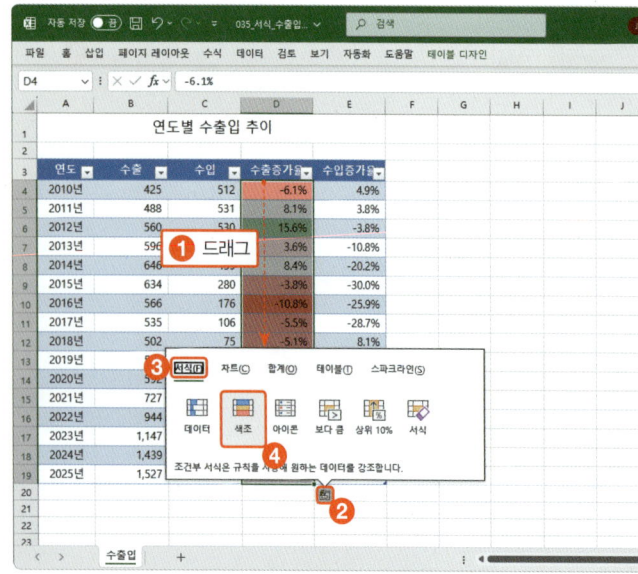

색조로 조건부 서식 지정하기

02 수출증가율이 클 때와 낮을 때를 비교하여 색조로 표시해보겠습니다.

❶ [D4:D19] 범위 지정
❷ [빠른 분석 📊] 클릭
❸ [서식] 클릭
❹ [색조]를 클릭합니다.

Tip 지정한 범위에 세 가지 색조(녹색-흰색-빨강)로 서식이 적용됩니다.

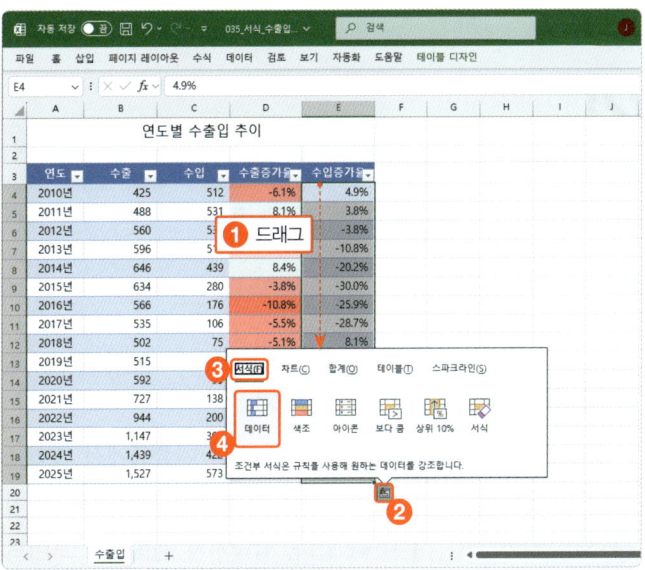

막대로 조건부 서식 지정하기

03 ❶ [E4:E19] 범위 지정

❷ [빠른 분석] 클릭

❸ [서식] 클릭

❹ [데이터]를 클릭하여 데이터 막대 서식을 적용합니다.

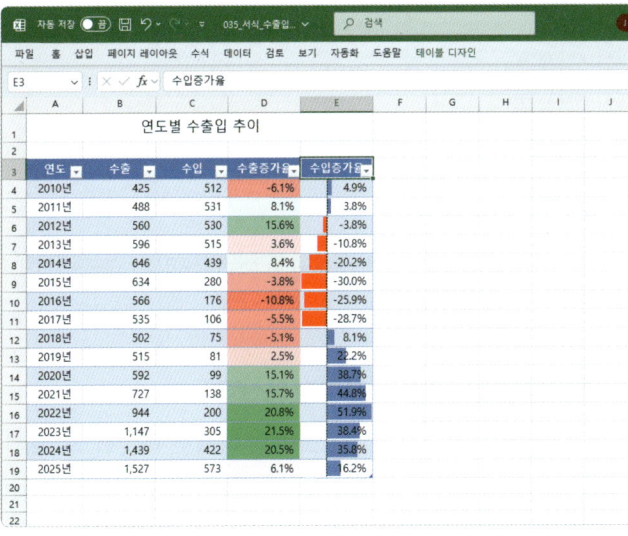

04 음수는 빨간색, 양수는 파란색의 데이터 막대로 표시됩니다.

Tip 빠른 분석 도구에서 적용한 조건부 서식 등의 스타일은 [홈] 탭-[스타일] 그룹-[조건부 서식]-[규칙 관리]에서 변경할 수 있습니다.

> **Note** 빠른 분석 도구는 언제 사용하나요?

빠른 분석 도구 는 데이터 범위의 자료를 시각화하거나 분석할 때 자주 사용하는 메뉴를 모아놓은 도구입니다. 서식 변경은 물론 차트와 스파크라인을 간편하게 만들어주고 합계 또는 피벗 테이블도 바로 작성할 수 있습니다.

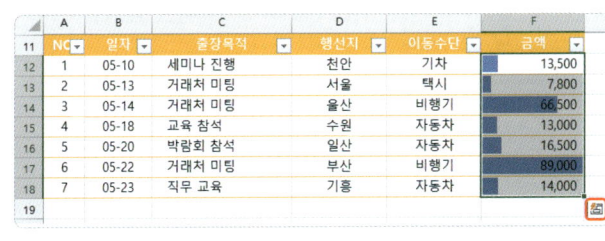 

CHAPTER 02 문서 편집 및 인쇄하기 **123**

우선순위
036 틀 고정하기

실습 파일 2장\036_틀고정_매출표.xlsx 완성 파일 없음

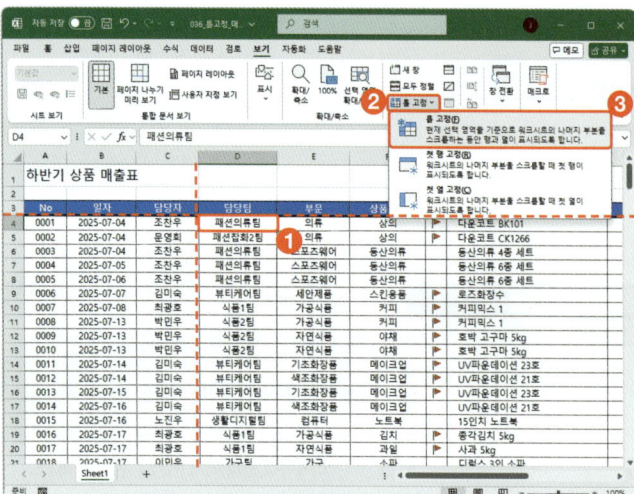

틀 고정하기

01 하반기 상품 매출표에서 화면을 이동해도 표 제목과 항목 이름, 연번과 일자, 담당자가 계속해서 보이도록 특정 범위를 고정해보겠습니다.

❶ [D4] 셀 클릭

❷ [보기] 탭-[창] 그룹-[틀 고정 ▦] 클릭

❸ [틀 고정]을 클릭합니다.

Tip 셀 포인터를 기준으로 위쪽과 왼쪽에 있는 셀이 고정됩니다. 화면을 이동해도 [D4] 셀 위쪽의 [1:3] 행, 왼쪽의 [A:C] 열은 계속해서 나타납니다.

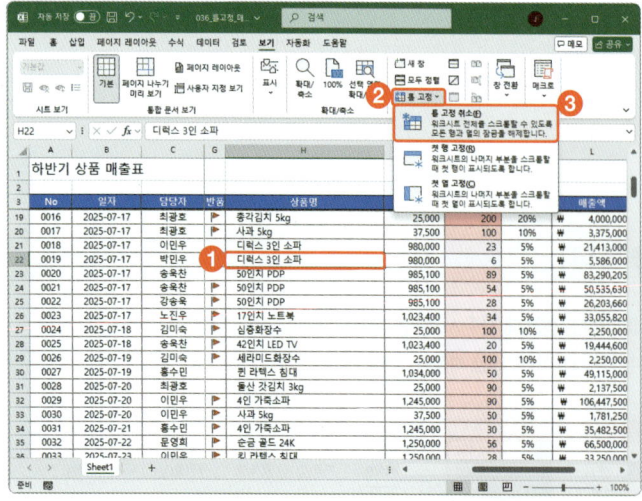

틀 고정 취소하기

02 화면을 아래로 이동한 후 오른쪽으로 이동하면 제목 행과 열이 고정된 것을 확인할 수 있습니다. 고정된 틀을 취소해보겠습니다.

❶ 임의의 셀을 클릭

❷ [보기] 탭-[창] 그룹-[틀 고정 ▦] 클릭

❸ [틀 고정 취소]를 클릭합니다.

037 문서를 바둑판식으로 정렬해서 작업하기

실습 파일 2장\037_창_매출실적.xlsx 완성 파일 없음

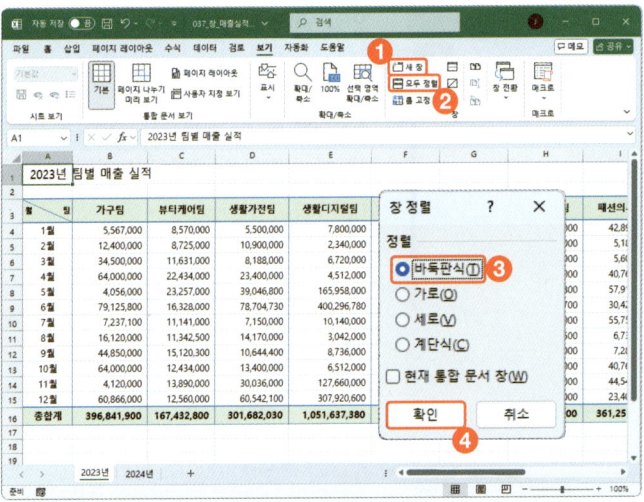

바둑판식으로 창 정렬하기

01 엑셀 창을 추가로 열고 [2023년]과 [2024년] 시트를 한 화면에 표시해보겠습니다.

❶ 작업 중인 문서를 새 창에 띄우기 위해 [보기] 탭-[창] 그룹-[새 창] 클릭

❷ [보기] 탭-[창] 그룹-[모두 정렬] 클릭

❸ [창 정렬] 대화상자에서 [바둑판식] 클릭

❹ [확인]을 클릭합니다.

Tip [보기] 탭-[창] 그룹-[창 전환]을 클릭하면 037_창_매출실적.xlsx - 1, 037_창_매출실적.xlsx - 2 두 개의 문서가 열려 있는 것을 확인할 수 있습니다. 현재 열려 있는 문서를 새 창에 복제해서 한 번 더 엽니다.

창 나란히 비교하기

02 [2023년] 시트와 [2024년] 시트를 비교하면서 작업합니다.

Tip 작업이 모두 끝난 뒤에는 작업 창 중 하나에서 [닫기]를 클릭하여 작업 창을 닫습니다.

우선순위 038
인쇄 미리 보기에서 인쇄 선택 영역 및 여백 설정하기

실습 파일 2장\038_인쇄_주간일정표.xlsx   완성 파일 2장\038_인쇄_주간일정표_완성.xlsx

인쇄 영역 설정하기

01 ① [1주] 시트 탭 클릭
② Shift 를 누른 채 [4주] 시트 탭 클릭
③ 인쇄 영역을 설정하기 위해 [A2:D38] 범위 지정
④ [파일] 탭을 클릭합니다.

Tip Shift 는 'A부터 B까지'라는 개념이고 Ctrl 은 'A와 B'라는 개념입니다. 따라서 Shift 를 누른 채 [1주]:[4주] 시트를 선택한 다음 작업하면 모든 시트에 동일하게 적용됩니다.

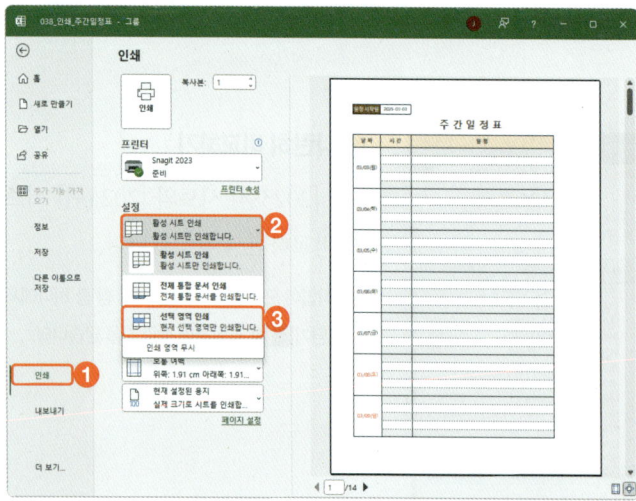

인쇄 미리 보기

02 인쇄 미리 보기 화면에서 인쇄 관련 메뉴와 미리 보기를 확인할 수 있습니다.
① [인쇄]를 클릭해 인쇄 미리 보기 화면 표시
② [설정]-[인쇄 영역] 클릭
③ [선택 영역 인쇄]를 클릭합니다.

Tip [1주]~[4주] 시트에서 A행이 제외되고 [A2:D38] 범위가 인쇄 영역으로 설정되어 인쇄 미리 보기 화면에 표시됩니다.

Tip 편집 화면에서 단축키 Ctrl + P 를 누르면 인쇄 미리 보기가 바로 실행됩니다.

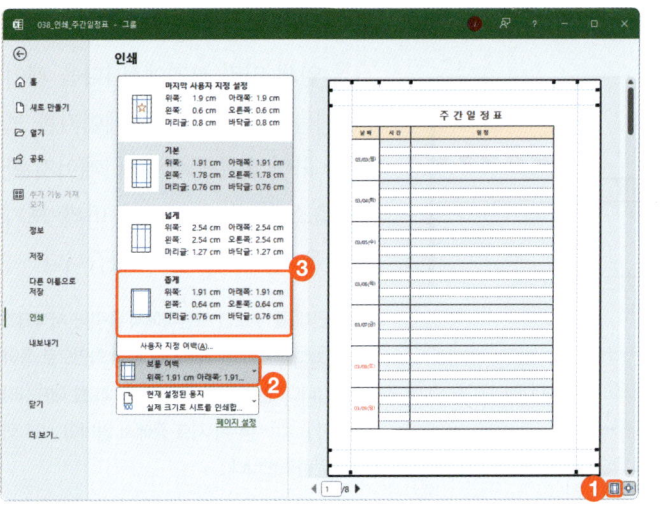

용지 여백 설정하기

03 넓은 용지 여백을 좁게 설정해 보겠습니다.

① [여백 표시 🔲] 클릭

② [여백 설정] 클릭

③ [좁게]를 클릭하여 여백을 조절합니다.

Tip 인쇄 미리 보기에서 좁은 여백이 적용된 페이지가 나타나며 비고 열이 나타납니다.

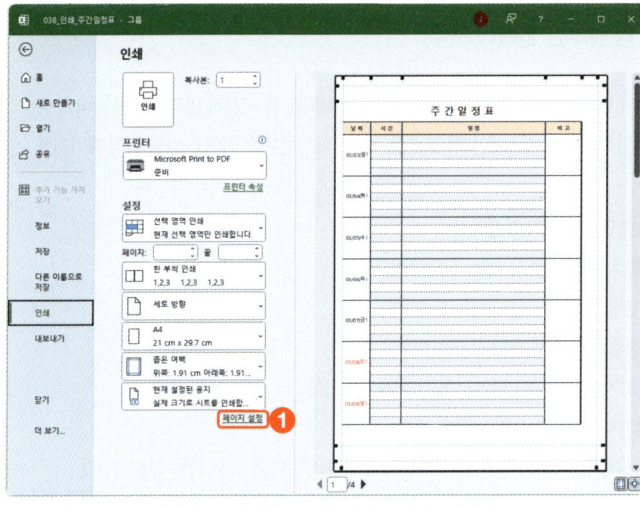

페이지 가운데 맞춤 지정하기

04 페이지에서 인쇄될 내용이 가운데 위치하도록 정렬해보겠습니다.

① [설정]-[페이지 설정] 클릭

② [페이지 설정] 대화상자에서 [여백] 탭 클릭

③ [페이지 가운데 맞춤]에서 [가로], [세로]에 체크

④ [확인]을 클릭하여 문서 내용을 페이지 가운데 정렬합니다.

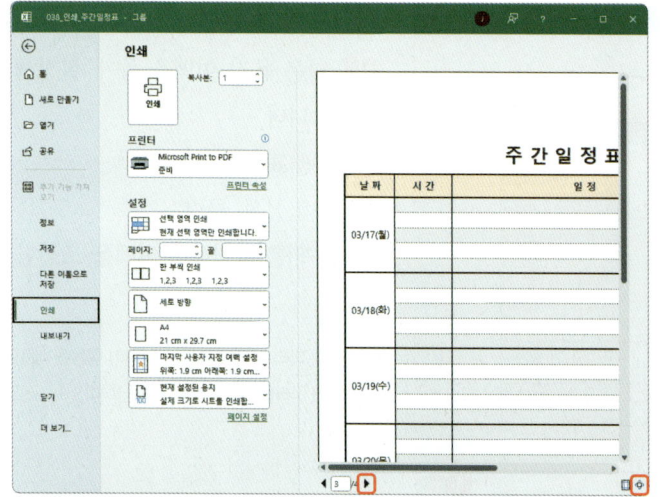

인쇄 미리 보기 확대/축소하기

05 인쇄 미리 보기에서 [다음 페이지 ▶]를 클릭하여 다음 페이지를 보거나 화면 오른쪽 아래의 [페이지 확대/축소 ⊕]를 클릭해서 미리 보기 화면을 확대/축소할 수 있습니다.

Tip [인쇄]를 누르면 프린터에서 출력이 시작되고 ESC 를 누르면 워크시트 편집 화면으로 돌아갑니다. 인쇄 작업 후에 그룹 시트를 해제하려면 [1주]~[4주] 시트 중에서 임의의 시트 탭을 클릭합니다.

Note 종이 낭비 없이 A4 한 장에 딱 맞추는 인쇄 노하우

인쇄 설정을 제대로 해두지 않으면 불필요한 페이지가 인쇄되거나 원치 않는 부분이 잘려 인쇄되는 등 시간과 인쇄 용지를 낭비할 수 있습니다. 인쇄 용지에 맞게 인쇄하기 위해서는 [파일] 탭-[인쇄]에서 인쇄와 관련된 작업과 메뉴를 확인하여 다음과 같이 페이지를 설정합니다.

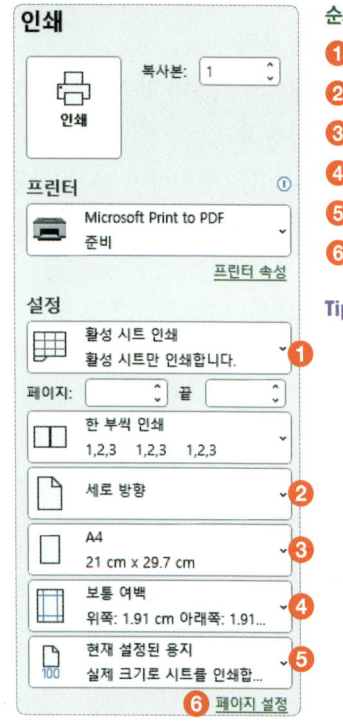

순차적으로 인쇄 페이지 설정하기

❶ 인쇄할 시트를 지정
❷ 용지 방향을 지정
❸ 작업한 문서에 맞는 용지 규격을 지정
❹ 미리 보기 화면을 확인하면서 용지의 여백을 지정
❺ 한 페이지로 인쇄할 인쇄 배율을 조절
❻ [페이지 설정] 대화상자에서 페이지, 여백, 머리글/바닥글, 시트 등을 설정합니다.

Tip 활성 시트, 전체 통합 문서 또는 선택 영역만 인쇄할 수 있습니다. 선택 영역으로 인쇄하려면 인쇄할 범위를 지정한 후 인쇄 영역을 설정합니다.

우선순위

039 반복 인쇄할 제목 행 지정하기

실습 파일 2장\039_인쇄_업무추진비1.xlsx   완성 파일 2장\039_인쇄_업무추진비1_완성.xlsx

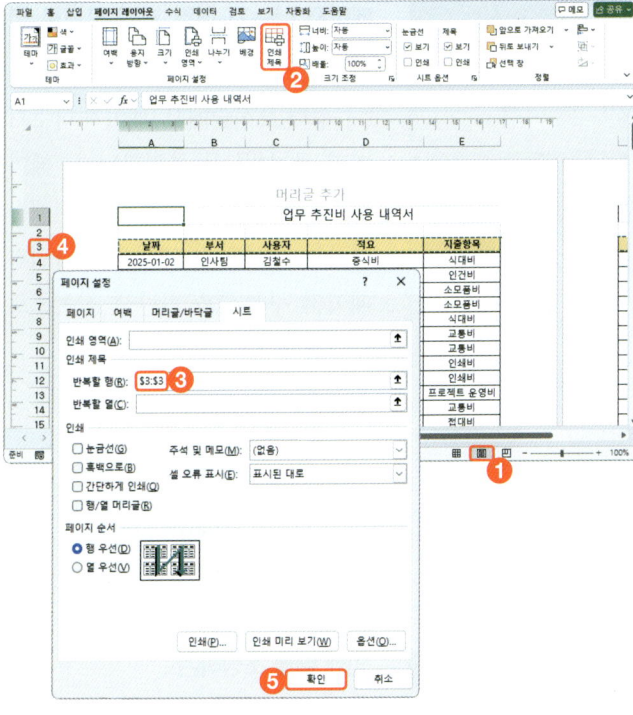

페이지마다 제목 행이 반복 인쇄되도록 설정하기

01 ❶ 상태 표시줄에서 [페이지 레이아웃 ▣] 클릭

❷ [페이지 레이아웃] 탭-[페이지 설정] 그룹-[인쇄 제목] 클릭

❸ [페이지 설정] 대화상자에서 [반복할 행] 클릭

❹ 3행 머리글을 클릭해 반복할 행 선택

❺ [확인]을 클릭합니다.

Tip [페이지 레이아웃 ▣] 보기는 인쇄될 페이지 모양 그대로 표시하므로 한 페이지에 인쇄될 내용을 확인할 수 있으며 인쇄와 관련된 작업을 지정할 수 있습니다.

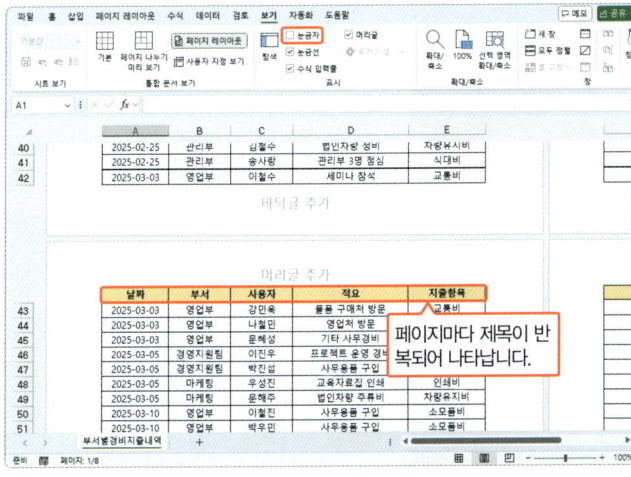

02 각 페이지로 이동하면서 살펴보면 제목이 반복되어 나타납니다. [보기] 탭-[표시] 그룹-[눈금자]의 체크를 해제하여 눈금자를 숨기고 작업 공간을 넓힙니다.

Tip 다음 페이지로 이동하면 제목 행([3행])이 표의 상단에 반복되어 표시됩니다. [인쇄 제목]은 인쇄 미리 보기에서는 실행할 수 없으므로 인쇄 미리 보기 화면으로 이동하기 전에 미리 워크시트에서 설정해놓습니다.

페이지 나누기 미리 보기 및 인쇄 배율 지정하기

실습 파일 2장\040_인쇄_업무추진비2.xlsx **완성 파일** 2장\040_인쇄_업무추진비2_완성.xlsx

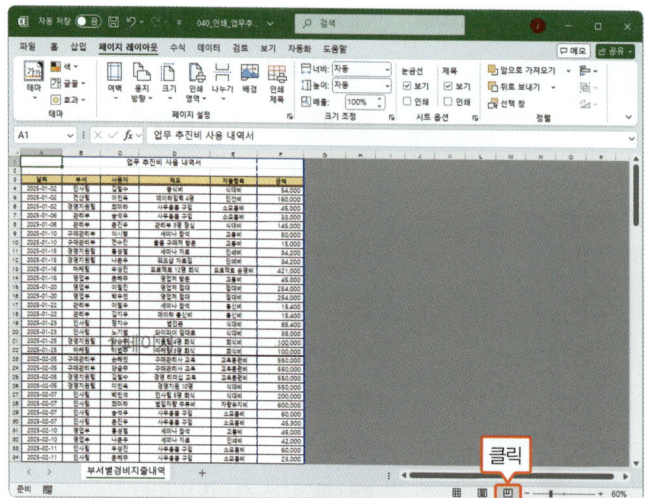

페이지 나누기 미리 보기 모드로 변경하기

01 상태 표시줄에서 [페이지 나누기 미리 보기 凹]를 클릭합니다. 페이지 나누기 창에서 인쇄 영역 전체는 파란색 실선으로, 자동으로 나눠진 페이지 구분선은 파란색 점선으로 표시됩니다.

Tip [페이지 나누기 미리 보기 凹] 보기는 화면에서 인쇄 영역 전체는 파란색 실선으로 표시되고, 인쇄 영역이나 페이지 구분선을 드래그하여 한 페이지에서 인쇄할 내용을 조절할 수 있습니다.

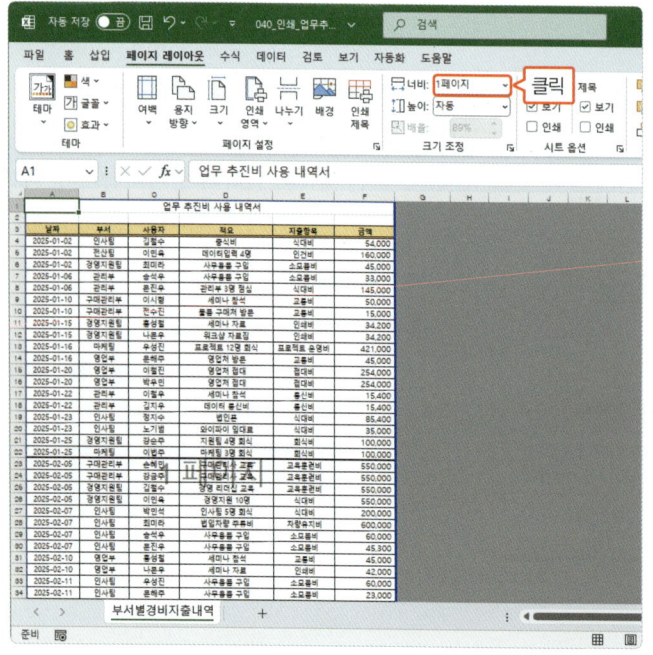

인쇄 배율 조정하기

02 [페이지 레이아웃] 탭-[크기 조정] 그룹에서 [너비 ⇥]를 [1페이지]로 선택합니다.

Tip 인쇄 가로 배율이 [89%]로 조정됩니다. 임의로 가로 페이지 영역을 조절하려면 페이지 구분선인 파란색 점선 또는 파란색 실선을 오른쪽 또는 왼쪽으로 드래그하면 자동으로 인쇄 배율이 조정되어 한 페이지에 인쇄됩니다.

 **페이지 나누기 구분선 수정하기**

실습 파일 2장\041_인쇄_업무추진비3.xlsx   완성 파일 2장\041_인쇄_업무추진비3_완성.xlsx

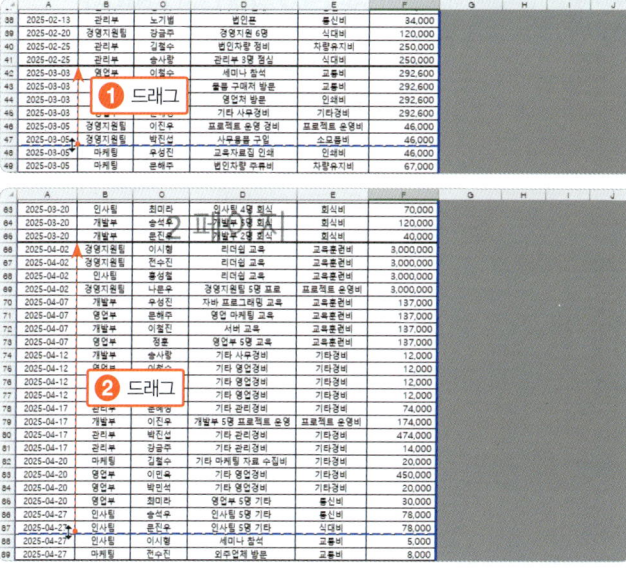

01 1~6월까지의 매출 보고 실적 데이터가 월별로 표시되도록 페이지를 나누겠습니다.

❶ 1페이지 나누기 구분선인 47행 위치의 파란색 점선을 41행 위치로 드래그

❷ 2페이지 나누기 구분선을 65행 위치로 드래그합니다.

02 ❶ 3페이지 나누기 구분선을 89행으로 드래그

❷ 4페이지 나누기 구분선을 117행 위치로 각각 드래그합니다.

Tip [페이지 레이아웃] 탭-[페이지 설정] 그룹-[나누기]에서 다음 페이지가 시작될 위치를 삽입/제거할 수 있고, 모든 설정을 제거하고 페이지를 나누기 전의 상태로 되돌릴 수 있습니다.

우선순위

042 머리글/바닥글 설정하기

실습 파일 2장\042_인쇄_업무추진비4.xlsx 완성 파일 2장\042_인쇄_업무추진비4_완성.xlsx

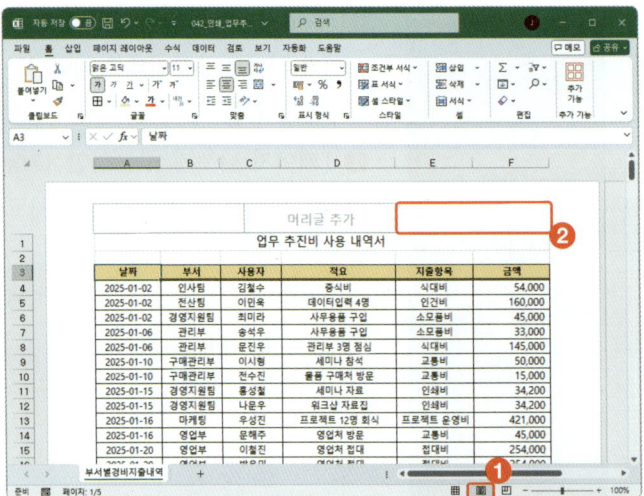

머리글에 현재 날짜 입력하기

01 ❶ 상태 표시줄에서 [페이지 레이아웃 ] 클릭

❷ 머리글 추가 영역의 오른쪽 빈칸을 클릭합니다.

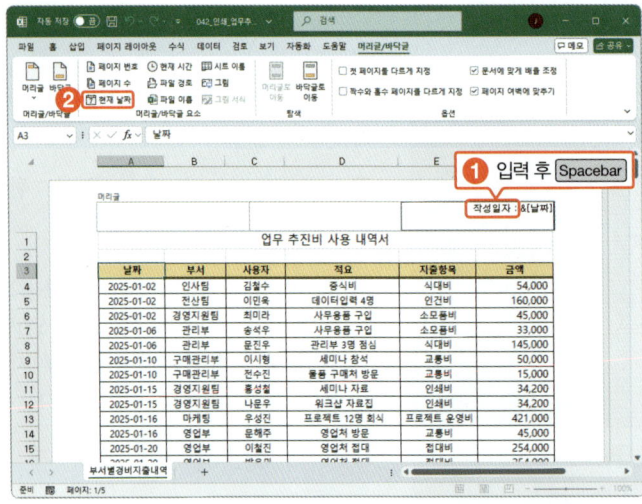

02 ❶ **작성일자 :**을 입력한 후 Spacebar

❷ [머리글/바닥글] 탭-[머리글/바닥글 요소] 그룹-[현재 날짜]를 클릭해서 날짜를 표기합니다.

Tip 머리글 오른쪽 영역에서 **작성일자 :** 다음 현재 날짜가 입력됩니다. 엑셀 2019 이전 버전에서는 [머리글/바닥글 도구]-[디자인] 탭을 확인합니다.

바닥글에 페이지 번호 입력하기

03 [머리글/바닥글] 탭-[탐색] 그룹-[바닥글로 이동]을 클릭해서 바닥글로 이동합니다.

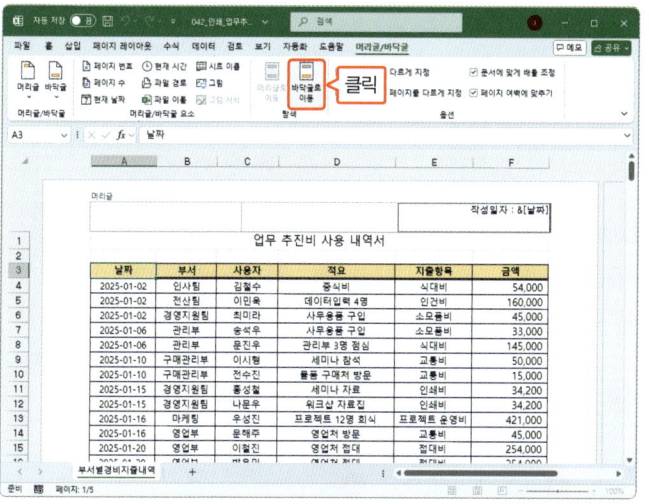

04 ① 바닥글 가운데 영역 클릭
② [머리글/바닥글] 탭-[머리글/바닥글 요소] 그룹-[페이지 번호] 클릭
③ / 입력
④ [페이지 수]를 클릭합니다.

05 임의의 셀을 클릭하면 바닥글이 '페이지 번호/전체 페이지 수' 형식으로 표기됩니다.

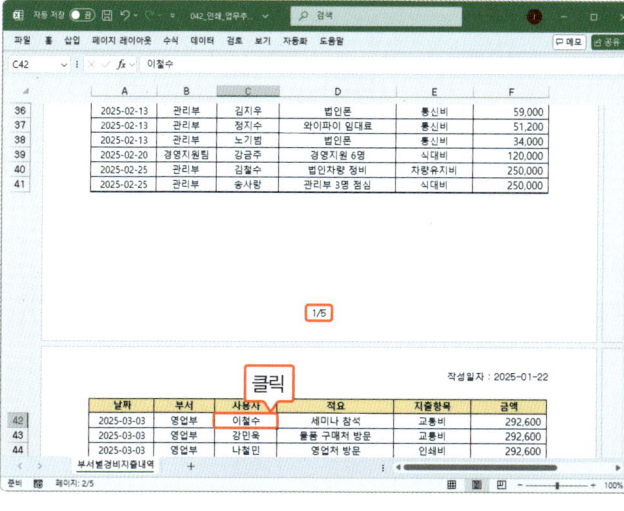

> **Note**   머리글/바닥글을 삽입하는 이유

보고서를 인쇄할 때 페이지마다 반복할 요소(날짜, 부서명, 로고, 페이지 번호) 등을 표시하려면 페이지의 상단과 하단의 머리글/바닥글에 삽입해야 합니다.

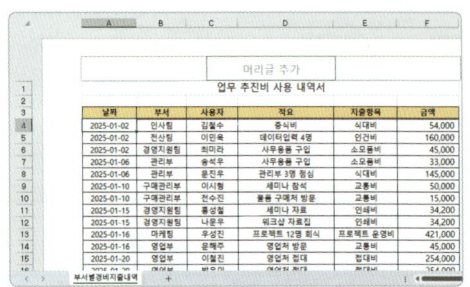

[머리글/바닥글] 탭을 활용하기 위해서는 상태 표시줄의 [페이지 레이아웃 ▣]을 클릭하고 화면 상단의 [머리글 추가](또는 하단의 [바닥글 추가])를 클릭, [머리글/바닥글] 탭에서 필요한 요소를 삽입합니다.

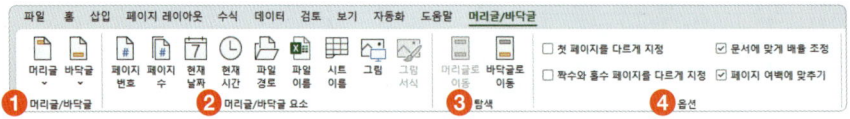

❶ **머리글/바닥글** : 미리 설정된 머리글/바닥글 목록 16개를 이용해서 머리글과 바닥글을 설정합니다.
❷ **머리글/바닥글 요소** : 머리글과 바닥글에 삽입할 요소를 사용자가 직접 선택합니다.
❸ **탐색** : 머리글과 바닥글로 이동합니다.
❹ **옵션** : 첫 페이지 또는 홀수나 짝수 페이지의 머리글과 바닥글을 각각 다르게 설정하여 사용할 수 있습니다.

[페이지 설정] 대화상자를 활용하기 위해서는 [페이지 레이아웃] 탭–[페이지 설정] 그룹에서 [페이지 설정]을 클릭합니다. [페이지 설정] 대화상자가 나타나면 [머리글/바닥글] 탭에서 머리글과 바닥글을 편집합니다.

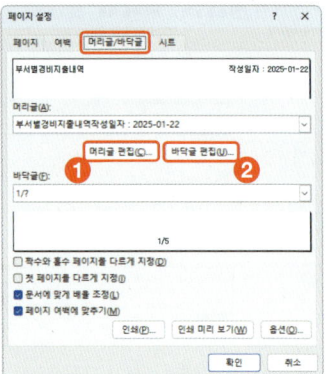

❶ [머리글 편집]을 클릭하고 [머리글] 대화상자에서 각각의 구역에 필요한 요소를 삽입하고 편집합니다.

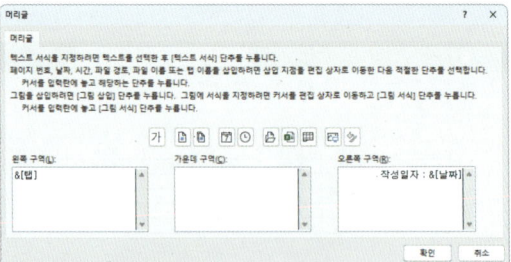

❷ [바닥글 편집]을 클릭하고 [바닥글] 대화상자에서 각각의 구역에 필요한 요소를 삽입하고 편집합니다.

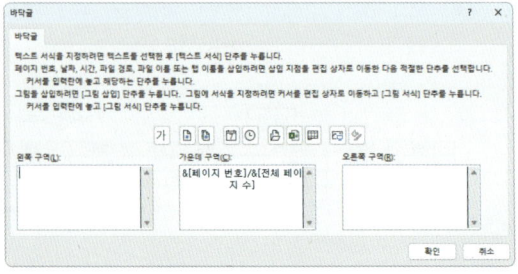

우선순위
043 머리글에 배경 그림 삽입하기

실습 파일 2장\043_인쇄_경력증명서.xlsx 완성 파일 2장\043_인쇄_경력증명서_완성.xlsx

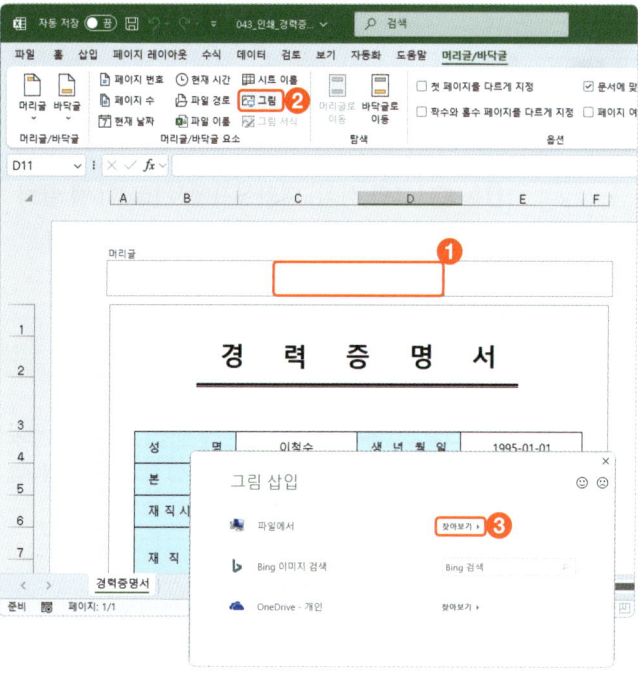

배경 그림 삽입하기

01 ① 머리글 가운데 영역 클릭
② [머리글/바닥글] 탭-[머리글/바닥글 요소] 그룹-[그림] 클릭
③ [그림 삽입] 대화상자의 [파일에서]-[찾아보기]를 클릭합니다.

Tip 엑셀 2019 이전 버전에서는 [머리글/바닥글 도구]-[디자인] 탭을 확인합니다.

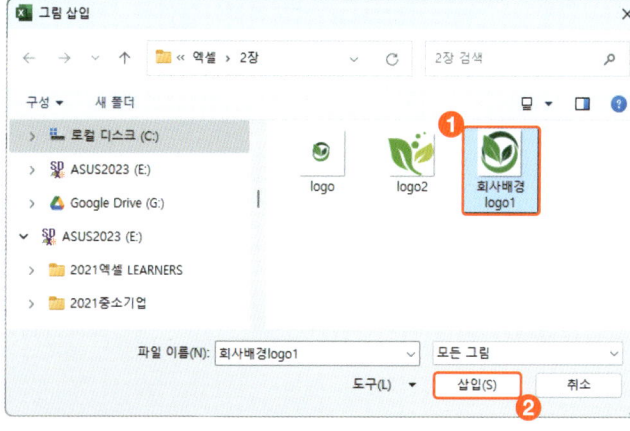

02 ① 엑셀 실습 폴더에서 **회사배경logo1.png** 파일 클릭
② [삽입]을 클릭합니다.

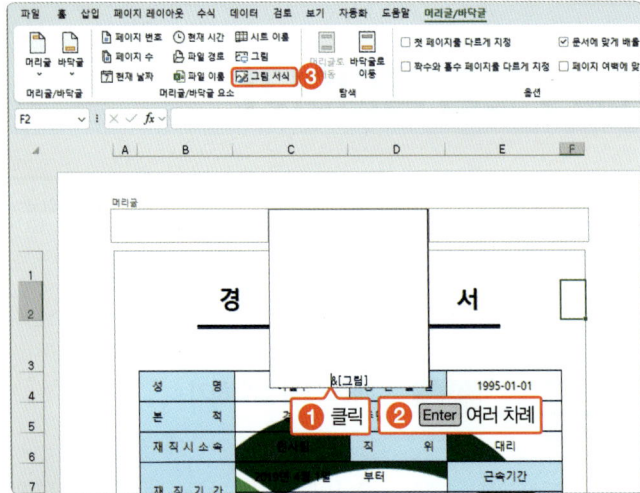

배경 그림 서식 지정하기

03 ❶ 그림을 가운데 배치하기 위해 '&[그림]' 앞 클릭

❷ Enter 여러 차례 누르기

❸ [머리글/바닥글] 탭-[머리글/바닥글 요소] 그룹-[그림 서식 📷]을 클릭합니다.

Tip 머리글 위치에 배경 그림이 삽입되면 Enter 를 눌러 위치를 조절합니다.

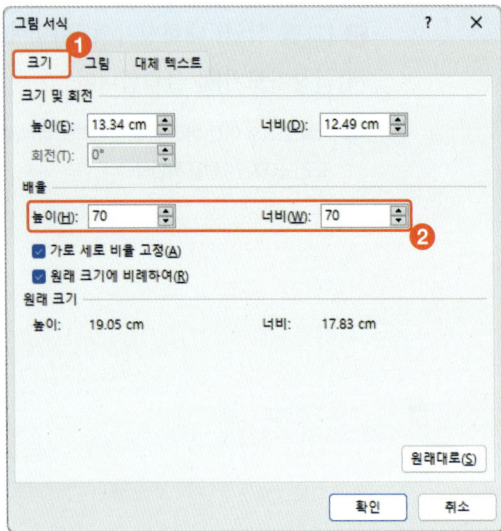

04 ❶ [그림 서식] 대화상자에서 [크기] 탭 클릭

❷ [배율]에서 [높이]와 [너비]에 각각 **70** 입력

❸ [그림] 탭 클릭

❹ [색]에서 [희미하게] 선택

❺ [확인]을 클릭합니다.

Tip [그림 서식]에서 크기, 색을 조정한 후 임의의 셀을 클릭하면 머리글의 가운데 영역에 로고 그림이 배경으로 희미하게 삽입됩니다.

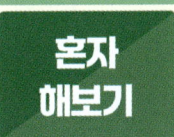

페이지 레이아웃과 머리글/바닥글 설정하기

실습 파일 2장\혼자해보기\008_미수금현황.xlsx   완성 파일 2장\혼자해보기\008_미수금현황_완성.xlsx

예제 설명 및 완성 화면

거래처 미수금 현황 문서에서 용지와 인쇄 제목을 지정하고, 회사 로고와 페이지 번호를 머리글/바닥글에서 설정합니다.

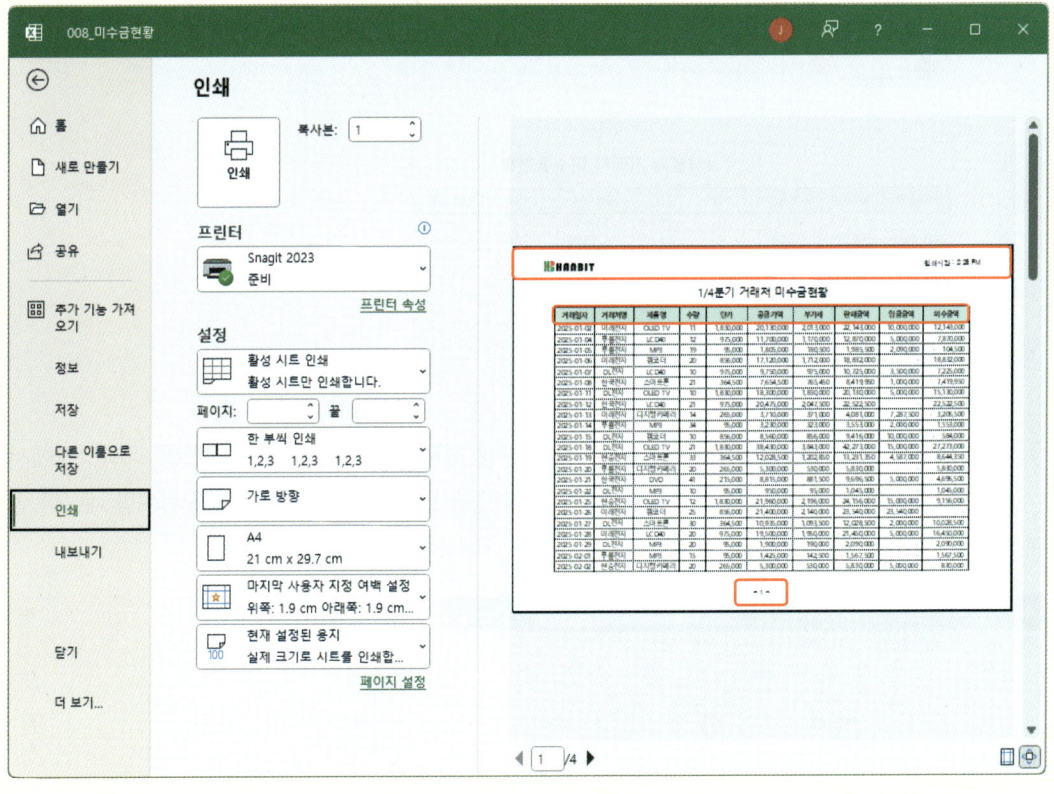

CHAPTER 02 문서 편집 및 인쇄하기 137

01 상태 표시줄에서 [페이지 레이아웃 圖]을 클릭해 페이지 레이아웃 보기 상태로 전환합니다.

02 ❶ [페이지 레이아웃] 탭-[페이지 설정] 그룹-[용지 방향 📄] 클릭 ❷ [가로 📄]를 클릭해 용지 방향을 가로로 변경합니다.

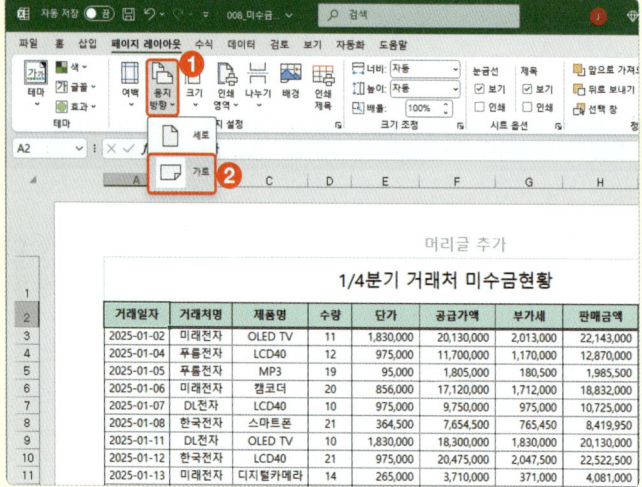

03 ❶ [페이지 레이아웃] 탭-[페이지 설정] 그룹-[인쇄 제목 📄] 클릭 ❷ [페이지 설정] 대화상자에서 [시트] 탭-[반복할 행] 클릭 ❸ 2행 머리글 클릭 ❹ [확인]을 클릭합니다. 각 페이지를 인쇄할 때마다 반복 설정한 행이 제목으로 인쇄됩니다.

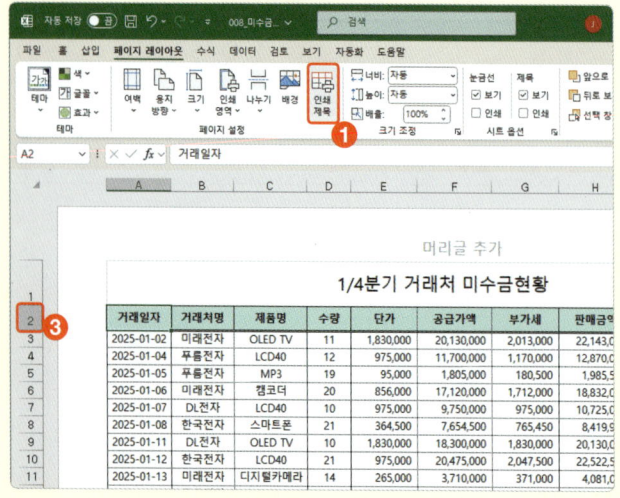 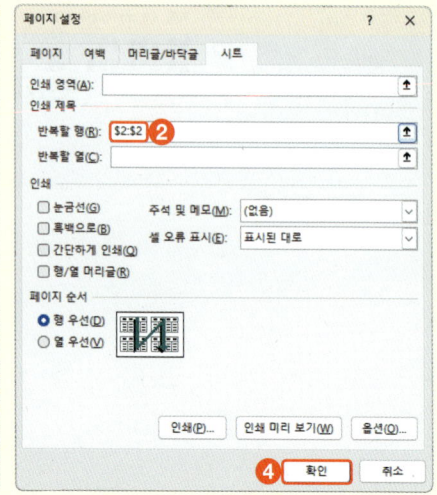

04 ① 머리글 왼쪽 영역 클릭 ② [머리글/바닥글] 탭-[머리글/바닥글 요소] 그룹-[그림] 클릭 ③ [그림 삽입] 대화상자에서 [파일에서]-[찾아보기] 클릭 ④ [그림 삽입] 대화상자에서 실습 파일의 **logo. gif** 파일을 삽입합니다. 머리글 왼쪽 영역에 로고가 삽입됩니다.

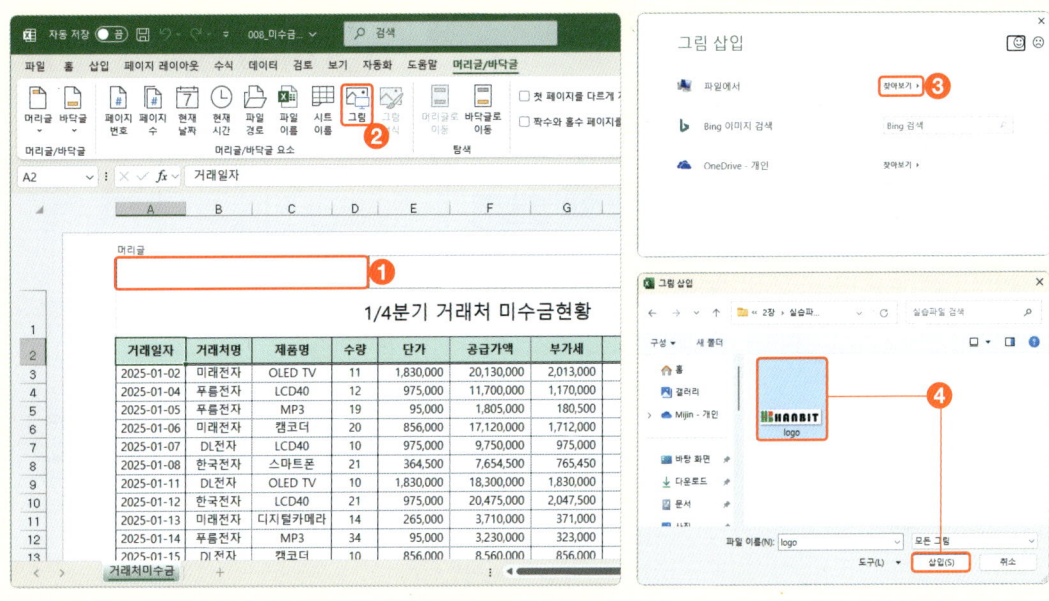

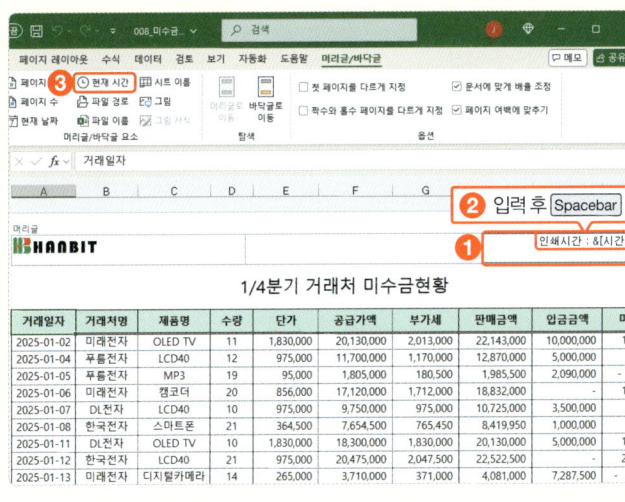

05 ① 머리글 오른쪽 영역 클릭
② **인쇄시간 :** 입력 후 Spacebar 눌러 한 칸 띄기
③ [머리글/바닥글] 탭-[머리글/바닥글 요소] 그룹-[현재시간]을 클릭합니다. 머리글 오른쪽 영역에 현재 시간으로 인쇄시간이 표시됩니다.

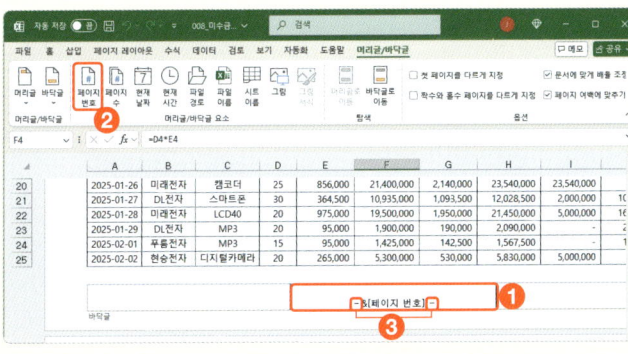

06 ① 바닥글 가운데 영역 클릭
② [머리글/바닥글] 탭-[머리글/바닥글 요소] 그룹-[페이지 번호] 클릭
③ 앞뒤로 한 칸씩 띄고 -을 입력합니다.

07 ❶ [파일] 탭-[인쇄] 클릭 ❷ [페이지 설정] 클릭 ❸ [페이지 설정] 대화상자에서 [여백] 탭 클릭 ❹ [페이지 가운데 맞춤]-[가로]에 체크 ❺ [확인] 클릭 ❻ 인쇄 미리 보기에서 앞서 설정한 머리글과 바닥글, 인쇄 제목 등이 제대로 나타나는지 확인합니다.

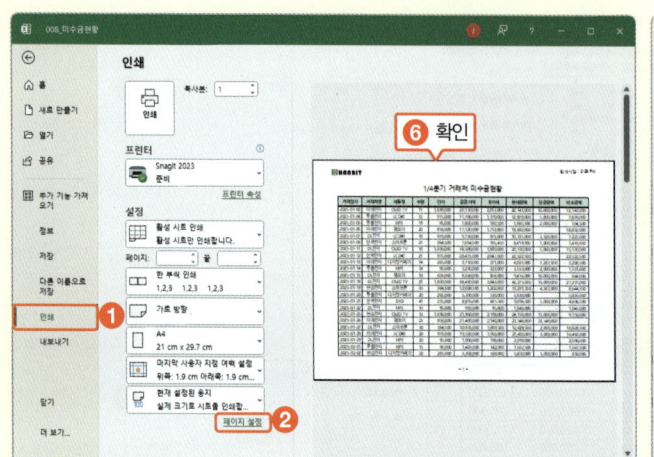
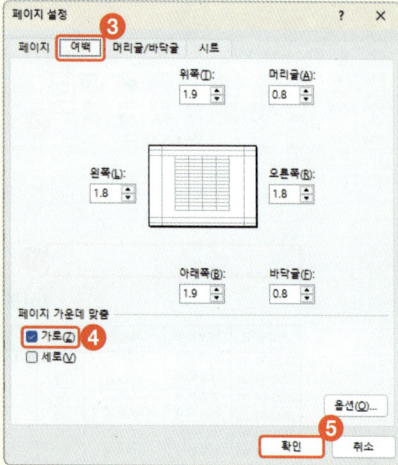

CHAPTER
03

수식 작성 및
함수 활용하기

우선순위

044 상대 참조로 수식 만들기

실습 파일 3장\044_수식_셀참조.xlsx [상대참조] 시트 완성 파일 3장\044_수식_셀참조_완성.xlsx

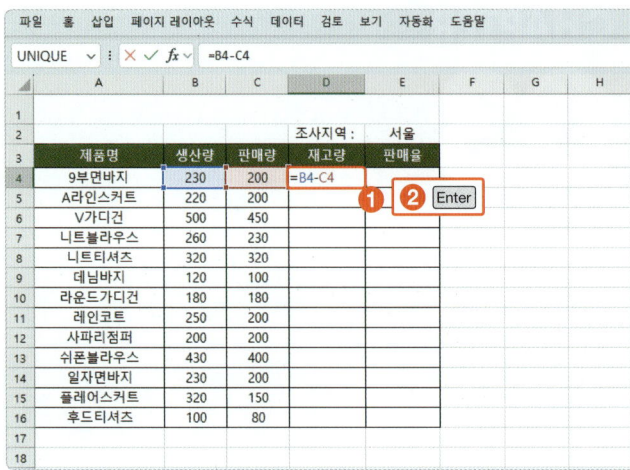

상대 참조로 재고량 구하기

01 생산량에서 판매량을 빼서 재고량을 구해보겠습니다.

❶ [상대참조] 시트-[D4] 셀에 수식 **=B4-C4** 입력

❷ Enter 를 누릅니다.

Tip 재고량=생산량-판매량

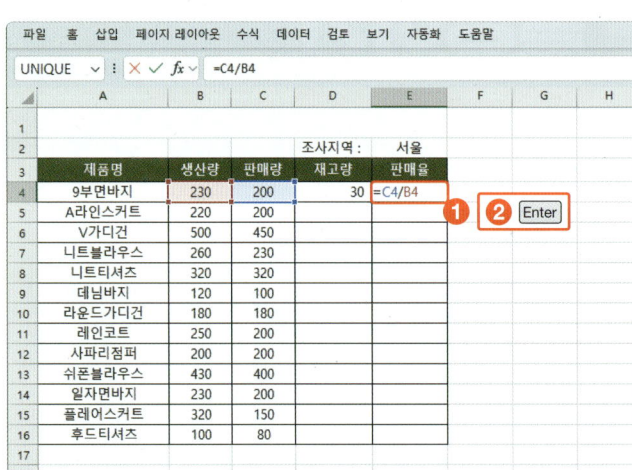

상대 참조로 판매율 구하기

02 판매율은 판매량을 생산량으로 나누어 구합니다.

❶ [E4] 셀에 수식 **=C4/B4** 입력

❷ Enter 를 누릅니다.

Tip 판매율=판매량÷생산량

Note 셀 위치에 따라 참조한 셀이 바뀌는 상대 참조

주소 형식	설명	수식 복사
[A1]	일반적인 셀 주소 형식입니다. 셀을 참조하여 수식을 만드는 방법으로 가장 많이 사용됩니다. 수식을 복제하면 셀 위치에 따라 참조한 셀 주소가 바뀝니다.	A1 → B1, C1, D1 ↓ A2, A3, A4

수식 복사하기

03 재고량과 판매율의 수식을 복사해 각 셀에 결괏값을 표시해보겠습니다.

❶ [D4:E4] 범위 지정

❷ 채우기 핸들을 [E16] 셀까지 드래그해 수식을 복사합니다. 셀 위치에 따라 재고량과 판매율의 수식이 바뀝니다.

Tip 재고량과 판매량의 각 셀을 클릭해서 수식 입력줄을 살펴보면 셀 위치에 따라 참조한 셀 주소가 바뀌었음을 알 수 있습니다.

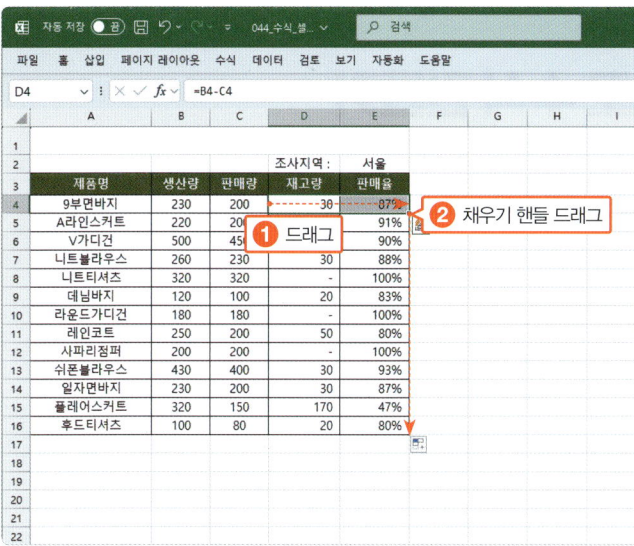

문자 연산자로 제목 표시하기

04 제목은 조사지역과 생산/판매/재고량의 문자를 합쳐서 표시합니다.

❶ [A1] 셀에 수식 **=E2&"지역 생산/판매/재고량"** 입력

❷ Enter 를 누릅니다.

Tip 제목이 '서울지역 생산/판매/재고량'으로 표시됩니다. 문자와 문자를 합칠 때는 문자 연산자(&)를 사용합니다.

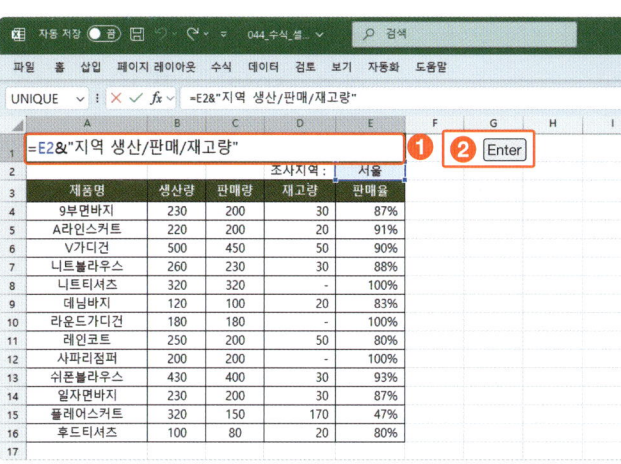

Note 수식을 복사하는 방법

엑셀에서 수치 데이터는 다루기가 쉽고 편리하므로 이를 참조해서 계산식을 만들고 그 결과를 복사해서 빠르게 채울 수 있으며, 이를 통해 업무 시간을 단축할 수 있습니다. 수식을 복사하려면 ❶ 채우기 핸들을 드래그하거나 ❷ 채우기 핸들을 더블클릭하거나 ❸ 범위를 지정하고 수식을 입력한 다음 Ctrl + Enter 를 누릅니다.

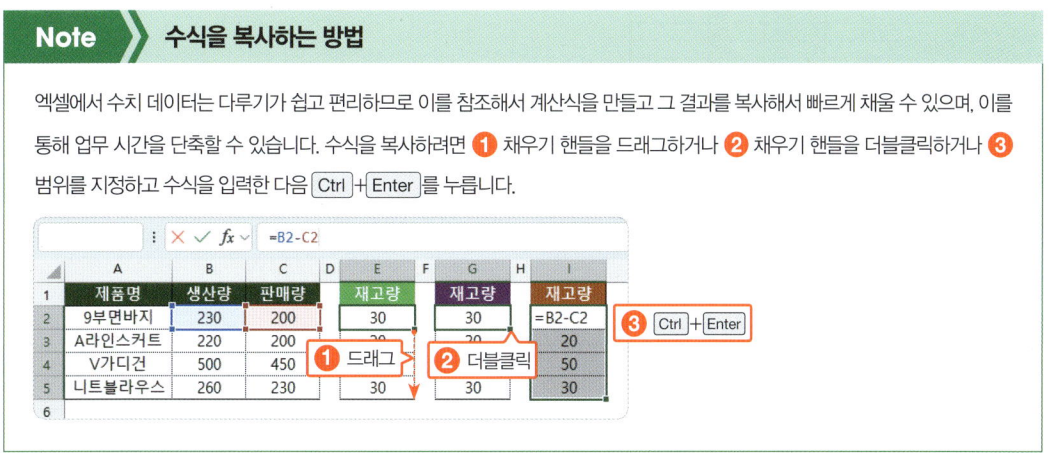

045 절대 참조로 수식 만들기

실습 파일 3장\044_수식_셀참조.xlsx [절대참조] 시트 완성 파일 3장\044_수식_셀참조_완성.xlsx

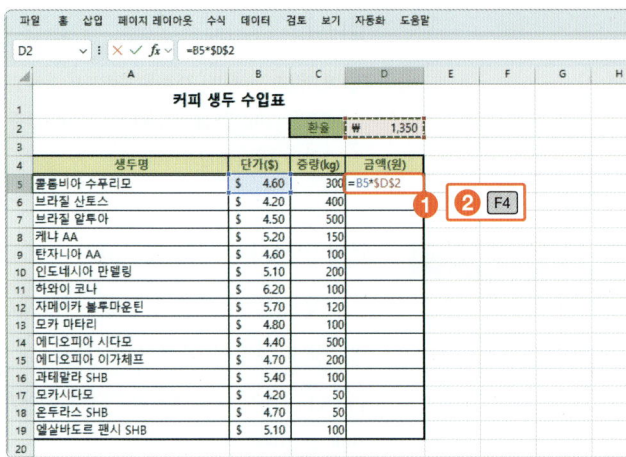

절대 참조로 금액 구하기

01 생두의 단가를 원화로 환산하고 중량을 곱하여 금액을 구합니다.

❶ [절대참조] 시트-[D5] 셀에 수식 **=B5*D2** 입력

❷ F4 를 눌러 수식 내의 [D2]를 절대 참조 **$D$2**로 바꿉니다.

Tip 셀 주소를 고정할 때는 $ 기호를 직접 입력하거나 F4 를 눌러 절대 참조로 바꿉니다.

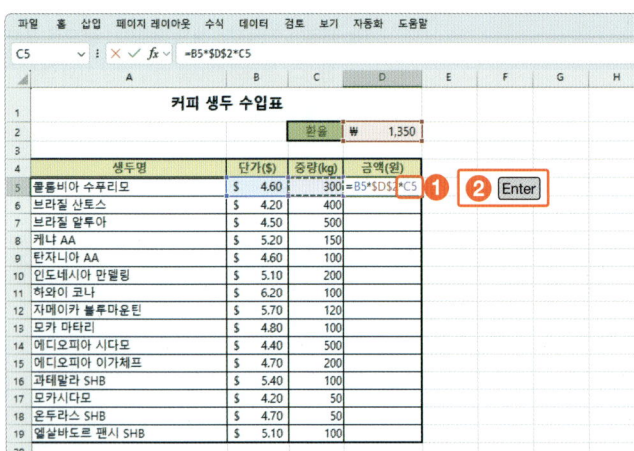

02 ❶ 계속해서 ***C5** 입력

❷ Enter 를 눌러 **=B5*$D$2*C5** 수식을 완성합니다.

Tip 금액=단가*환율*중량

Note 셀 주소를 고정할 때 사용하는 절대 참조

주소 형식	설명	수식 복사
[$A$1]	열 머리글과 행 머리글 앞에 $ 기호를 붙입니다. 절대 참조 수식을 입력한 후 수식을 복제하면 셀 위치와 관계없이 참조한 셀 주소가 바뀌지 않고 고정됩니다.	$A$1 → A1(고정) ↓ A1(고정)

서식 없이 수식 채우기

03 완성된 수식을 [D19] 셀까지 채워보겠습니다.

❶ [D5] 셀의 채우기 핸들을 [D19] 셀까지 드래그

❷ [자동 채우기 옵션 📋] 클릭

❸ [서식 없이 채우기]를 클릭하여 미리 지정된 서식을 유지합니다.

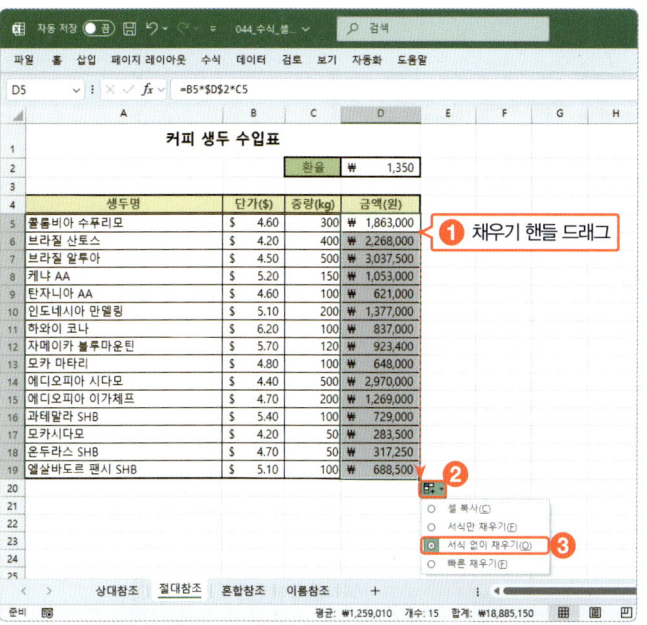

수식 표시하기

04 ❶ [D5] 셀 클릭

❷ [수식] 탭 –[수식 분석] 그룹 –[수식 표시 📝]를 클릭합니다. 셀에 수식이 표시되며 수식에서의 참조 셀이 어떻게 바뀌었는지 확인해볼 수 있습니다.

Tip [수식] 탭–[수식 분석] 그룹–[수식 표시 📝]를 한 번 더 누르면 수식을 숨기고 데이터와 결괏값으로 돌아옵니다. 수식 표시 단축키는 Ctrl + ~ 입니다.

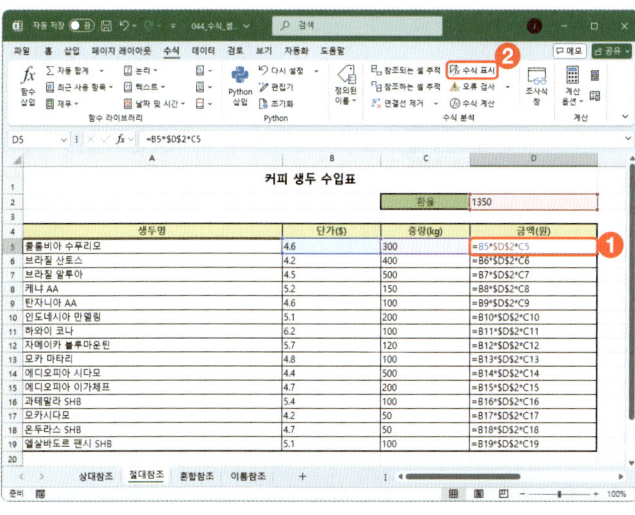

Note 상대, 절대, 혼합 참조 유형을 변경하는 단축키는?

셀 참조를 변경하려면 F4 를 눌러 셀 참조 유형을 상대 참조→절대 참조→혼합 참조 순서로 바꿀 수 있습니다.

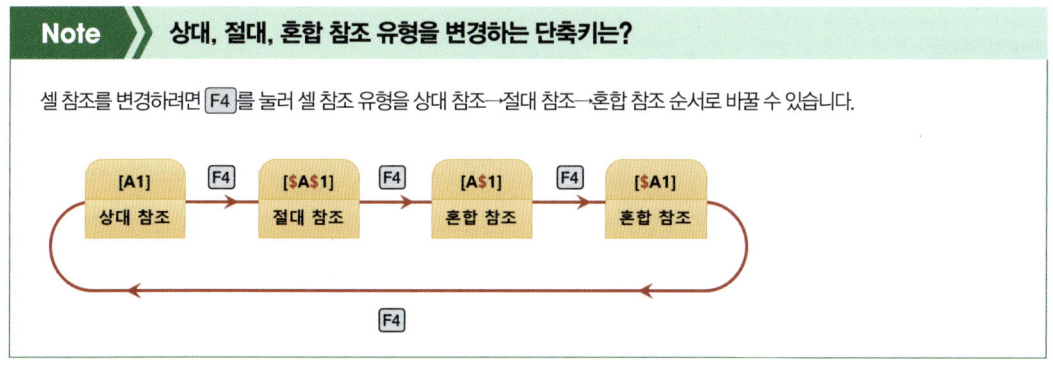

CHAPTER 03 수식 작성 및 함수 활용하기 **145**

우선순위
046 혼합 참조로 수식 만들기

실습 파일 3장\044_수식_셀참조.xlsx [혼합참조] 시트 **완성 파일** 3장\044_수식_셀참조_완성.xlsx

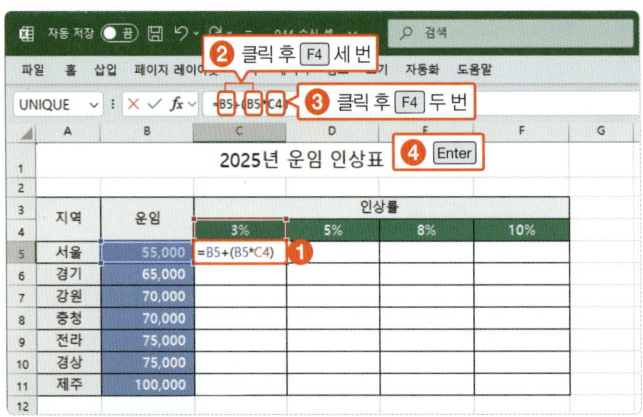

혼합 참조로 운임료 구하기

01 지역에 따른 운임을 기준으로 2025년 인상 운임을 구합니다.

❶ [혼합 참조] 시트의 [C5] 셀에 수식 **=B5+(B5*C4)** 입력

❷ 수식 내 **B5** 클릭 후 F4 세 번 눌러 **$B5**로 변경

❸ 수식 내 **C4** 클릭 후 F4 두 번 눌러 **C$4**로 변경

❹ Enter 를 눌러 **=$B5+($B5*C$4)** 수식을 완성합니다.

Tip 인상운임료=운임+(운임*인상률)

Tip [C5] 셀의 수식을 복사해도 B열과 4행은 고정되어야 하므로 B와 4행 앞에 $ 기호를 붙여 각각 $B5와 C$4로 변경합니다.

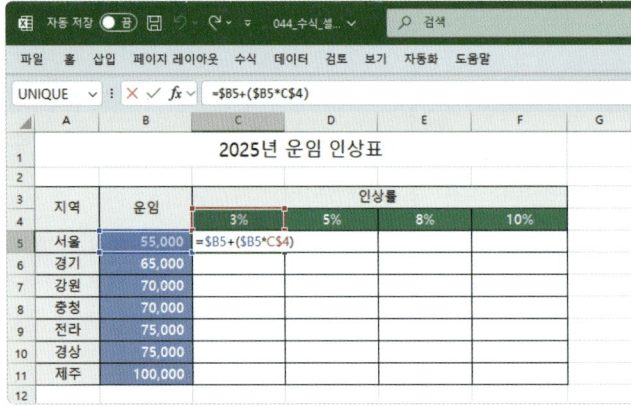

Note	수식에서 행 또는 열만 고정하는 혼합 참조	
주소 형식	설명	수식 복사
[A$1]	행 앞에 $를 붙입니다. 행 고정 참조로 수식을 입력한 후 복제하면 셀 위치에 따라 $가 붙은 행이 고정되고 열만 바뀝니다.	A$1 → B1, C1, D1 ↓ A1(고정)
[$A1]	열 앞에 $를 붙입니다. 열 고정 참조로 수식을 입력한 후 복제하면 셀 위치에 따라 $가 붙은 열이 고정되고 행만 바뀝니다.	$A1 → A1(고정) ↓ A2, A3, A4

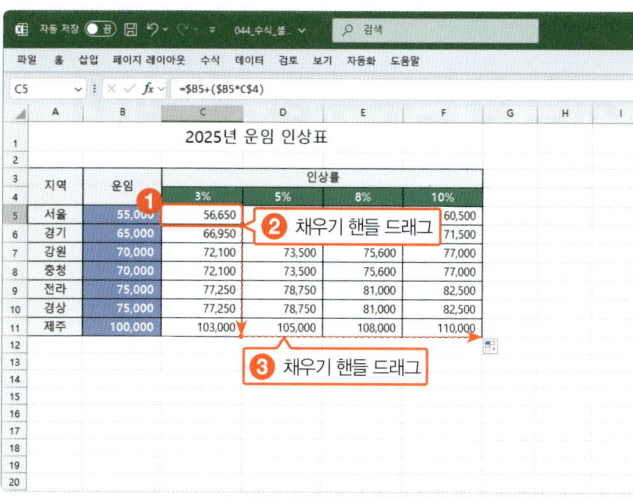

02 ① [C5] 셀 클릭

② 채우기 핸들을 [C11] 셀까지 드래그

③ [C5:C11] 범위가 지정된 상태에서 [C11] 셀의 채우기 핸들을 [F11] 셀까지 드래그하여 수식을 복사합니다.

Tip 수식을 복사하면 B열과 4행은 변하지 않고 $ 기호가 붙지 않은 부분의 값만 변하는 혼합 참조 형태의 수식이 복사됩니다.

Note 엑셀에서 사용하는 수식의 구조와 연산자 기호

수식은 등호(=)를 처음 입력하고 연산자, 피연산자, 함수 등을 조합하여 만듭니다. 피연산자는 숫자일 수도 있지만 셀 주소가 될 수도 있습니다. 연산자는 산술, 문자, 비교 연산자로 데이터를 계산하라는 명령 기호입니다.

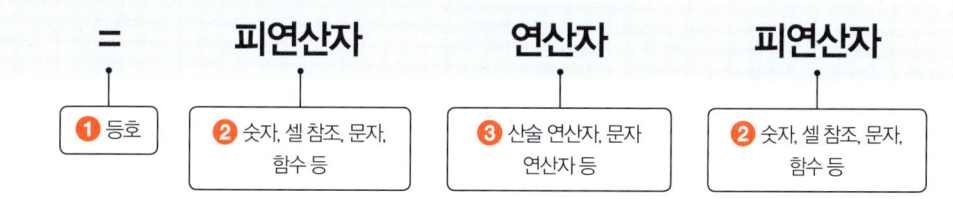

연산자 종류와 우선순위

연산자는 산술, 비교, 문자, 참조 연산자가 있습니다. 산술, 문자, 참조 연산자는 수식에 직접 사용하지만 비교 연산자는 TRUE, FALSE 값을 결과로 표시하기 때문에 함수식에 주로 쓰입니다. 각 연산자 사이에도 우선순위가 있으며, 우선순위가 같은 연산자는 왼쪽에 있는 연산자를 먼저 계산합니다. 연산자의 우선순위를 바꾸려면 괄호()를 사용합니다. 괄호 연산자 안에 있는 수식을 가장 먼저 계산합니다.

① **산술 연산자** : 더하기, 빼기, 곱하기와 같은 기본적인 산술 연산을 수행합니다. 1순위 연산자입니다.

기능	백분율	거듭제곱	곱하기	나누기	더하기	빼기
연산자	%	^	*	/	+	-

② **문자 연결 연산자** : 문자열을 여러 개 연결해서 하나로 만듭니다. 2순위 연산자입니다.

기능	연결
연산자	&

③ **비교 연산자** : 두 값을 비교하여 참 또는 거짓으로 결괏값이 나타납니다. 3순위 연산자입니다.

기능	같다	크다	크거나 같다	작다	작거나 같다	같지 않다
연산자	=	>	>=	<	<=	<>

셀 참조로 시간 외 근무 수당 계산하기

실습 파일 3장\혼자해보기\009_시간외근무수당.xlsx 완성 파일 3장\혼자해보기\009_시간외근무수당_완성.xlsx

예제 설명 및 완성 화면

시간 외 근무 수당 문서에서 기본급을 기준으로 시간당 급여, 1일 급여, 야간근무수당과 휴일근무수당을 구해보겠습니다. 절대 참조, 상대 참조, 혼합 참조를 적절하게 사용하여 수식을 완성합니다.

	A	B	C	D	E	F	G	H	I	J	K
1					시간외 근무 수당						
2											
3		사번	성명	부서	기본급	시급	일급	야간근무	휴일근무	야간근무수당	휴일근무수당	근무외수당합계
4						160(H)	8(H)	(H)	(D)	50%	150%	
5	JH10897	고은주	전산팀	1,700,000	10,625	85,000	8	2	42,500	255,000	297,500
6	JH10896	김남주	총무팀	1,780,000	11,125	89,000		2	-	267,000	267,000
7	JH10901	김송인	영업1팀	1,400,000	8,750	70,000	7		30,625	-	30,625
8	JH10894	김전우	인사팀	1,400,000	8,750	70,000	5		21,875	-	21,875
9	JH10891	김진우	인사팀	1,780,000	11,125	89,000	2	1	11,125	133,500	144,625
10	JH10905	나문이	기획팀	1,780,000	11,125	89,000			-	-	-
11	JH10906	마상태	영업1팀	2,300,000	14,375	115,000	2	1	14,375	172,500	186,875
12	JH10900	박민중	재무팀	2,300,000	14,375	115,000		1	-	172,500	172,500
13	JH10898	박상일	홍보팀	1,650,000	10,313	82,500	10		51,563	-	51,563
14	JH10904	박상중	전산팀	2,300,000	14,375	115,000		2	-	345,000	345,000
15	JH10895	박철수	영업2팀	2,050,000	12,813	102,500			-	-	-
16	JH10893	박철중	인사팀	1,700,000	10,625	85,000		3	-	382,500	382,500
17	JH10907	이남주	기획팀	1,400,000	8,750	70,000	9		39,375	-	39,375
18	JH10903	이명수	총무팀	2,050,000	12,813	102,500	7		44,844	-	44,844
19	JH10892	전소미	기획팀	1,780,000	11,125	89,000			-	-	-
20	JH10902	정수남	인사팀	1,400,000	8,750	70,000		3	-	315,000	315,000
21	JH10899	최은지	재무팀	1,780,000	11,125	89,000	8		44,500	-	44,500

01 시급은 기본급을 총 근무 시간(E4)으로 나눠서 구합니다. [E5] 셀에 **=D5/$E$4**를 입력한 후 Enter를 누릅니다.

02 일급은 시급에 일일 근무 시간(F4)을 곱해서 구합니다. [F5] 셀에 **=E5*$F$4**를 입력한 후 Enter를 누릅니다.

03 ① [E5:F5] 범위 지정
② 채우기 핸들을 더블클릭합니다. 전체 인원의 시급과 일급이 구해집니다.

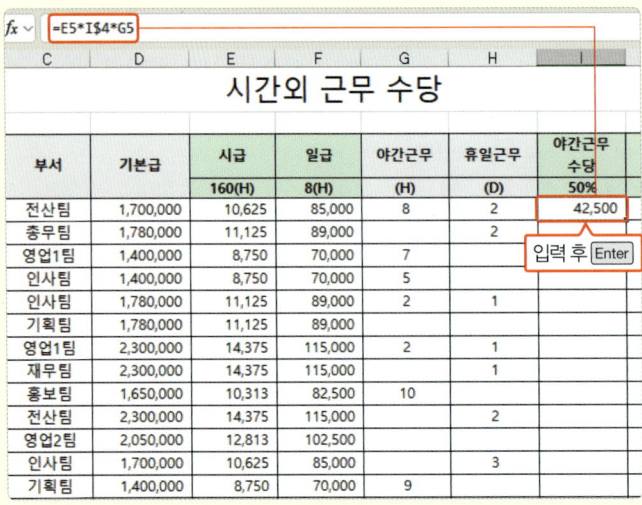

04 야간근무수당은 시급의 50%, 휴일근무수당은 일급의 150%를 할증합니다. 야간근무수당을 먼저 구하기 위해 [I5] 셀에 **=E5*I$4*G5**를 입력한 후 Enter를 누릅니다.

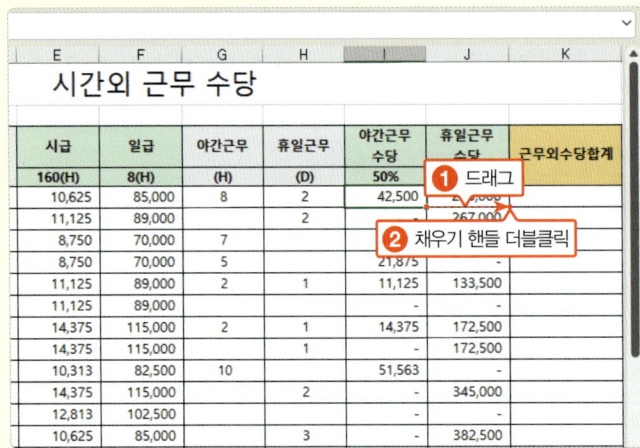

05 야간근무수당의 수식을 복사하여 휴일근무수당을 구해보겠습니다.
❶ [I5] 셀의 채우기 핸들을 [J5] 셀까지 드래그
❷ 채우기 핸들을 더블클릭합니다.

Tip 휴일근무수당을 구하는 수식은 **=F5*J$4*H5**입니다.

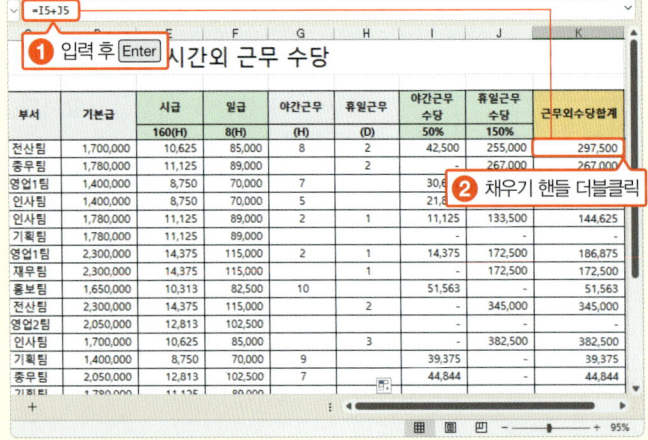

06 근무외수당합계(K5)는 야간근무수당(I5)과 휴일근무수당(J5)을 더해서 구합니다.
❶ [K5] 셀에 **=I5+J5** 입력 후 Enter
❷ [K5] 셀의 채우기 핸들을 더블클릭하여 수식을 복사합니다. 전체 인원의 근무외수당 합계가 구해집니다.

047 이름 정의로 범위 지정하기

실습 파일 3장\044_수식_셀참조.xlsx [이름참조] 시트   완성 파일 3장\044_수식_셀참조_완성.xlsx

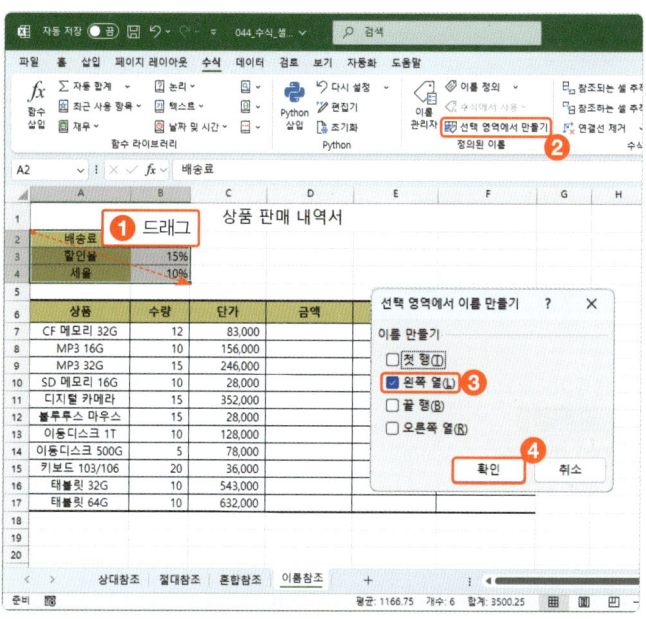

선택 영역에서 이름 정의하기

01 ① [이름참조] 시트의 [A2:B4] 범위 지정
② [수식] 탭-[정의된 이름] 그룹-[선택 영역에서 만들기 🗹] 클릭
③ [선택 영역에서 이름 만들기] 대화상자에서 [왼쪽 열]에만 체크
④ [확인]을 클릭합니다.

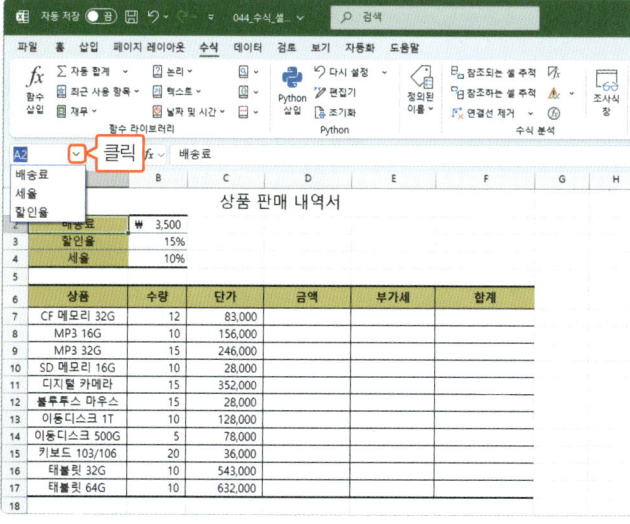

02 [이름 상자 목록 단추 ⌄]를 클릭하면 정의된 이름이 표시됩니다.

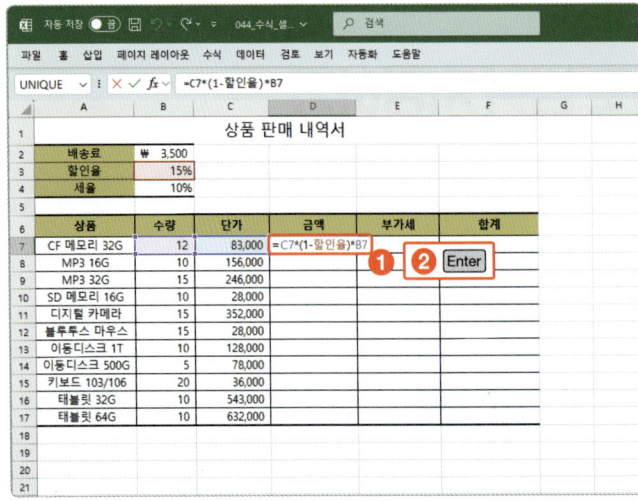

정의된 이름으로 수식 만들기

03 정의한 이름으로 수식을 만들면 수식을 좀 더 직관적으로 이해할 수 있습니다.

❶ [D7] 셀에 수식 **=C7*(1-할인율)*B7** 입력

❷ Enter 를 누릅니다.

Tip 할인율이 적용된 금액이 표시됩니다.

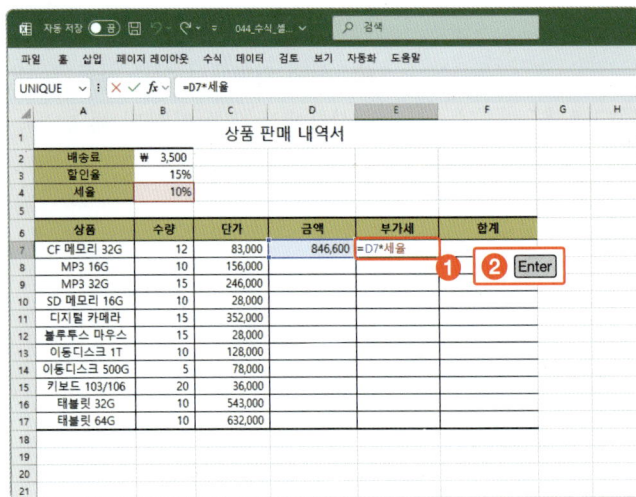

04 ❶ [E7] 셀에 수식 **=D7*세율** 입력

❷ Enter 를 누릅니다.

Tip 세율에 따른 부가세가 표시됩니다.

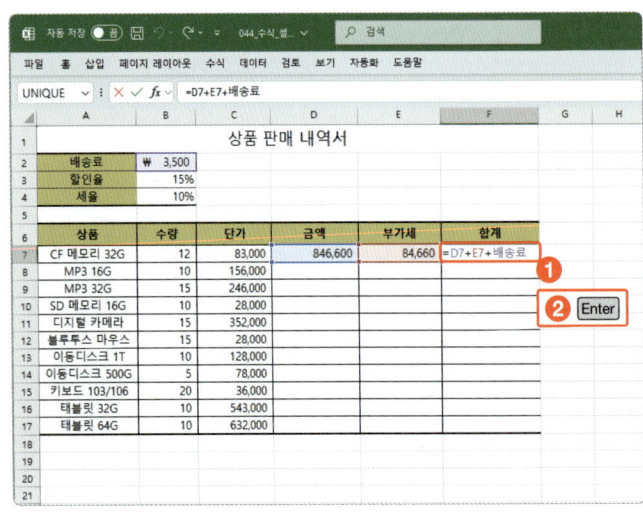

05 ❶ [F7] 셀에 수식 **=D7+E7+배송료** 입력

❷ Enter 를 누릅니다.

Tip 배송료가 포함된 전체 합계가 표시됩니다.

06 ① [D7:F7] 범위 지정 ② 채우기 핸들을 더블클릭해 수식 복사 ③ [자동 채우기 옵션] 클릭 ④ [서식 없이 채우기]를 클릭합니다.

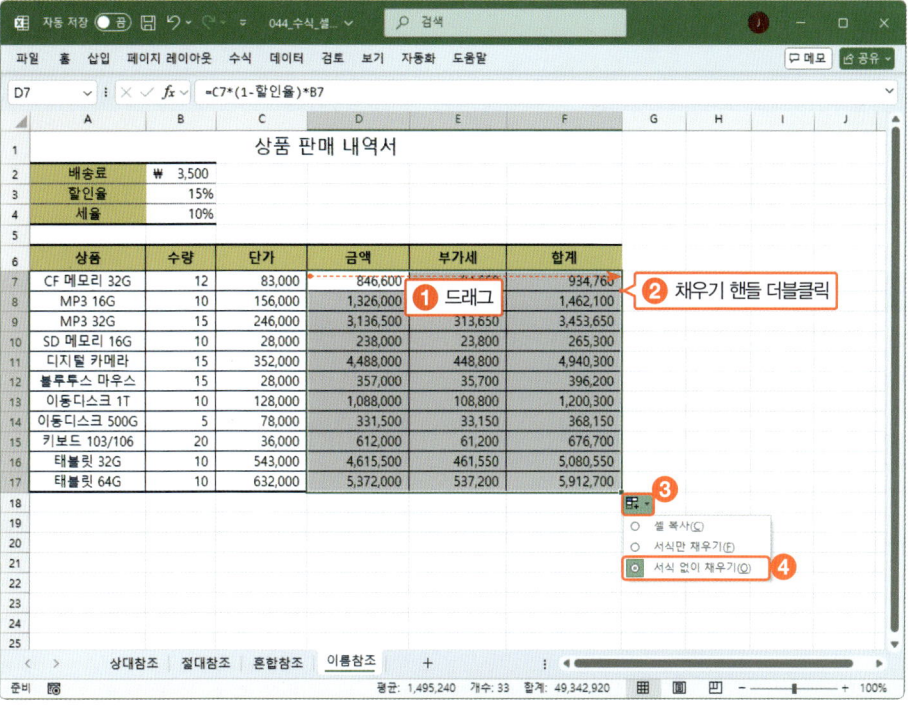

다른 시트의 셀을 참조하여 수식 만들기

실습 파일 3장\048_수식_시트참조_매출실적.xlsx **완성 파일** 3장\048_수식_시트참조_매출실적_완성.xlsx

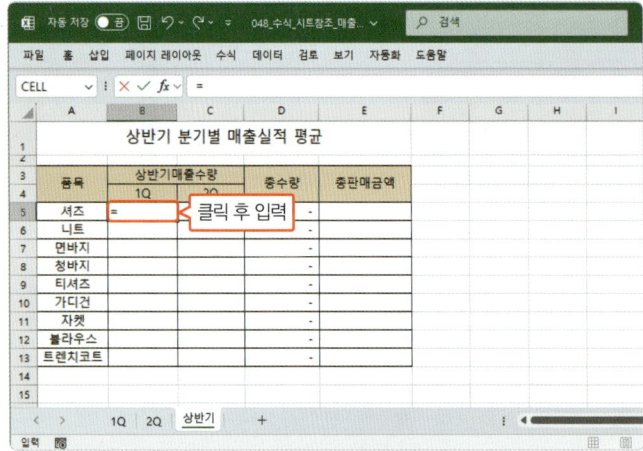

다른 시트의 셀을 참조하여 실적수량 데이터 가져오기

01 [상반기] 시트의 수량 데이터를 작성하기 위해 [1Q] 시트와 [2Q] 시트의 실적수량을 참조합니다. [상반기] 시트에서 [B5] 셀을 클릭한 후 **=** 을 입력합니다.

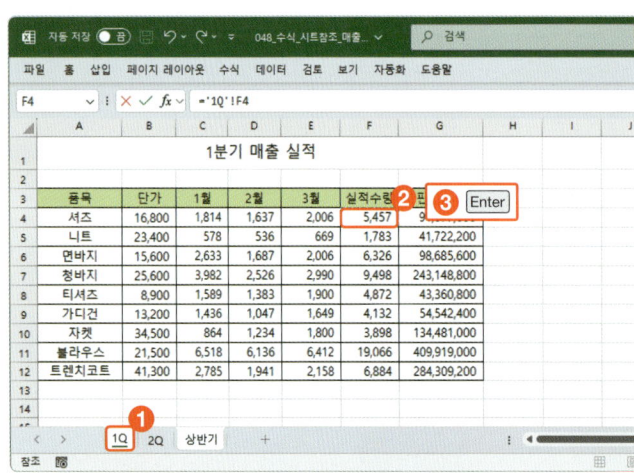

02 ❶ [1Q] 시트 탭 클릭

❷ [F4] 셀 클릭

❸ Enter 를 눌러 수식 **='1Q'!F4**를 완성합니다.

Tip 다른 시트의 셀을 참조할 때 **시트명!셀주소**로 입력합니다. 시트명이 숫자로 시작하거나 공백이 포함되면 작은따옴표(' ') 안에 시트명을 표시합니다.

Note 다른 통합 문서도 참조할 수 있나요?

다른 통합 문서를 참조할 때는 시트명 앞의 파일명을 대괄호([ ]) 안에 입력하여 **[파일명]시트명!셀주소**로 수식을 작성합니다.

[파일명]시트명!셀주소	'[파일명]시트명'!셀주소
[2025_매출실적.xlsx]상반기!$B$5	'[2025_매출실적.xlsx]2Q'!$F$4

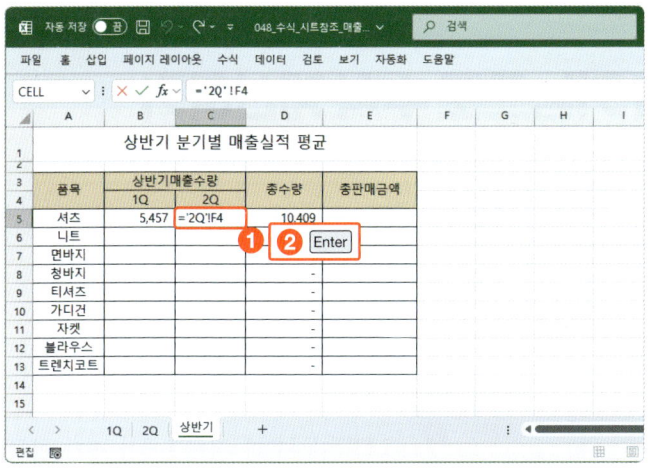

03 ① [상반기] 시트에서 [C5] 셀에 수식 **='2Q'!F4** 입력

② **Enter** 를 눌러 수식을 완성합니다.

Tip [C5] 셀에 '셔츠' 품목의 2분기 실적 수량 데이터가 표시됩니다.

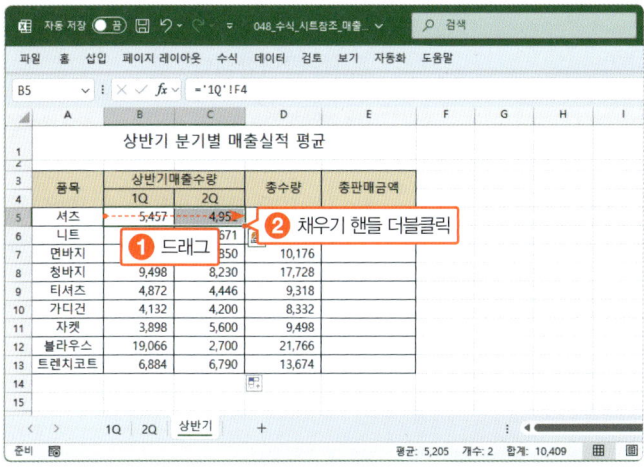

04 ① [B5:C5] 범위 지정

② 채우기 핸들을 더블클릭하여 수식을 복사합니다.

Tip 각 품목의 분기별 실적 수량이 모두 표시됩니다.

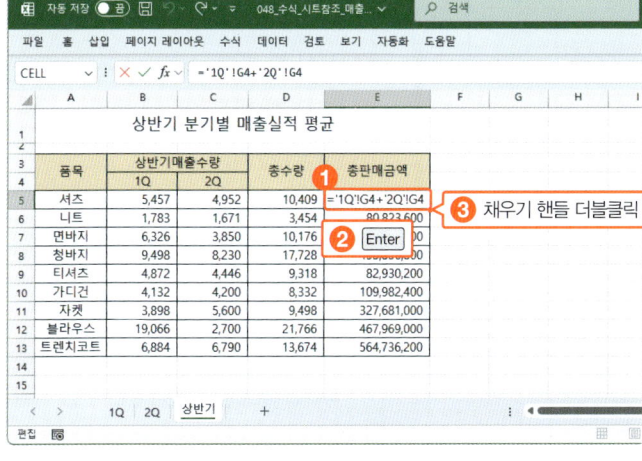

다른 시트의 셀을 참조하여 총판매금액 합계 구하기

05 [1Q] 시트와 [2Q] 시트의 판매금액을 참조하여 총판매금액을 구합니다.

① [상반기] 시트에서 [E5] 셀에 수식 **='1Q'!G4+'2Q'!G4** 입력

② **Enter**

③ [E5] 셀의 채우기 핸들을 더블클릭하여 수식을 복사합니다.

Tip 각 품목의 분기별 총판매금액이 모두 표시됩니다.

 자동 합계 기능으로 수식 계산하기

실습 파일 3장\049_수식_자동합계.xlsx   완성 파일 3장\049_수식_자동합계_완성.xlsx

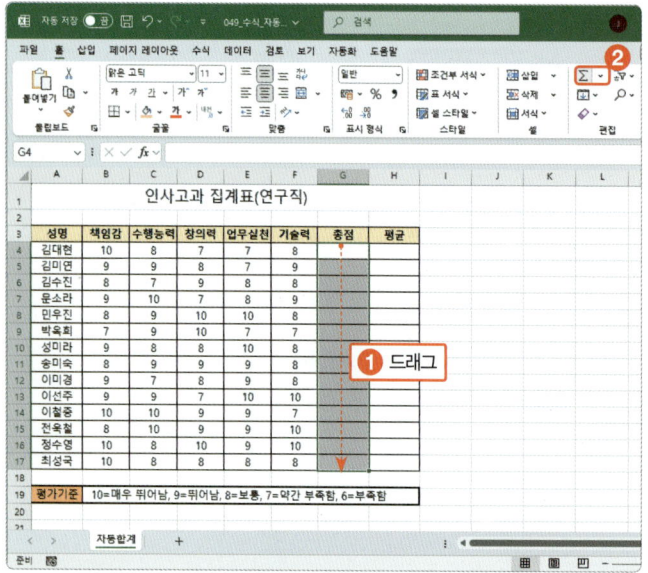

합계 구하기

01 인사고과 집계표에서 평가 항목별로 점수의 합계를 구해보겠습니다.

❶ [G4:G17] 범위 지정

❷ [홈] 탭-[편집] 그룹-[자동 합계 ∑]를 클릭합니다.

Tip 개인별 점수 합계가 계산됩니다. 완성 수식은 =SUM(B4:F4)입니다.

Tip 자동 합계는 엑셀이 아직 익숙하지 않은 사용자에게 함수식에 쉽게 접근해 간단한 계산을 할 수 있도록 도와줍니다.

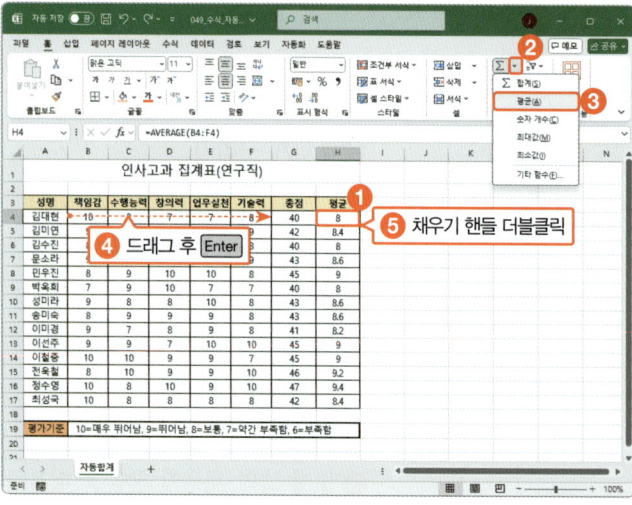

평균 구하기

02 다음은 평가 항목별 점수의 평균을 구해보겠습니다.

❶ [H4] 셀 클릭

❷ [자동 합계 ∑]의 ▼ 클릭

❸ [평균] 클릭

❹ [B4:F4] 범위 지정 후 Enter

❺ [H4] 셀의 채우기 핸들을 더블클릭하여 수식을 복사합니다.

Tip 개인별 점수 평균이 계산됩니다. 완성 수식은 =AVERAGE(B4:F4)입니다.

셀 이름 정의하여
시간제 근무 비용 구하기

실습 파일 3장\혼자해보기\010_시급표.xlsx   완성 파일 3장\혼자해보기\010_시급표_완성.xlsx

예제 설명 및 완성 화면

시간에 따른 급여가 계산되는 일일 시간제 근무 비용표를 만들어보겠습니다. 주간과 야간의 시급이 다르므로 이름을 각각 정의해서 수식을 만들고, 자동 합계 기능으로 금액과 합계를 구합니다.

	A	B	C	D	E	F
1			시간제 근무 비용표			
2						
3	주간시급	10,030				
4	야간시급	15,045				
5						
6	성명	주간(H)	야간(H)	주간시급	야간시급	총금액(Day)
7	이성민	8	2	80,240	30,090	110,330
8	홍만우	6	4	60,180	60,180	120,360
9	박상철	2	4	20,060	60,180	80,240
10	김수진	8	0	80,240	-	80,240
11	나영호	5	5	50,150	75,225	125,375
12	문호철	0	5	-	75,225	75,225
13	정수현	3	5	30,090	75,225	105,315
14	강미옥	8	0	80,240	-	80,240
15	김상민	3	5	30,090	75,225	105,315
16	최호철	0	3	-	45,135	45,135
17	송민수	5	2	50,150	30,090	80,240
18		합계		481,440	526,575	1,008,015

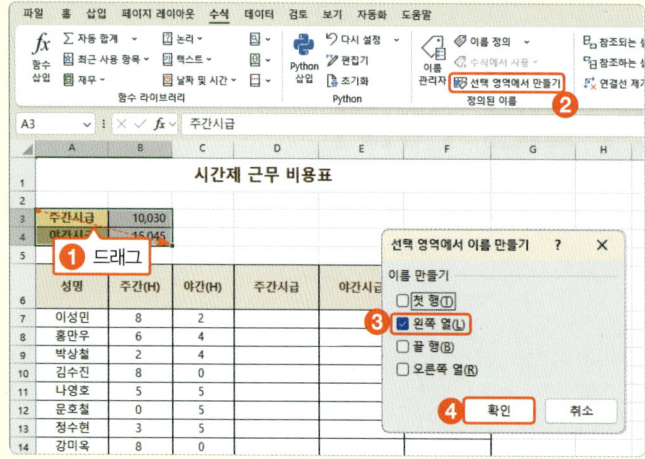

01 ❶ [A3:B4] 범위 지정
❷ [수식] 탭-[정의된 이름] 그룹-[선택 영역에서 만들기] 클릭
❸ [선택 영역에서 이름 만들기] 대화상자에서 [왼쪽 열]에 체크
❹ [확인]을 클릭해 '주간시급', '야간시급'으로 셀 이름을 정의합니다.

Tip [선택 영역에서 만들기] 단축키는 Ctrl + Shift + F3 입니다.

02 시간에 따라 주간시급과 야간시급을 계산하려면 [B3], [B4] 셀을 절대 참조해서 수식을 만들어야 합니다. 여기서는 01 과정에서 정의된 이름을 사용하여 [D7] 셀과 [E7] 셀에 다음과 같이 수식을 입력합니다.

주간시급(D7) 수식	야간시급(E7) 수식
=B7*주간시급	=C7*야간시급

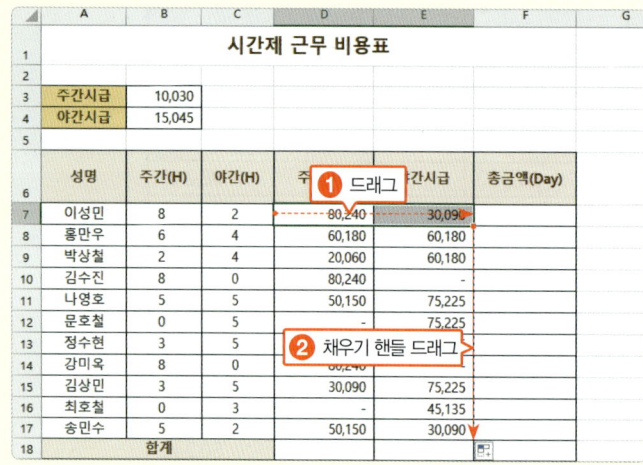

03 ❶ [D7:E7] 범위 지정
❷ 채우기 핸들을 [E17] 셀까지 드래그하여 수식을 복사하면 전체 인원의 주간/야간 근무 시간에 따른 시급이 계산됩니다.

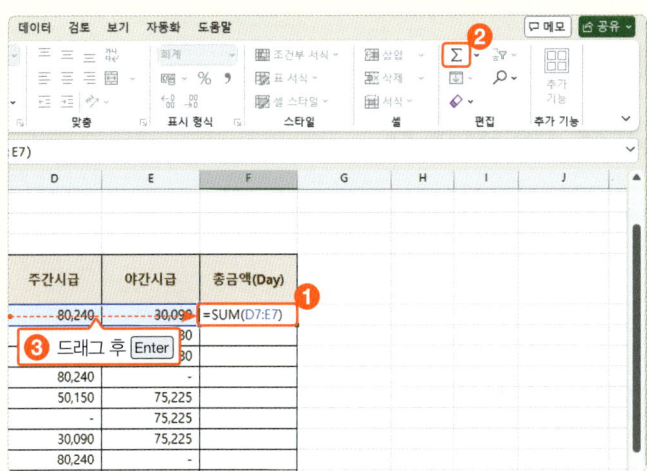

04 ❶ [F7] 셀 클릭

❷ [홈] 탭-[편집] 그룹-[자동 합계 ∑] 클릭

❸ [D7:E7] 범위 지정 후 Enter 를 눌러 주간시급과 야간시급의 합계를 구합니다.

Tip 총금액(F7)의 완성 수식은 **=SUM(D7:E7)** 입니다.

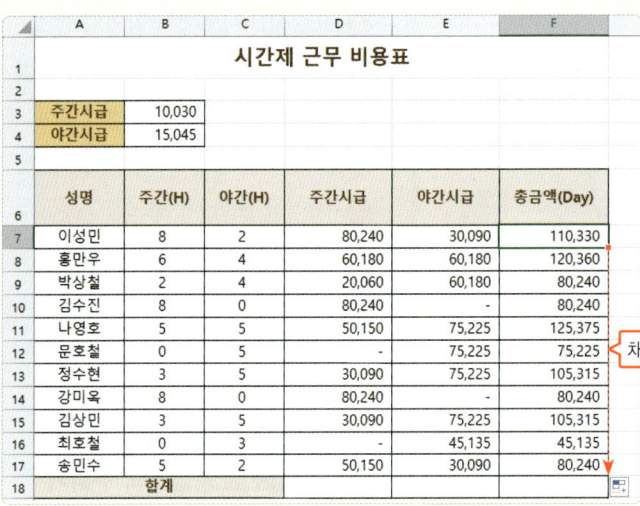

05 [F7] 셀의 채우기 핸들을 [F17] 셀까지 드래그하여 수식을 복사하면 전체 인원의 총금액이 구해집니다.

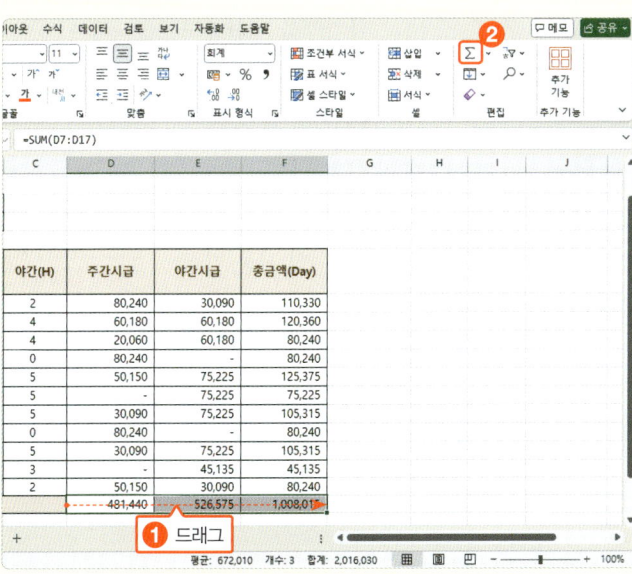

06 ❶ [D18:F18] 범위 지정

❷ [홈] 탭-[편집] 그룹-[자동 합계 ∑]를 클릭하여 주간시급과 야간시급의 전체 합계를 구합니다.

Tip 완성 수식은 **=SUM(D7:D17)**입니다.

표에서 구조적 참조를 이용해 한 번에 수식 계산하기

실습 파일 3장\050_수식_표수식.xlsx [표수식1] 시트 완성 파일 3장\050_수식_표수식_완성.xlsx

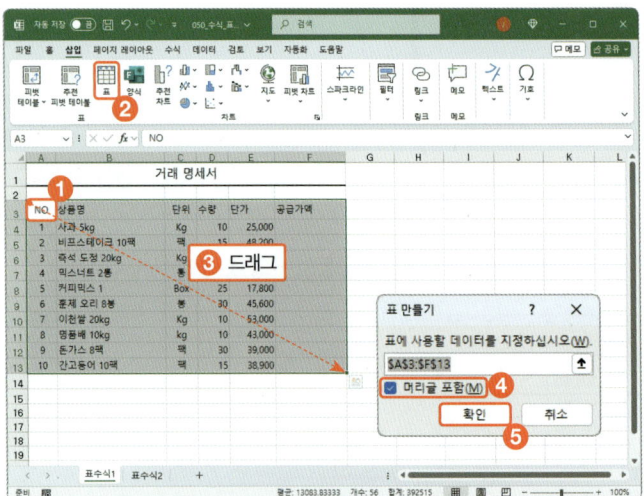

표 만들기

01 거래 명세서의 데이터를 표로 변환하고 서식을 적용해보겠습니다.

① [표수식1] 시트에서 임의의 셀 클릭

② [삽입] 탭–[표] 그룹–[표] 클릭

③ [표 만들기] 대화상자에서 표에 사용할 데이터로 [A3:F13] 범위 지정

④ [머리글 포함]에 체크

⑤ [확인]을 클릭합니다.

Tip 표로 변환된 [테이블 디자인] 탭–[속성] 그룹에서 표 이름은 '표1'로 표시되며, 표의 이름은 수정할 수 있습니다.

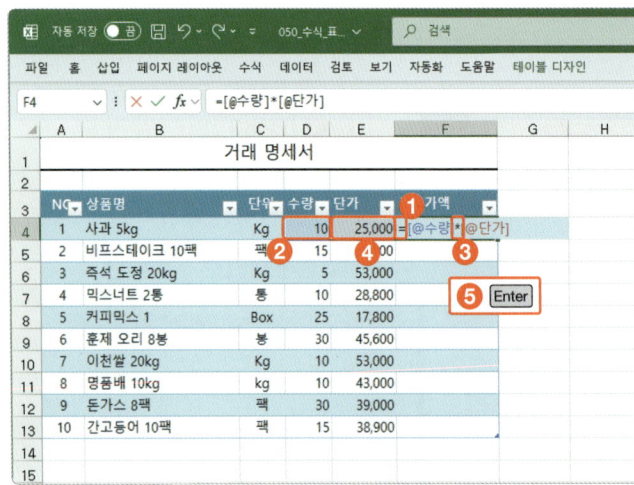

구조적 참조로 공급가액 구하기

02 상품의 수량과 단가를 곱해 공급가액을 계산해보겠습니다.

① [F4] 셀에 = 입력

② [D4] 셀 클릭

③ * 입력

④ [E4] 셀 클릭하여 =[@수량]*[@단가] 수식 자동 입력

⑤ Enter 를 누릅니다.

Tip 표의 구조적 참조 수식에서 [열 머리글]은 열 전체의 범위를 의미하고, [@열 머리글]은 현재 셀이 위치하는 각각의 행을 의미합니다.

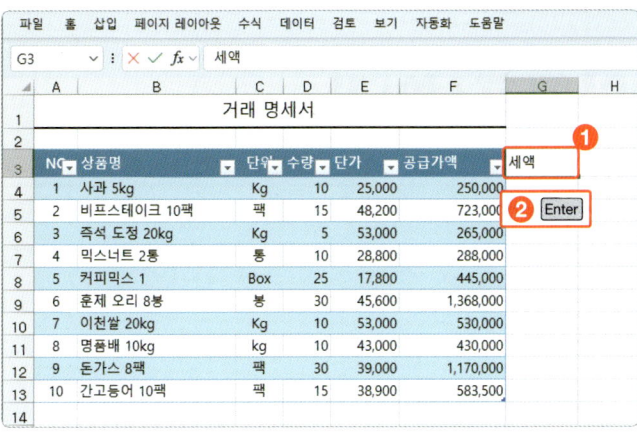

세액 열 구하기

03 ① [G3] 셀에 **세액** 입력

② Enter 를 누릅니다.

Tip 표가 오른쪽으로 확장됩니다.

구조적 참조로 세액 구하기

04 ① [G4] 셀에 = 입력

② [F4] 셀 클릭

③ *10% 입력하여 =[@공급가액]* 10% 수식 자동 입력

④ Enter 를 눌러 세액 전체를 구합니다.

Tip 자동 채우기 기능으로 모든 세액이 계산됩니다.

Note 표로 변환하면 구조적 참조로 수식을 작성해야 하나요?

표로 변환된 범위에서는 일반 셀 참조 형식이 아닌 구조적 참조 형식으로 수식을 작성합니다. 구조적 참조는 일반적으로 사용하는 [A1], [B$1], [$A$2] 등의 셀 참조를 수식에서 사용하지 않는 대신 표 이름과 행, 열 머리글을 참조하는 방식입니다.

① 표1[#모두] : 표 전체를 참조합니다.

② 표1[#머리글] : 머리글 영역 전체를 참조합니다.

③ 표1[공급가액] : 머리글 영역을 제외한 데이터 영역을 참조합니다.

④ 표1[@수량] : 선택된 셀과 행 위치가 같은 값을 참조합니다.

구조적 참조로 수식 작성하기

표 안의 데이터를 참조해서 만들어진 수식은 대괄호([ ])와 열 머리글을 사용하는 구조적 참조 방식을 사용합니다.

구조적 참조 수식	일반 셀 참조 수식
표1의 수량과 단가를 곱하기 수식 : =[@수량]*[@단가]	수량(D2)과 단가(E2)를 곱하기 수식 : =D2*E2
표1의 금액 열의 합계를 계산 수식 : =SUM(표1[공급가액])	[F2:F6] 범위의 합계를 계산 수식 : =SUM(F2:F6)

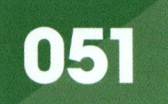

표에서 요약 행 표시하기

실습 파일 3장\050_수식_표수식.xlsx [표수식2] 시트   **완성 파일** 3장\050_수식_표수식_완성.xlsx

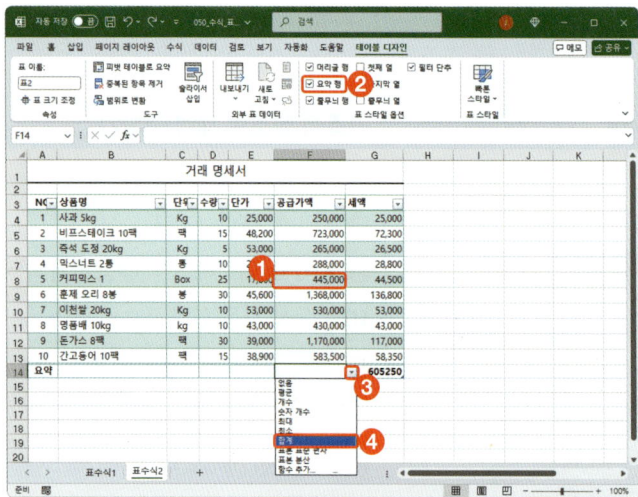

요약 행 표시 및 합계 구하기

01 ❶ [표수식2] 시트의 표 안에서 임의의 데이터 셀 클릭

❷ [테이블 디자인] 탭-[표 스타일 옵션] 그룹-[요약 행]에 체크해 요약 행 추가

❸ [F14] 셀의 [요약 목록 단추 ▼] 클릭

❹ [합계]를 클릭해서 공급가액의 합계를 구합니다.

Tip 표의 마지막 행에 요약 행이 삽입되어 열의 전체 합계를 간단히 구할 수 있습니다.

02 ❶ [D14] 셀 클릭

❷ [요약 목록 단추 ▼] 클릭

❸ [합계]를 클릭해서 수량의 합계를 구합니다.

Tip 수량의 합계가 요약 행에 표시됩니다.

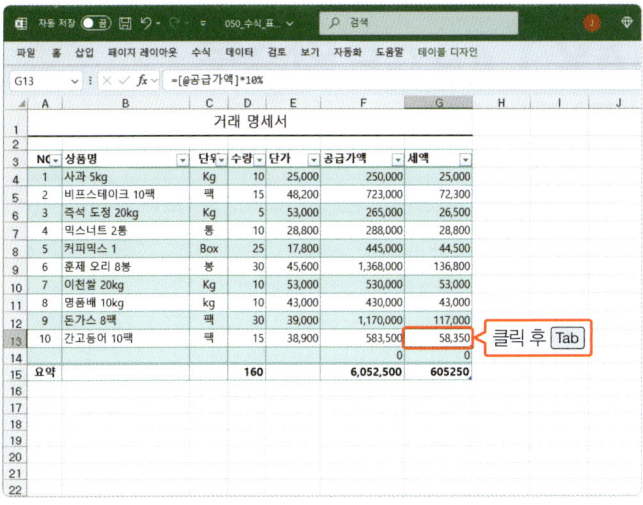

데이터 입력하기

03 표 범위에서 데이터의 마지막 셀인 [G13] 셀을 클릭하고 Tab 을 누르면 자동으로 행이 추가됩니다.

Tip 요약 행이 삽입되면 데이터를 추가할 때 데이터의 마지막 셀([G13])에서 Tab 을 눌러 행을 추가합니다.

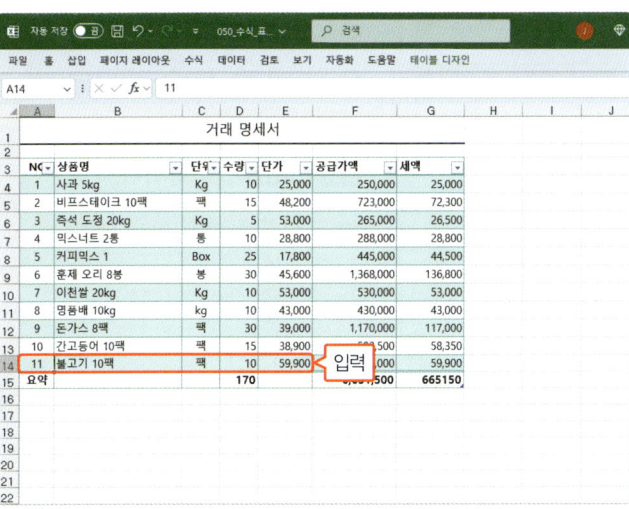

04 추가된 [A14:E14] 범위에 **11**, **불고기 10팩**, **팩**, **10**, **59900**을 각각 입력하면 공급가액, 세액, 요약 행의 합계가 자동으로 계산됩니다.

SUM, MAX, LARGE 함수로 합계, 최댓값 구하기

실습 파일 3장\052_함수_SUM_인사고과.xlsx   완성 파일 3장\052_함수_SUM_인사고과_완성.xlsx

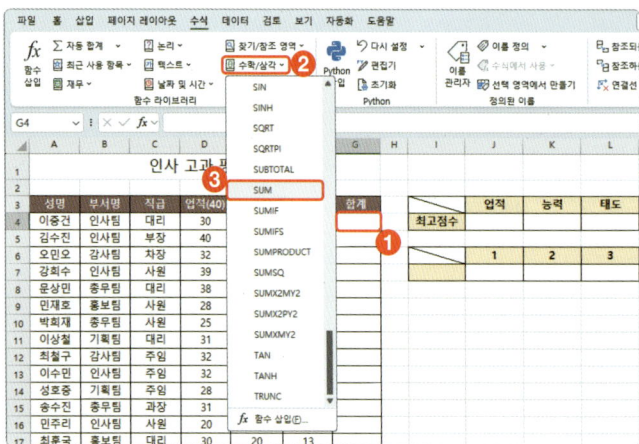

인사 고과 평가 항목의 합계 구하기

01 인사 고과의 평가 항목에 포함된 업적, 능력, 태도의 합계 점수를 구해보겠습니다.

❶ [G4] 셀 클릭

❷ [수식] 탭-[함수 라이브러리] 그룹-[수학/삼각 🔢] 클릭

❸ [SUM]을 클릭합니다.

Tip SUM 함수는 범위의 합계를 구합니다.

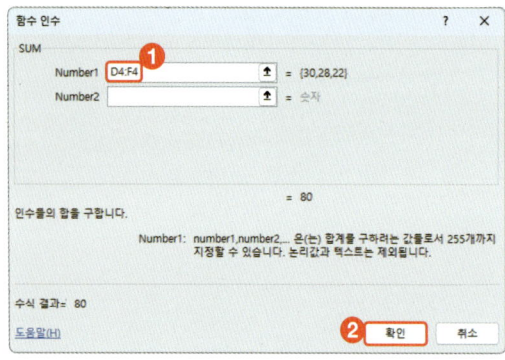

SUM 함수 인수 입력하기

02 ❶ [함수 인수] 대화상자의 [Number1]에 **D4:F4** 입력

❷ [확인]을 클릭합니다.

Tip 함수식에서 범위를 인수로 사용하면 '시작셀:종료셀' 형식으로 입력합니다. 평가 항목 합계의 완성 수식은 **=SUM(D4:F4)**입니다.

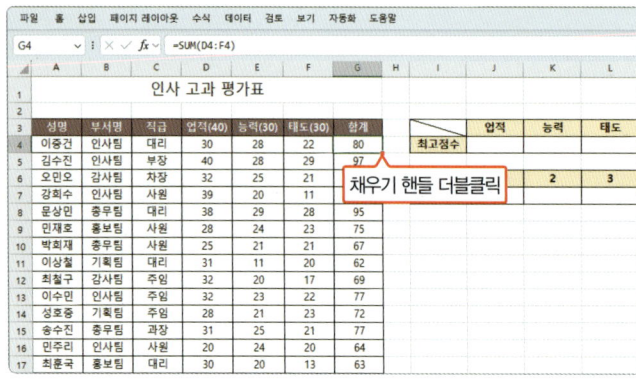

03 [G4] 셀의 채우기 핸들을 더블클릭하여 수식을 복사합니다.

Tip 모든 구성원의 업적, 능력, 태도 항목의 합계가 구해집니다.

Note 함수의 구조와 사용법 알아보기

함수는 엑셀에서 미리 정의된 수식을 통해, 필요한 값을 입력하면 복잡한 연산을 빠르고 정확하게 수행할 수 있도록 도와줍니다. 전체 함수의 수는 수백 개에 달하며, 그 범주만 해도 10가지 이상으로 나뉩니다. 다만 실제 실무에서는 날짜 및 시간, 재무, 논리, 찾기, 통계, 텍스트 함수 등 일부 범주에 속한 40~50개 정도의 함수가 주로 사용됩니다.

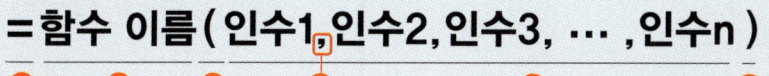

함수의 기본적인 형식은 다음과 같습니다.

❶ **등호** : 함수는 일반 수식과 마찬가지로 처음 시작할 때는 등호(=)로 시작합니다.

❷ **함수 이름** : 일련의 계산식이 약속되어 있으며 원하는 계산에 필요한 함수를 골라서 사용합니다.

❸ **괄호** : 함수의 시작과 끝을 알려주는 기호로 인수가 들어가는 공간입니다.

❹ **인수** : 함수 계산에 필요한 데이터(숫자, 문자, 셀 주소, 논리값, 수식, 함수식)입니다. 사용할 수 있는 인수의 종류와 개수는 함수에 따라 다릅니다.

❺ **쉼표** : 인수와 인수를 구분하는 기호입니다.

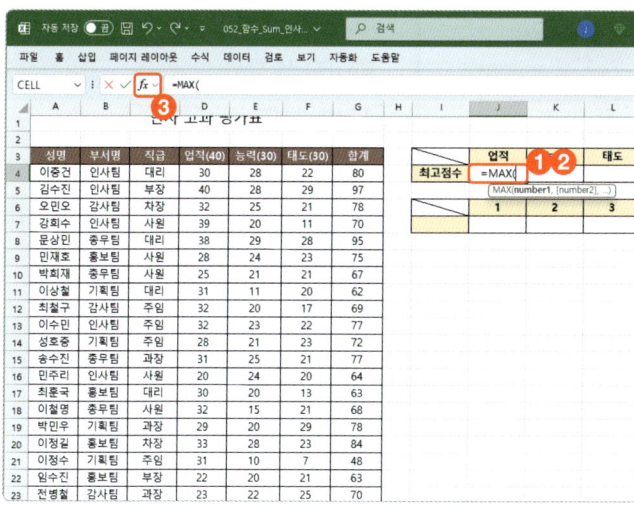

인사 고과 평가 항목의 최대 점수 구하기

04 인사 고과의 평가 항목에 포함된 업적, 능력, 태도의 최고 점수를 구해보겠습니다.

❶ [J4] 셀 클릭

❷ **=MAX(** 입력

❸ [함수 삽입 fx]을 클릭합니다.

Tip 함수 삽입 단축키는 Shift + F3 입니다.

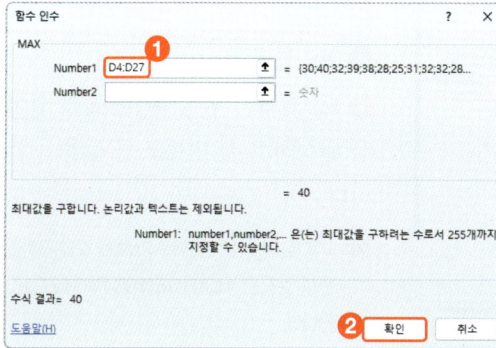

MAX 함수 인수 입력하기

05 ❶ [함수 인수] 대화상자의 [Number1]에 **D4:D27** 입력

❷ [확인]을 클릭합니다.

Tip MAX 함수는 범위의 최댓값을 구합니다. 평가 항목별 최고 점수의 완성 수식은 **=MAX(D4:D27)** 입니다.

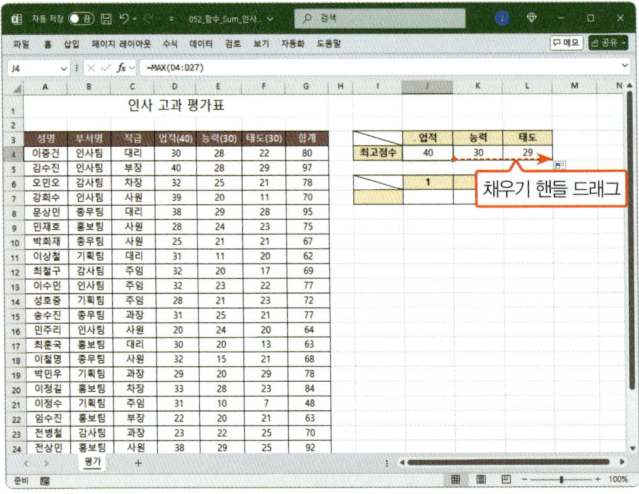

06 [J4] 셀의 채우기 핸들을 [L4] 셀까지 드래그해서 수식을 복사합니다.

Tip 함수식을 수정하고 싶으면 수식 입력줄에서 [함수 삽입 fx]을 클릭하여 [함수 인수] 대화상자를 불러옵니다. 직접 수정하려면 수식 입력줄을 클릭하거나 F2를 눌러 함수식을 수정합니다.

고과 점수에서 첫 번째~세 번째 큰 값을 구하기

07 인사 고과 합계 점수 중 가장 높은 순서로 상위 세 개 점수를 구해보겠습니다.

❶ [J7] 셀 클릭

❷ **=L** 입력

❸ 수식 자동 완성 목록 상자에서 [LARGE]를 클릭하고 Tab 을 누릅니다.

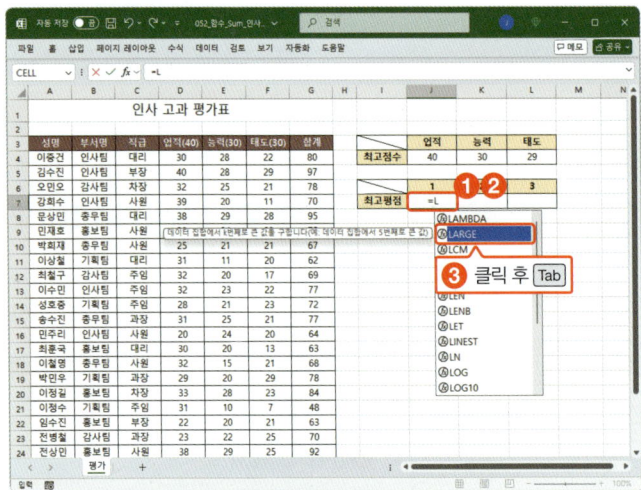

Tip LARGE 함수는 범위에서 지정한 인수 번째의 큰 값을 구합니다.

LARGE 함수 인수 입력하기

08 ❶ [G4:G27] 범위 지정

❷ F4 눌러 범위 고정

❸ **,** 입력

❹ [J6] 셀 클릭

❺ **)**를 입력한 후 Enter 를 눌러 수식을 완성하고 첫 번째로 큰 값을 구합니다.

Tip 고과 점수에서 첫 번째로 가장 큰 값을 구하는 완성 수식은 **=LARGE($G$4:$G$27,J6)** 입니다.

09 [J7] 셀의 채우기 핸들을 [L7] 셀까지 드래그해서 수식을 복사합니다.

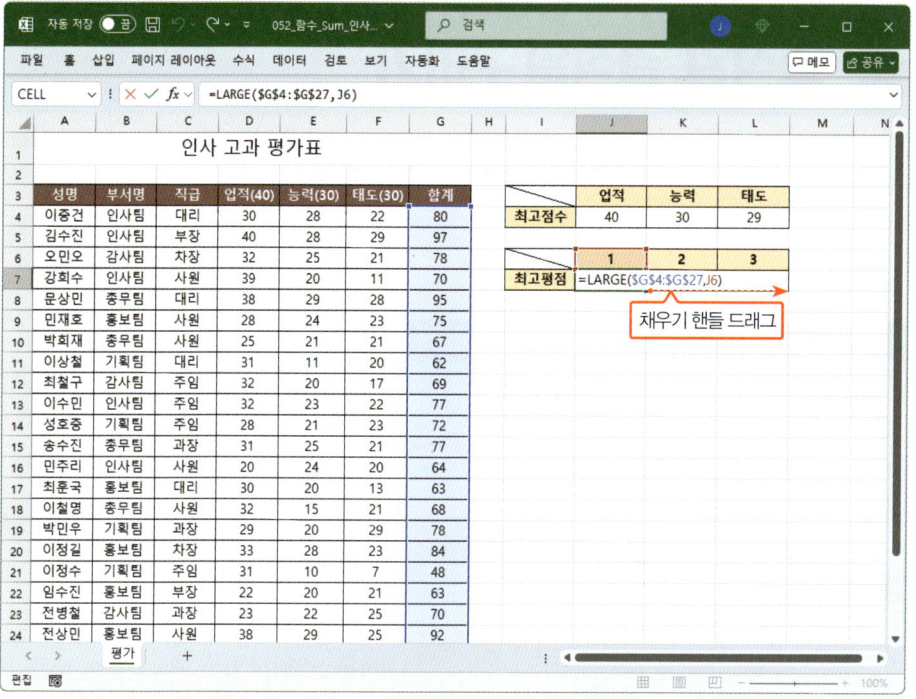

Tip [J7] 셀의 수식을 오른쪽으로 복사하면 두 번째 인수의 값이 2, 3으로 변하면서 두 번째, 세 번째로 큰 점수가 구해집니다.

Note SUM 함수, MAX 함수, LARGE 함수 한눈에 보기

다음을 참고하여 SUM, MAX, LARGE 함수를 자세히 이해할 수 있습니다.

범주	이름	설명
수학/삼각 함수	SUM(숫자1,숫자1,숫자2,…,숫자255)	숫자의 합계를 구합니다.
통계 함수	MAX(숫자1,숫자2,…,숫자255)	숫자 중에서 최댓값을 구합니다.
	LARGE(범위, K번째)	범위에서 K번째로 큰 값을 구합니다.

COUNTA, COUNTBLANK 함수로 출석일, 결석일 구하기

실습 파일 3장\053_함수_COUNTA_출석부.xlsx 완성 파일 3장\053_함수_COUNTA_출석부_완성.xlsx

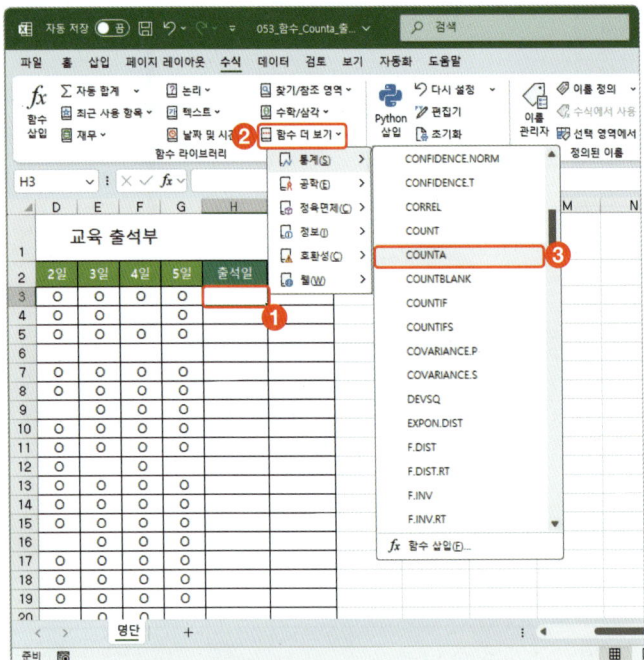

출석일 구하기

01 어학 교육에 출석한 인원의 출석일을 구해보겠습니다.

❶ [H3] 셀 클릭

❷ [수식] 탭-[함수 라이브러리] 그룹-[함수 더 보기] 클릭

❸ [통계]-[COUNTA]를 클릭합니다.

Tip COUNTA 함수는 범위의 공백을 제외한 셀 개수를 구합니다.

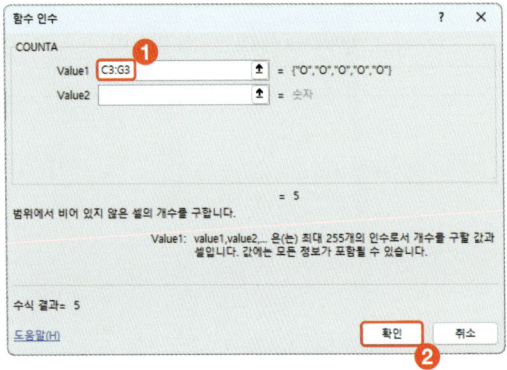

COUNTA 함수 인수 입력하기

02 ❶ [함수 인수] 대화상자에서 [Value1]에 **C3:G3** 입력

❷ [확인]을 클릭합니다.

Tip 입력한 범위(C3:G3)에서 공백을 제외한 셀의 개수를 구하는 완성 수식은 **=COUNTA(C3:G3)**입니다.

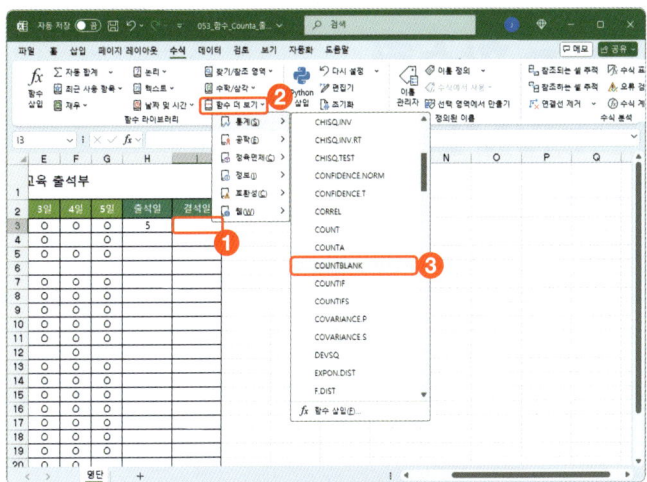

결석일 구하기

03 어학 교육에 결석한 인원의 결석일을 구해보겠습니다.

❶ [I3] 셀 클릭

❷ [수식] 탭-[함수 라이브러리] 그룹-[함수 더 보기] 클릭

❸ [통계]-[COUNTBLANK]를 클릭합니다.

Tip COUNTBLANK 함수는 범위의 공백 셀 개수를 구합니다.

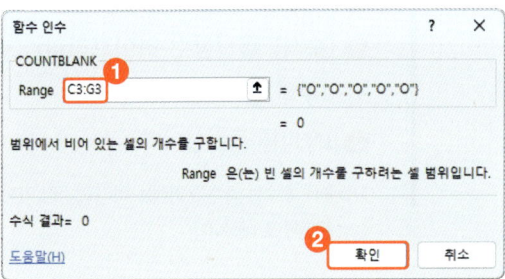

COUNTBLANK 함수 인수 입력하기

04 ❶ [함수 인수] 대화상자에서 [Range]에 **C3:G3** 입력

❷ [확인]을 클릭합니다.

Tip 입력한 범위(C3:G3)에서 빈 셀의 개수, 즉 결석일을 구하는 완성 수식은 **=COUNTBLANK(C3:G3)**입니다.

05 ❶ [H3:I3] 범위 지정

❷ 채우기 핸들을 더블클릭하여 수식을 복사합니다.

Note COUNT, COUNTA, COUNTBLANK 함수 한눈에 보기

다음을 참고해 COUNT, COUNTA COUNTBLANK 함수를 자세히 이해할 수 있습니다.

범주	이름	설명
통계 함수	COUNT(값1,값2,…,값255)	값 중에서 공백을 제외한 범위의 숫자 개수를 구합니다.
	COUNTA(값1,값2,…,값255)	값 중에서 공백을 제외한 범위의 개수를 구합니다.
	COUNTBLANK(범위)	범위 중 비어 있는 셀의 개수를 구합니다.

INT, ROUND 함수로 내림과 반올림하기

실습 파일 3장\054_함수_ROUND_제안비.xlsx **완성 파일** 3장\054_함수_ROUND_제안비_완성.xlsx

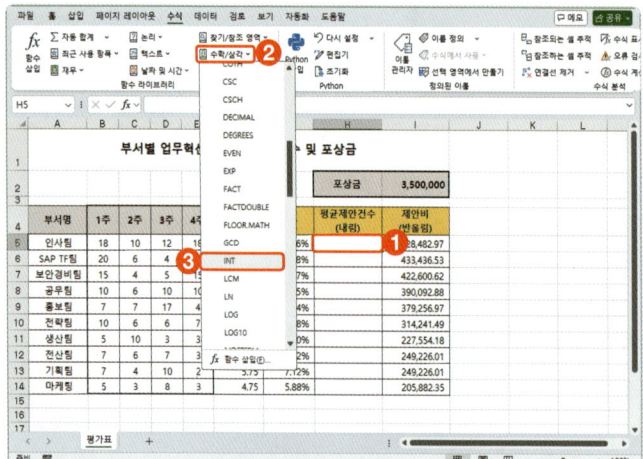

평균제안건수를 정수로 표시하기

01 부서별 평균제안건수를 정수로 내림해 값을 표시해보겠습니다.

❶ [H5] 셀 클릭

❷ [수식] 탭-[함수 라이브러리] 그룹-[수학/삼각] 클릭

❸ [INT]를 클릭합니다.

Tip INT 함수는 소수점 아래는 버리고 가장 가까운 정수로 내립니다.

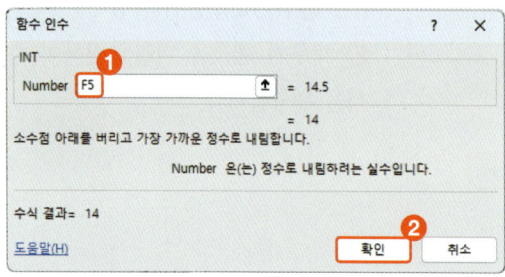

INT 함수 인수 입력하기

02 ❶ [함수 인수] 대화상자에서 [Number]에 **F5** 입력

❷ [확인]을 클릭합니다.

Tip 평균제안건수를 소수 첫째 자리에서 내림해 정수로 표시하는 완성 수식은 =INT(F5)입니다.

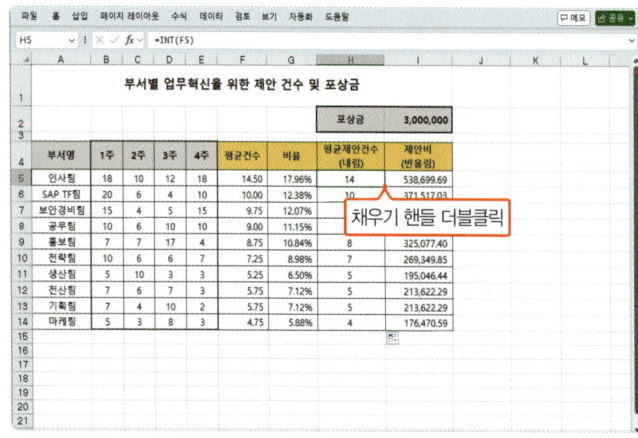

03 [H5] 셀의 채우기 핸들을 더블클릭해서 수식을 복사합니다.

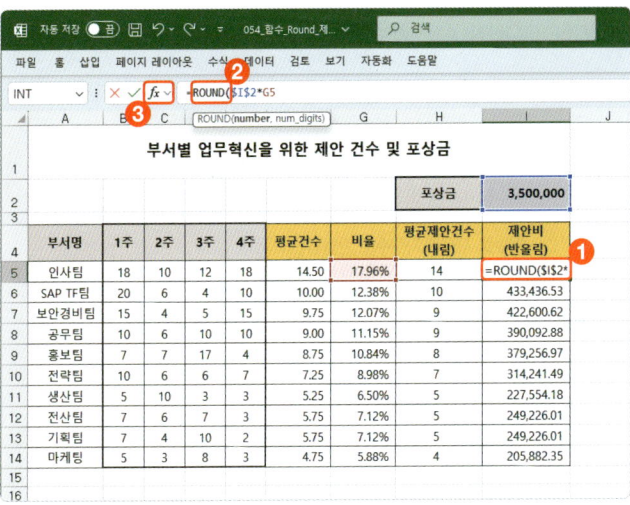

제안비 반올림하여 천의 자리까지 표시하기

04 부서별 제안 비율에 따른 제안비를 백의 자리에서 반올림해 천의 자리까지 값을 표시해보겠습니다.

❶ [I5] 셀 클릭

❷ 수식 입력줄에서 =의 뒷부분에 **ROUND(** 입력

❸ [함수 삽입 f_x]을 클릭합니다.

Tip ROUND 함수의 자릿수는 0을 기준으로 양수(1, 2, 3, …)로 지정하면 소수 아래 자리에서 반올림하고, 음수(-1, -2, -3, …)로 지정하면 소수점 위의 자리에서 반올림합니다.

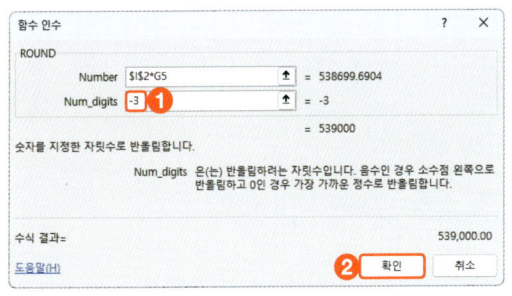

ROUND 함수 인수 입력하기

05 [함수 인수] 대화상자에서 [Number](반올림할 셀)에 **$I$2*G5**가 입력되어 있으면

❶ [Num_digits](자릿수)에 **-3** 입력

❷ [확인]을 클릭합니다.

Tip 제안비(I5)를 백의 자리(-3)에서 반올림해 천의 자리로 표시하는 완성 수식은 **=ROUND($I$2*G5,-3)**입니다.

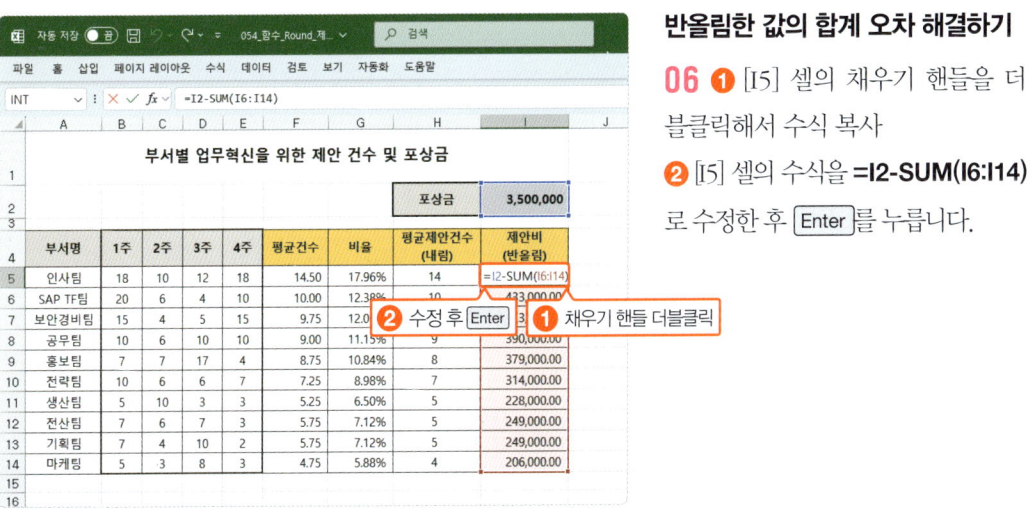

반올림한 값의 합계 오차 해결하기

06 ❶ [I5] 셀의 채우기 핸들을 더블클릭해서 수식 복사

❷ [I5] 셀의 수식을 **=I2-SUM(I6:I14)**로 수정한 후 Enter 를 누릅니다.

Tip 제안비를 모두 반올림하면 제안비의 합계는 3,499,000원으로 포상금과 1,000원의 오차가 생깁니다. 따라서 첫 번째 제안비는 포상금(I2)에서 나머지 제안비의 합계(I6:I14)를 빼서 오차를 해결합니다.

> **Note** INT, ROUND, ROUNDDOWN, ROUNDUP 함수 한눈에 보기

다음을 참고해 INT, ROUND, ROUNDDOWN, ROUNDUP 함수를 자세히 이해할 수 있습니다.

범주	이름	설명
수학/삼각 함수	INT(숫자)	소수점 아래를 버리고 가장 가까운 정수로 내림합니다.
	ROUND(숫자, 반올림할 자릿수) ROUNDDOWN(숫자, 내림할 자릿수) ROUNDUP(숫자, 올림할 자릿수)	인수를 지정한 자릿수로 반올림합니다. 인수를 지정한 자릿수로 내림합니다. 인수를 지정한 자릿수로 올림합니다.

Tip 자릿수는 0을 기준으로 양수(1, 2, 3,…)로 지정하면 소수 아래 자리에서 조절하고, 음수(-1, -2, -3,…)로 지정하면 소수점 위의 자리에서 조절합니다.

QUOTIENT, MOD 함수로 몫, 나머지 값 표시하기

실습 파일 3장\055_함수_QUOTIENT_포장재.xlsx 완성 파일 3장\055_함수_QUOTIENT_포장재_완성.xlsx

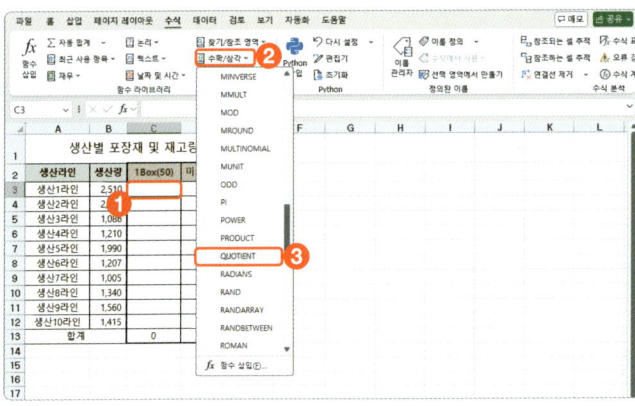

50개를 포장할 수 있는 포장재의 개수 구하기

01 생산라인의 생산량에 따라 50개를 포장할 수 있는 포장재의 개수를 구해보겠습니다.

❶ [C3] 셀 클릭

❷ [수식] 탭-[함수 라이브러리] 그룹-[수학/삼각] 클릭

❸ [QUOTIENT]를 클릭합니다.

Tip QUOTIENT 함수는 나누기 수식에서 몫을 구합니다.

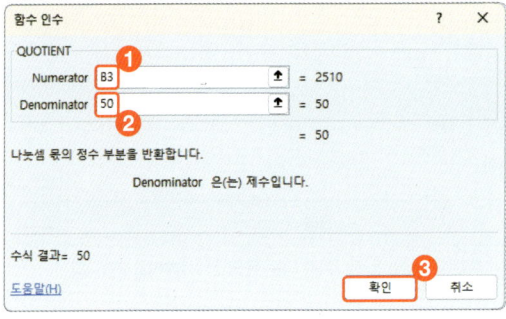

QUOTIENT 함수 인수 입력하기

02 ❶ [함수 인수] 대화상자의 [Numerator]에 **B3** 입력

❷ [Denominator]에 **50** 입력

❸ [확인]을 클릭합니다.

Tip 생산량에서 50개를 포장할 수 있는 포장재의 개수를 구하는 완성 수식은 **=QUOTIENT(B3,50)**입니다.

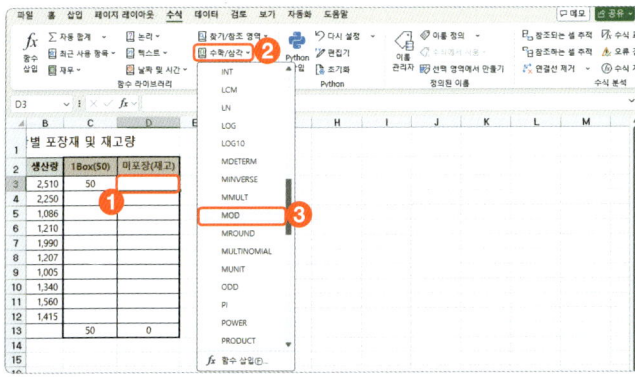

미포장한 재고량 구하기

03 생산량을 50개 단위로 포장하고 남은 미포장 재고의 수량을 구해보겠습니다.

❶ [D3] 셀 클릭

❷ [수식] 탭-[함수 라이브러리] 그룹-[수학/삼각] 클릭

❸ [MOD]를 클릭합니다.

Tip MOD 함수는 나누기 수식에서 나머지 값을 구합니다.

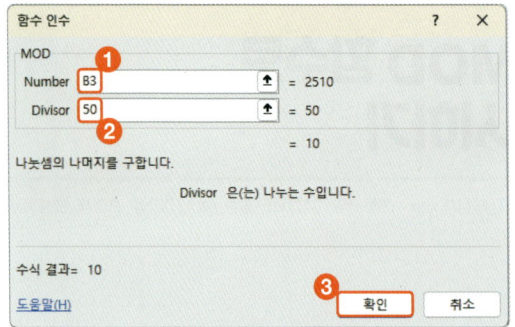

MOD 함수 인수 입력하기

04 ① [함수 인수] 대화상자의 [Number]에 **B3** 입력

② [Divisor]에 **50** 입력

③ [확인]을 클릭합니다.

Tip 생산량에서 포장하지 못한 재고량을 구합니다. 완성 수식은 =MOD(B3,50)입니다.

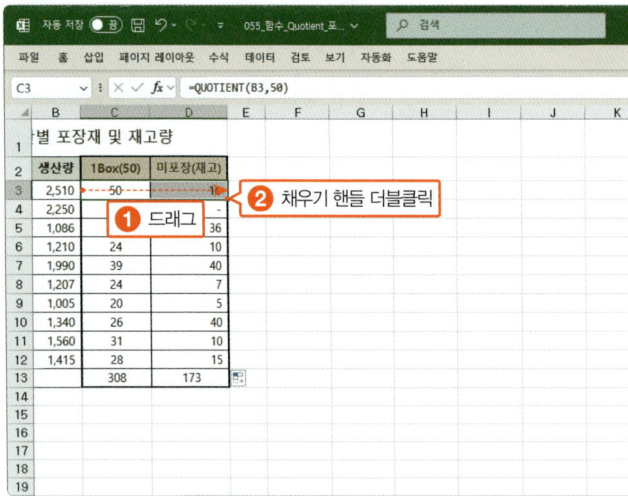

05 ① [C3:D3] 범위 지정

② 채우기 핸들을 더블클릭하여 수식을 복사합니다.

Note QUOTIENT, MOD 함수 한눈에 보기

다음을 참고해 QUOTIENT, MOD 함수를 자세히 이해할 수 있습니다.

범주	이름	설명
수학/삼각 함수	QUOTIENT(피제수,제수)	피제수(나뉘는 수)에서 제수(나누는 수)를 나눈 몫의 정수 부분을 구합니다.
	MOD(피제수,제수)	피제수(나뉘는 수)에서 제수(나누는 수)를 나눠 나머지를 구합니다.

ROW, SUMPRODUCT 함수로 행 번호와 합계 금액 구하기

실습 파일 3장\056_함수_ROW_견적서.xlsx **완성 파일** 3장\056_함수_ROW_견적서_완성.xlsx

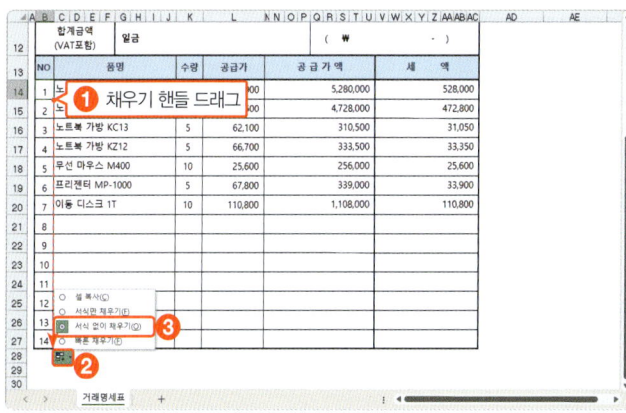

행 번호 구하기

01 품명의 행 번호를 구해보겠습니다.

❶ [B14] 셀에 **=ROW()-13** 입력

❷ Enter 를 누릅니다.

Tip ROW 함수는 행 번호를 표시합니다. [B14] 셀의 행 번호는 14이므로 13을 빼서 1로 표시합니다.

02 ❶ [B14] 셀의 채우기 핸들을 [B27] 셀까지 드래그

❷ [자동 채우기 옵션] 클릭

❸ [서식 없이 채우기]를 클릭합니다.

Tip 1~14까지 행 번호가 채워집니다.

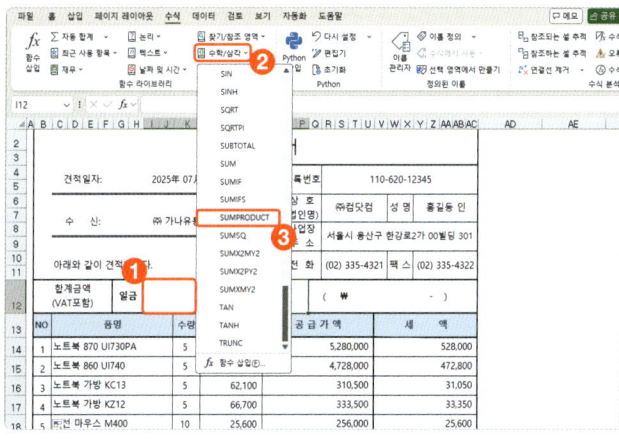

합계 금액 구하기

03 수량과 공급가를 곱한 후 모두 더하여 합계 금액을 구해보겠습니다.

❶ [I12] 셀 클릭

❷ [수식] 탭-[함수 라이브러리] 그룹-[수학/삼각] 클릭

❸ [SUMPRODUCT]를 클릭합니다.

Tip SUMPRODUCT 함수는 배열에서 대응하는 각 행의 값을 곱하고 더합니다.

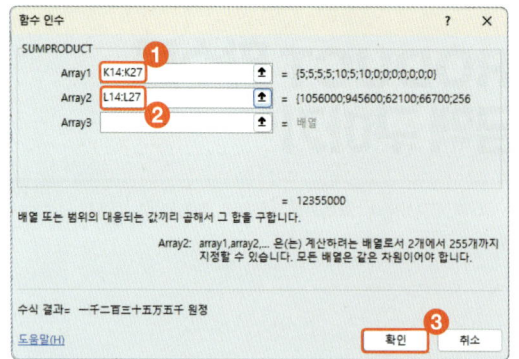

SUMPRODUCT 함수 인수 입력하기

04 ❶ [함수 인수] 대화상자에서 [Array1](대응하여 곱할 범위1)에 **K14:K27** 입력

❷ [Array2](대응하여 곱할 범위2)에 **L14:L27** 입력

❸ [확인]을 클릭합니다.

Tip 범위의 수량과 공급가를 곱한 후 모두 더한 값을 구하는 완성 수식은 **=SUMPRODUCT(K14:K27,L14:L27)**입니다.

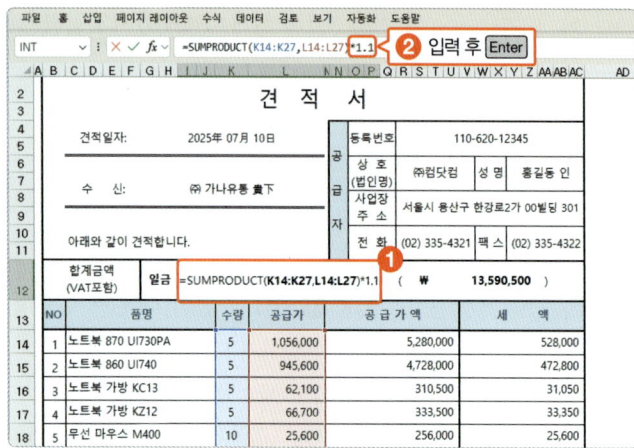

부가세 10%를 포함한 합계금액 구하기

05 ❶ [I12] 셀 클릭

❷ 수식 입력줄에서 수식의 마지막에 ***1.1**을 추가로 입력한 후 Enter 를 누릅니다.

Tip 공급가액의 합계에 10%를 추가한 완성 수식은 **=SUMPRODUCT(K14:K27,L14:L27)*1.1**입니다.

> **Note** **ROW, SUMPRODUCT 함수 한눈에 보기**
>
> 다음을 참고해 ROW, SUMPRODUCT 함수를 자세히 이해할 수 있습니다.
>
> | 범주 | 이름 | 설명 |
> |---|---|---|
> | 찾기/참조 함수 | ROW(셀 주소) | 현재 셀이나 특정 셀의 행 번호를 표시합니다. |
> | | COLUMN(셀 주소) | 현재 셀이나 특정 셀의 열 번호를 표시합니다. |
> | 수학/삼각 함수 | SUMPRODUCT(배열1,배열2,…) | 배열 또는 범위의 대응하는 값끼리 곱하고 더해줍니다. |

RANK.EQ, RANK.AVG 함수로 순위 구하기

실습 파일 3장\057_함수_RANK_보험계약.xlsx   완성 파일 3장\057_함수_RANK_보험계약_완성.xlsx

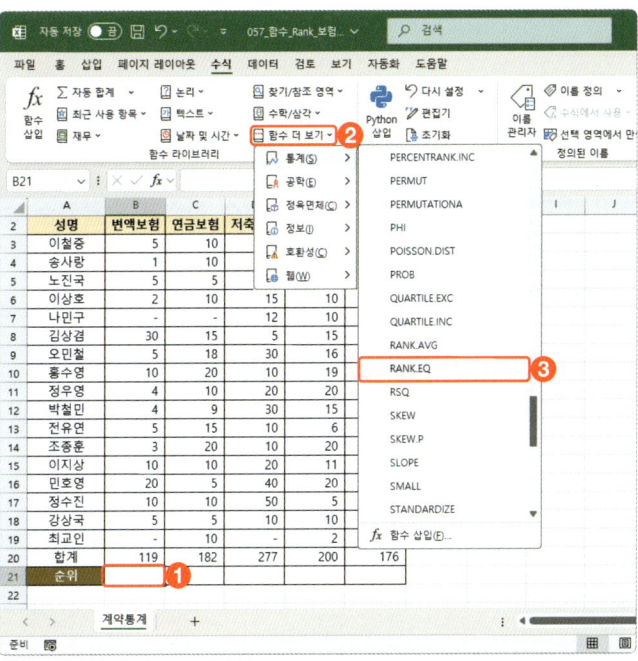

합계를 기준으로 순위 구하기

01 개인별 전체 계약 건수 중 보험 종류별로 가장 많이 계약된 보험의 순위를 알아보겠습니다.

❶ [B21] 셀 클릭

❷ [수식] 탭-[함수 라이브러리] 그룹-[함수 더 보기] 클릭

❸ [통계]-[RANK.EQ]를 클릭합니다.

Tip RANK.EQ 함수는 범위에서 셀의 순위를 구합니다.

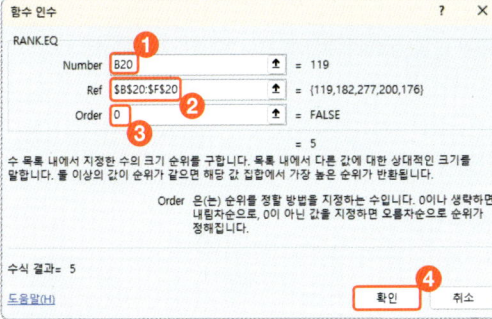

RANK.EQ 함수 인수 입력하기

02 ❶ [함수 인수] 대화상자에서 [Number](순위를 구할 셀)에 **B20** 입력

❷ [Ref](순위를 구할 때 참조할 범위)에 **$B$20:$F$20** 입력

❸ [Order](오름차순/내림차순)에 **0** 입력

❹ [확인]을 클릭합니다.

Tip 특정 셀(B20)이 범위([B20:F20])에서 몇 위인지 내림차순(0)으로 순위를 구하는 완성 수식은 **=RANK.EQ(B20,$B$20:$F$20,0)**입니다.

합계를 기준으로 순위 구하기

03 [B21] 셀의 채우기 핸들을 [F21] 셀까지 드래그해서 수식을 복사합니다.

Tip 가장 계약 건수가 많은 보험 순서대로 순위가 표시됩니다. 순위가 같으면 동순위(3위)로 표시되고 동순위의 개수만큼 건너뛴 다음 순위(5위)를 표시합니다.

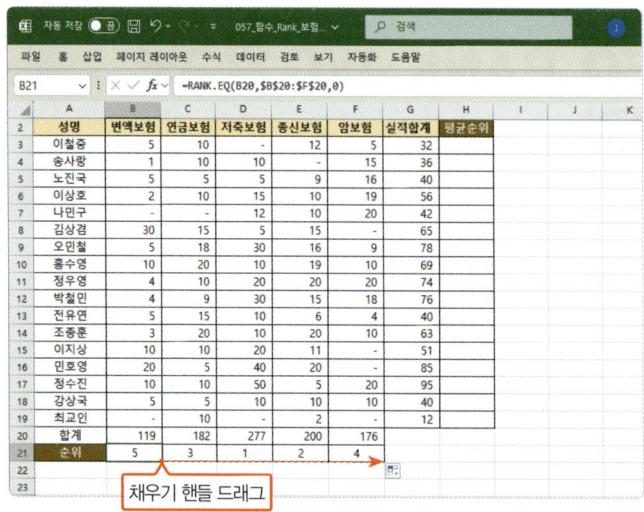

채우기 핸들 드래그

RANK.AVG 함수로 오름차순 순위 구하기

04 계약 건수가 많은 개인별 순위를 알아보겠습니다.

❶ [H3] 셀에 **=RANK.AVG(G3, $G$3:$G$19,0)** 입력

❷ Enter

❸ [H3] 셀의 채우기 핸들을 [H19] 셀까지 드래그해서 수식을 복사합니다.

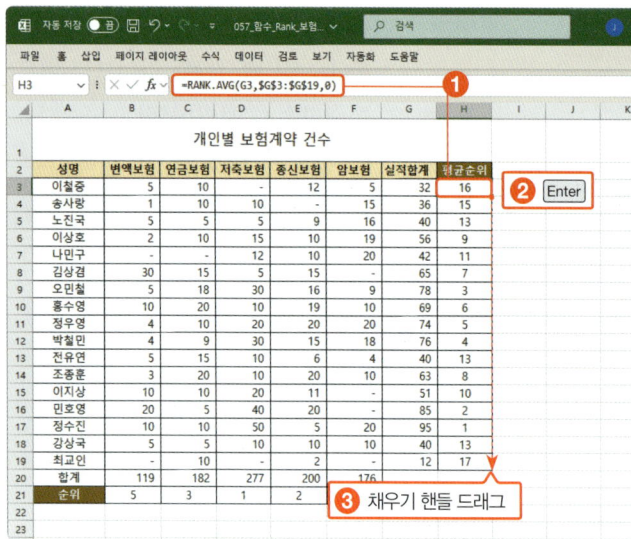

Tip 범위(G3:G19)에서 계약 건수의 합계 '40'이 3명으로 동순위입니다. 따라서 12위~14위의 구간 평균값 13위로 순위가 표시됩니다.

Note RANK, RANK.EQ, RANK.AVG 함수 한눈에 보기

다음을 참고해 RANK, RANK.EQ, RANK.AVG 함수를 자세히 이해할 수 있습니다.

범주	이름	설명
수학/삼각 함수	RANK(순위를 구하는 수, 범위, 순위 결정 방법) RANK.EQ(순위를 구하는 수, 범위, 순위 결정 방법)	범위에서 지정한 수의 순위를 구합니다. 순위가 같으면 동순위를 표시합니다. 순위 결정 방법에는 0(내림차순) 또는 1(오름차순)을 입력합니다.
	RANK.AVG(순위를 구하는 수, 범위, 순위 결정 방법)	범위에서 지정한 수의 순위를 구합니다. 동순위가 나오면 순위의 구간 평균값을 표시합니다.

우선순위
058 IF 함수로 과정 수료자와 교육점수 구하기

실습 파일 3장\058_함수_IF_과정수료.xlsx **완성 파일** 3장\058_함수_IF_과정수료_완성.xlsx

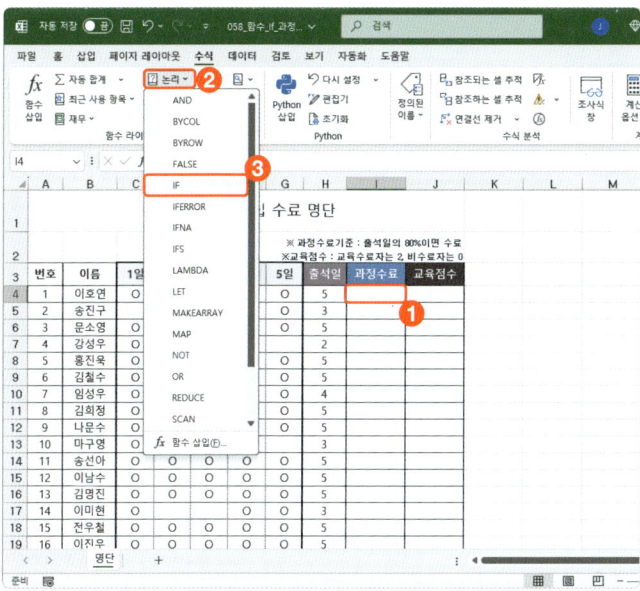

출석 일수에 따라 수료와 미수료 표시하기

01 출석 일수의 80%(4일) 이상 교육에 참여하면 '수료'를, 그렇지 않으면 '미수료'를 표시해보겠습니다.

❶ [I4] 셀 클릭
❷ [수식] 탭-[함수 라이브러리] 그룹-[논리] 클릭
❸ [IF]를 클릭합니다.

Tip IF 함수는 조건을 지정하고, 그 조건을 만족하면 참값, 아니면 거짓값을 표시합니다.

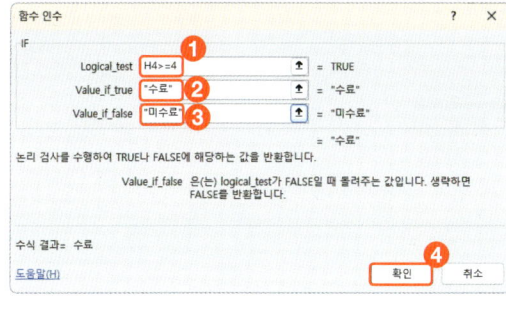

IF 함수 인수 입력하기

02 [함수 인수] 대화상자에서

❶ [Logical_test](조건)에 **H4>=4** 입력
❷ [Value_if_true](참값)에 **수료** 입력
❸ [Value_if_false](거짓값)에 **미수료** 입력
❹ [확인]을 클릭합니다.

Tip 출석 일수가 4일 이상이면 '수료', 아니면 '미수료'가 표시되는 완성 수식은 =IF(H4>=4,"수료","미수료")입니다.

교육점수 표시하기

03 교육을 수료한 경우에는 교육점수에 '2', 미수료한 경우에는 '0'을 표시해보겠습니다.

① [J4] 셀에 **=IF(I4="수료",2,0)** 입력
② Enter 를 누릅니다.

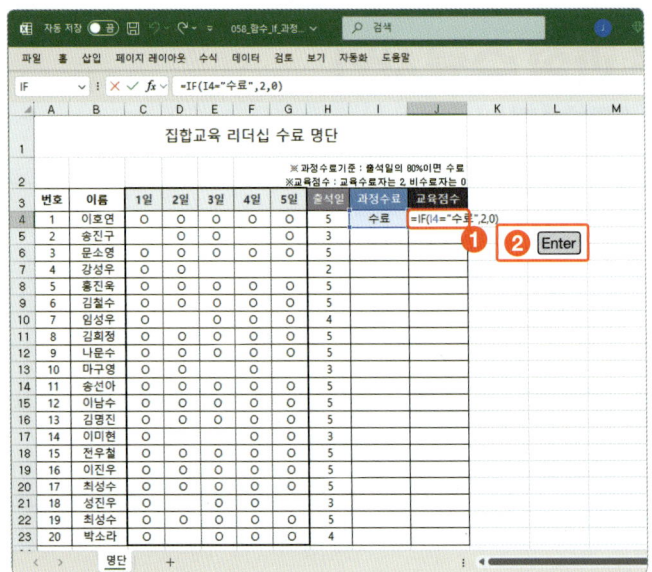

04 ① [I4:J4] 범위 지정
② 채우기 핸들을 더블클릭하여 수식을 복사합니다.

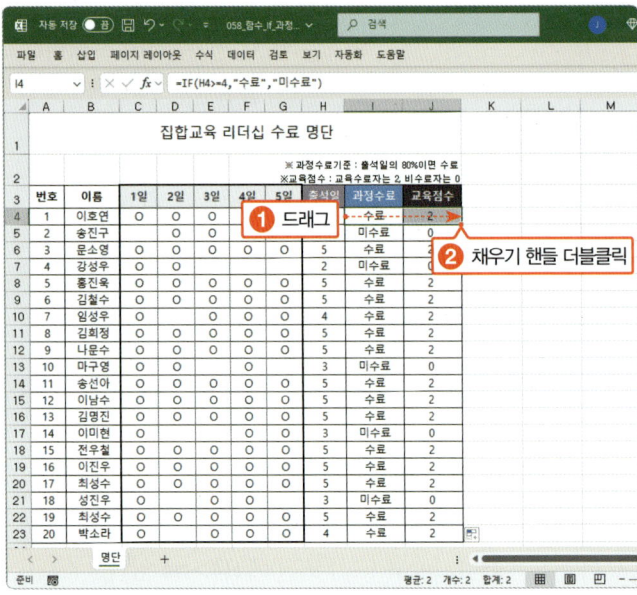

Note IF 함수 한눈에 보기

다음을 참고해 IF 함수를 자세히 이해할 수 있습니다.

범주	이름	설명
논리 함수	IF(조건식, 참값, 거짓값)	조건식에 따라 참 또는 거짓으로 구분합니다.

Note 확인란(☑)의 체크 여부에 따라 IF 함수로 수식을 만들 수 있나요? M365

확인란의 체크 여부에 따라 IF 함수의 참값 또는 거짓값을 설정하여 수식을 만들 수 있습니다. 확인란은 Microsoft 365에서 사용할 수 있습니다.

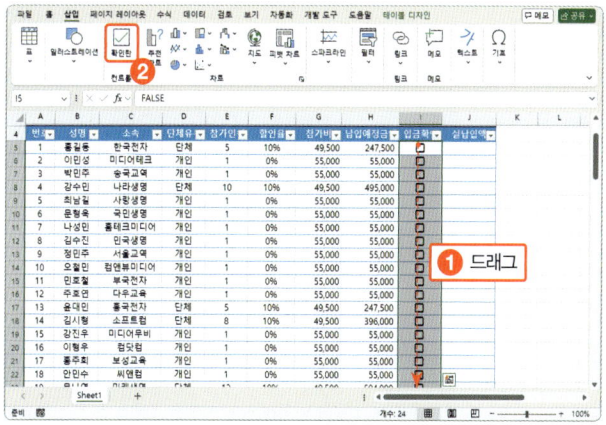

확인란 삽입하기

세미나 참가비 입금 여부를 확인할 수 있는 확인란을 삽입하겠습니다.

① [I5:I28] 범위 지정

② [삽입] 탭-[컨트롤] 그룹-[확인란 ☑]을 클릭합니다.

Tip 확인란이 삽입됩니다. 확인란에 체크하면 TRUE 값을, 체크를 해제하면 FALSE 값을 가집니다.

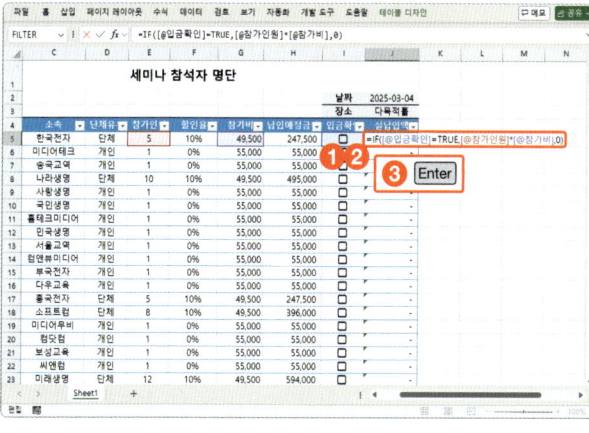

입금확인 셀의 체크 여부에 따라 실납입금액을 계산해보겠습니다.

① [J5] 셀 클릭

② 수식 =IF([@입금확인]=TRUE,[@참가인원]*[@참가비],0) 입력

③ Enter 를 누릅니다.

Tip 입금확인 셀을 체크(TRUE)하면 참가비([@참가인원]*[@참가비])를 계산하고, 입금확인 셀의 체크를 해제(FALSE)하면 참가비에 0을 입력합니다.

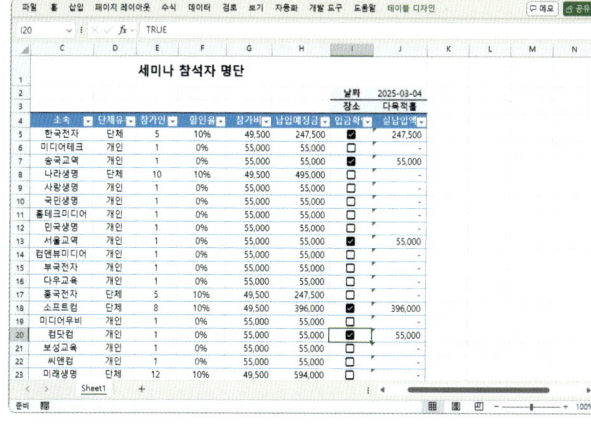

입금확인(I5:I28) 범위의 일부 셀을 클릭해서 체크하면 실납입액(J5:J28)의 금액이 표시됩니다.

Tip 실납입액(J5:J28)의 오류(⚠)가 표시되면 범위(J5:J28)를 지정하고 오류 옵션(⚠)을 클릭한 후 [오류 무시]를 클릭합니다.

Tip 확인란은 Microsoft 365에서만 사용할 수 있는 요소이므로, 다른 버전에서는 셀마다 개별적으로 확인란을 삽입해야 합니다. 이 과정이 다소 번거로울 수 있으므로, 완성 파일의 [참석자명단_이전버전] 시트를 참고하기를 바랍니다.

중첩 IF 함수와 IFS 함수로 부서별 포상금과 부서 등급 구하기

실습 파일 3장\059_함수_IF중첩_업무제안.xlsx 완성 파일 3장\059_함수_IF중첩_업무제안_완성.xlsx

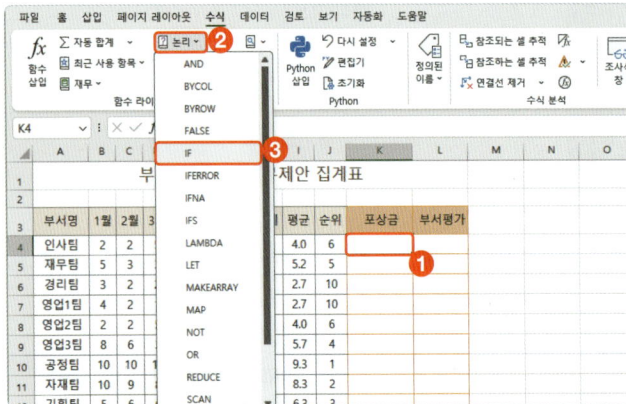

IF 함수 중첩해 포상금 표시하기

01 부서별 포상금을 업무제안 순위에 따라 1위면 100만 원, 2위면 50만 원, 3위면 30만 원을 표시해보겠습니다.

❶ 포상금을 표시할 [K4] 셀 클릭

❷ [수식] 탭-[함수 라이브러리] 그룹-[논리] 클릭

❸ [IF]를 클릭합니다.

Tip IF 함수는 단독으로 쓰일 때도 있지만 다수의 조건을 비교할 때는 중첩하여 사용할 수 있습니다.

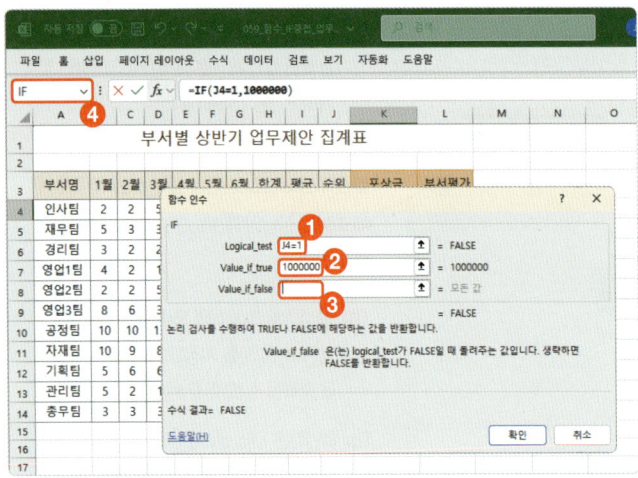

IF 함수 인수 입력하기

02 ❶ [함수 인수] 대화상자에서 [Logical_test]에 **J4=1** 입력

❷ [Value_if_true]에 **1000000** 입력

❸ [Value_if_false] 클릭

❹ [이름 상자]에서 [IF]를 클릭합니다.

인수 설명
- Logical_test(조건식) : 순위가 1인지 판단하는 조건식 **J4=1**을 입력합니다.
- Value_if_true(참값) : 순위가 1위면 포상금에 **1000000**을 입력합니다.
- Value_if_false(거짓값) : 첫 번째 조건이 거짓인 경우 두 번째 조건으로 IF 함수를 중첩하기 위해 [이름상자]에서 [IF]를 클릭합니다.

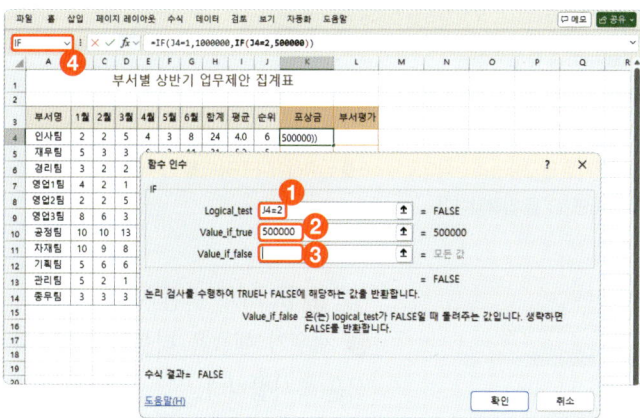

03 ❶ 새로운 [함수 인수] 대화상자의 [Logical_test]에 **J4=2** 입력

❷ [Value_if_true]에 **500000** 입력

❸ [Value_if_false] 클릭

❹ [이름 상자]에서 [IF]를 클릭합니다.

인수 설명
- Logical_test(조건식) : 순위가 2인지 판단하는 조건식 J4=2를 입력합니다.
- Value_if_true(참값) : 순위가 1위면 포상금에 500000을 입력합니다.
- Value_if_false(거짓값) : 두 번째 조건이 거짓인 경우 세 번째 조건으로 IF 함수를 중첩하기 위해 [이름상자]에서 [IF]를 클릭합니다.

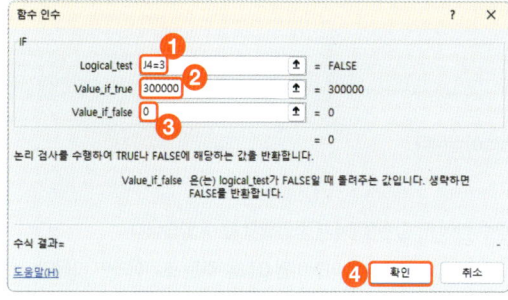

04 ❶ 새로운 [함수 인수] 대화상자의 [Logical_test]에 **J4=3** 입력

❷ [Value_if_true]에 **300000** 입력

❸ [Value_if_false]에 **0** 입력

❹ [확인]을 클릭합니다.

Tip 완성 수식은 =IF(J4=1,1000000,IF(J4=2,500000,IF(J4=3,300000,0)))입니다. IF 함수는 다른 함수와 중첩해서 사용하는 경우가 많으므로 직접 함수식을 입력해보는 것을 추천합니다.

인수 설명
- Logical_test(조건식) : 순위가 3인지 판단하는 조건식 J4=3을 입력합니다.
- Value_if_true(참값) : 순위가 1위면 포상금에 300000을 입력합니다.
- Value_if_false(거짓값) : 순위가 1~3이 아니면 0을 입력합니다.

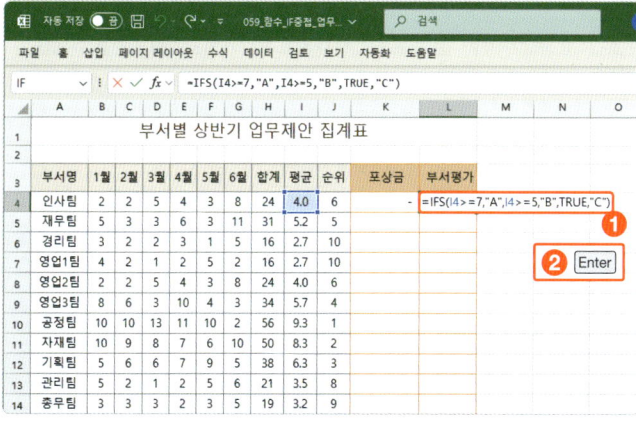

IFS 함수로 부서별 평가 등급 표시하기 2016 이상 M365

05 부서별 업무제안 건수의 평균이 7개 이상이면 'A', 5개 이상이면 'B', 5개 미만이면 'C'를 표시해보겠습니다.

❶ [L4] 셀에 **=IFS(I4>=7,"A",I4>=5,"B",TRUE,"C")** 입력

❷ Enter 를 누릅니다.

인수 설명
- **Logical_test1** : 평균 제안 건수가 7개 이상인지를 판단하는 조건식으로 I4>=7을 입력합니다.
- **Value_if_true1** : 평균 제안 건수가 7개 이상이면 "A"를 입력합니다.
- **Logical_test2** : 평균 제안 건수가 5개 이상인지를 판단하는 조건식으로 I4>=5를 입력합니다.
- **Value_if_true2** : 평균 제안 건수가 5개 이상이면 "B"를 입력합니다.
- **Logical_test3** : 평균 제안 건수가 5개 미만인지를 판단하는 조건식으로 I4<5를 입력하거나 TRUE를 입력합니다.
- **Value_if_true3** : 평균 제안 건수가 5개 미만이면 "C"를 입력합니다.

06 ❶ [K4:L4] 범위 지정
❷ 채우기 핸들을 더블클릭해서 수식을 복사합니다.

Note IF 중첩 함수와 IFS 함수 한눈에 보기

IF 함수 형식은 **=IF(Logical_test, Value_if_true, Value_if_False)**입니다.
　　　　　　　　　　조건식　　　　참값　　　　거짓값

기본적으로 조건이 하나일 때 사용하지만, 조건이 여러 개일 때도 IF 함수 안에 IF 함수를 64개 중첩해서 쓸 수 있습니다.

예를 들어 평가 점수가 90점 이상이면 교육 이수 점수를 2점, 70점 이상이면 1점, 70점 미만이면 0점을 주는 조건이라면 다음과 같이 설명할 수 있습니다.

=만약(점수가 90점 이상이면, 2점, 만약(점수가 70점 이상이면 1점, 70점 미만이면 0점을 준다))

이것을 함수식으로 표현하면 다음과 같습니다. 교육 점수에는 교육 점수가 담긴 셀 주소를 입력합니다.

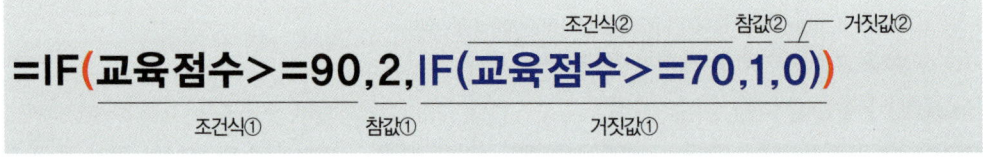

엑셀 2016 버전에 새로 추가된 IFS(조건식1,참값1,조건식2,참값2,…) 함수는 IF를 중첩하지 않고 127개의 조건식을 만들 수 있습니다. IFS 함수를 사용한 함수식은 다음과 같습니다.

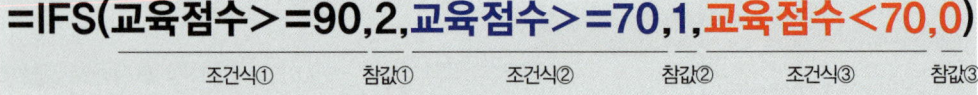

또는 다음과 같이 만들 수 있습니다.

=IFS(교육점수>=90,2,교육점수>=70,1,TRUE,0)
　　　조건식①　　　참값①　　조건식②　　참값②　조건식③ 참값③

IF, AND, OR 함수로 기업 신용도 분류하기

실습 파일 3장\060_함수_IF_AND_신용평가.xlsx 완성 파일 3장\060_함수_IF_AND_신용평가_완성.xlsx

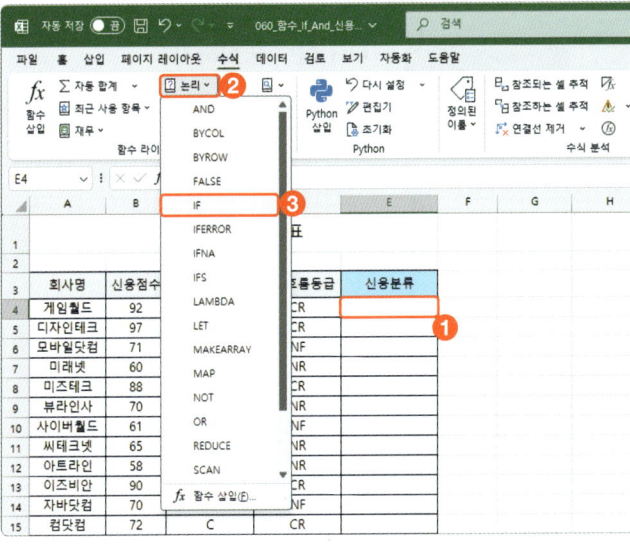

IF와 AND 함수를 중첩해 신용도 분류하기

01 기업별 신용 평가표에서 현금흐름등급이 CR이면서, 신용평가등급이 A나 B일 때는 신용분류에 '정상기업'을, 그렇지 않을 때는 '워크아웃'을 표시해보겠습니다.

❶ [E4] 셀 클릭

❷ [수식] 탭-[함수 라이브러리] 그룹-[논리] 클릭

❸ [IF]를 클릭하면 [함수 인수] 대화상자가 나타납니다.

02 신용평가등급과 현금흐름등급의 두 가지 조건을 모두 만족해야 하므로 조건식에 AND 함수를 중첩시킵니다.

❶ 수식 입력줄에서 [함수 삽입 f_x]을 클릭해 [함수 인수] 대화상자 닫기

❷ [수식] 탭-[함수 라이브러리] 그룹-[논리] 클릭

❸ [AND]를 클릭합니다.

Tip AND 함수는 다중 조건을 모두 만족하면 참값을, 그 외는 거짓값을 표시합니다.

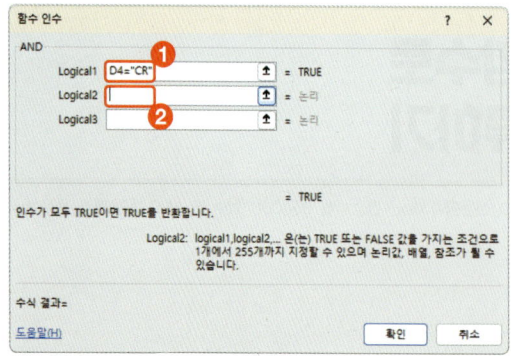

AND 함수 인수 입력하기

03 ❶ [함수 인수] 대화상자에서 [Logical1]에 **D4="CR"** 입력

❷ [Logical2]를 클릭합니다.

Tip IF 함수 수식에 AND 함수가 중첩되어 추가됩니다.

인수 설명 · Logical1(조건 1) : 현금흐름등급이 "CR"인지를 판단하는 조건입니다.

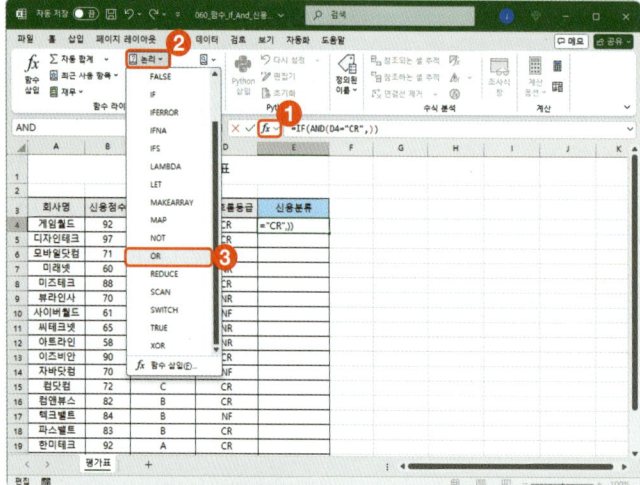

OR 함수 중첩하기

04 신용평가등급이 A나 B인 경우 조건을 만족하므로 OR 함수를 중첩시킵니다.

❶ 수식 입력줄에서 [함수 삽입 f_x]을 클릭해 [함수 인수] 대화상자 닫기

❷ [함수 라이브러리] 그룹-[논리] 클릭

❸ [OR]을 클릭합니다.

Tip OR 함수는 다중 조건에 하나라도 만족하면 참값을, 그 외는 거짓값을 표시합니다.

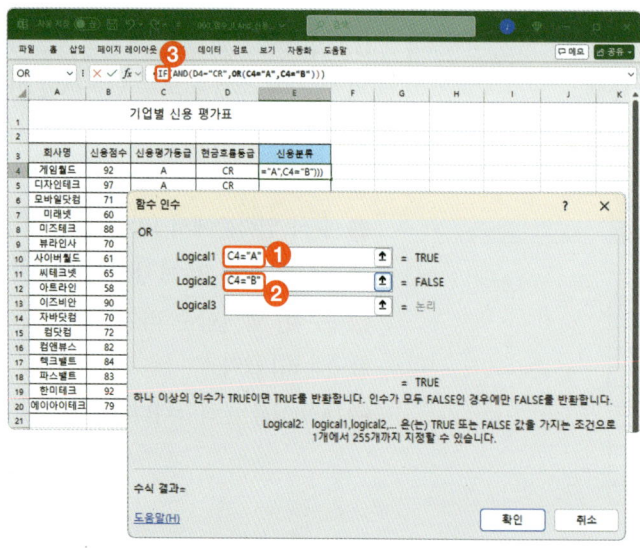

OR 함수 인수 입력하기

05 ❶ [함수 인수] 대화상자에서 [Logical1]에 **C4="A"** 입력

❷ [Logical2]에 **C4="B"** 입력

❸ IF 함수의 [함수 인수] 대화상자로 돌아가기 위해 수식 입력줄에서 **IF**를 클릭합니다.

인수 설명 · Logical1(조건1) : 신용평가등급이 "A"인지 판단하는 조건입니다.
· Logical1(조건2) : 신용평가등급이 "B"인지 판단하는 조건입니다.

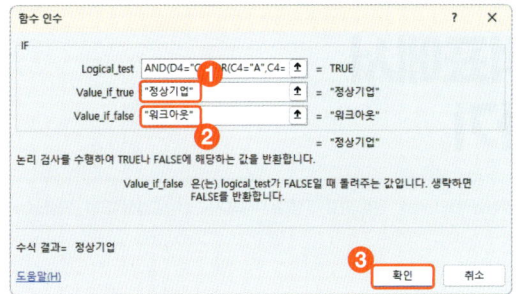

06 [함수 인수] 대화상자에서 [Logical_test]에 AND, OR 함수 수식이 입력되어 있습니다.

❶ [Value_if_true]에 **정상기업** 입력

❷ [Value_if_false]에 **워크아웃** 입력

❸ [확인]을 클릭합니다.

인수 설명
- Logical_test : 현금흐름등급이 "CR"이고, 신용평가등급이 "A"이거나 "B"인 조건입니다.
- Value_if_true : 조건 결과가 참이면 "정상기업"을 표시합니다.
- Value_if_false : 조건 결과가 거짓이면 "워크아웃"을 표시합니다.

Tip 완성 수식 살펴보기

=IF(AND(D4="CR",OR(C4="A",C4="B")),"정상기업","워크아웃")

　　　조건식①　　　　　　조건식②　　　　　　참값　　　거짓값

Tip IFS 함수를 사용한 완성 수식은 =IFS(AND(D4="CR",OR(C4="A",C4="B")),"정상기업",TRUE,"워크아웃")입니다.

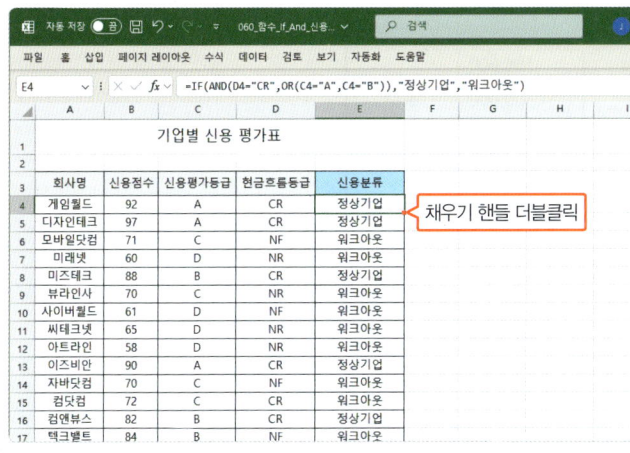

07 [E4] 셀의 채우기 핸들을 더블클릭하여 나머지 셀에 수식을 복사합니다.

Tip 중첩한 IF, AND, OR 함수의 조건에 따라 '정상기업'과 '워크아웃'으로 신용분류가 표시됩니다.

> **Note** AND, OR, NOT 함수 한눈에 보기

다음을 참고해 AND, OR, NOT 함수를 자세히 이해할 수 있습니다.

범주	이름	설명
논리 함수	AND(조건1,조건2,…,조건255)	여러 항목의 조건을 비교해 모두 만족할 경우 참값을 반환합니다.
	OR(조건1,조건2,…,조건255)	여러 항목의 조건을 비교해 일부 조건을 만족할 경우 참값을 반환합니다.
	NOT(조건)	지정한 조건이 아니면 참값을 반환합니다.

개인별 판매 실적표에서 실적평가 완성하기

실습 파일 3장\혼자해보기\011_영업실적표1.xlsx 완성 파일 3장\혼자해보기\011_영업실적표1_완성.xlsx

예제 설명 및 완성 화면

개인별 판매 실적표에서 지시 사항에 따라 COUNT, RANK.EQ, IF, IFS 함수로 인원수, 순위, 성과금, 실적평가를 구한 후 MOD, ROW 함수로 5행마다 테두리를 그리는 조건부 서식을 지정합니다.

	A	B	C	D	E	F
1	개인별 판매 실적표					
2					인원수	20
3						
4	성명	부서	실적금액	순위	성과금	실적평가
5	김성철	영업1팀	3,560,000	14	106,800	
6	이병욱	영업3팀	13,000,000	1	1,300,000	우수
7	서기린	영업2팀	11,400,000	3	1,140,000	우수
8	유태현	영업1팀	7,660,000	5	766,000	우수
9	박민우	영업3팀	5,780,000	8	289,000	
10	김태성	영업2팀	8,910,000	4	891,000	우수
11	남진섭	영업3팀	6,780,000	7	339,000	
12	강온철	영업1팀	3,450,000	15	103,500	
13	최진우	영업2팀	5,120,000	10	256,000	
14	황욱진	영업3팀	12,100,000	2	1,210,000	우수
15	김진섭	영업1팀	4,300,000	13	129,000	
16	박태수	영업2팀	3,220,000	16	96,600	
17	이민호	영업1팀	2,450,000	18	73,500	
18	문호철	영업3팀	1,340,000	20	40,200	
19	전남주	영업2팀	3,110,000	17	93,300	
20	홍순민	영업1팀	5,660,000	9	283,000	
21	이나영	영업3팀	4,520,000	12	135,600	
22	나은미	영업1팀	1,980,000	19	59,400	
23	민호철	영업2팀	7,210,000	6	721,000	우수
24	송수영	영업1팀	5,110,000	11	255,500	

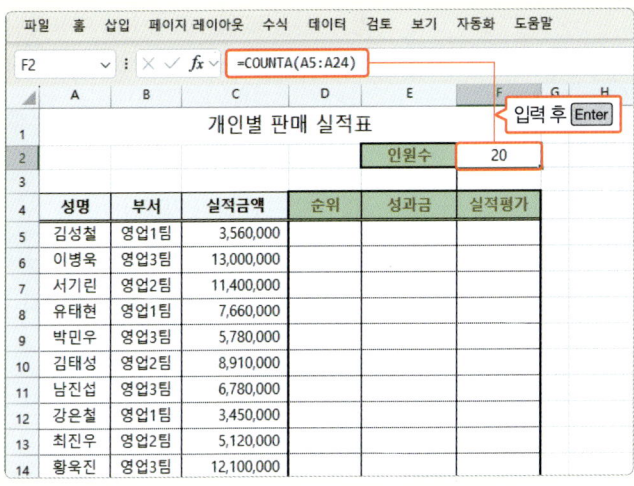

01 COUNTA 함수를 이용하여 영업 사원의 인원수를 구해보겠습니다. [F2] 셀에 **=COUNTA(A5:A24)** 를 입력한 후 Enter 를 누릅니다.

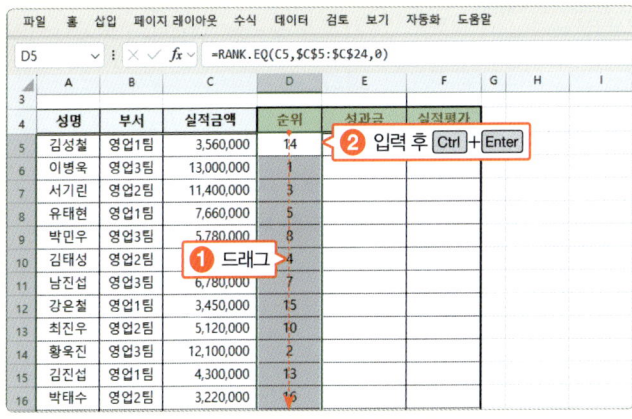

02 RANK.EQ 함수를 이용하여 실적금액 기준 내림차순으로 순위를 구해보겠습니다.

❶ [D5:D24] 범위 지정

❷ **=RANK.EQ(C5,$C$5:$C$24,0)** 를 입력한 후 Ctrl + Enter 를 누릅니다.

Tip 범위를 지정한 후 수식을 입력하고 Ctrl + Enter 를 누르면 수식이 한 번에 입력됩니다.

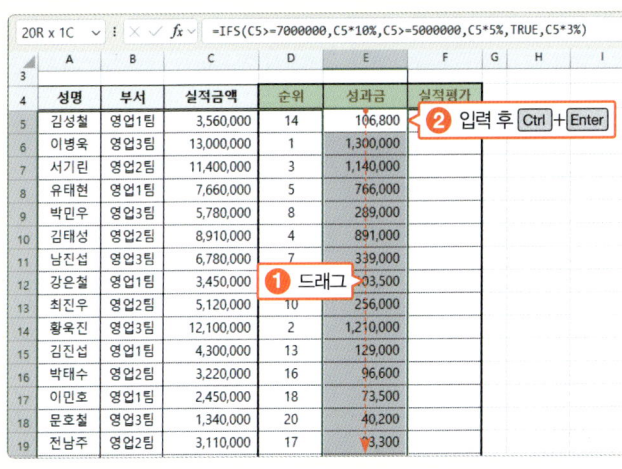

03 성과금은 IFS 함수를 이용합니다. 실적금액이 7백만 원 이상이면 실적금액의 10%, 5백만 원 이상이면 5%, 그렇지 않으면 실적금액의 3%를 구해보겠습니다.

❶ [E5:E24] 범위 지정

❷ **=IFS(C5>=7000000,C5*10%,C5>=5000000,C5*5%,TRUE, C5*3%)** 를 입력한 후 Ctrl + Enter 를 누릅니다.

Tip IF 중첩 함수를 사용한 완성 수식은 **=IF(C5>=7000000,C5*10%,IF(C5>=5000000,C5*5%,C5*3%))** 입니다.

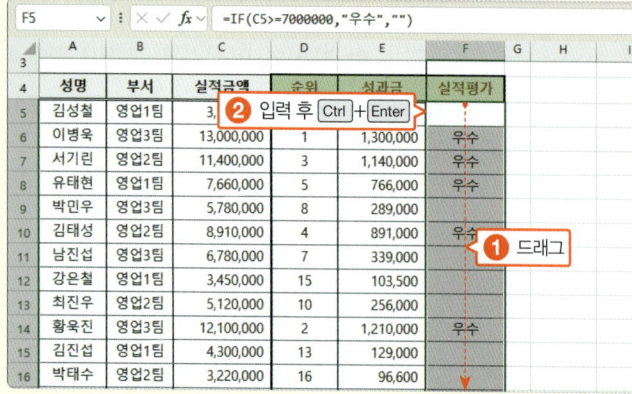

04 실적평가는 IF 함수를 이용합니다. 실적금액이 7백만 원 이상이면 우수, 아니면 빈칸으로 표시해보겠습니다.

❶ [F5:F24] 범위 지정
❷ =IF(C5>=7000000,"우수","")를 입력한 후 Ctrl + Enter 를 누릅니다.

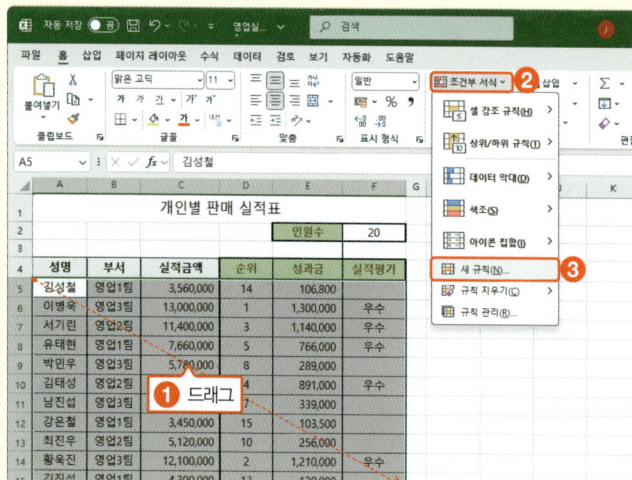

05 데이터 전체 범위에서 5의 배수 행을 찾아 테두리가 적용되도록 수식으로 조건부 서식을 지정해보겠습니다.

❶ [A5:F24] 범위 지정
❷ [홈] 탭-[스타일] 그룹-[조건부 서식] 클릭
❸ [새 규칙]을 클릭합니다.

06 ❶ [새 서식 규칙] 대화상자에서 [수식을 사용하여 서식을 지정할 셀 결정] 클릭 ❷ 수식 입력란에 **=MOD(ROW()−4,5)=0** 입력 ❸ [서식] 클릭 ❹ [셀 서식] 대화상자에서 [테두리] 탭 클릭 ❺ [스타일]에서 [실선], [테두리]에서 [아래쪽 테두리] 클릭 ❻ [확인] 클릭 ❼ [새 서식 규칙] 대화상자의 [확인]을 클릭해 5행마다 테두리가 그려지는 조건부 서식을 적용합니다.

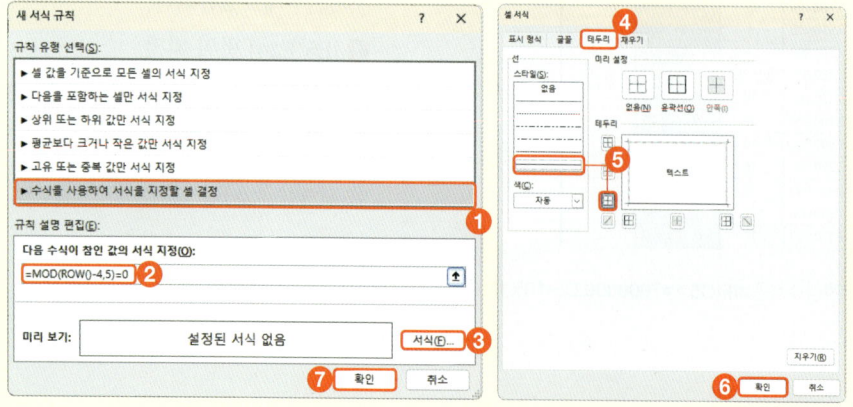

Tip 행 번호(ROW()−4)를 5로 나눠 나머지가 0이면 5의 배수이므로 수식 **=MOD(ROW()−4,5)=0**을 입력합니다.

AVERAGE, AVERAGEIF 함수로 평균 구하기

실습 파일 3장\061_함수_AVERAGE_교육평가표.xlsx   **완성 파일** 3장\061_함수_AVERAGE_교육평가표_완성.xlsx

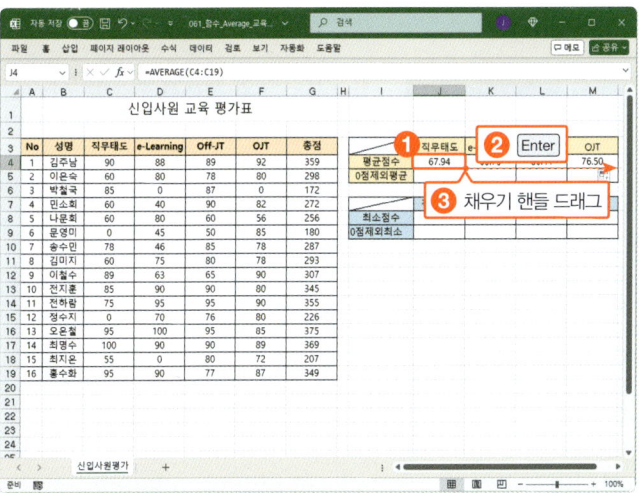

평가 항목의 평균 구하기

01 신입사원 교육 평가표에서 평가 항목의 전체 평균을 구해보겠습니다.

❶ [J4] 셀에 **=AVERAGE(C4:C19)** 입력

❷ Enter

❸ [J4] 셀의 채우기 핸들을 [M4] 셀까지 드래그해서 수식을 복사합니다.

Tip AVERAGE 함수는 범위의 평균을 구합니다.

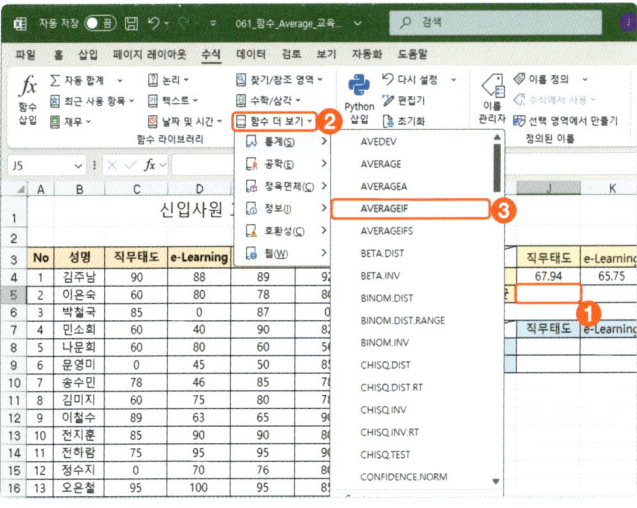

0을 제외한 평가 항목의 평균 구하기

02 신입사원 평가표에서 0점을 제외한 평가 항목의 평균을 구해보겠습니다.

❶ [J5] 셀 클릭

❷ [수식] 탭–[함수 라이브러리] 그룹–[함수 더 보기] 클릭

❸ [통계]–[AVERAGEIF]를 클릭합니다.

Tip AVERAGEIF 함수는 조건에 만족하는 범위의 평균을 구합니다.

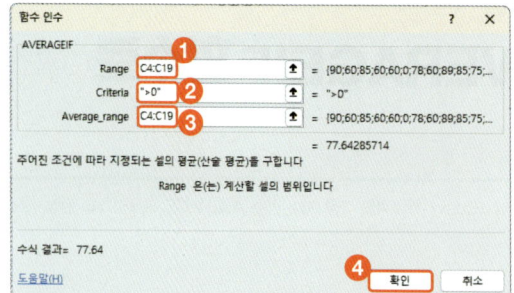

AVERAGEIF 함수 인수 입력하기

03 ❶ [함수 인수] 대화상자에서 [Range](범위)에 **C4:C19** 입력

❷ [Criteria](조건)에 **>0** 입력

❸ [Average_range](평균 범위)에 **C4:C19** 입력

❹ [확인]을 클릭합니다.

Tip 전체 평가 항목의 범위(C4:C19)에서 0을 제외한 조건(">0")에 만족하는 점수의 평균을 구하는 완성 수식은 **=AVERAGEIF(C4:C19,">0",C4:C19)** 입니다.

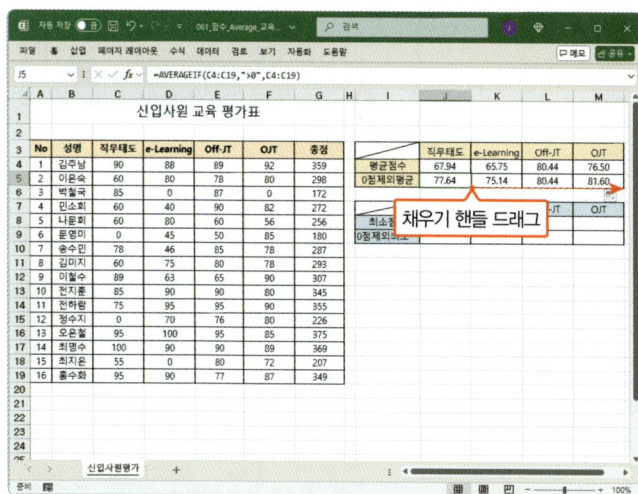

04 [J5] 셀의 채우기 핸들을 [M5] 셀까지 드래그해서 수식을 복사합니다.

Note 최고, 최저 점수를 제외한 절사평균을 구할 수 있나요?

절사평균이란, 편차가 큰 자료에서 산술평균이 적절하지 않을 경우, 자료의 상위와 하위에서 일정 비율만큼 값을 제거한 뒤 평균을 계산하는 방법입니다. TRIMMEAN 함수는 지정된 데이터 범위에서 상위와 하위 값의 일정 비율(n%, 혹은 n개)을 제외한 후, 그 나머지 값들의 평균을 계산합니다.

아래는 **=TRIMMEAN(B1:Q1,20%)** 수식을 사용한 예시입니다. 데이터 범위(B1:Q1)에서 비율(20%)만큼 상위/하위의 값을 제외하고 산술평균을 계산합니다. 여기서는 16개 항목의 20%는 3.2로 가장 가까운 2의 배수로 내림하면 2이므로 상위/하위의 값 각각 한 개를 제외하고 산술평균을 계산합니다. 만약 네 개의 점수를 제외하려면 '제외할 개수/COUNT(범위)'를 입력하여 비율을 계산합니다.

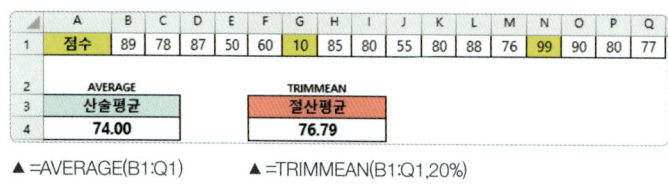

▲ =AVERAGE(B1:Q1)　　▲ =TRIMMEAN(B1:Q1,20%)

Note > AVERAGE, AVERAGEIF, TRIMMEAN 함수 한눈에 보기

다음을 참고해 AVERAGE, AVERAGEIF, TRIMMEAN 함수를 자세히 이해할 수 있습니다.

범주	이름	설명
통계 함수	AVERAGE(평균을 계산할 범위,…)	셀의 평균을 계산합니다.
	AVERAGEIF(조건을 검사할 범위, 조건, 평균을 계산할 범위)	조건에 만족하는 셀의 평균을 구합니다.
	TRIMMEAN(평균을 계산할 범위, 상위/하위 값을 제외할 비율)	데이터 범위에서 양 끝(상위/하위)값의 비율(n%, n개)을 제외하고 평균을 계산합니다. n개 : TRIMMEAN(범위, 제외할 개수/COUNT(범위))

062 MIN, MINIFS 함수로 최솟값 구하기

실습 파일 3장\062_함수_MIN_교육평가표.xlsx **완성 파일** 3장\062_함수_MIN_교육평가표_완성.xlsx

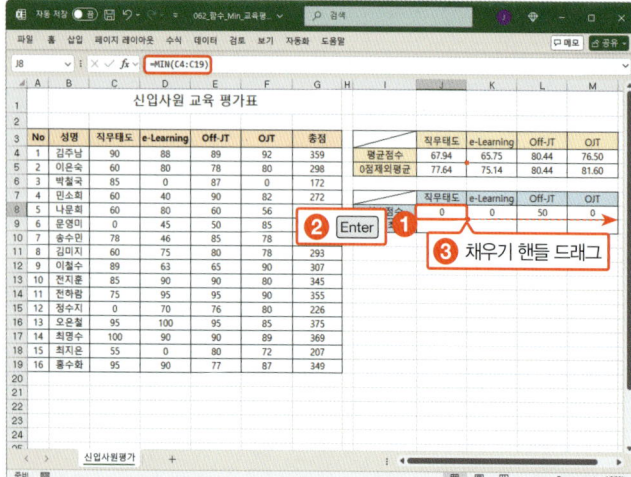

평가 항목의 최솟값 구하기

01 신입사원 교육 평가표에서 평가 항목의 전체 최솟값을 구해보겠습니다.

❶ [J8] 셀에 **=MIN(C4:C19)** 입력

❷ Enter

❸ [J8] 셀의 채우기 핸들을 [M8] 셀까지 드래그해서 수식을 복사합니다.

Tip MIN 함수는 범위의 최솟값을 구합니다.

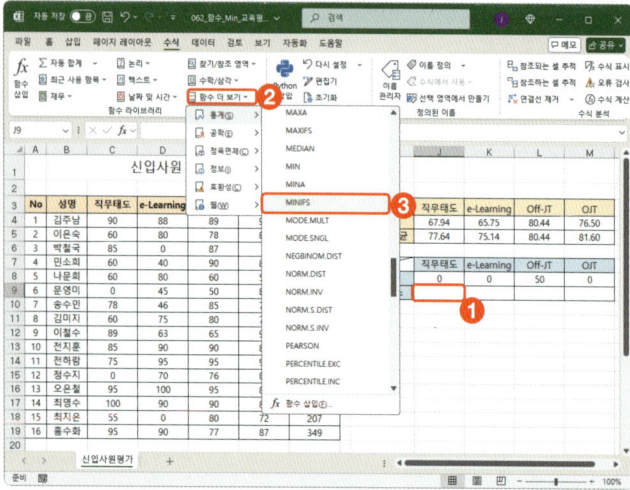

0을 제외한 평가 항목의 최솟값 구하기

02 신입사원 교육 평가표에서 0점을 제외한 평가 항목의 최솟값을 구해보겠습니다.

❶ [J9] 셀 클릭

❷ [수식] 탭-[함수 라이브러리] 그룹-[함수 더 보기] 클릭

❸ [통계]-[MINIFS]를 클릭합니다.

Tip MINIFS 함수는 엑셀 2019 버전에서 새로 추가된 함수로 조건에 만족하는 최솟값을 구합니다.

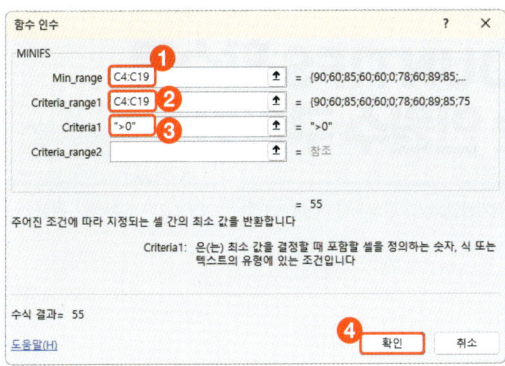

MINIFS 함수 인수 입력하기 [2019 이상] [M365]

03 ① [함수 인수] 대화상자의 [Min_range](최솟값 범위)에 **C4:C19** 입력

② [Criteria_range1](조건1 범위)에 **C4:C19** 입력

③ [Criteria1](조건1)에 **>0** 입력

④ [확인]을 클릭합니다.

Tip 전체 평가 항목의 범위(C4:C19)에서 0을 제외한 조건(">0")에 만족하는 점수의 최솟값을 구하는 완성 수식은 =MINIFS(C4:C19, C4:C19,">0")입니다. 엑셀 2016 이전 버전에서는 수식 =MIN(IF(C4:C19>0,C4:C19))를 입력하고 [Ctrl]+[Shift]+[Enter]를 눌러 배열 수식으로 조건을 만족하는 최솟값을 구합니다.

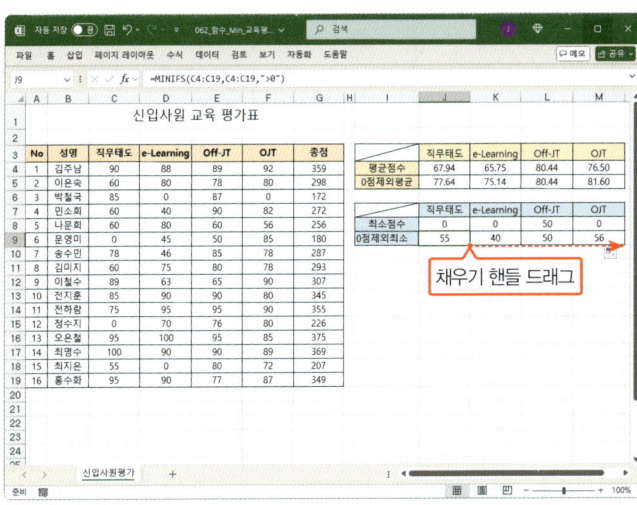

04 [J9] 셀의 채우기 핸들을 [M9] 셀까지 드래그해서 수식을 복사합니다.

Note MIN, MINIFS 함수 한눈에 보기

다음을 참고해 MIN, MINIFS 함수를 자세히 이해할 수 있습니다. MINIFS 함수는 엑셀 2019 이상 버전에서만 사용할 수 있습니다.

범주	이름	설명
통계 함수	MIN(최솟값을 계산할 전체범위,…)	셀의 최솟값을 구합니다.
	MINIFS(최솟값을 계산할 범위, 조건1범위, 조건1, 조건2범위, 조건2,…)	다중 조건에 만족하는 셀의 최솟값을 구합니다.

COUNTIF, COUNTIFS 함수로 조건에 만족하는 인원수 구하기

실습 파일 3장\063_함수_COUNTIF_참가명단.xlsx   완성 파일 3장\063_함수_COUNTIF_참가명단_완성.xlsx

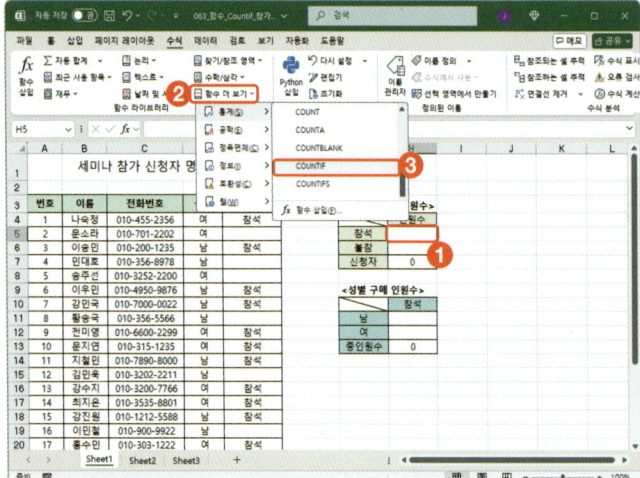

참석 인원수 구하기

01 세미나에 참석한 인원수를 세어 보겠습니다.

❶ [H5] 셀 클릭

❷ [수식] 탭-[함수 라이브러리] 그룹-[함수 더 보기] 클릭

❸ [통계]-[COUNTIF]를 클릭합니다.

Tip COUNTIF 함수는 조건에 맞는 개수를 구합니다.

COUNTIF 함수 인수 입력하기

02 ❶ [함수 인수] 대화상자의 [Range](범위)에 **E4:E26** 입력

❷ [Criteria](조건)에 **=참석** 입력

❸ [확인]을 클릭합니다.

Tip 범위(E4:E26)에서 조건(참석)에 만족하는 셀의 개수, 즉 참석한 인원수가 표시되며 완성 수식은 **=COUNTIF(E4:E26,"=참석")**입니다.

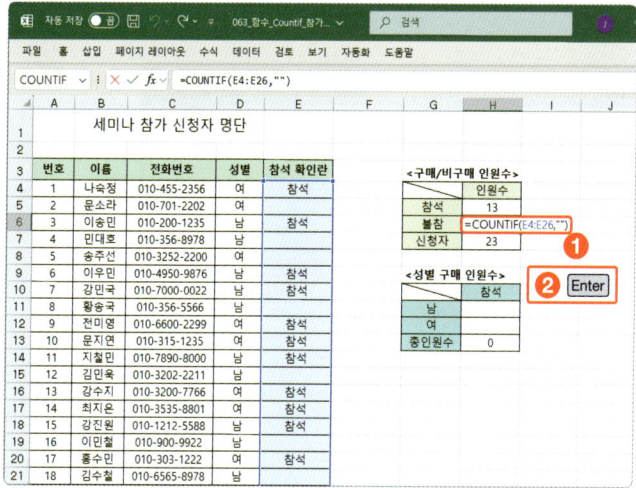

불참 인원수 구하기

03 참석자 확인란에 공란으로 표시된 셀의 개수를 세어보겠습니다.

❶ [H6] 셀에 **=COUNTIF(E4:E26, "")** 입력

❷ **Enter**를 누릅니다.

Tip 범위(E4:E26)에서 조건(공란)에 만족하는 셀의 개수, 즉 불참석한 인원수가 표시됩니다.

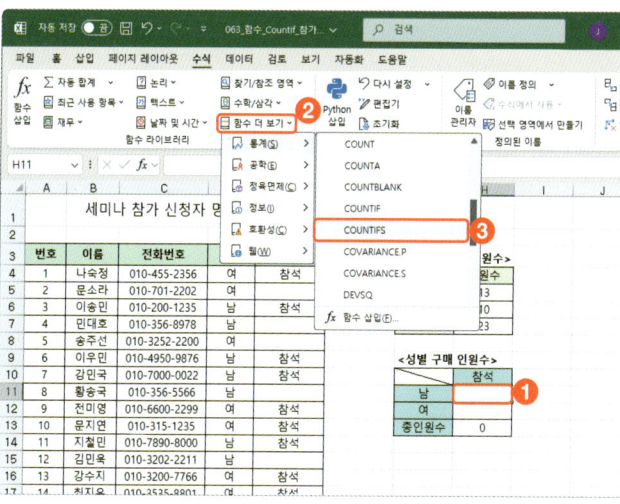

성별 참석 인원수 구하기

04 참석한 인원 중 성별에 따라 남, 여의 인원수를 세어보겠습니다.

❶ [H11] 셀 클릭

❷ [수식] 탭–[함수 라이브러리] 그룹–[함수 더 보기] 클릭

❸ [통계]–[COUNTIFS]를 클릭합니다.

Tip COUNTIFS 함수는 다중 조건에 만족하는 개수를 구합니다.

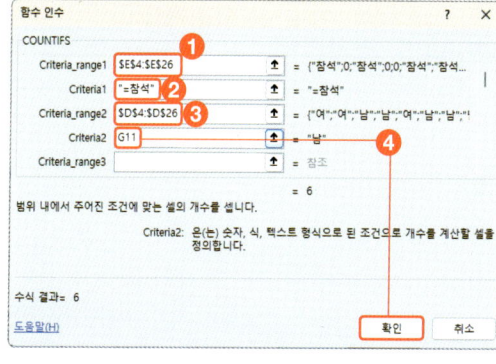

COUNTIFS 함수 인수 입력하기

05 ❶ [함수 인수] 대화상자에서 [Criteria_range1](조건1 범위)에 **$E$4:$E$26** 입력

❷ [Criteria1](조건1)에 **=참석** 입력

❸ [Criteria_range2](조건2 범위)에 **$D$4:$D$26** 입력

❹ [Criteria2](조건2)에 **G11**을 입력하고 [확인]을 클릭합니다.

Tip 완성 수식은 =COUNTIFS($E$4:$E$26,"=참석",$D$4:$D$26,G11)입니다.

06 [H11] 셀의 채우기 핸들을 [H12] 셀까지 드래그해서 수식을 복사합니다.

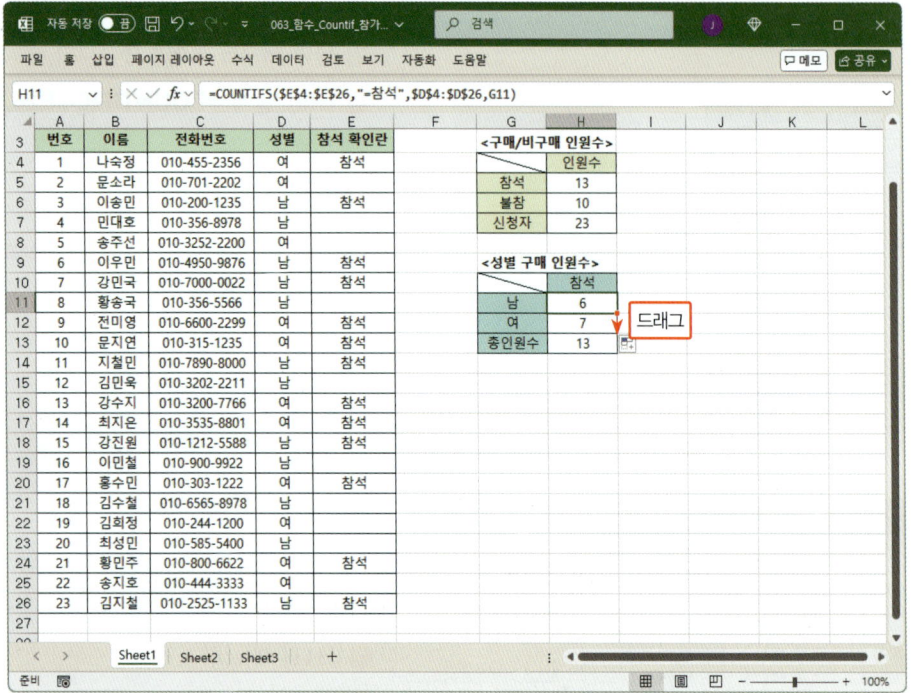

Tip 참석한 인원 중 남, 여 인원수가 표시됩니다.

Note COUNTIF, COUNTIFS 함수 한눈에 보기

다음을 참고해 COUNTIF, COUNTIFS 함수를 자세히 이해할 수 있습니다.

범주	이름	설명
통계 함수	COUNTIF(개수를 세고 싶은 범위, 조건)	조건에 맞는 셀의 개수를 구합니다.
	COUNTIFS(개수를 세고 싶은 범위1, 조건1, 개수를 세고 싶은 범위2, 조건2, …)	다중 조건에 만족하는 셀의 개수를 구합니다.

혼자 해보기

개인별 판매 실적표에서 구조적 참조로 판매실적 조회하기

실습 파일 3장\혼자해보기\012_영업실적표2.xlsx   **완성 파일** 3장\혼자해보기\012_영업실적표2_완성.xlsx

🔍 예제 설명 및 완성 화면

개인별 판매 실적표를 표로 변환하고, UNIQUE 함수와 데이터 유효성 검사로 부서 목록을 표시합니다. 조회하고 싶은 부서명을 선택하고 지시 사항에 따라 SUMIF, MAXIFS, COUNTIFS, SUM 함수와 구조적 참조 수식으로 부서별 실적합계, 최대성과금, 우수사원수를 구합니다.

	A	B	C	D	E	F	G	H	I	J	K	L
1			개인별 판매 실적표									
2				인원수	26							
3								<부서별 판매 실적 조회>				
4	성명	부서	실적금액	성과금	실적평가			부서	실적합계	성과금합계	최대성과금	우수사원수
5	김성철	영업1팀	3,560,000	106,800				영업3팀	60,260,000	4,987,800	1,300,000	4
6	이병욱	영업3팀	13,000,000	1,300,000	우수			영업1팀				
7	서기린	영업2팀	11,400,000	1,140,000	우수			영업3팀				
8	유태현	영업1팀	7,660,000	766,000	우수			영업2팀				
9	박민우	영업3팀	5,780,000	289,000				영업4팀				
10	김태성	영업2팀	8,910,000	891,000	우수							
11	남진섭	영업3팀	6,780,000	339,000								
12	강은철	영업1팀	3,450,000	103,500								
13	최진우	영업2팀	5,120,000	256,000								
14	황욱진	영업3팀	12,100,000	1,210,000	우수							
15	김진섭	영업1팀	4,300,000	129,000								
16	박태수	영업2팀	3,220,000	96,600								
17	이민호	영업1팀	2,450,000	73,500								
18	문호철	영업3팀	1,340,000	40,200								
19	전남주	영업2팀	3,110,000	93,300								
20	홍순민	영업1팀	5,660,000	283,000								
21	이나영	영업3팀	4,520,000	135,600								
22	나은미	영업1팀	1,980,000	59,400								
23	민호철	영업2팀	7,210,000	721,000	우수							

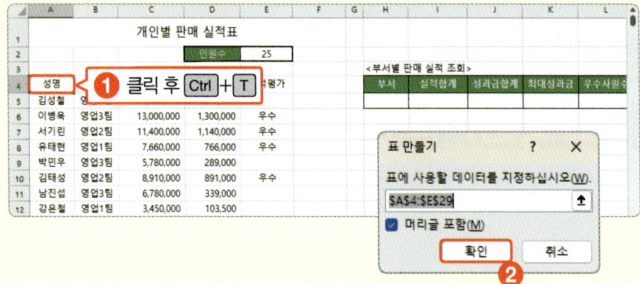

01 ① 데이터가 입력된 임의의 셀 클릭 후 Ctrl + T

② [표 만들기] 대화상자에서 [확인]을 클릭해 데이터의 범위를 표로 만듭니다.

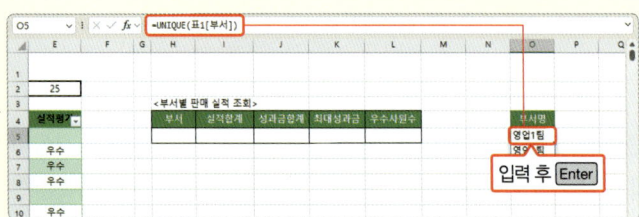

02 부서명은 UNIQUE 함수를 이용해 고윳값을 추출해 구해보겠습니다. [O5] 셀에 **=UNIQUE(표1[부서])**를 입력한 후 Enter 를 누릅니다.

Tip 컴퓨터 환경에 따라 표 이름이 다를 수 있으므로 [테이블 디자인] 탭-[속성] 그룹에서 표 이름이 '표1'인지 확인합니다.

Tip UNIQUE 함수는 엑셀 2021 버전부터 사용할 수 있습니다. 따라서 엑셀 2019 버전을 포함한 이전 버전에서는 **02** 실습을 건너뜁니다.

03 부서에 데이터 유효성 검사를 설정해보겠습니다. ① [H5] 셀 클릭 ② [데이터] 탭-[데이터 도구] 그룹-[데이터 유효성 검사] 클릭 ③ [데이터 유효성] 대화상자에서 [제한 대상]에 [목록] 선택 ④ [원본]에 **=$O$5#** 입력 ⑤ [확인]을 클릭합니다. [H5] 셀에 부서명 목록이 추가됩니다.

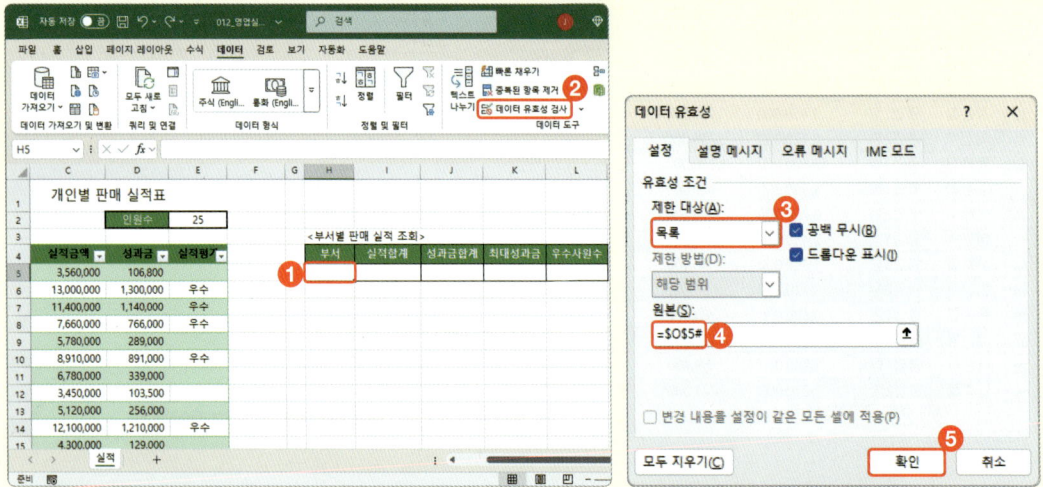

Tip 동적 배열 함수로 고윳값을 추출한 범위를 참조할 때 수식을 입력한 셀 주소($O$5) 뒤에 #을 입력하면 범위를 반환합니다.

Tip 엑셀 2019 버전을 포함한 이전 버전에서는 [데이터 유효성] 대화상자의 [원본]에 **영업1팀, 영업2팀, 영업3팀**을 입력합니다.

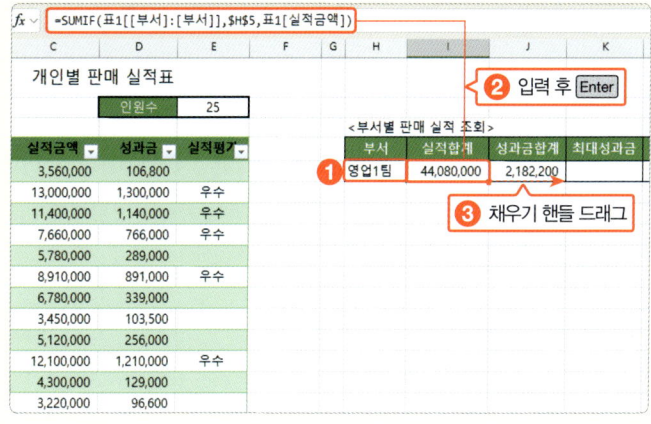

04 ❶ [H5] 셀의 부서명을 [영업1팀]으로 선택

❷ [I5] 셀에 **=SUMIF(표1[[부서]:[부서]],$H$5,표1[실적금액])** 입력 후 Enter

❸ 채우기 핸들을 [J5] 셀까지 드래그하여 성과금합계도 구합니다.

Tip 구조적 참조는 일반 셀 참조와 마찬가지로 수식을 복사하면 열 머리글의 참조가 변합니다. 수식 =SUMIF(표1[부서],$H$5,표1[실적금액])에서 표1[부서]는 고정되어야 하므로 **표1[[부서]:[부서]]**로 수정합니다.

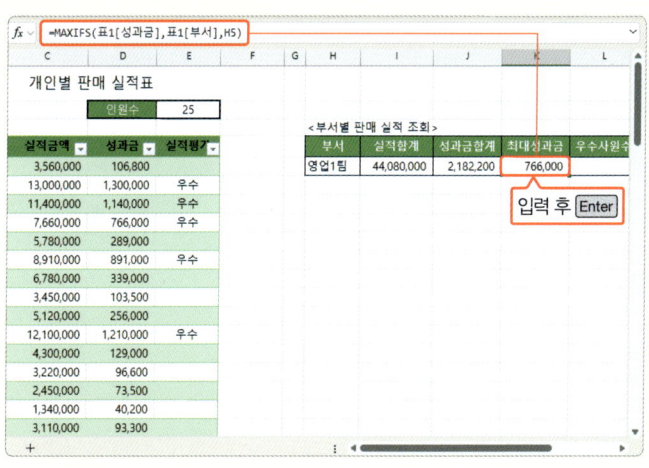

05 성과금의 최댓값은 MAXIFS 함수를 이용하여 구합니다. [K5] 셀에 **=MAXIFS(표1[성과금],표1[부서],H5)**를 입력한 후 Enter 를 누릅니다.

Tip MAXIFS 함수는 범위에서 다중 조건을 만족하는 최댓값을 구합니다. 엑셀 2019 버전부터 사용할 수 있습니다.

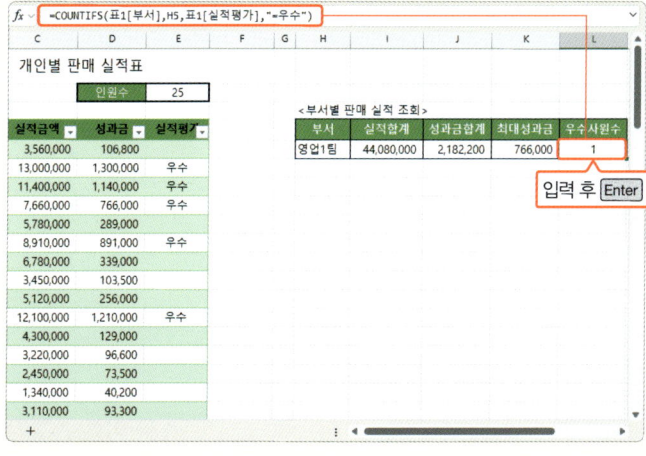

06 우수사원수는 COUNTIFS 함수를 이용하여 구합니다. [L5] 셀에 **=COUNTIFS(표1[부서],H5,표1[실적평가],"=우수")**를 입력한 후 Enter 를 누릅니다.

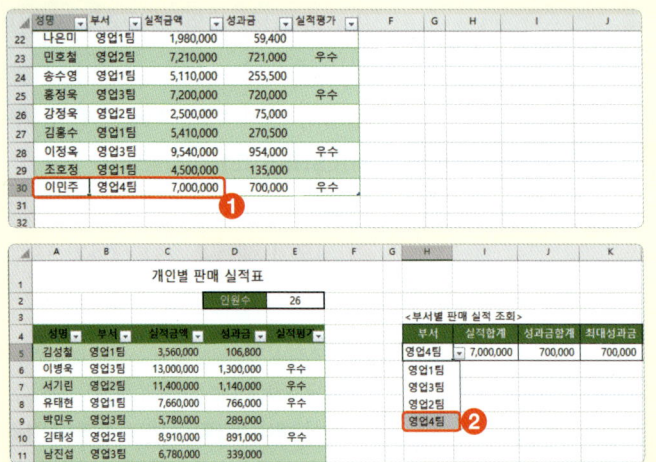

07 ❶ [A30] 셀에 **이민주**, [B30] 셀에 **영업4팀**, [C30] 셀에 **7000000** 입력 ❷ [H5] 셀의 부서명 목록에 '영업4팀'이 추가됩니다. [영업4팀]을 선택하고 부서별 판매실적을 조회합니다.

Tip 엑셀 2019 버전을 포함한 이전 버전에서는 [데이터 유효성] 대화상자의 [원본]에 **영업4팀**을 추가로 입력해야 합니다.

064 UNIQUE, SUMIF, SUMIFS 함수와 구조적 참조로 조건에 맞는 합계 구하기

우선순위

실습 파일 3장\064_함수_SUMIF_입금대장.xlsx   완성 파일 3장\064_함수_SUMIF_입금대장_완성.xlsx

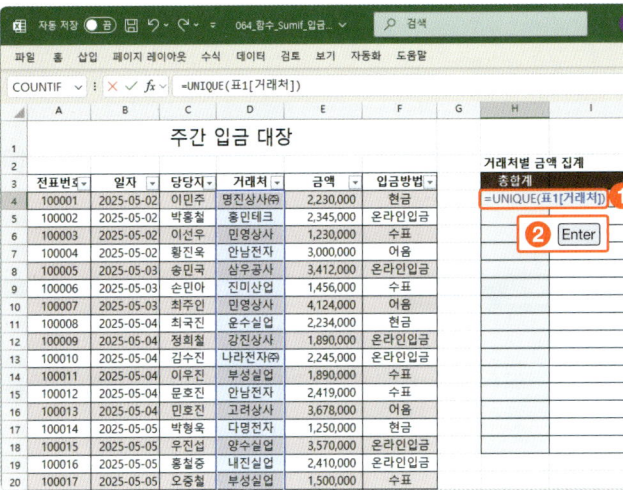

거래처 고윳값 추출하기 [2021 이상] [M365]

01 주간 입금 대장 범위는 표로 변환되어 있으므로 거래처 범위의 고윳값을 구조적 참조 수식으로 추출해보겠습니다.

❶ [H4] 셀에 **=UNIQUE(표1[거래처])** 입력

❷ Enter 를 누르면 거래처 고윳값을 범위로 반환합니다.

Tip 엑셀 2021 버전부터 새롭게 추가된 UNIQUE 함수는 거래처 범위(표1[거래처])에서 중복된 값을 제거하고 고윳값을 추출하는 동적 배열 함수입니다. 결괏값을 범위로 변환하고 파란색 테두리로 강조해 표시합니다. 엑셀 2019 이전 버전에서는 [거래처] 시트의 [A2:A16] 범위를 복사해서 [주간입금] 시트의 [H4] 셀에 붙여 넣습니다.

Tip 표의 구조적 참조 수식에 대해 자세한 내용은 160쪽을 참고합니다.

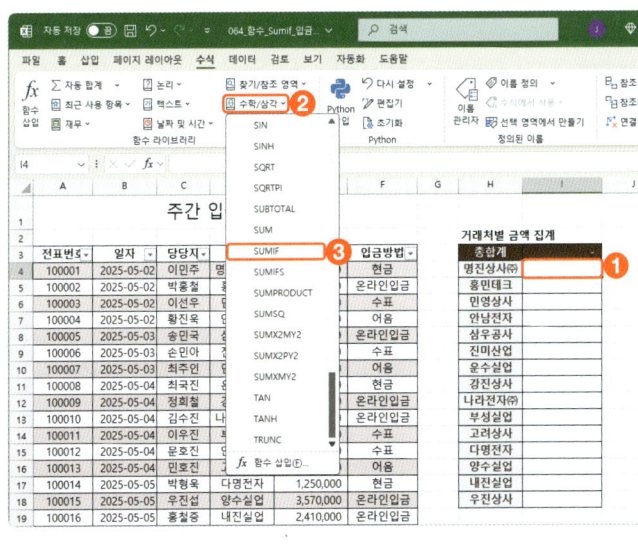

거래처별 금액의 합계 구하기

02 주간 입금 대장에서 거래처별로 입금액의 합계를 구해보겠습니다.

❶ [I4] 셀 클릭

❷ [수식] 탭–[함수 라이브러리] 그룹–[수학/삼각] 클릭

❸ [SUMIF]를 클릭합니다.

Tip SUMIF 함수는 조건에 맞는 셀의 합계를 구합니다.

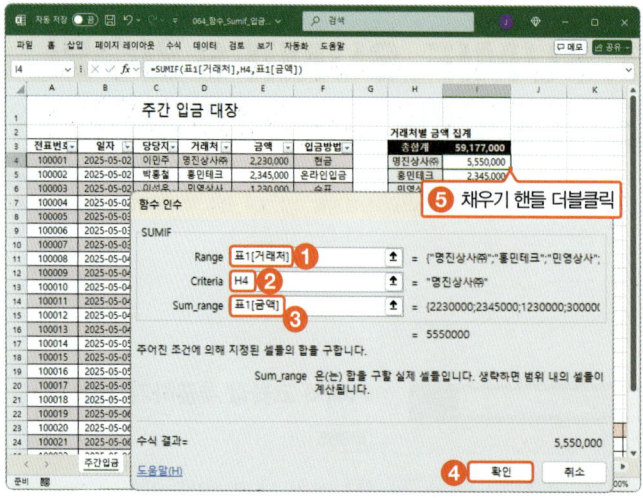

SUMIF 함수 인수 입력하기

03 ① [함수 인수] 대화상자의 [Range](범위)에 **표1[거래처]** 입력

② [Criteria](조건)에 **H4** 입력

③ [Sum_range](합계 범위)에 **표1[금액]** 입력

④ [확인] 클릭

⑤ [I4] 셀의 채우기 핸들을 더블클릭하여 수식을 복사합니다.

Tip 거래처(H4) 조건을 거래처 범위(표1[거래처])에서 찾아 금액(표1[금액])의 합계를 표시하는 완성 수식은 =SUMIF(표1[거래처],H4,표1[금액])입니다.

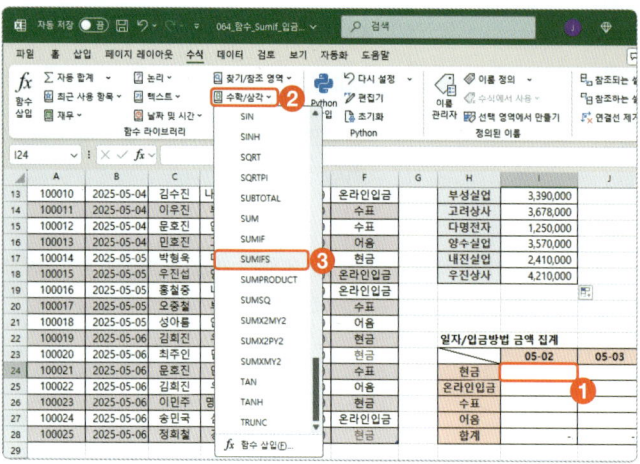

일자별 입금방법을 조건으로 금액의 합계 구하기

04 일자별로 입금한 방법에 따른 금액의 합계를 구해보겠습니다.

① [I24] 셀 클릭

② [수식] 탭-[함수 라이브러리] 그룹-[수학/삼각] 클릭

③ [SUMIFS]를 클릭합니다.

Tip SUMIFS 함수는 다중 조건에 맞는 셀의 합계를 구합니다.

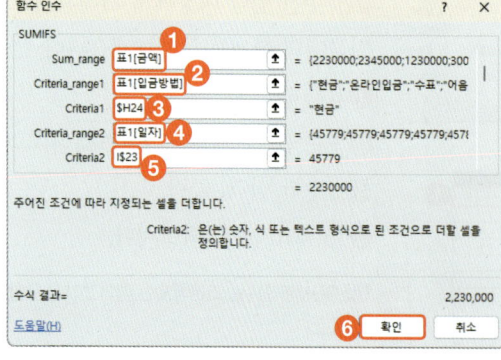

SUMIFS 함수 인수 입력하기

05 ① [함수 인수] 대화상자에서 [Sum_range](합계 범위)에 **표1[금액]** 입력

② [Criteria_range1](조건1 범위)에 **표1[입금방법]** 입력

③ [Criteria1](조건1)에 **$H24** 입력

④ [Criteria_range2](조건2 범위)에 **표1[일자]** 입력

⑤ [Criteria2](조건2)에 **I$23** 입력

⑥ [확인]을 클릭합니다.

Tip 완성 수식은 =SUMIFS(표1[금액],표1[입금방법],$H24,표1[일자],I$23)입니다.

06 ① [I24:M27] 범위 지정 ② 수식 입력줄 클릭 ③ Ctrl + Enter 를 눌러 수식을 적용합니다.

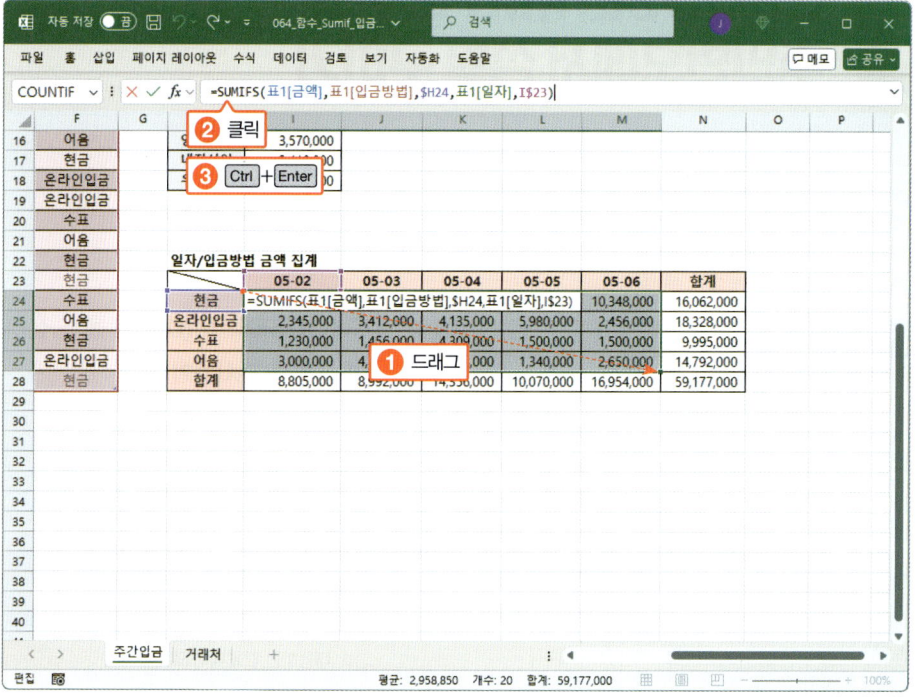

Tip 구조적 참조도 수식을 복사하면 상대 참조로 수식이 복사됩니다. 따라서 [금액], [입금방법], [일자] 열을 고정하기 위해 범위를 지정한 후 Ctrl + Enter 를 눌러 구조적 참조 열을 고정합니다.

Tip 입금한 날짜별로, 입금 방법에 따른 금액의 합계가 구해집니다.

Note SUMIF, SUMIFS, UNIQUE 함수 한눈에 보기

다음을 참고해 SUMIF, SUMIFS, UNIQUE 함수를 자세히 이해할 수 있습니다.

범주	이름	설명
통계 함수	SUMIF(조건을 검사할 범위, 조건, 합계를 계산할 범위)	조건에 맞는 셀의 합계를 구합니다.
	SUMIFS(합계를 계산할 범위, 조건을 검사할 범위1, 조건1, 조건을 검사할 범위2, 조건2,…)	다중 조건에 만족하는 셀의 합계를 구합니다.
찾기/참조 영역	UNIQUE(고윳값을 반환할 범위,[방향],[고윳값])	동적 배열 함수로 범위에서 고윳값의 목록을 반환합니다. **방향** : 행(FALSE, 생략), 열(TRUE) **고윳값** : 모든 고윳값을 추출(FALSE, 생략), 정확하게 한 번 표시된 항목의 고윳값(TRUE)

CHOOSE, MID 함수로 주민번호에서 성별 구하기

실습 파일 3장\065_함수_CHOOSE_사원명부.xlsx   완성 파일 3장\065_함수_CHOOSE_사원명부_완성.xlsx

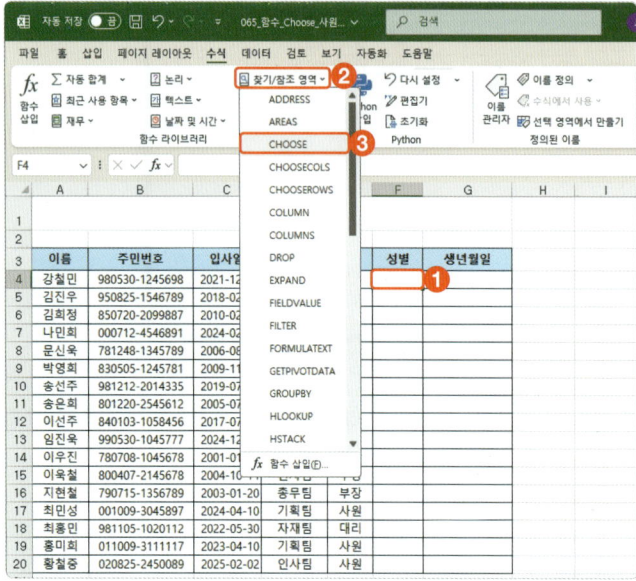

CHOOSE와 MID 함수를 중첩하여 성별을 표시하기

01 ❶ [F4] 셀 클릭

❷ [수식] 탭-[함수 라이브러리] 그룹-[찾기/참조 영역] 클릭

❸ [CHOOSE]를 클릭합니다.

Tip CHOOSE 함수는 인덱스 번호(1~254)에 대응하는 값을 찾아 표시합니다.

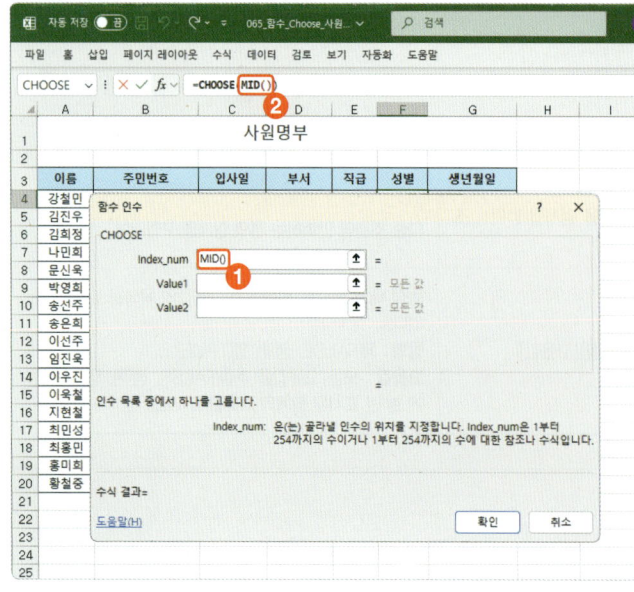

02 ❶ [함수 인수] 대화상자의 [Index_num]에 **MID()** 입력

❷ MID 함수의 인수를 입력하기 위해 수식 입력줄에서 **MID()**를 클릭합니다.

Tip MID 함수는 문자열에서 지정한 위치로부터 일부 글자를 추출합니다.

MID 함수 인수 입력하기

03 ❶ [함수 인수] 대화상자에서 [Text]에 **B4** 입력 ❷ [Start_num]에 **8** 입력 ❸ [Num_chars]에 **1** 입력 ❹ 수식 입력줄에서 **CHOOSE**를 클릭해서 CHOOSE 함수의 [함수 인수] 대화상자로 돌아갑니다.

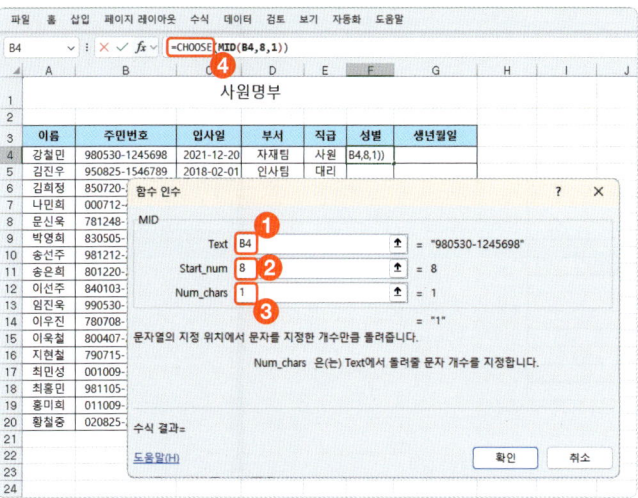

인수 설명
- Text : 주민번호가 있는 셀 주소(B4)를 지정합니다.
- Start_num : 주민번호에서 추출한 시작 위치(8)를 입력합니다.
- Num_chars : 시작 위치로부터 추출할 문자 개수(1)를 입력합니다.

CHOOSE 함수 인수 입력하기

04 ❶ [Value1]에 **남** 입력 ❷ [Value2]에 **여** 입력 ❸ [Value3]에 **남** 입력 ❹ [Value4]에 **여** 입력 ❺ [확인]을 클릭합니다.

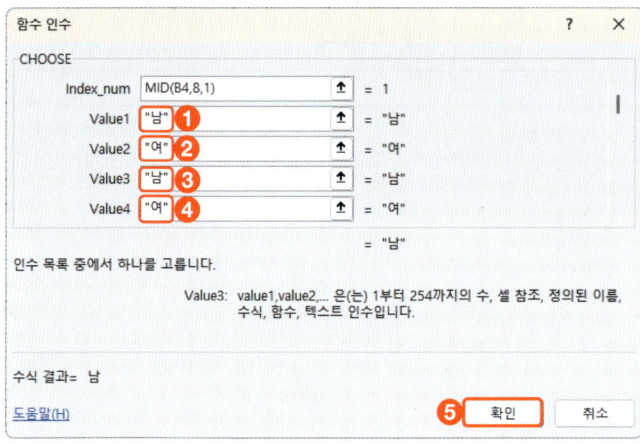

Tip 주민번호에서 여덟 번째 자리에 성별 구분 번호(1~4)에 따라 순서대로 "남", "여", "남", "여"를 반환하는 완성 수식은 =CHOOSE(MID(B4,8,1),"남","여","남","여")입니다.

05 [F4] 셀의 채우기 핸들을 더블클릭해서 수식을 복사합니다.

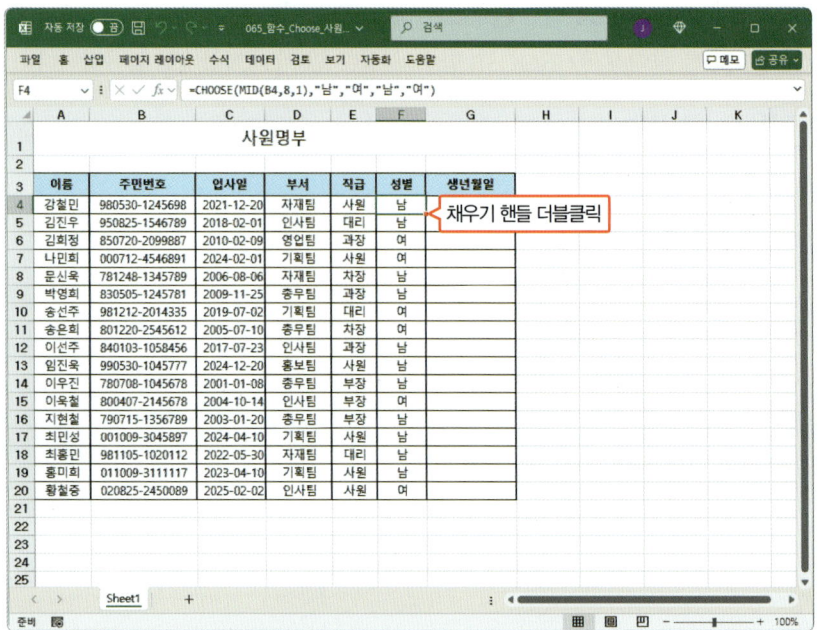

> **Note** MID, CHOOSE 함수 한눈에 보기

다음을 참고해 MID, CHOOSE 함수를 자세히 이해할 수 있습니다.

범주	이름	설명
텍스트 함수	MID(문자열,추출할 시작 위치,추출할 문자의 수)	문자열에서 시작 위치로부터 일부 글자를 추출합니다.
찾기/참조 영역 함수	CHOOSE(인덱스 번호,값1,값2,…)	인덱스 번호(1~254)에 따른 위치의 목록(값1, 값2, …)을 찾아줍니다.

LEFT, FIND, SUBSTITUTE, TEXTJOIN 함수로 문자 수정하기

실습 파일 3장\066_함수_FIND_이메일주소록.xlsx **완성 파일** 3장\066_함수_FIND_이메일주소록_완성.xlsx

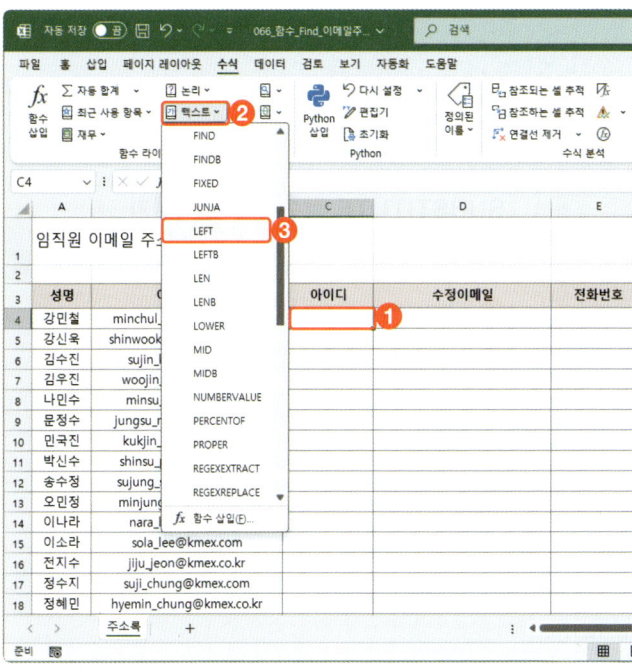

이메일 주소에서 아이디 추출하기

01 이메일 주소에서 @ 기호 앞부분에 위치한 사원별 아이디를 추출해 보겠습니다.

❶ [C4] 셀 클릭
❷ [수식] 탭–[함수 라이브러리] 그룹–[텍스트] 클릭
❸ [LEFT]를 클릭합니다.

Tip LEFT 함수는 왼쪽에서 일부 문자를 추출합니다.

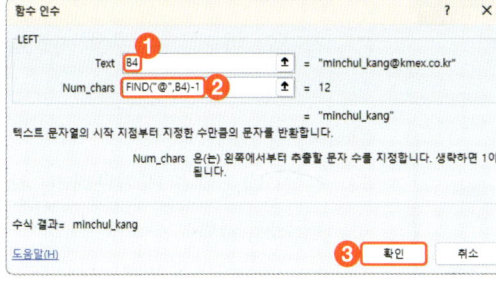

LEFT, FIND 함수 인수 입력하기

02 ❶ [함수 인수] 대화상자의 [Text]에 **B4** 입력
❷ [Num_chars]에 **FIND("@",B4)–1** 입력
❸ [확인]을 클릭합니다.

Tip FIND 함수는 특정 문자가 문자열에서 몇 번째 위치에 있는지를 숫자로 표시합니다. 이메일 주소에서 아이디만 추출하는 완성 수식은 **=LEFT(B4,FIND("@",B4)–1)**입니다.

인수 설명
- **Text** : 아이디를 추출할 이메일 주소(B4)를 지정합니다.
- **Num_chars** : 이메일 주소에서 @ 기호(FIND("@",B4))의 위치를 찾아서, @ 위치 전까지만 추출해야 하므로 –1을 입력합니다.

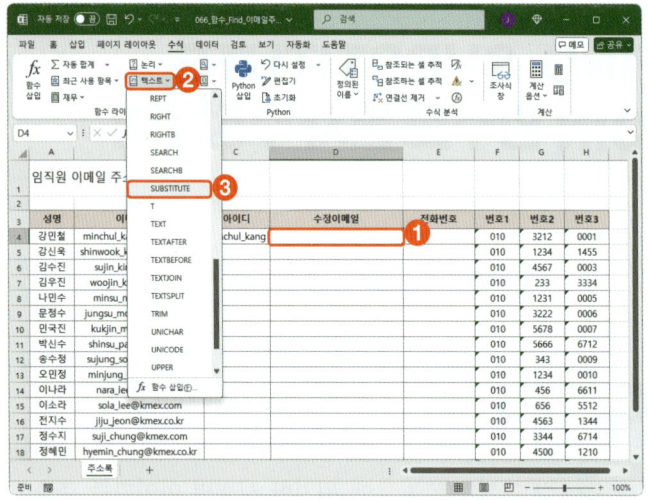

이메일 주소에서 수정하기

03 이메일 주소에서 co.kr을 com 으로 수정해보겠습니다.

❶ [D4] 셀 클릭

❷ [수식] 탭-[함수 라이브러리] 그룹-[텍스트] 클릭

❸ [SUBSTITUTE]를 클릭합니다.

Tip SUBSTITUTE 함수는 문자열에서 일부 문자를 새로운 문자로 치환합니다.

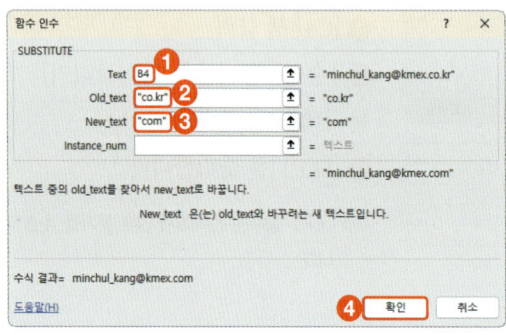

SUBSTITUTE 함수 인수 입력하기

04 ❶ [함수 인수] 대화상자의 [Text]에 **B4** 입력

❷ [Old_text]에 **co.kr** 입력

❸ [New_text]에 **com** 입력

❹ [확인]을 클릭합니다.

Tip 완성 수식은 =SUBSTITUTE(B4,"co.kr","com")입니다.

인수 설명
- Text : 이메일 주소(B4)를 지정합니다.
- Old_text : 바꾸고자 하는 문자열을 찾기 위해 co.kr을 입력합니다.
- New_text : 새롭게 바꿀 문자열 com을 입력합니다.

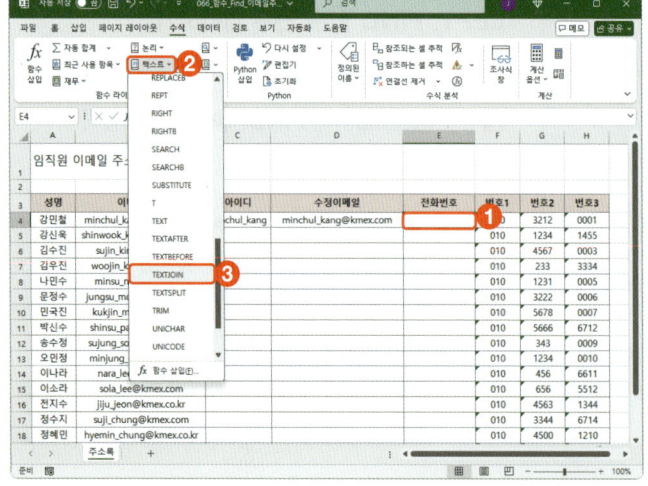

전화번호 합치기

05 각각의 번호를 '-' 구분 기호로 합쳐보겠습니다.

❶ [E4] 셀 클릭

❷ [수식] 탭-[함수 라이브러리] 그룹-[텍스트] 클릭

❸ [TEXTJOIN]을 클릭합니다.

Tip TEXTJOIN 함수는 엑셀 2019 버전에 새로 추가된 함수로 범위의 내용을 구분 기호를 사용하여 합칩니다.

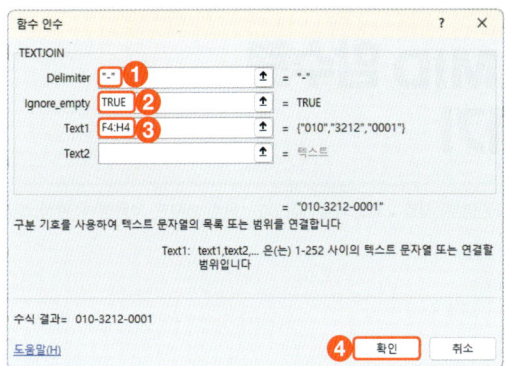

TEXTJOIN 함수 인수 입력하기 2019 이상
M365

06 ❶ [함수 인수] 대화상자의 [Delimiter]에 **-** 입력

❷ [Ignore_empty]에 **TRUE** 입력

❸ [Text1]에 **F4:H4** 입력

❹ [확인]을 클릭합니다.

Tip 전화번호가 '-' 구분 기호로 합쳐지는 완성 수식은 **=TEXTJOIN ("-",TRUE,F4:H4)**입니다. 엑셀 2016 이전 버전에서는 수식 **=F4&"-"&G4&"-"&H4**를 입력합니다.

인수 설명 · Delimiter : 문자열을 합칠 때 구분 기호 '-'를 입력합니다.
· Ignore_empty : 합칠 범위에 빈 셀을 포함하지 않으려면 'TRUE'를 입력합니다.
· Text1 : 전화번호를 합칠 범위(F4:H4)를 지정합니다.

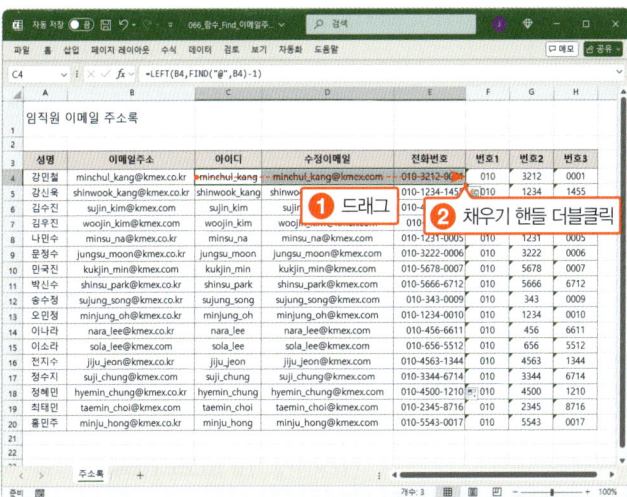

전화번호 합치기

07 ❶ [C4:E4] 범위 지정

❷ 채우기 핸들을 더블클릭해서 수식을 복사합니다.

Tip 아이디가 추출되고, 이메일이 수정되며 전화번호가 합쳐집니다.

Note — LEFT, FIND, SUBSTITUTE, TEXTJOIN 함수 한눈에 보기

다음을 참고해 LEFT, FIND, SUBSTITUTE, TEXTJOIN 함수를 자세히 이해할 수 있습니다.

범주	이름	설명
텍스트 함수	LEFT(문자열, 왼쪽에서 추출할 문자의 수)	문자열에서 왼쪽 일부 글자를 추출합니다.
	FIND(찾을 문자, 문자열, 시작 위치)	문자열에서 시작 위치로부터 일부 글자를 추출합니다.
	SUBSTITUTE(문자열, 대상 문자, 바꿀 문자, 시작 위치)	문자열에서 일부 글자를 다른 글자로 대치하고자 할 때 사용합니다.
	TEXTJOIN(구분 기호, 빈 셀 포함 유무, 문자열1, 문자열2, …, 문자열252)	구분 기호를 사용하여 문자열을 합칩니다.

DATE, LEFT, MID 함수로 생년월일 계산하기

실습 파일 3장\067_함수_DATE_사용명부.xlsx [사원명부] 시트   완성 파일 3장\067_함수_DATE_사용명부_완성.xlsx

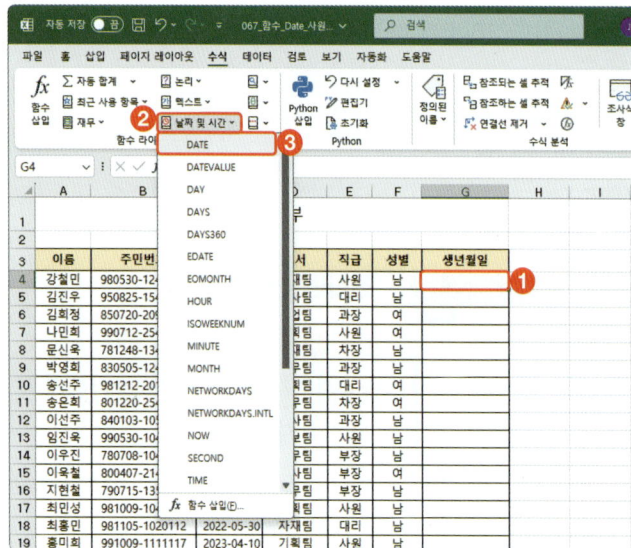

생년월일 구하기

01 ❶ [사원명부] 시트의 [G4] 셀 클릭
❷ [수식] 탭-[함수 라이브러리] 그룹-[날짜 및 시간] 클릭
❸ [DATE]를 클릭합니다.

Tip DATE 함수는 연, 월, 일을 인수로 입력받아 날짜로 변환합니다.

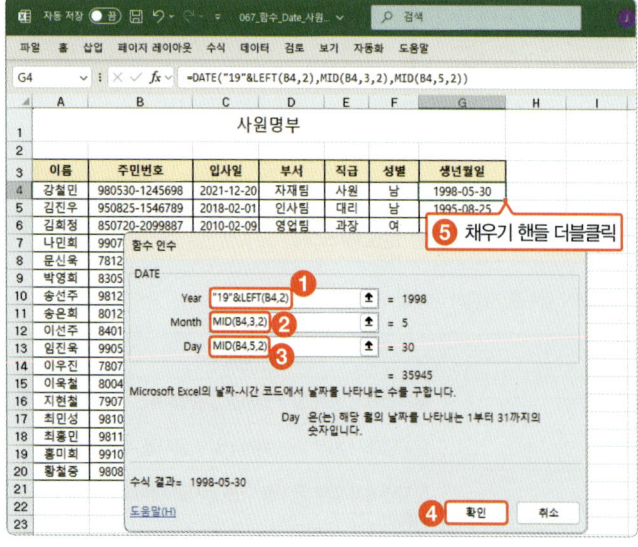

DATE 함수 인수 입력하기

02 ❶ [함수 인수] 대화상자에서 [Year]에 **"19"&LEFT(B4,2)** 입력
❷ [Month]에 **MID(B4,3,2)** 입력
❸ [Day]에 **MID(B4,5,2)** 입력
❹ [확인] 클릭
❺ [G4] 셀의 채우기 핸들을 더블클릭해서 수식을 복사합니다.

Tip 완성 수식은 =DATE("19"&LEFT(B4,2), MID(B4,3,2),MID(B4,5,2))입니다.

인수 설명
- **Year** : 주민번호(B4)의 왼쪽에서 두 글자를 가져와 "19"를 합쳐 연도를 지정합니다.
- **Month** : 주민번호(B4)의 세 번째 글자부터 두 글자를 가져와서 월을 지정합니다.
- **Day** : 주민번호(B4)의 다섯 번째 글자부터 두 글자를 가져와서 일을 지정합니다.

Note 2000년 이후 출생자의 생년월일은 어떻게 계산하나요?

[사원명부] 시트에서 주민등록번호의 앞 두 자리는 출생 연도를 나타냅니다. 하지만 1900년대생과 2000년대생을 구분하려면, 주민등록번호의 여덟 번째 자리인 성별 식별 숫자를 함께 확인해야 합니다. 이 숫자가 1 또는 2이면 1900년대생, 3 또는 4이면 2000년대생이므로, 이를 반영한 IF 함수를 추가해 수식을 수정해야 합니다. 실습 파일의 [2000년이후출생] 시트에서 실습해보겠습니다.

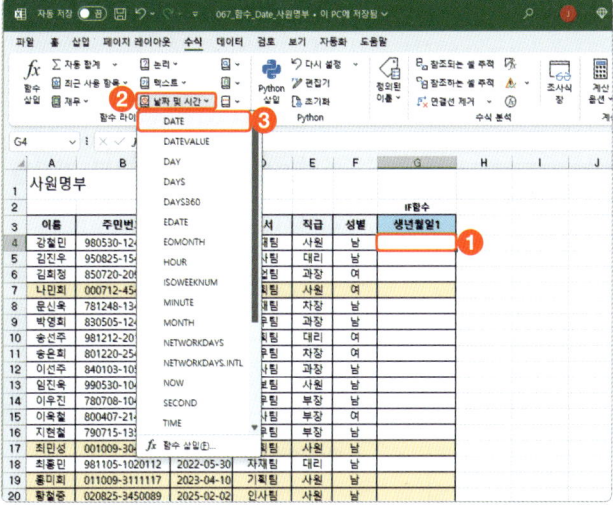

❶ [2000년이후출생] 시트의 [G4] 셀 클릭
❷ [수식] 탭-[함수 라이브러리] 그룹-[날짜 및 시간] 클릭
❸ [DATE]를 클릭합니다.

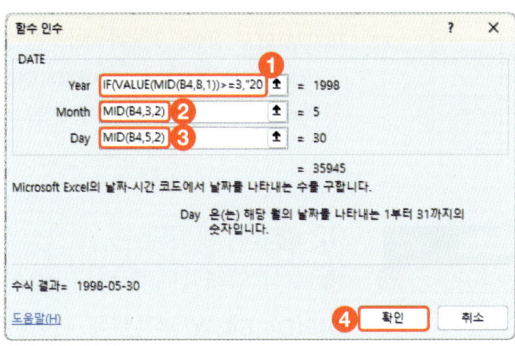

❶ [함수 인수] 대화상자에서 [Year]에 **IF(VALUE(MID (B4,8,1))>=3,"20","19")&LEFT(B4,2)** 입력
❷ [Month]에 **MID(B4,3,2)** 입력
❸ [Day]에 **MID(B4,5,2)** 입력
❹ [확인]을 클릭합니다.
이후 [G4] 셀의 채우기 핸들을 더블클릭해서 수식을 복사합니다.

인수 설명 • Year : 성별을 구분하는 숫자가 3 이상이면 주민번호(B4)의 왼쪽에서 두 글자를 가져와 '20' 또는 '19'로 합쳐 연도를 지정합니다.
• Month : 주민번호(B4)의 세 번째 글자부터 두 글자를 가져와서 월을 지정합니다.
• Day : 주민번호(B4)의 다섯 번째 글자부터 두 글자를 가져와서 일을 지정합니다.

Tip 완성 수식은 =DATE(IF(VALUE(MID(B4,8,1))>=3,"20","19")&LEFT(B4,2),MID(B4,3,2),MID(B4,5,2))입니다.

068 DATEDIF, EOMONTH 함수로 근무 기간과 퇴직금 지급일 구하기

실습 파일 3장\068_함수_DATEDIF_퇴직금.xlsx   완성 파일 3장\068_함수_DATEDIF_퇴직금_완성.xlsx

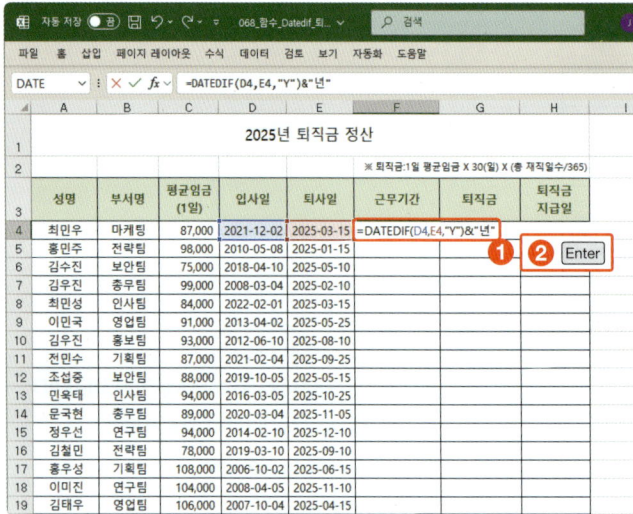

DATEDIF 함수로 근무 기간을 계산하기

01 퇴직금 정산 목록의 입사일과 퇴사일을 비교해 근무기간을 계산해보겠습니다.

❶ [F4] 셀에 **=DATEDIF(D4,E4,"Y")&"년"** 입력

❷ Enter 를 누릅니다.

Tip DATEDIF 함수는 두 날짜 사이의 연(Y), 월(M), 일(D)로 계산합니다. 입사일(D4)과 퇴사일(E4) 사이의 경과 연수("Y")가 계산됩니다.

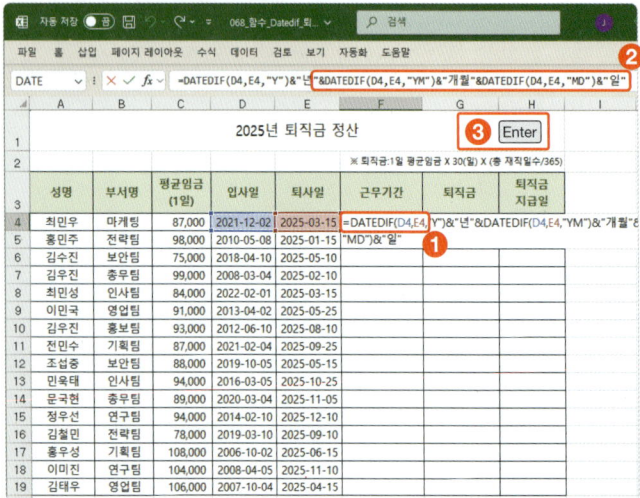

02 ❶ [F4] 셀 클릭

❷ 수식 입력줄에 입력된 **=DATEDIF(D4,E4,"Y")&"년"**에 이어서 **&DATEDIF(D4,E4,"YM")&"개월"&DATEDIF(D4,E4,"MD")&"일"** 입력

❸ Enter 를 누릅니다.

인수 설명
- **DATEDIF(D4,E4,"Y")&"년"** : 입사일(D4)로부터 퇴직일(E4)까지의 경과 연수("Y")를 구한 후 "년"과 연결합니다.
- **&DATEDIF(D4,E4,"YM")&"개월"** : 입사일(D4)로부터 퇴직일(E4)까지의 경과 연도를 제외한 개월 수("YM")를 구한 다음 "개월"과 연결합니다.
- **&DATEDIF(D4,E4,"MD")&"일"** : 입사일(D4)로부터 퇴직일(E4)까지의 경과 개월 수를 제외한 일수("MD")를 구한 다음 "일"과 연결합니다.

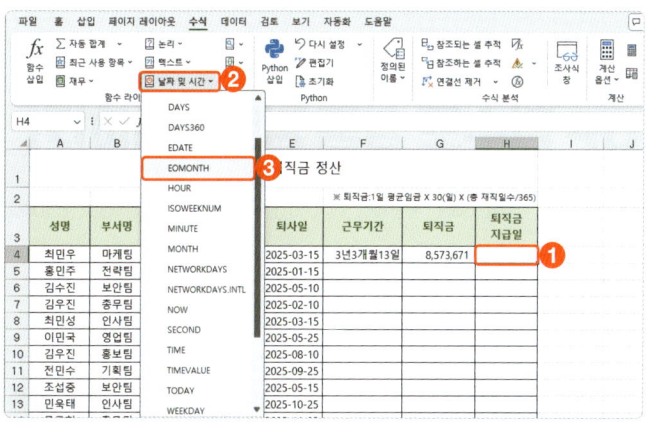

퇴직금 지급 일자 구하기

03 퇴직금은 퇴사일로부터 2개월이 경과한 후 그달의 마지막 날짜에 지급합니다. 퇴직금 지급일을 계산해보겠습니다.

❶ [H4] 셀 클릭

❷ [수식] 탭-[함수 라이브러리] 그룹-[날짜 및 시간] 클릭

❸ [EOMONTH]를 클릭합니다.

Tip EOMONTH 함수는 지정한 날짜의 전이나 후의 마지막 날짜를 계산합니다. 결괏값은 숫자로 반환하므로 날짜 표시 형식으로 지정해야 합니다.

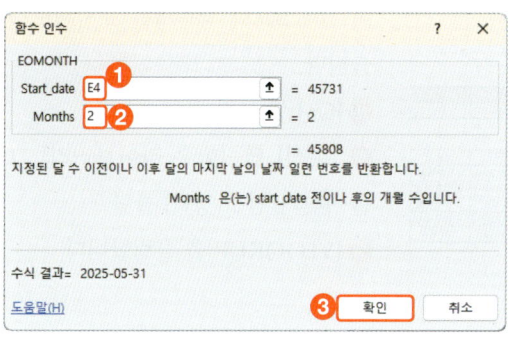

EOMONTH 함수 인수 입력하기

04 ❶ [함수 인수] 대화상자에서 [Start_date](시작일)에 **E4** 입력

❷ [Months](개월 수)에 **2** 입력

❸ [확인]을 클릭합니다.

Tip 완성 수식은 =EOMONTH(E4,2)입니다. 퇴사일로부터 2개월 후 그달의 마지막 날짜로 퇴직급 지급일을 계산합니다.

인수 설명 • Start_date : 시작일로, 여기서는 퇴사일(E4)을 입력합니다.
• Months : 개월 수로, 시작일로부터 2개월 후에 마지막 날짜를 표시하기 위해 2를 입력합니다.

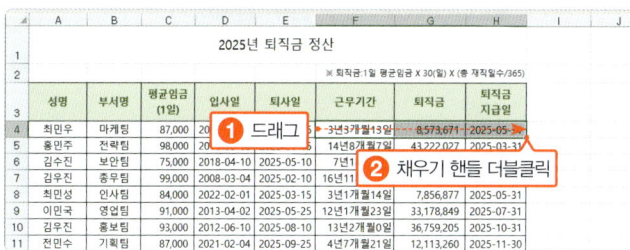

05 ❶ [F4:H4] 범위 지정

❷ 채우기 핸들을 더블클릭해서 수식을 복사합니다.

Note DATEDIF, EOMONTH 함수 한눈에 보기

다음을 참고해 DATEDIF, EOMONTH 함수를 자세히 이해할 수 있습니다.

범주	이름	설명
날짜 및 시간 함수	DATEDIF(시작일, 종료일, 옵션)	두 날짜 사이의 연, 월, 일 간격을 계산합니다. (옵션 : Y, M, D, YM, YD, MD)
	EOMONTH(시작일, 전이나 후의 개월 수)	시작일로부터 개월 수만큼 전이나 후의 마지막 날짜를 계산하여 일련번호를 반환합니다.

우선순위 069 VLOOKUP, XLOOKUP, HLOOKUP 함수로 상품 정보 표시하기

실습 파일 3장\069_함수_VHLOOKUP_판매일보.xlsx   완성 파일 3장\069_함수_VHLOOKUP_판매일보_완성.xlsx

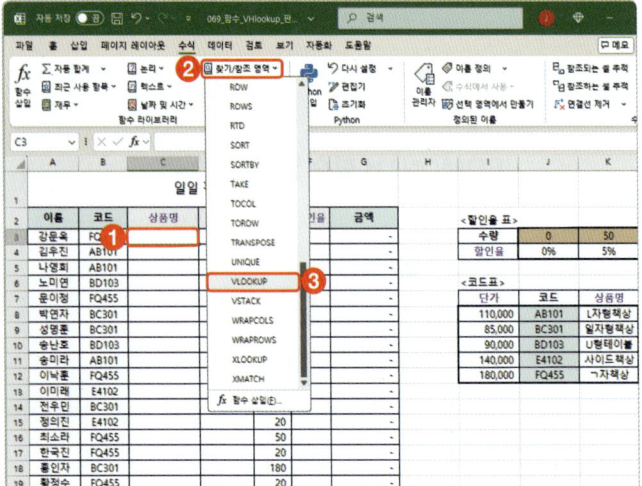

VLOOKUP 함수를 이용하여 상품명 입력하기

01 코드표에 입력된 코드를 참조하여 판매일보에 상품명을 표시해보겠습니다.

❶ [C3] 셀 클릭

❷ [수식] 탭-[함수 라이브러리] 그룹-[찾기/참조 영역] 클릭

❸ [VLOOKUP]을 클릭합니다.

Tip VLOOKUP 함수는 검색할 값을 코드표 범위에서 세로 방향으로 검색하여 대응하는 열의 값을 찾습니다.

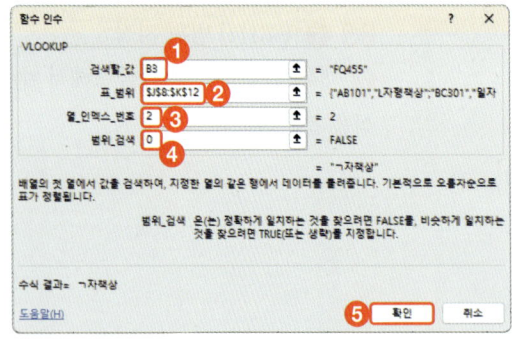

VLOOKUP 함수 인수 입력하기

02 ❶ [함수 인수] 대화상자의 [검색할_값]에 **B3** 입력

❷ [표_범위]에 **$J$8:$K$12** 입력

❸ [열_인덱스_번호]에 **2** 입력

❹ [범위_검색]에 **0** 입력

❺ [확인]을 클릭합니다.

Tip 코드표에서 [B3] 셀의 코드를 찾아서 상품명을 표시하는 완성 수식은 =VLOOKUP(B3,$J$8:$K$12,2,0)입니다.

인수 설명
- **검색할_값(Lookup_value)** : 상품 코드를 검색해 상품명을 입력해야 하므로 [B3] 셀을 입력합니다.
- **표_범위(Table_array)** : [B3] 셀의 값을 찾을 범위로 코드표의 범위($J$8:$K$12)입니다.
- **열_인덱스_번호(Col_index_no)** : 상품 코드별 코드표 범위에서 [B3] 셀 값을 검색해 상품명을 반영할 열 번호입니다.
- **범위_검색(Range_lookup)** : 검색할 값이 정확하게 일치해서 찾을 때는 FALSE 또는 0을 입력합니다.

XLOOKUP 함수로 단가 표시하기

`2021 이상` `M365`

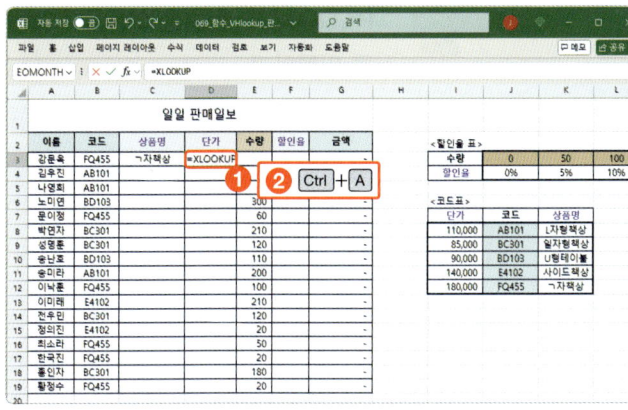

03 코드표에 입력된 단가를 참조하여 해당 상품의 단가를 입력해보겠습니다.

① [D3] 셀에 **=XLOOKUP** 입력
② `Ctrl`+`A`를 누릅니다.

Tip 함수 인수 대화상자를 불러오는 단축키는 `Ctrl`+`A`입니다.

Tip XLOOKUP 함수는 엑셀 2021 버전에서 새로 추가된 함수입니다. 찾을 값을 가로, 세로 방향으로 모두 검색할 수 있습니다. 이전 버전은 이 단계를 건너뛰고 다음 단계의 팁을 참고합니다.

XLOOKUP 함수 인수 입력하기

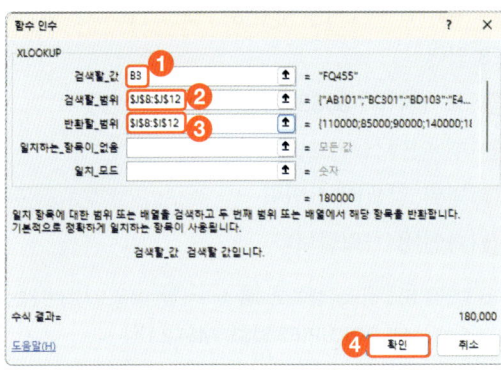

04 ① [함수 인수] 대화상자의 [검색할_값]에 **B3** 입력
② [검색할 범위]에 **$J$8:$J$12** 입력
③ [반환할_범위]에 **$I$8:$I$12** 입력
④ [확인]을 클릭합니다.

Tip 코드표에서 [B3] 셀의 코드를 찾아서 단가를 표시하는 완성 수식은 **=XLOOKUP(B3,$J$8:$J$12,$I$8:$I$12)**입니다. 엑셀 2019 이전 버전에서는 수식 **=INDEX($I$8:$I$12,MATCH(B3,$J$8:$J$12,0),1)**를 입력합니다. LOOKUP 함수를 사용한 예시는 완성 파일을 참고합니다.

인수 설명
- **검색할_값**(Lookup_value) : 상품 코드를 검색해야 하므로 [B3] 셀을 입력합니다.
- **검색할_범위**(Lookup_array) : [B3] 셀의 값을 검색할 범위로, 코드표의 범위(J8:J12)입니다.
- **반환할_범위**(Return_array) : 결과를 표시할 단가의 범위(I8:I12)입니다.

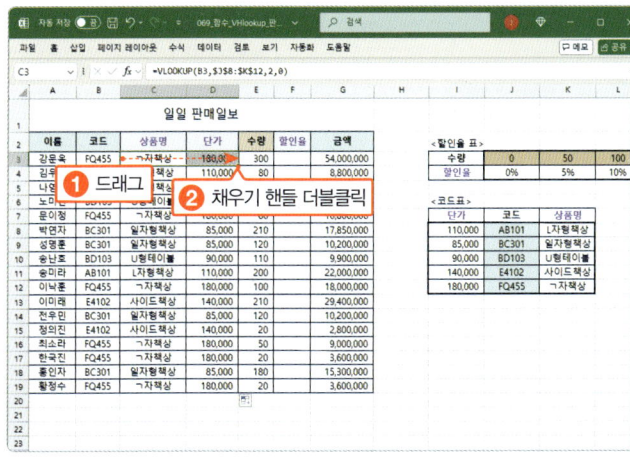

05 ① [C3:D3] 범위 지정
② 채우기 핸들을 더블클릭하여 수식을 복사합니다.

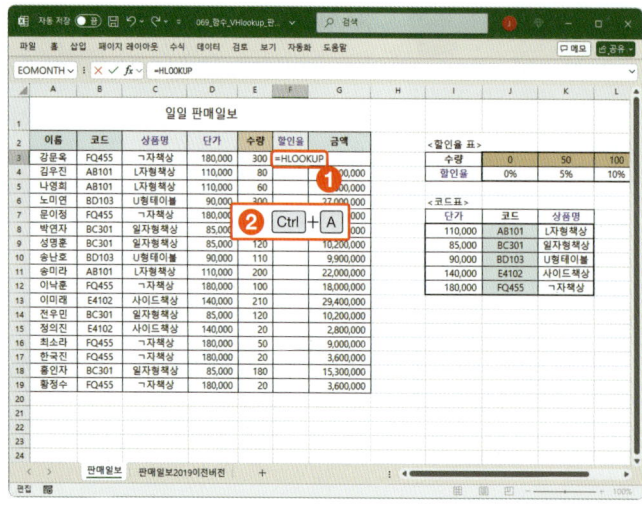

HLOOKUP 함수를 이용하여 할인율 입력하기

06 수량별 할인율을 참조하여 상품의 할인율을 입력해보겠습니다.

❶ [F3] 셀에 **=HLOOKUP** 입력

❷ Ctrl + A 를 누릅니다.

Tip HLOOKUP 함수는 검색할 값을 할인율 표 범위에서 가로 방향으로 검색하여 대응하는 행의 값을 찾습니다.

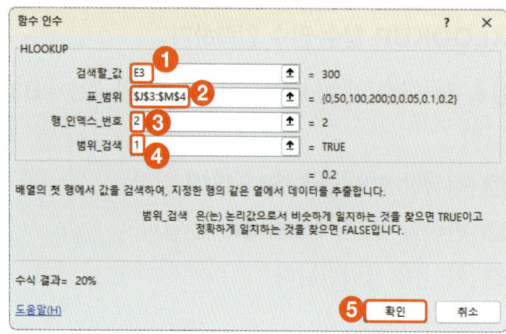

07 ❶ [함수 인수] 대화상자에서 [검색할_값]에 **E3** 입력

❷ [표_범위]에 **$J$3:$M$4** 입력

❸ [행_인덱스_번호]에 **2** 입력

❹ [범위_검색]에 **1** 입력

❺ [확인]을 클릭합니다.

Tip 할인율 표에서 [E3] 셀의 코드를 찾아서 할인율을 표시하는 완성 수식은 =HLOOKUP(E3,$J$3:$M$4,2,1)입니다.

인수 설명
- **검색할_값**(Lookup_value) : 수량을 검색해 할인율을 입력해야 하므로 [E3] 셀을 입력합니다.
- **표_범위**(Table_array) : [E3] 셀 값을 검색할 범위로, 할인율 표의 범위(J3:M4)입니다.
- **행_인덱스_번호**(Row_index_no) : 할인율 표 범위에서 [E3] 셀 값을 검색해 할인율을 반영할 행 번호입니다.
- **범위_검색**(Range_lookup) : 검색할 값의 근삿값을 찾을 때는 TRUE 또는 1을 입력합니다.

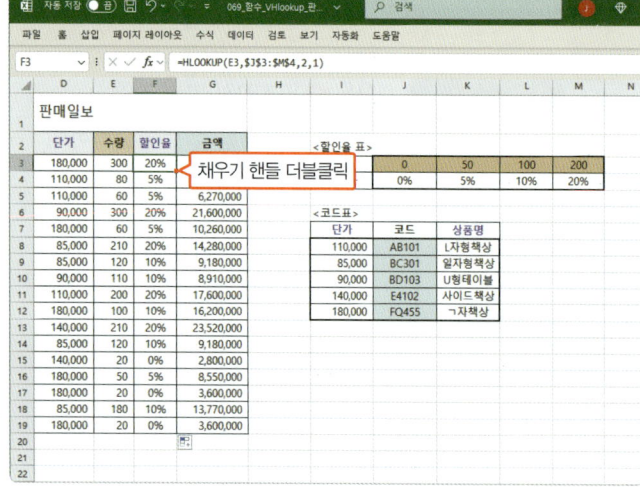

08 [F3] 셀의 채우기 핸들을 더블클릭하여 수식을 복사합니다.

Tip 수량에 따른 할인율이 모두 표시됩니다.

> **Note** HLOOKUP, VLOOKUP, XLOOKUP 함수 한눈에 보기

다음을 참고해 HLOOKUP 함수와 VLOOKUP 함수를 자세히 이해할 수 있습니다.

범주	이름	설명
찾기/ 참조 영역 함수	HLOOKUP(검색 값, 데이터를 검색하고 참조할 범위, 범위에서 추출할 열 번호, 옵션)	목록 범위의 첫 번째 행에서 가로(Horizontal) 방향으로 검색하면서 원하는 값을 추출합니다.
	VLOOKUP(검색 값, 데이터를 검색하고 참조할 범위, 범위에서 추출할 행 번호, 옵션)	목록 범위의 첫 번째 열에서 세로(Vertical) 방향으로 검색하면서 원하는 값을 추출합니다.

XLOOKUP 함수는 엑셀 2021에서 새로 추가된 함수로 VLOOKUP, HLOOKUP, LOOKUP 함수를 하나로 합쳐지면서 처리 속도가 향상되었습니다. 기존 함수(VLOOKUP, HLOOKUP)에서 반드시 첫 열(행)에 찾을 값이 위치해야만 했던 불편한 점이 개선되었으며, LOOKUP 함수에서 찾을 범위가 반드시 오름차순으로 정렬되어 있어야만 했던 점도 개선되었습니다.

범주	이름	설명
찾기/ 참조 영역 함수	XLOOKUP(검색 값, 검색 범위, 결과 범위, 불일치, 일치모드, 검색모드)	검색 범위에서 검색 값을 찾아서 결과 범위에서 원하는 값을 추출합니다. **일치모드** : 정확하게 일치할 때 0(생략), 작은 값(-1), 큰 값(1) **검색모드** : 순방향 검색 1(생략), 역방향 검색 -1

> **Note** VLOOKUP과 HLOOKUP 함수 사용 시 주의할 점

VLOOKUP과 HLOOKUP 함수를 사용할 때 주의할 점에 대해 살펴보겠습니다.

❶ 검색 값(Lookup_value)은 반드시 Table_array의 **첫 번째 행(열)**에 있어야 합니다. 예를 들어 VLOOKUP 함수에서 상품 코드를 찾아서 상품명을 반환하려면 [A3:C7] 범위가 아닌 [B3:C7] 범위를 지정해야 합니다.

	A	B	C	D	E	F
1	<코드표>					
2	단가	코드	상품명		코드	상품명
3	110,000	AB101	L자형책상		FQ455	ㄱ자책상
4	85,000	BC301	일자형책상		AB101	L자형책상
5	90,000	BD103	U형테이블		AB101	L자형책상
6	140,000	E4102	사이드책상		BD103	U형테이블
7	180,000	FQ455	ㄱ자책상		BC301	일자형책상

▲ [B3:C7] 범위를 참조하여 상품명을 찾음. 완성 수식은 =VLOOKUP(E3,$B$3:$C$7,2,0) 또는 =XLOOKUP(E3,$B$3:$B$7, $C$3:$C$7)

❷ Table_array의 첫 번째 열(행)에서 근삿값을 검색할 때는 반드시 **오름차순으로 정렬**되어 있어야 합니다.

	A	B	C	D	E	F	G	H
1	<할인율 표>							
2		0~49	50~99	100~199	200이상		수량	할인율
3	수량	0	50	100	200		45	0%
4	할인율	0%	5%	10%	20%		100	10%
5							160	10%
6							210	20%

▲ [B2:E3] 범위를 참조하여 할인율을 찾음. 완성 수식은 =HLOOKUP(G3,$B$3:$E$4,2,1) 또는 =XLOOKUP(G3,$B$3:$E$3,$B$4:$E$4,-1)

❸ VLOOKUP이나 HLOOKUP 함수를 사용할 때 원하는 값을 찾지 못하면 해당 셀에 **#N/A 오류**가 나타납니다.

구조적 참조와 함수를 사용해 경력(재직) 증명서 완성하기

실습 파일 3장\혼자해보기\013_경력증명서.xlsx   완성 파일 3장\혼자해보기\013_경력증명서_완성.xlsx

🔍 예제 설명 및 완성 화면

사원 목록 범위는 표로 변환되어 있습니다. '표1'을 구조적 참조하여 IF, TODAY, LEFT, DATEDIF, VLOOKUP, TEXT 함수를 사용해 경력(재직) 증명서를 완성합니다. 엑셀 2021 버전에서 VLOOKUP 함수 대신 XLOOKUP 함수를 사용한 결과를 확인하려면 완성 파일의 [경력증명서2] 시트를 참고합니다.

경 력 (재 직) 증 명 서

성 명	정수남	주민등록번호	850796-*******
부 서	기획실	직 급	대리
재직기간	2015년 05월 03일 부터 2020년 07월 31일 까지		5년 2개월 28일
주 소	서울 강남구 역삼동 40		

상기인은 2015년 05월 03일~2020년 07월 31일까지 재직하였음을 증명합니다.

용도 : 경력 확인용

2025년 02월 05일

주소 : 서울시 강남구 역삼동 100 역삼빌딩 105

상호 : 주식회사 한빛미디어

대표 : 이 명 중

01 ❶ [사원목록] 시트 탭 클릭
❷ 데이터가 입력된 임의의 셀 클릭
❸ [테이블 디자인] 탭-[속성] 그룹
-[표 이름]을 확인합니다. 여기서는
'표1'로 정의되어 있습니다.

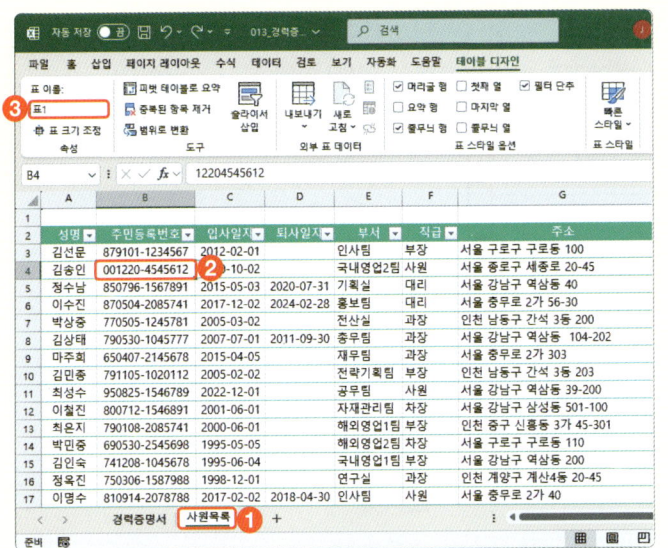

02 ❶ [경력증명서] 시트 탭 클릭 ❷ [C3] 셀 클릭 ❸ [데이터] 탭-[데이터 도구] 그룹 -[데이터 유효성 검사] 클릭 ❹ [데이터 유효성] 대화상자에서 [제한 대상]에 [목록] 선택 ❺ [원본]에 **=INDIRECT("표 1[성명]")** 입력 ❻ [확인]을 클릭합니다. [사원 목록] 시트의 표1의 [성명] 열 범위를 목록으로 반환합니다.

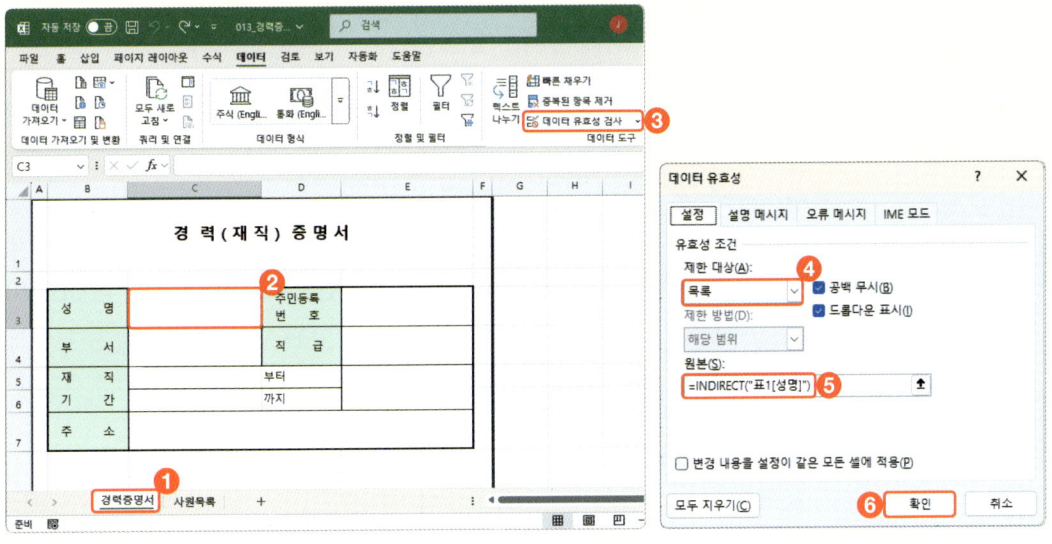

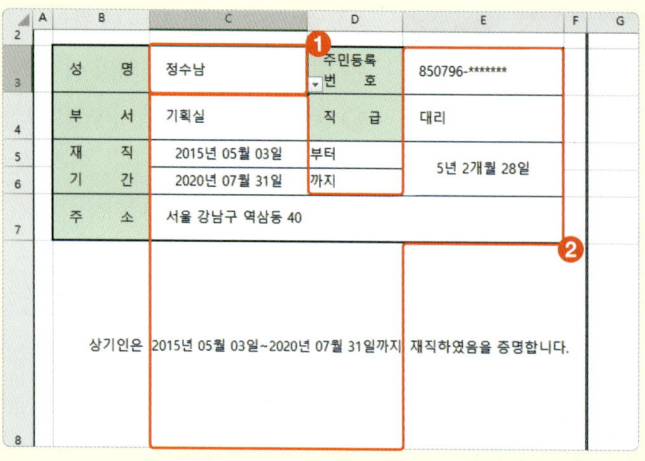

03 ❶ [C3] 셀에서 임의의 성명(정수남) 선택

❷ 증명서 각 항목에 다음 표를 참고하여 수식을 입력합니다.

항목	셀 주소	완성 수식
주민등록번호	E3	=LEFT(VLOOKUP(C3,표1[[성명]:[주소]],2,0),6)&"-*******"
부서	C4	=VLOOKUP(C3,표1[[성명]:[주소]],5,0)
직급	E4	=VLOOKUP(C3,표1[[성명]:[주소]],6,0)
입사일자	C5	=VLOOKUP(C3,표1[[성명]:[주소]],3,0)
퇴사일자	C6	=IF(VLOOKUP(C3,표1[[성명]:[주소]],4,0)="",TODAY(),VLOOKUP(C3,표1[[성명]:[주소]],4,0))
주소	C7	=VLOOKUP(C3,표1[[성명]:[주소]],7,0)
재직기간	E5	=DATEDIF(C5,C6,"y")&"년 "&DATEDIF(C5,C6,"ym")&"개월 "&DATEDIF(C5,C6,"md")&"일"
재직기간	C8	=TEXT(C5,"yyyy년 mm월 dd일~")&TEXT(C6,"yyyy년 mm월 dd일까지")

Tip 주민등록번호는 앞의 6자리만 표시하고, 재직 중인 사원은 퇴사일을 오늘 날짜로 표시합니다. [E5] 셀의 재직기간은 DATEDIF 함수를 사용하여 0년 0월 0일 형식으로, [C8] 셀의 재직기간은 TEXT 함수를 사용하여 구합니다.

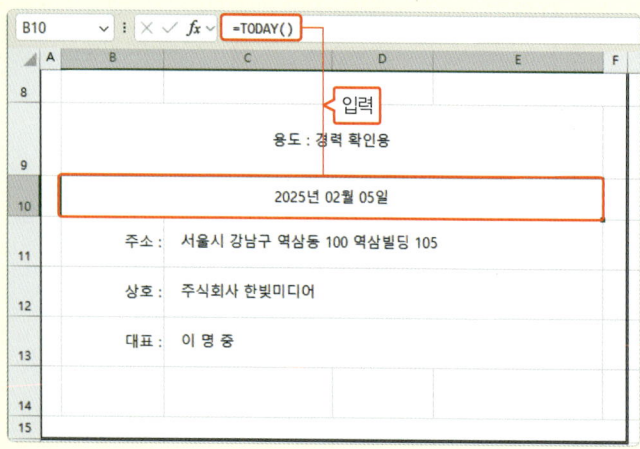

04 [B10] 셀에는 오늘 날짜를 구해 보겠습니다. [B10] 셀에 **=TODAY()** 를 입력합니다.

070 IFERROR 함수로 오류 처리하기

실습 파일 3장\070_함수_IFERROR_판매일보.xlsx 완성 파일 3장\070_함수_IFERROR_판매일보_완성.xlsx

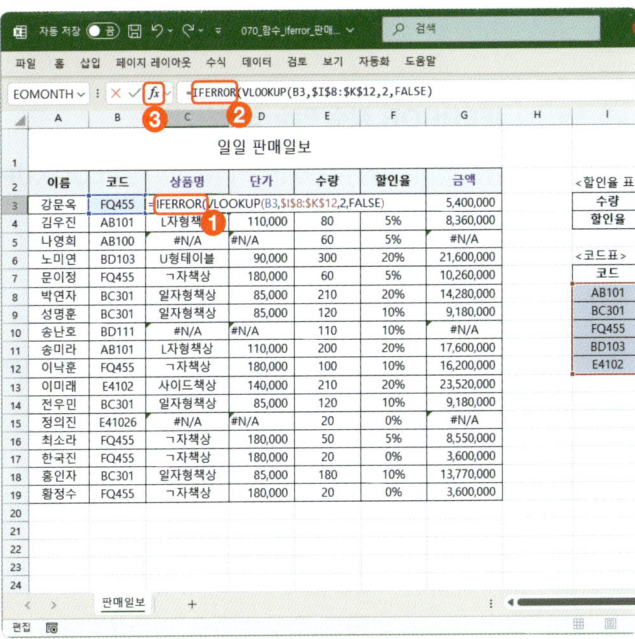

상품명에 #N/A 오류 발생 시 '코드 입력오류' 표시하기

01 ❶ [C3] 셀의 수식에서 =의 뒷부분에 **IFERROR(** 입력

❷ 수식 입력줄에서 **IFERROR** 클릭

❸ [함수 삽입 f_x]을 클릭해 [함수 인수] 대화상자를 불러옵니다.

Tip IFERROR 함수는 수식이나 셀의 오류를 검사하고, 오류 발생 시 처리할 값을 지정합니다.

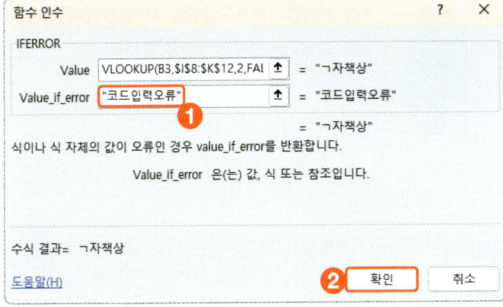

IFERROR 함수 인수 입력하기

02 [함수 인수] 대화상자의 [Value]에 **VLOOKUP (B3,$I$8:$K$12,2,FALSE)**가 입력되었다면

❶ [Value_if_error]에 **코드입력오류** 입력

❷ [확인]을 클릭합니다.

Tip 오류(#N/A)를 처리한 완성 수식은 =IFERROR(VLOOKUP (B3,$I$8:$K$12,2,FALSE),"코드입력오류")입니다.

인수 설명 • Value : [C3] 셀에 오류(#N/A, #VALUE!, #REF!, #DIV/0!, #NUM!, #NAME?, #NULL!)가 있는지 검사합니다.
• Value_if_error : 수식에서 오류(#N/A)가 발생했을 때 반환할 값으로 **코드입력오류**를 입력합니다.

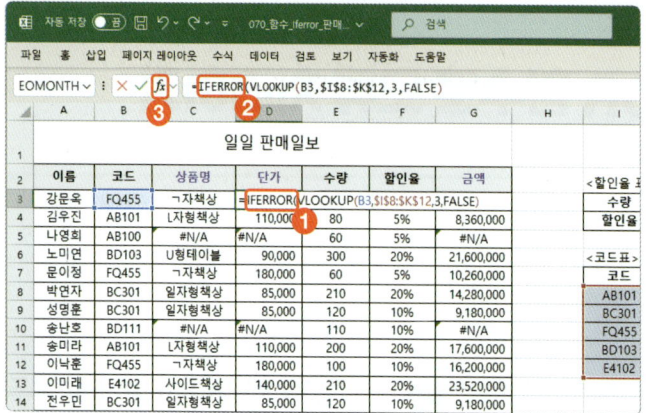

단가에 #N/A 오류 발생 시 '0'으로 표시하기

03 단가에 #N/A 오류가 발생한 경우 셀에 '0'을 표시해보겠습니다.

❶ [D3] 셀의 수식에서 =의 뒷부분에 **IFERROR(** 입력

❷ 수식 입력줄에서 **IFERROR** 클릭

❸ [함수 삽입 fx]을 클릭해 [함수 인수] 대화상자를 불러옵니다.

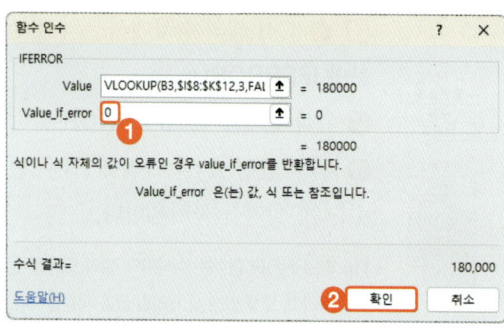

IFERROR 함수 인수 입력하기

04 [함수 인수] 대화상자의 [Value]에 **VLOOKUP (B3,$I$8:$K$12,3,FALSE)**가 입력되었다면

❶ [Value_if_error]에 **0** 입력

❷ [확인]을 클릭합니다.

Tip #N/A 오류를 처리한 완성 수식은 =IFERROR(VLOOKUP (B3,$I$8:$K$12,3,FALSE),0)입니다.

인수 설명
- **Value** : [D3] 셀에 오류(#N/A, #VALUE!, #REF!, #DIV/0!, #NUM!, #NAME?, #NULL!)가 있는지 검사합니다.
- **Value_if_error** : 수식에서 오류(#N/A)가 발생했을 때 반환할 값으로 0을 입력합니다.

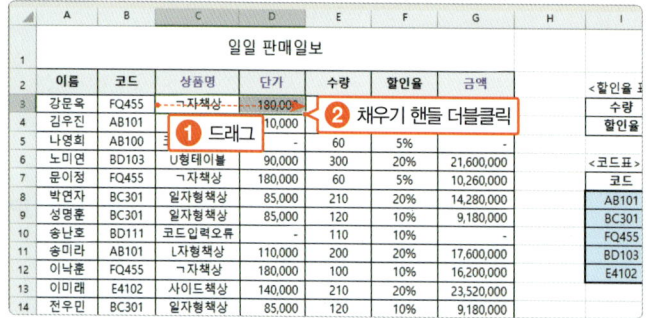

05 ❶ [C3:D3] 범위 지정

❷ 채우기 핸들을 더블클릭하여 수식을 복사합니다.

Tip 상품명의 #N/A 오류는 '코드입력오류'로, 단가의 #N/A 오류는 '0'으로 표시됩니다.

Note　IFERROR, ISERROR 함수 한눈에 보기

다음을 참고해 IFERROR, ISERROR 함수를 자세히 이해할 수 있습니다.

범주	이름	설명
논리 함수	IFERROR(오류를 검사할 셀, 오류일 때 표시할 값)	수식이나 셀의 오류를 검사하고 오류가 있다면 이를 처리합니다.
정보 함수	ISERROR(오류를 검사할 셀)	수식이나 셀의 오류를 검사하고 오류가 있다면 TRUE, 없으면 FALSE를 반환합니다.

INDEX, MATCH 함수로 최저가 업체 선정하기

실습 파일 3장\071_함수_INDEX_업체선정.xlsx   완성 파일 3장\071_함수_INDEX_업체선정_완성.xlsx

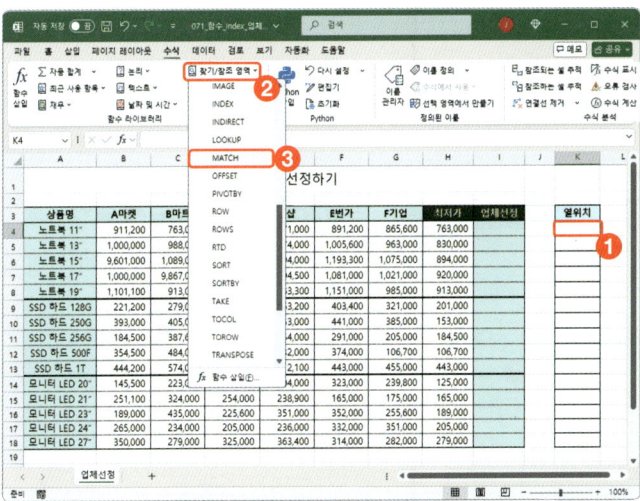

상품별 최저가 열의 위치(번호) 찾기

01 상품별로 최저 가격을 기록한 업체가 몇 번째 열에 있는지 찾아 번호로 표시해보겠습니다.

❶ [K4] 셀 클릭

❷ [수식] 탭-[함수 라이브러리] 그룹-[찾기/참조 영역] 클릭

❸ [MATCH]를 클릭합니다.

Tip MATCH 함수는 찾는 값이 몇 번째 행 또는 열에 있는지 숫자로 표시합니다.

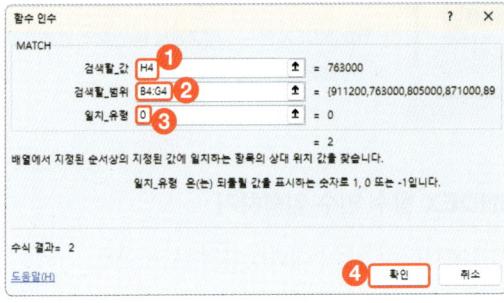

MATCH 함수 인수 입력하기

02 ❶ [함수 인수] 대화상자의 [검색할_값]에 **H4** 입력

❷ [검색할_범위]에 **B4:G4** 입력

❸ [일치_유형]에 **0** 입력

❹ [확인]을 클릭합니다.

Tip 완성 수식은 =MATCH(H4,B4:G4,0)입니다.

인수 설명
- **검색할_값(Lookup_value)**: 최저가의 열 번호를 찾기 위해 제조사 H4를 입력합니다.
- **검색할_범위(Lookup_array)**: [H4] 셀 값이 포함된 열의 위치를 찾기 위한 업체별 상품 가격의 범위(B4:G4)입니다.
- **일치_유형(Match_type)**: 정확하게 찾고 싶은 첫 번째 위치의 값을 검색해야 하므로 0을 입력합니다.

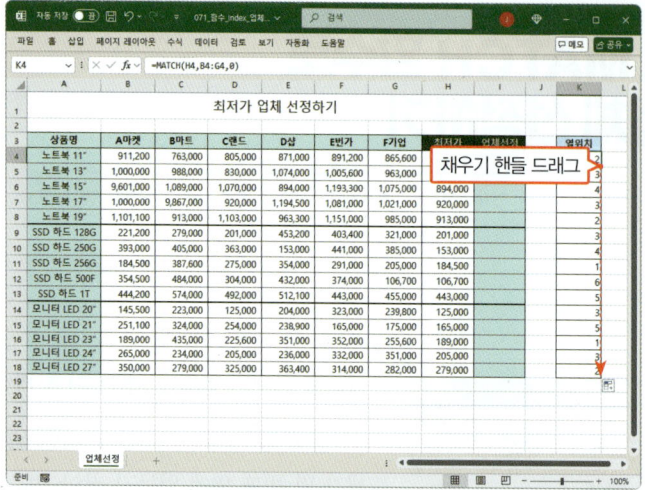

03 [K4] 셀의 채우기 핸들을 [K18] 셀까지 드래그하여 수식을 복사합니다.

Tip 상품별 최저가인 열의 위치를 표시됩니다.

상품별로 최저가인 업체 찾기

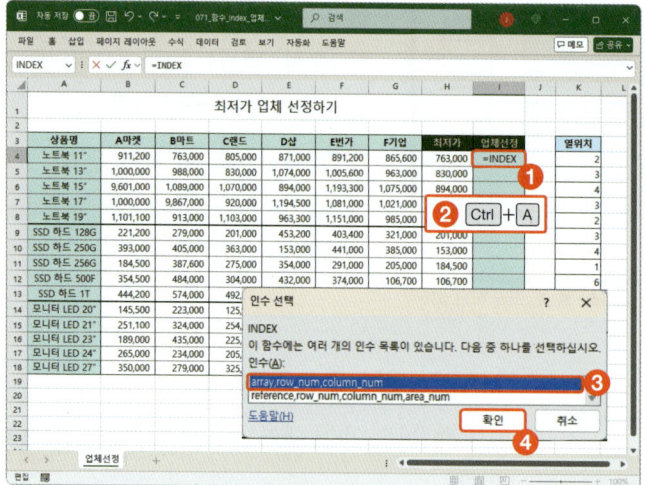

04 상품별로 최저가인 업체를 업체 선정에 표시해보겠습니다.

❶ [I4] 셀에 **=INDEX** 입력

❷ Ctrl + A

❸ [인수]에서 첫 번째 항목 [array_row_num, column_num] 클릭

❹ [확인]을 클릭합니다.

Tip INDEX 함수는 배열에서 행 번호와 열 번호로 해당 데이터를 찾습니다.

INDEX 함수 인수 입력하기

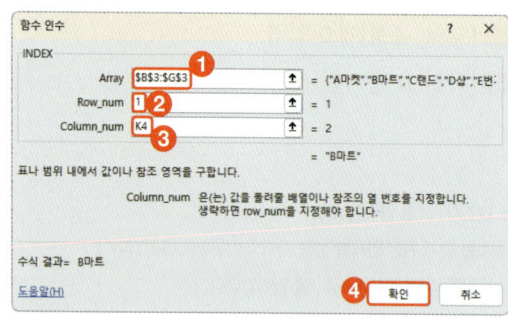

05 ❶ [함수 인수] 대화상자의 [Array]에 **$B$3:$G$3** 입력

❷ [Row_num]에 **1** 입력

❸ [Column_num]에 **K4** 입력

❹ [확인]을 클릭합니다.

Tip 완성 수식은 =INDEX($B$3:$G$3,1,K4)입니다.

인수 설명 • Array : 행 번호와 열 번호를 사용해서 검색할 업체 목록의 전체 범위 [$B$3:$G$3]입니다.
• Row_num : 행 번호를 지정하는 곳으로 1을 입력합니다.
• Column_num : 열 번호를 지정하는 곳으로 K4를 입력합니다.

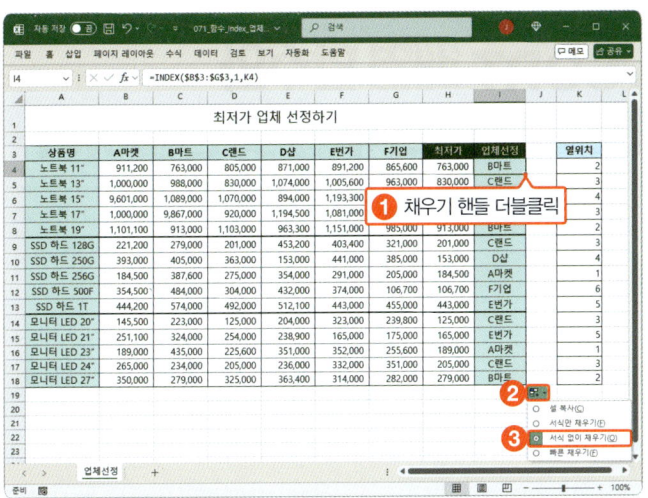

06 ❶ [I4] 셀의 채우기 핸들을 더블클릭하여 수식 복사

❷ [자동 채우기 옵션 ▼] 클릭

❸ [서식 없이 채우기]를 클릭해 서식을 유지합니다.

Tip 상품별 최저가인 업체명이 표시됩니다.

Tip 업체를 선정한 후 불필요한 열을 숨기려면 K열 머리글에서 마우스 오른쪽 버튼을 클릭한 후 [숨기기]를 클릭합니다.

Note	INDEX, MATCH 함수 한눈에 보기

다음을 참고해 INDEX 함수와 MATCH 함수를 자세히 이해할 수 있습니다.

범주	이름	설명
찾기/ 참조 영역 함수	INDEX(배열, 행 위치, 열 위치)	특정 범위에서 행 번호와 열 번호에 해당하는 셀 값을 찾아 줍니다.
	MATCH(행 또는 열 번호를 찾으려는 값, 배열 행 또는 배열 열, 찾을 방법)	특정 범위 내에서 지정한 값과 일치하는 항목의 상대 위치를 찾아 번호를 반환합니다.

CHAPTER 03 수식 작성 및 함수 활용하기

072 FILTER, SORT 배열 함수와 구조적 참조로 데이터 추출 및 정렬하기

실습 파일 3장\072_함수배열_인사고과.xlsx 완성 파일 3장\072_함수배열_인사고과_완성.xlsx

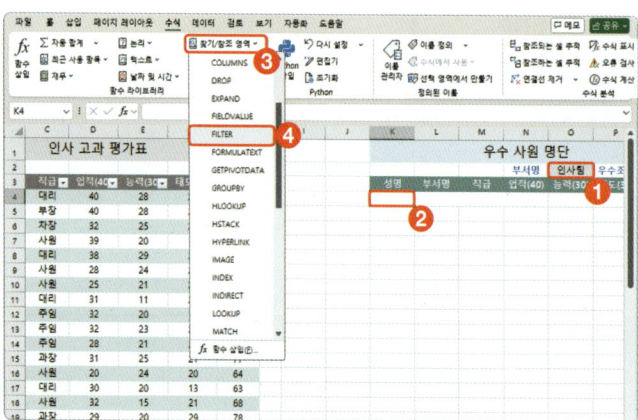

FILTER 함수로 데이터 추출하기
`2021 이상` `M365`

01 인사 고과 평가표에서 부서명이 같은 데이터를 추출해보겠습니다.

❶ [O2] 셀에 **인사팀** 입력

❷ [K4] 셀 클릭

❸ [수식] 탭-[함수 라이브러리] 그룹-[찾기/참조 영역] 클릭

❹ [FILTER]를 클릭합니다.

Tip FILTER 함수는 엑셀 2021 버전부터 추가된 함수입니다. 조건에 맞는 데이터를 추출하는 동적 배열 함수로 결괏값을 범위로 변환하고 파란색 테두리로 강조해 표시합니다. 반환할 위치에 다른 값이 있으면 #SPILL! 오류가 표시됩니다. 이전 버전에서는 사용할 수 없으며 필터 기능으로 대체할 수 있으므로 280쪽을 참고합니다.

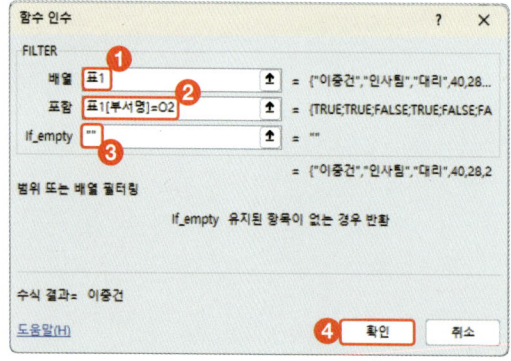

FILTER 함수 인수 입력하기

02 ❶ [함수 인수] 대화상자에서 [배열]에 **표1** 입력

❷ [포함]에 **표1[부서명]=O2** 입력

❸ [If_empty]에 **""** 입력

❹ [확인]을 클릭합니다.

Tip 표로 변환된 [테이블 디자인] 탭-[속성] 그룹에서 표이름은 '표1'로 표시되고 표의 이름을 수정할 수 있습니다.

Tip 구조적 참조 완성 수식은 **=FILTER(표1,표1[부서명]=O2,"")** 이고, 일반 완성 수식은 **=FILTER(A4:G27,B4:B27=O2,"")** 입니다.

인수 설명
- **배열** : 데이터 전체를 입력해야 하므로 데이터 범위(표1)를 입력합니다.
- **포함** : 부서명의 범위(표1[부서명])에서 조건을 입력해야 하므로 [O2] 셀을 조건으로 지정합니다.
- **If_empty** : 조건에 맞는 데이터를 찾지 못하면 공란("")을 표시합니다.

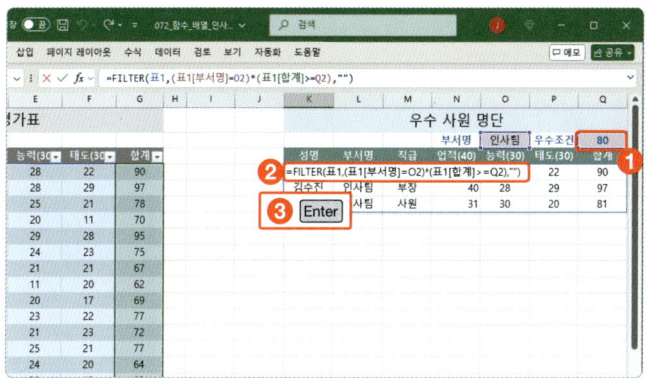

Tip FILTER 함수에서 다중 조건을 지정할 때 AND 조건이면 곱하기(*)를, OR 조건이면 더하기(+) 기호를 입력합니다.

FILTER 함수에 조건 추가하기

03 우수사원을 추출하기 위해 합계가 80점 이상인 조건을 추가해보겠습니다.

❶ [Q2] 셀에 **80** 입력

❷ [K4] 셀에서 수식을 **=FILTER(표1,(표1[부서명]=O2)*(표1[합계]>=Q2),"")**로 수정

❸ Enter 를 누릅니다.

Tip 인사팀 중에서 80점 이상인 명단을 추출합니다.

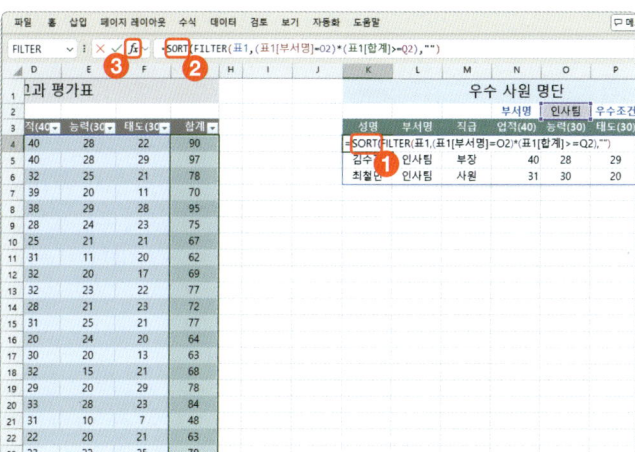

Tip SORT 함수는 엑셀 2021 버전부터 추가된 함수로 범위에 해당하는 데이터를 오름차순 또는 내림차순으로 정렬합니다. 이전 버전에서는 사용할 수 없으며 정렬 기능으로 대체할 수 있으므로 274쪽을 참고합니다.

SORT 함수로 데이터 정렬하기
2021 이상 M365

04 추출할 데이터를 합계 점수를 기준으로 내림차순으로 정렬해보겠습니다.

❶ [K4] 셀의 수식에서 =의 뒷부분에 **SORT(** 입력

❷ 수식 입력줄에서 **SORT** 클릭

❸ [함수 삽입 fx]을 클릭해 [함수 인수] 대화상자를 불러옵니다.

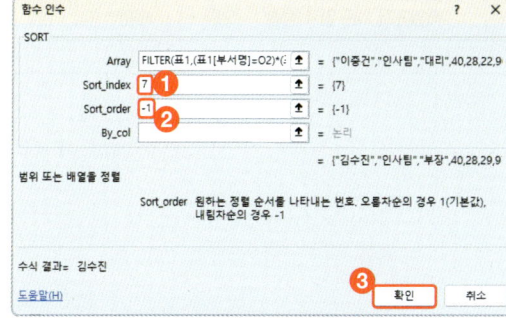

SORT 함수 인수 입력하기

05 [Array]에 **FILTER(표1,(표1[부서명]=O2)*(표1[합계])>=Q2),""**가 입력되어 있다면

❶ [Sort_Index]에 **7** 입력

❷ [Sort_order]에 **-1** 입력

❸ [확인]을 클릭합니다.

Tip 완성 수식은 =SORT(FILTER(표1,(표1[부서명]=O2)*(표1[합계]>=Q2),""),7,-1)입니다.

인수 설명
- **Array** : 정렬할 데이터 전체 범위입니다. 여기서는 FILTER 함수로 추출한 데이터 범위 수식을 지정합니다.
- **Sort_Index** : 정렬할 필드 번호로 [합계] 필드에 해당하는 7을 입력합니다.
- **Sort_order** : 정렬할 순서로 내림차순(-1)으로 지정합니다. 생략하면 오름차순(1)으로 지정됩니다.

06 ❶ [O2] 셀에 **홍보팀** 입력 ❷ [Q2] 셀에 **70**을 입력합니다.

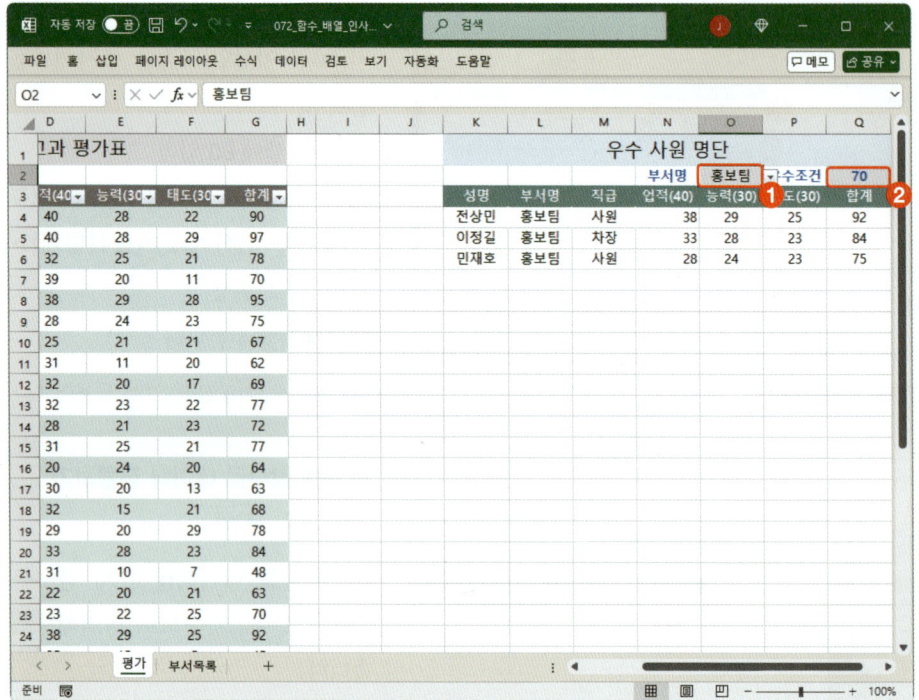

Tip 홍보팀 중에서 70점 이상인 명단을 추출하고 합계를 기준으로 내림차순으로 정렬합니다.

> **Note** FILTER, SORT 함수 한눈에 보기

다음을 참고해 FILTER, SORT 함수를 자세히 이해할 수 있습니다.

범주	이름	설명
찾기/ 참조 함수	FILTER(배열, 배열 조건, 조건에 해당 데이터가 없을 경우 표시할 값)	배열에서 조건에 만족하는 데이터를 필터링할 수 있습니다.
	SORT(배열, [정렬 기준 번호], [정렬 방향])	배열에서 기준 열로 정렬(1 : 오름, -1 : 내림)합니다.

IMAGE 배열 함수로 이미지 불러오기

실습 파일 3장\073_함수_Image_사진목록.xlsx **완성 파일** 3장\073_함수_Image_사진목록_완성.xlsx

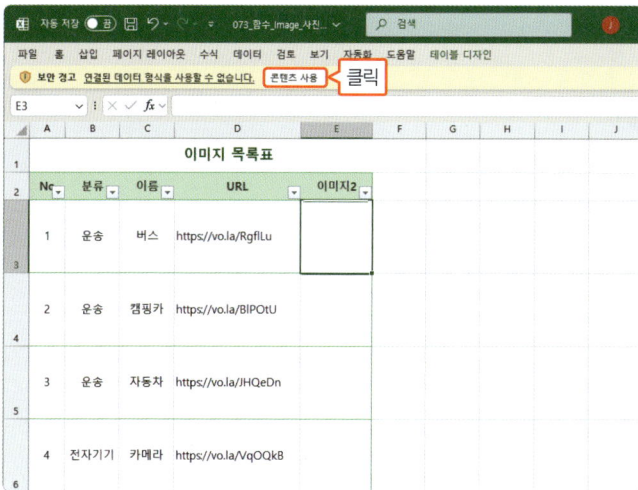

콘텐츠 사용 허용하기

01 실습 파일을 불러오면 인터넷의 연결된 그림을 불러오기 위해 보안 경고가 표시됩니다. [콘텐츠 사용]을 클릭합니다.

Tip 인터넷에 연결된 이미지를 삽입하기 위해 [콘텐츠 사용]을 클릭합니다. 인터넷이 연결되어 있지 않은 환경에서는 그림이 표시되지 않습니다.

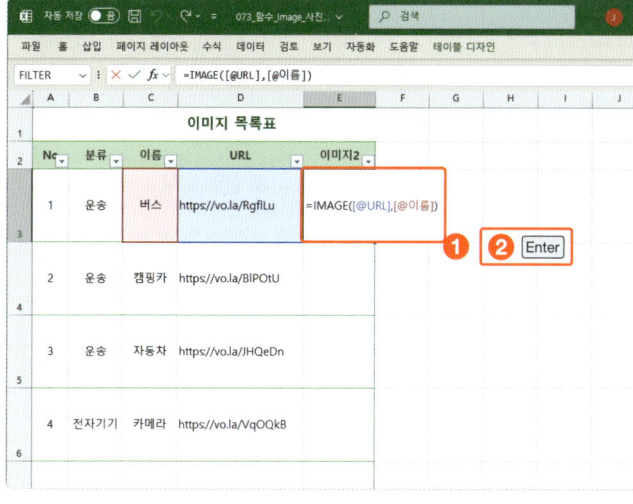

IMAGE 함수로 그림 삽입하기 M365

02 버스 사진을 업로드한 인터넷 URL 경로를 입력해 사진을 불러오겠습니다.

❶ [E3] 셀에 **=IMAGE([@URL],[@이름])** 입력

❷ Enter 를 누릅니다.

Tip IMAGE 함수는 Microsoft 365 버전에 추가된 함수로, URL로 이미지를 삽입합니다. 이미지 URL 주소와 대체 텍스트를 직접 입력하는 완성 수식은 =IMAGE("https://vo.la/RgflLu","버스")입니다.

03 [E3] 셀의 채우기 핸들을 더블클릭하여 수식을 복사합니다.

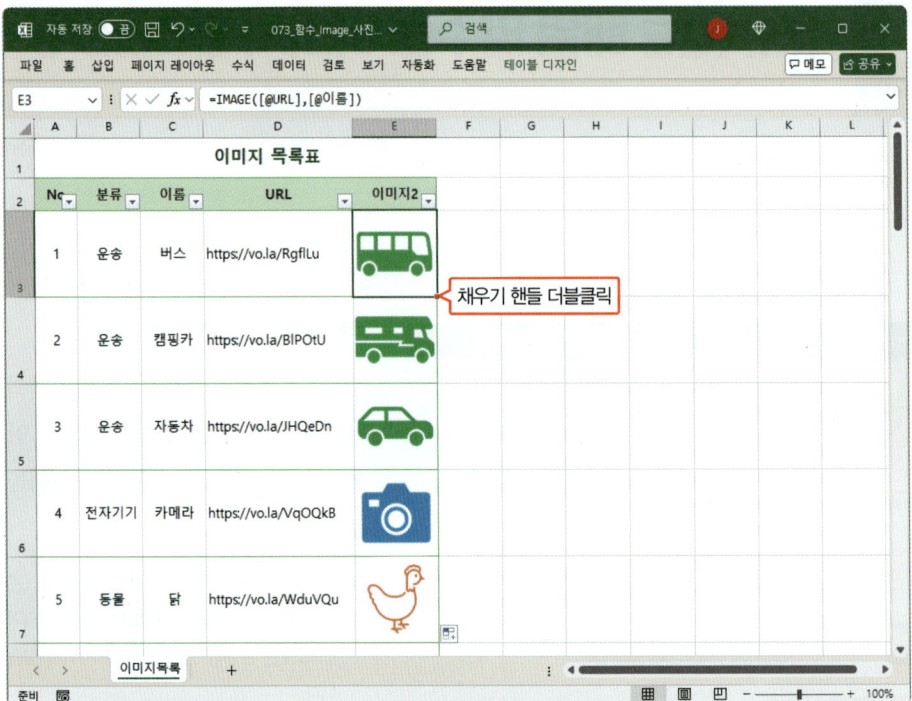

Tip URL 주소의 이미지가 셀에 삽입됩니다. 삽입된 이미지는 필터링, 정렬, 검색을 할 수 있습니다.

> **Note** IMAGE 함수 한눈에 보기

Microsoft 365 버전에 추가된 IMAGE 함수는 대체 텍스트와 함께 원본 인터넷 URL 위치의 이미지를 셀에 삽입합니다. 지원되는 파일 형식에는 BMP, JPG/JPEG, GIF, TIFF, PNG, ICO 및 WEBP이며 다음을 참고해 자세히 이해할 수 있습니다.

범주	이름	설명
찾기/참조 영역 함수	IMAGE(원본, [대체_텍스트], [크기_조정], [높이], [너비])	셀에 원본 위치의 이미지를 삽입합니다. **원본** : 이미지 파일의 URL 경로 **대체 텍스트** : 이미지를 설명하는 텍스트 **크기 조정** : 0(셀에 맞추기), 1(셀에 채우기), 2(원본 이미지 크기), 3(높이, 너비에서 지정한 이미지 크기)

CHAPTER 04

차트 만들기

우선순위 074 데이터에 적합한 차트 만들고 차트 종류 변경하기

실습 파일 4장\074_차트_기본1.xlsx   완성 파일 4장\074_차트_기본1_완성.xlsx

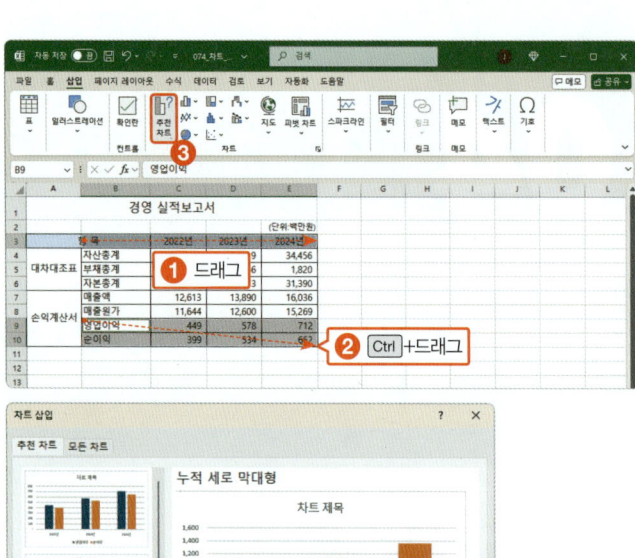

추천 차트로 데이터에 적합한 차트 삽입하기

01 연도별로 영업이익, 순이익의 데이터를 비교하는 차트를 만들어보겠습니다.

① [기본차트] 시트에서 차트로 만들 데이터인 [B3:E3] 범위 지정
② Ctrl 을 누르고 [B9:E10] 범위 지정
③ [삽입] 탭-[차트] 그룹-[추천 차트 📊] 클릭

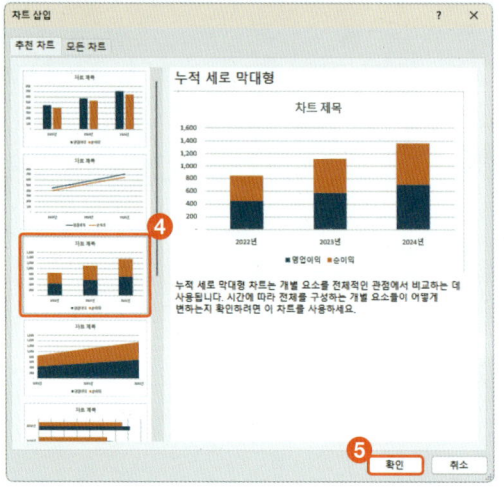

④ [차트 삽입] 대화상자의 [추천 차트] 탭에서 [누적 세로 막대형] 클릭
⑤ [확인]을 클릭합니다.

Tip [추천 차트]에서는 선택한 데이터의 특징에 맞는 차트 종류를 추천합니다.

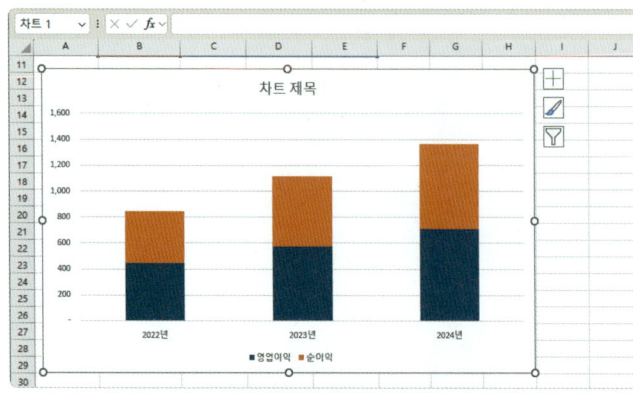

차트 위치와 크기 조절하기

02 삽입한 차트를 드래그해 [A11] 셀 기준으로 배치하고 차트 조절점을 드래그해서 적당한 크기로 조절합니다.

Tip 차트를 클릭하고 Delete 를 누르면 차트를 삭제할 수 있습니다.

차트 종류 변경하기

03 삽입된 차트의 종류를 변경해보겠습니다.

❶ 차트 영역 클릭

❷ [차트 디자인] 탭-[종류] 그룹-[차트 종류 변경] 클릭

❸ [차트 종류 변경] 대화상자의 [모든 차트] 탭에서 [가로 막대형] 클릭

❹ [3차원 묶은 가로 막대형] 클릭

❺ [확인]을 클릭합니다.

Tip 엑셀 2019 버전에서는 [차트 도구]-[디자인] 탭을 클릭합니다.

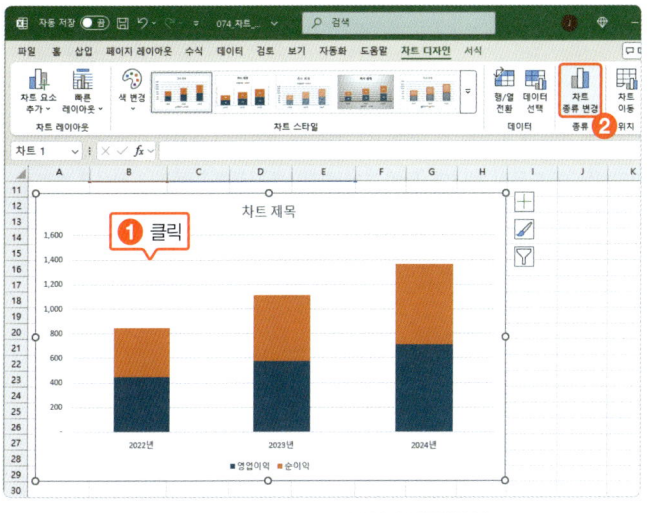

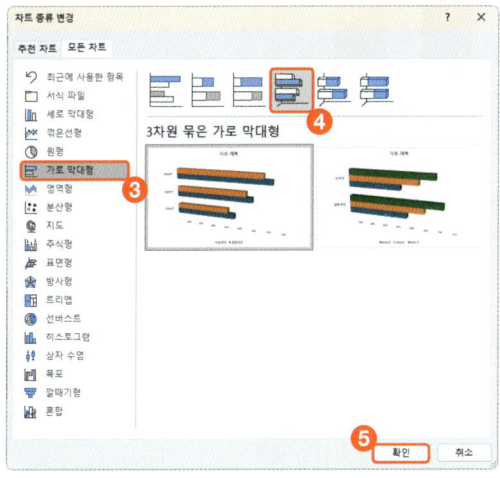

새 시트로 차트 이동하기

04 새 시트를 만들어 차트를 이동해보겠습니다.

❶ 차트 영역 클릭

❷ [차트 디자인] 탭-[위치] 그룹-[차트 이동] 클릭

❸ [차트 이동] 대화상자에서 [새 시트] 클릭

❹ **실적보고차트** 입력

❺ [확인]을 클릭합니다.

Tip [실적보고차트] 시트가 생성되면서 차트가 생성된 시트로 이동합니다.

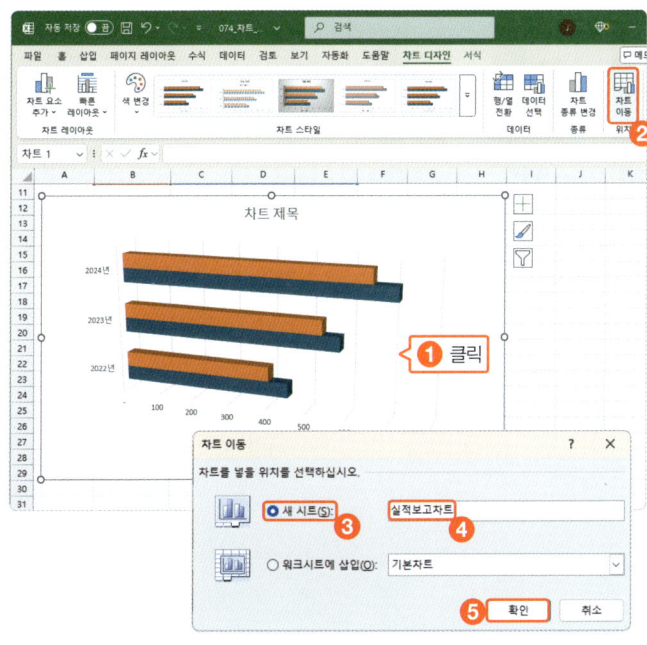

CHAPTER 04 차트 만들기 **235**

Note 차트의 구성 요소

데이터를 한눈에 비교하는 차트의 기술

차트는 일반 텍스트나 표에 비해 데이터 추세나 유형을 한눈에 비교할 수 있습니다. 차트는 텍스트와 숫자로 이루어진 표에 비해 시각적으로 표현되어 정보를 비교하거나 파악하는 데 도움이 됩니다. 특히 프레젠테이션 자료를 만들거나 정보를 빠르게 전달할 때 유용합니다.

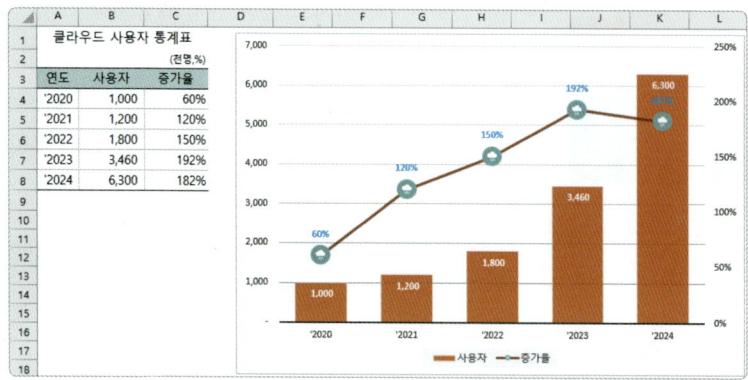

차트의 구성 요소 살펴보기

차트는 구성 요소에 대해 잘 알아두어야 원하는 차트를 만들 수 있습니다. 차트의 제목, 눈금선, 범례, 축, 레이블 등의 다양한 구성 요소 서식을 지정하려면 구성 요소의 이름을 알고 있는 것이 좋습니다. 그림을 참고하여 차트의 구성 요소에 대해 살펴보겠습니다.

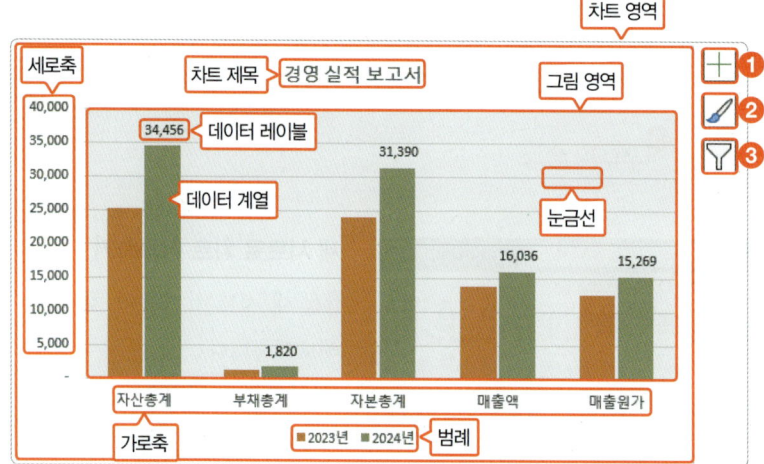

차트의 각 구성 요소는 차트 안에서 각각 독립적으로 이동하거나 크기 조절, 수정, 삭제할 수 있습니다.

❶ **차트 요소(⊞)** : 축 제목, 데이터 레이블 등의 요소를 추가하거나 숨깁니다.
❷ **차트 스타일(🖌)** : 차트 스타일 및 색 구성표 등의 디자인을 지정합니다.
❸ **차트 필터(▽)** : 차트에 표시된 데이터 요소 및 이름을 변경합니다.

우선순위
075 차트 레이아웃, 색, 스타일 변경하고 차트 데이터 필터링하기

실습 파일 4장\075_차트_기본2.xlsx [실적보고차트] 시트   완성 파일 4장\075_차트_기본2_완성.xlsx

차트 레이아웃 변경하기

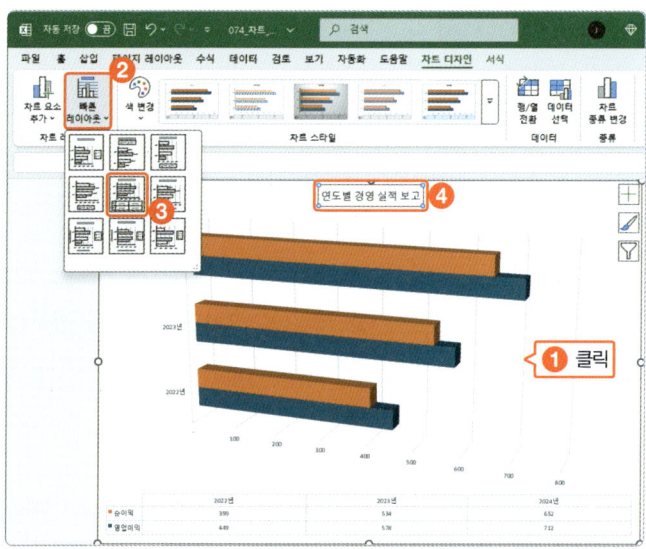

01 [빠른 레이아웃]을 이용하면 미리 구성된 차트 서식을 빠르게 적용할 수 있습니다. 차트 레이아웃을 변경해보겠습니다.

❶ [실적보고차트] 시트에서 차트 영역 클릭

❷ [차트 디자인] 탭-[차트 레이아웃] 그룹-[빠른 레이아웃] 클릭

❸ [레이아웃 5] 클릭

❹ [차트 제목]에 **연도별 경영 실적 보고**를 입력합니다.

색 변경하기

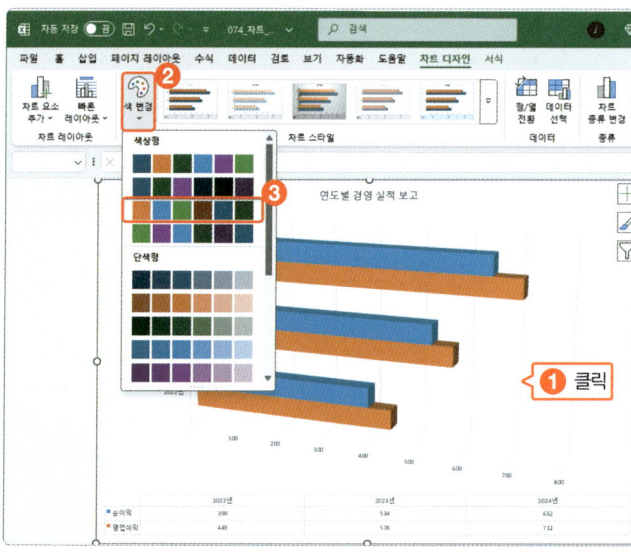

02 [색 변경]을 이용하면 미리 구성된 차트 색 배합을 빠르게 적용할 수 있습니다.

❶ 차트 영역 클릭

❷ [차트 디자인] 탭-[차트 스타일] 그룹-[색 변경] 클릭

❸ [색상형]-[다양한 색상표 3]을 클릭합니다.

Tip 각각의 데이터 계열을 클릭하고 [차트 도구]-[서식] 탭-[도형 스타일] 그룹-[도형 채우기]를 클릭한 후 원하는 색을 선택합니다.

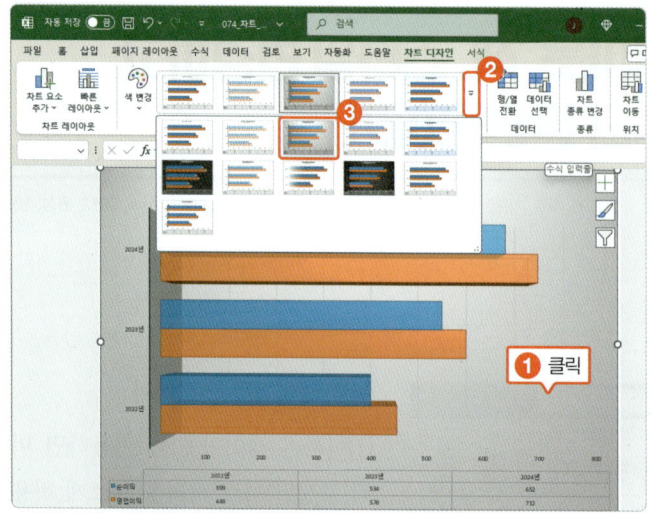

차트 스타일 변경하기

03 차트 스타일을 변경해보겠습니다.

❶ 차트 영역 클릭

❷ [차트 디자인] 탭-[차트 스타일] 그룹-[자세히 ▼] 클릭

❸ [스타일 3]을 클릭합니다.

Tip 엑셀 버전에 따라 차트 스타일의 테마 목록이 다를 수 있습니다.

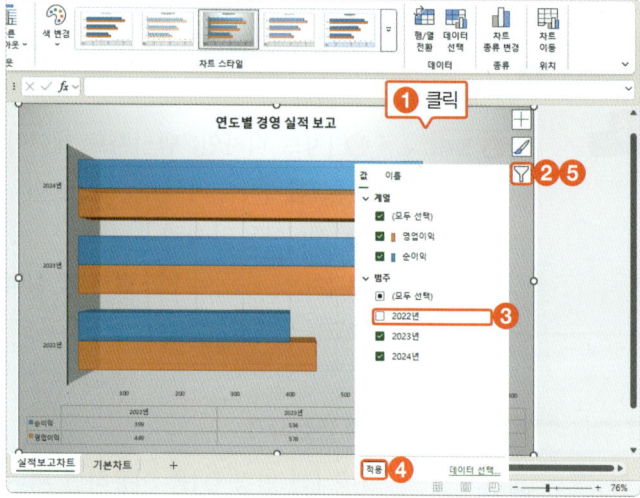

차트 데이터 필터링하기

04 차트 필터를 이용해 연도(2022)를 제외하고 나머지 계열과 범주를 표시해보겠습니다.

❶ 차트 영역 클릭

❷ [차트 필터 ▽] 클릭

❸ [범주]에서 [2022년]의 체크 해제

❹ [적용] 클릭

❺ 다시 [차트 필터 ▽]를 클릭하여 필터링을 마칩니다.

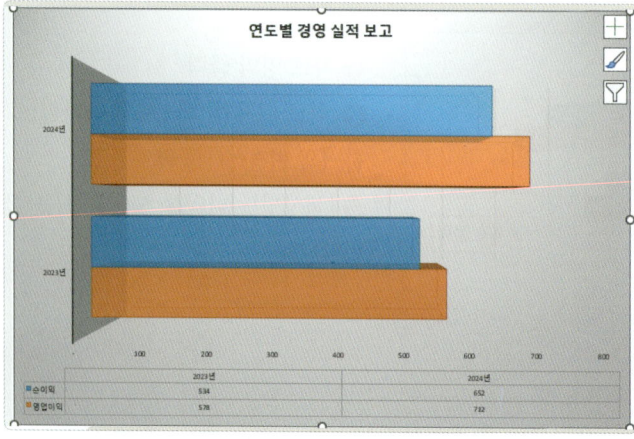

05 연도별(2023년, 2024년) 영업이익, 순이익으로 필터링된 데이터 계열이 표시됩니다.

차트의 눈금 간격 조절 및 레이블, 범례 표시하기

실습 파일 4장\076_차트_기본3.xlsx [실적보고차트] 시트 **완성 파일** 4장\076_차트_기본3_완성.xlsx

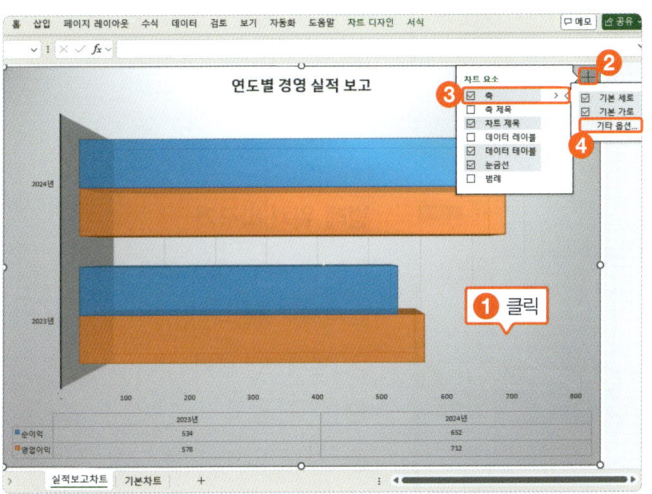

주 단위 눈금 조정하기

01 세로축의 주 단위 눈금 간격을 조정해보겠습니다.

❶ [실적보고차트] 시트에서 차트 영역 클릭

❷ [차트 요소 +] 클릭

❸ [축 >] 클릭

❹ [기타 옵션]을 클릭합니다.

Tip [축 서식] 작업 창이 나타납니다.

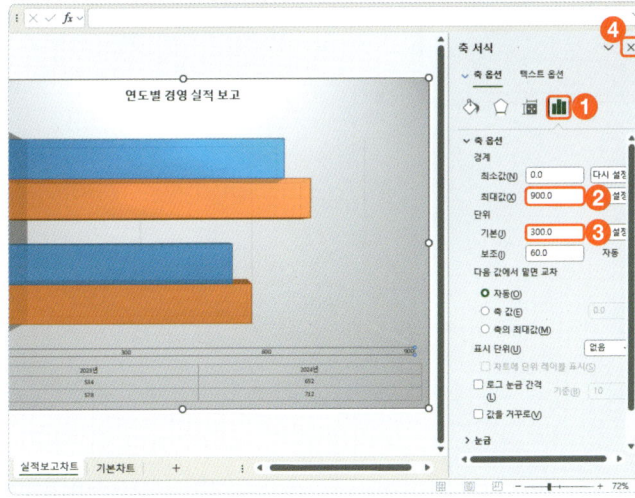

02 ❶ [축 서식] 작업 창에서 [축 옵션 ▮▮] 클릭

❷ [경계]-[최대값]에 **900** 입력

❸ [단위]-[기본]에 **300** 입력

❹ [닫기 ✕]를 클릭하여 [축 서식] 작업 창을 닫습니다.

Tip 축의 주 단위 눈금이 0부터 900까지 표시되고, 300 단위로 나눠 구분됩니다.

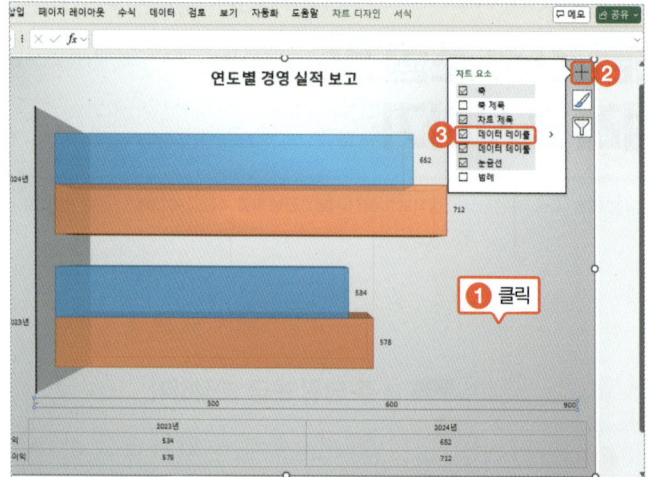

데이터 레이블 표시하기

03 데이터 계열 값을 명확히 보여줄 수 있도록 데이터 레이블을 차트에 표시해보겠습니다.

① 차트 영역 클릭

② [차트 요소 ＋] 클릭

③ [데이터 레이블]에 체크합니다.

Tip 데이터 계열의 값이 표시됩니다.

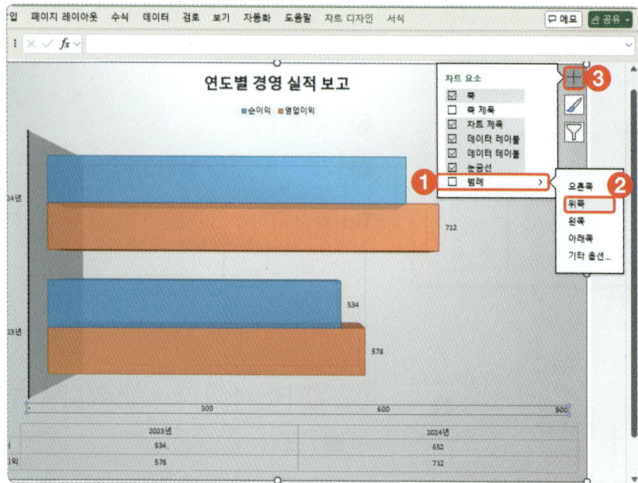

범례 위치 바꾸기

04 데이터 계열 위쪽으로 범례를 표시해보겠습니다.

① [범례 >] 클릭

② [위쪽] 클릭

③ [차트 요소 ＋]를 다시 클릭하여 차트 요소 설정을 마칩니다.

Tip 범례가 제목 위쪽으로 표시됩니다.

차트 배경 설정 및 눈금선 없애기

실습 파일 4장\077_차트_기본4.xlsx [실적보고차트] 시트 완성 파일 4장\077_차트_기본4_완성.xlsx

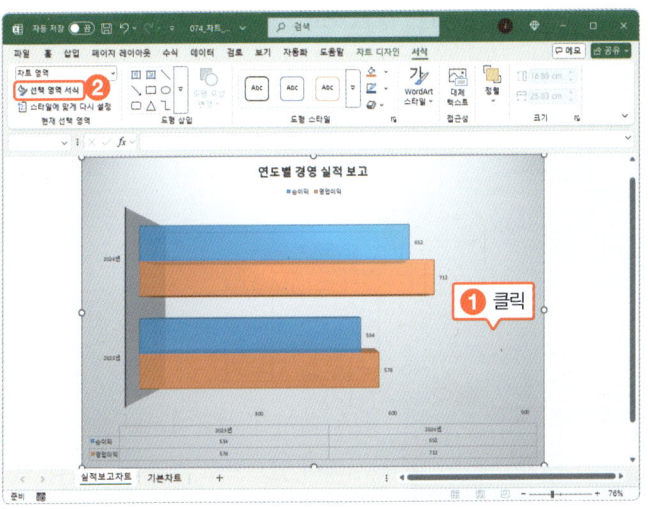

차트 배경 꾸미기

01 그림으로 차트 배경을 채워보겠습니다.

❶ [실적보고차트] 시트에서 차트 영역 클릭

❷ [서식] 탭-[현재 선택 영역] 그룹-[선택 영역 서식]을 클릭합니다.

Tip 엑셀 2019 버전에서는 [차트 도구]-[서식] 탭을 클릭합니다.

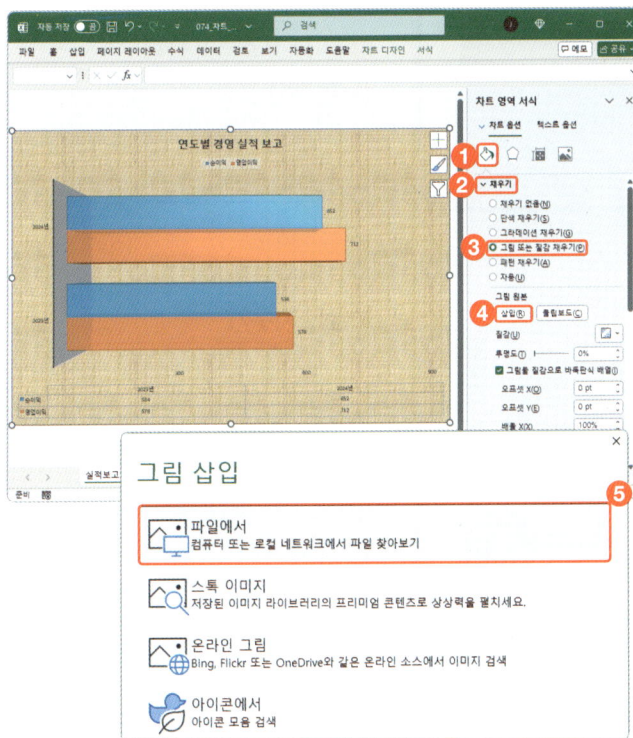

02 ❶ [차트 영역 서식] 작업 창에서 [채우기 및 선] 클릭

❷ [채우기] 클릭

❸ [그림 또는 질감 채우기] 클릭

❹ [삽입] 클릭

❺ [그림 삽입] 대화상자에서 [파일에서]를 클릭합니다.

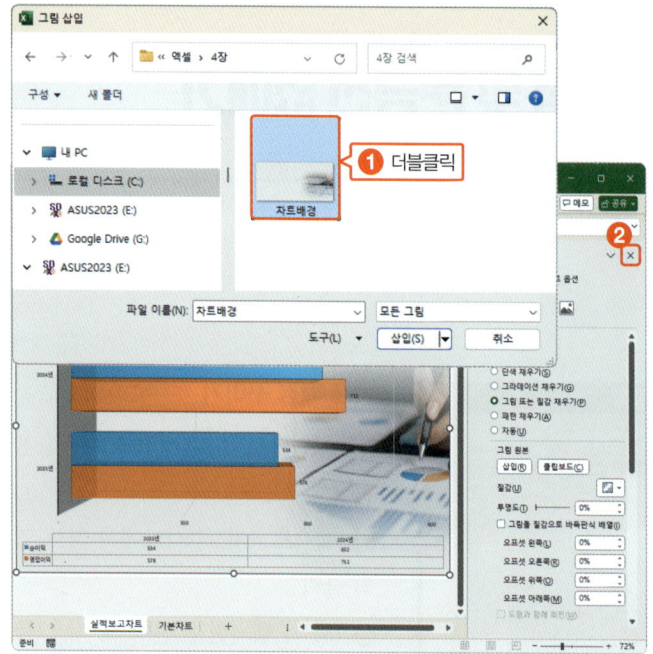

03 ① 실습 폴더에서 **차트배경.jpg** 이미지 파일 더블클릭

② [닫기 ×]를 클릭하여 [차트 영역 서식] 작업 창을 닫습니다.

Tip 차트 영역이 선택한 그림으로 채워집니다.

Tip 예제의 사진은 엑셀에서 제공하는 스톡 이미지입니다. 스톡 이미지는 [삽입] 탭-[일러스트레이션] 그룹-[그림]-[스톡 이미지]를 클릭하고 원하는 그림을 삽입할 수 있습니다.

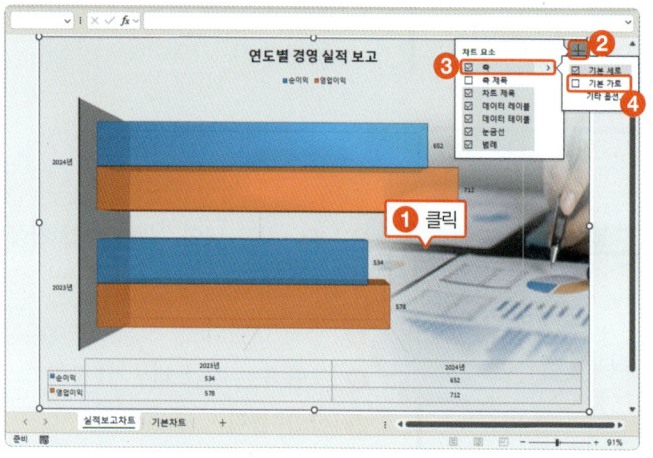

가로축 지우기

04 데이터 계열에 레이블 값이 표시되어 있으므로 가로축을 지워보겠습니다.

① 차트 영역 클릭

② [차트 요소 +] 클릭

③ [축 >] 클릭

④ [기본 가로]의 체크를 해제합니다.

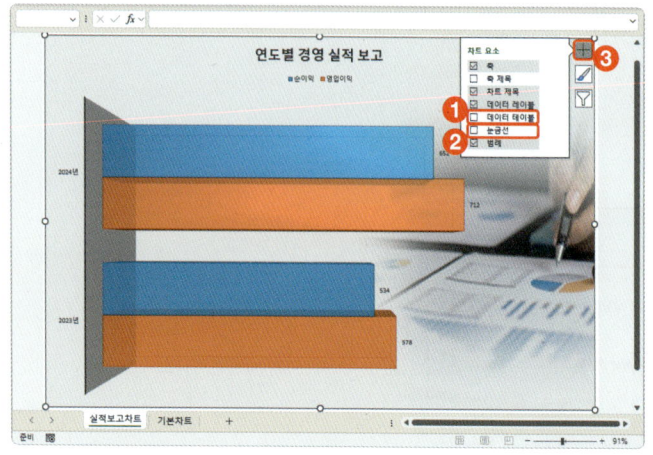

눈금선 지우기

05 눈금선과 데이터 테이블을 지워보겠습니다.

① [데이터 테이블] 체크 해제

② [눈금선] 체크 해제

③ [차트 요소 +]를 클릭하여 차트 요소 설정을 마칩니다.

078 원형 차트 3차원 서식 및 테마 바꾸기

실습 파일 4장\078_차트_원형.xlsx 완성 파일 4장\078_차트_원형_완성.xlsx

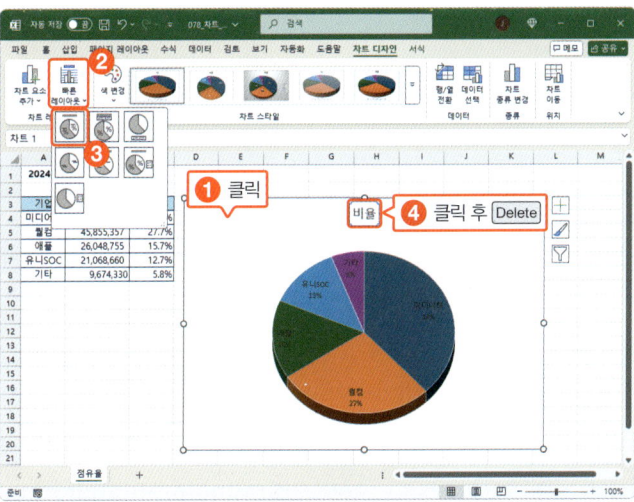

차트 레이아웃 변경하기

01 스마트폰 AP 시장 점유율이 원형 차트로 표시되어 있습니다. 차트 레이아웃을 변경해보겠습니다.

❶ 차트 영역 클릭
❷ [차트 디자인] 탭-[차트 레이아웃] 그룹-[빠른 레이아웃 📊] 클릭
❸ [레이아웃 1] 클릭
❹ 차트 제목을 클릭하고 Delete 를 누릅니다.

Tip 원형 차트는 각 항목의 전체에 대한 비율을 나타낼 때 사용하며, 원을 나누는 항목은 5~6개가 적당합니다.

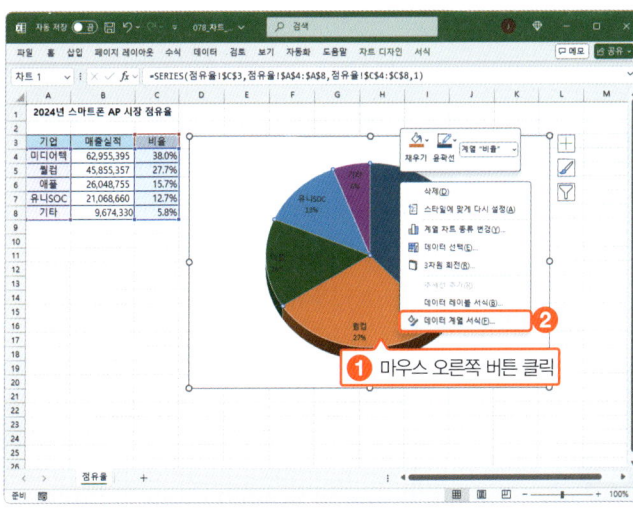

3차원 서식 지정하기

02 3차원 서식이 좀 더 두드러지도록 데이터 계열 서식에서 너비와 높이를 조절해보겠습니다.

❶ 원형 차트의 데이터 계열에서 마우스 오른쪽 버튼 클릭
❷ [데이터 계열 서식]을 클릭합니다.

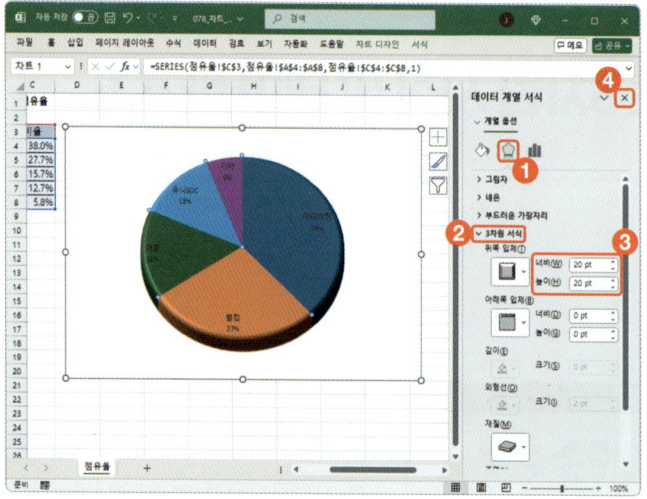

03 ① [데이터 계열 서식] 작업 창에서 [효과 🖌] 클릭

② [3차원 서식] 클릭

③ [위쪽 입체]-[너비], [높이]에 각각 **20** 입력

④ [닫기 ✕]를 클릭합니다.

Tip 차트에 부드러운 입체 효과가 적용됩니다.

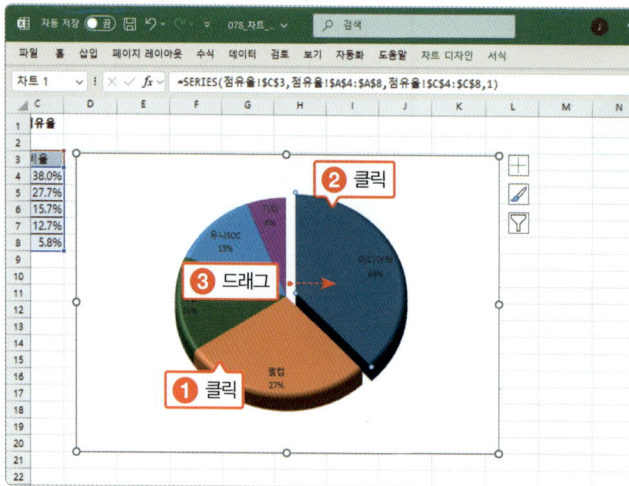

항목 조각내기

04 차트의 [미디어텍] 항목을 조각내서 보기 좋게 배치해보겠습니다.

① 원형 차트의 데이터 계열 클릭

② [미디어텍] 항목 클릭

③ [미디어텍] 항목을 오른쪽으로 적절히 드래그하여 조각을 분리합니다.

Tip 원형 차트에서 강조하고 싶은 항목을 조각내는 것이 좋습니다.

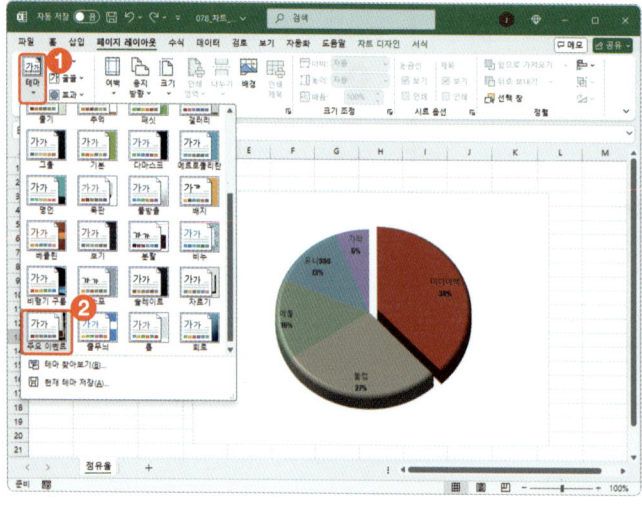

차트 테마 적용하기

05 ① [페이지 레이아웃] 탭-[테마] 그룹-[테마 🎨] 클릭

② [주요 이벤트]를 클릭해서 테마를 변경합니다.

Tip 테마에 따라 차트의 색상과 글꼴, 서식이 바뀝니다.

079 이중 축 혼합(이중 축 콤보) 차트 만들기

실습 파일 4장\079_차트_혼합.xlsx   완성 파일 4장\079_차트_혼합_완성.xlsx

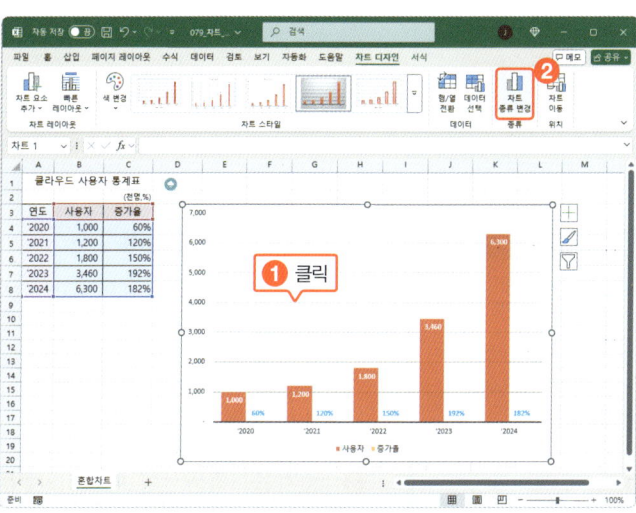

이중 축 혼합 차트 만들기

01 [증가율] 계열은 기본 축을 기준으로 막대가 표시되므로 데이터 값의 차이가 너무 커서 막대가 짧게 나타납니다. [증가율] 계열을 오른쪽 보조 축으로 지정한 후 꺾은선형으로 변경해보겠습니다.

❶ 차트 영역 클릭

❷ [차트 디자인] 탭-[종류] 그룹-[차트 종류 변경]을 클릭합니다.

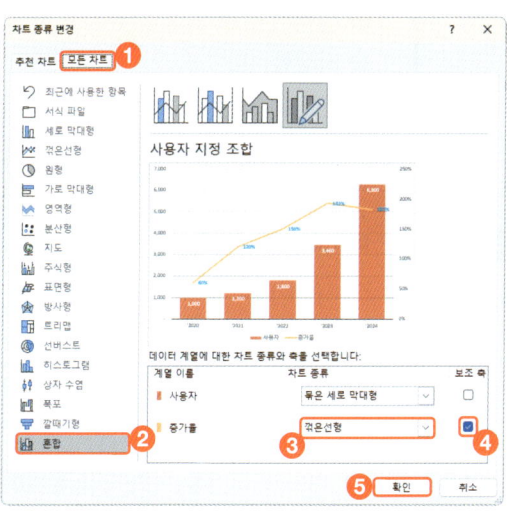

02 ❶ [차트 종류 변경] 대화상자의 [모든 차트] 탭 클릭

❷ [혼합] 클릭

❸ [계열 이름]-[증가율]의 [차트 종류]로 [꺾은선형] 선택

❹ [보조 축]에 체크

❺ [확인]을 클릭합니다.

Tip 차트에 표식이 있는 꺾은선형 차트가 추가됩니다.

Tip 엑셀 2016 버전에서는 [차트 종류 변경] 대화상자의 [모든 차트] 탭에서 [콤보]를 클릭합니다.

차트 스타일 변경하기

03 ❶ 차트 영역 클릭
❷ [차트 디자인] 탭-[차트 스타일] 그룹-[자세히 ⏷] 클릭
❸ [스타일 3]을 클릭합니다.

Tip 엑셀 버전에 따라 차트 스타일 목록이 다를 수 있습니다.

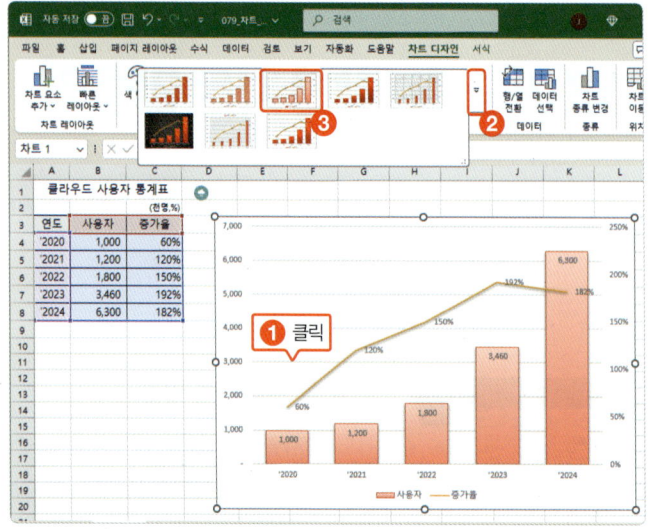

그림으로 표식 지정하기

04 꺾은선 차트의 표식을 그림으로 지정해보겠습니다.
❶ [D1] 셀 구름 그림 클릭
❷ Ctrl + C
❸ [증가율] 꺾은선형 데이터 계열 클릭
❹ Ctrl + V 를 눌러 그림으로 표식을 지정합니다.

Tip 표식에 복사한 구름 그림이 적용됩니다.

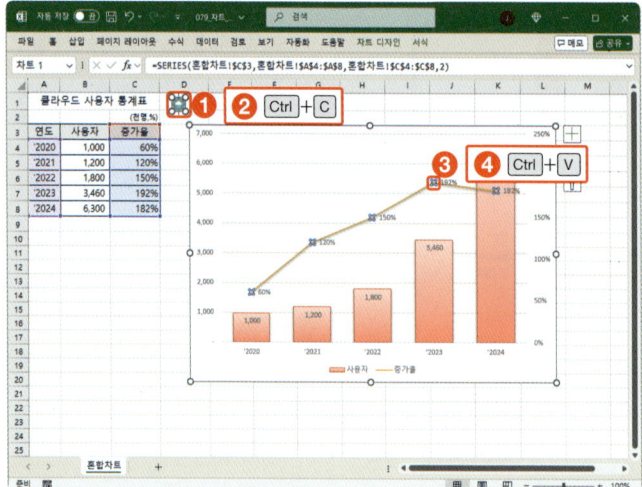

데이터 레이블 표시하기

05 [증가율] 꺾은선형 데이터 계열이 선택된 상태에서
❶ [차트 디자인] 탭-[차트 레이아웃] 그룹-[차트 요소 추가 📊] 클릭
❷ [데이터 레이블]-[위쪽]을 클릭합니다.

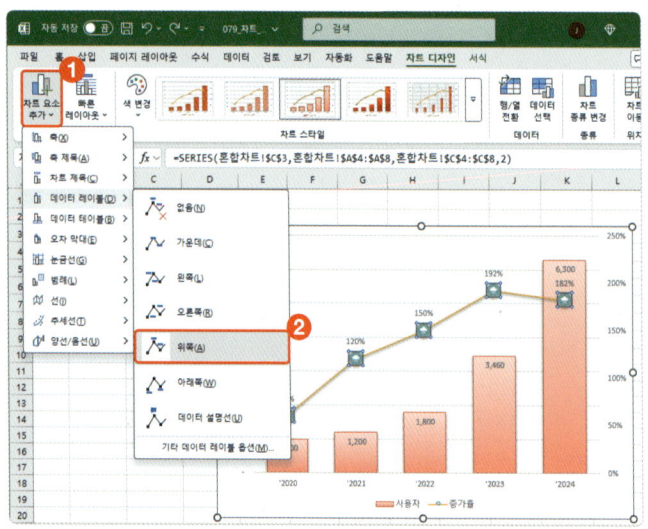

혼자 해보기 — 분기별 매출과 영업이익의 추이를 그림 차트로 만들기

실습 파일 4장\혼자해보기\014_그림차트_매출실적.xlsx 완성 파일 4장\혼자해보기\014_그림차트_매출실적_완성.xlsx

🔍 예제 설명 및 완성 화면

혼합형 차트는 두 종류 이상의 차트를 사용하며 차트에 다른 정보가 있음을 강조합니다. 데이터 계열별로 서로 다른 유형의 데이터 값을 가지고 있거나 두 계열 간 데이터 값의 차이가 많이 나는 경우에는 이중 축(보조 축)을 사용합니다. 연도별, 분기별 매출 실적표에서 매출액은 그림 막대로, 영업이익률은 꺾은선으로 표시되는 이중 축 혼합 차트를 만들어보겠습니다.

	2024.1Q	2024.2Q	2024.3Q	2024.4Q	2025.1Q	2025.2Q
매출액	3,196	2,890	3,612	2,670	3,476	4,012
영업이익률	30%	22%	40%	16%	32%	45%

Tip Icograms UA 빌딩 사진은 Creative Commons Attribution 3.0 Unported 라이선스 하에 제공됩니다.

01 ① [A3:G5] 범위 지정 ② [삽입] 탭-[차트] 그룹-[추천 차트 📊] 클릭 ③ [차트 삽입] 대화상자에서 [모든 차트] 탭 클릭 ④ [혼합] 클릭 ⑤ [매출액]은 [묶은 세로 막대형], [영업이익율]은 [꺾은선형] 선택 ⑥ [영업이익률]의 [보조 축]에 체크 ⑦ [확인]을 클릭해 차트를 삽입합니다.

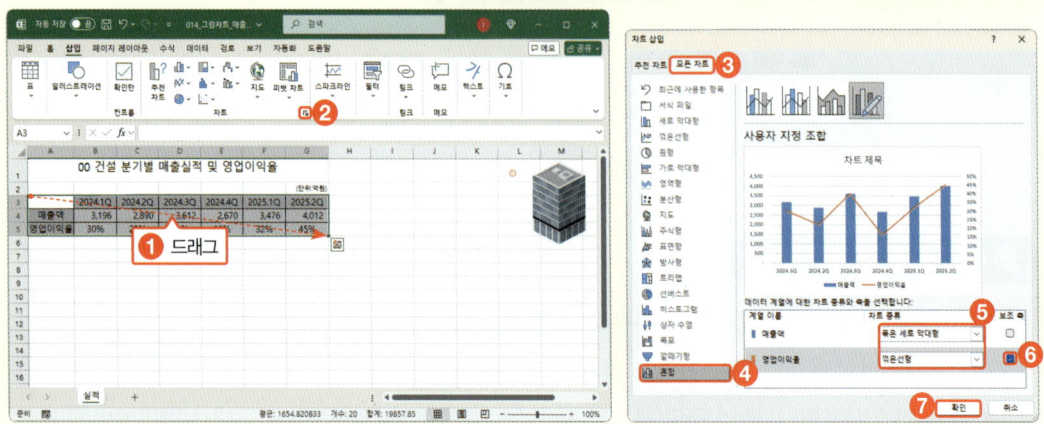

Tip 엑셀 2016 이전 버전에서는 [차트 종류 변경] 대화상자에서 [모든 차트] 탭-[콤보]를 클릭합니다.

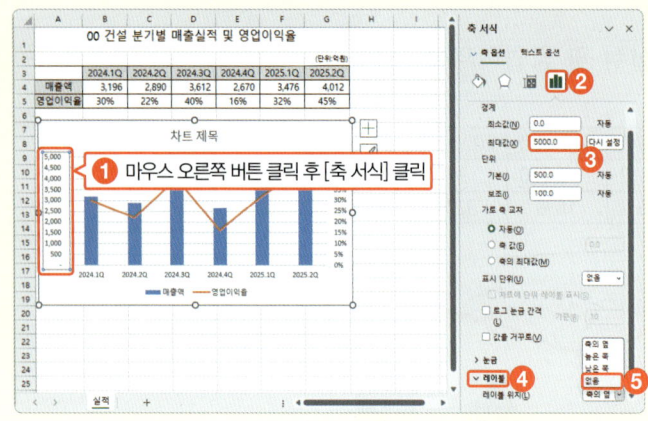

02 ① 기본 세로(값)축에서 마우스 오른쪽 버튼 클릭 후 [축 서식] 클릭
② [축 서식] 작업 창의 [축 옵션 📊] 클릭
③ [경계]-[최대값]에 5000 입력
④ [레이블] 클릭
⑤ [레이블 위치]-[없음]을 클릭해 레이블을 숨깁니다.

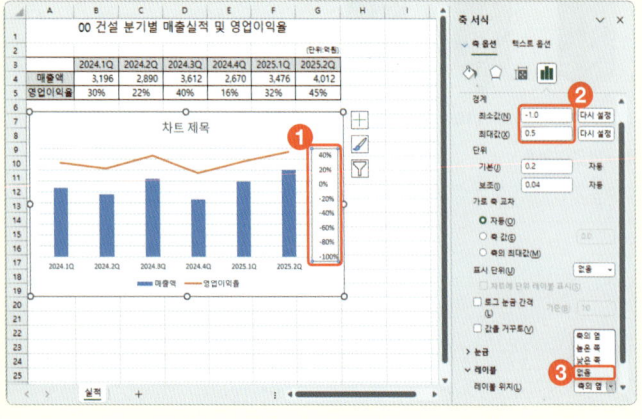

03 ① 보조 세로(값)축 클릭
② [축 서식] 작업 창에서 [경계]-[최소값]에 -1.0, [최대값]에 0.5 입력
③ [레이블]에서 [레이블 위치]-[없음]을 클릭해 레이블을 숨깁니다.

248 회사에서 바로 통하는 엑셀 FOR STARTERS

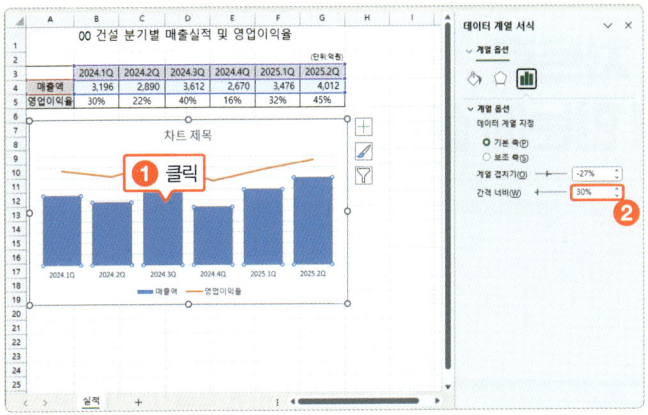

04 ① [매출액] 데이터 계열 클릭
② [데이터 계열 서식] 작업 창에서 [계열 옵션]-[간격 너비]에 **30**을 입력합니다.

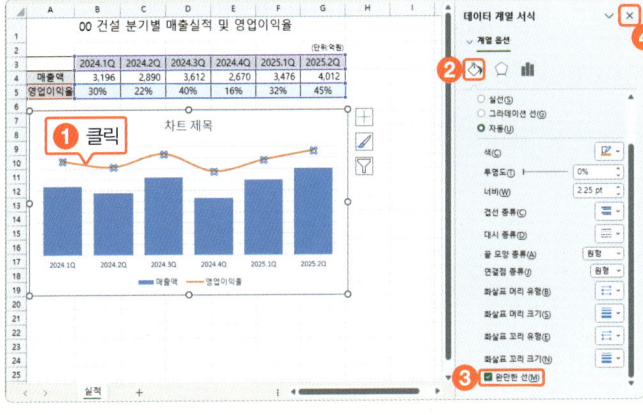

05 ① [영업이익율] 데이터 계열 클릭
② [데이터 계열 서식] 작업 창에서 [채우기 및 선] 클릭
③ [선]에서 [완만한 선]에 체크
④ [닫기X]를 클릭해 [데이터 계열 서식] 작업 창을 닫습니다.

06 ① 빌딩 그림 클릭 후 Ctrl+C ② [매출액] 데이터 계열 클릭 후 Ctrl+V ③ 원 도형 클릭 후 Ctrl+C ④ [영업이익율] 데이터 계열 클릭 후 Ctrl+V ⑤ 차트 제목과 주 눈금선 삭제 ⑥ [영업이익율] 데이터 레이블을 표시해 완성합니다.

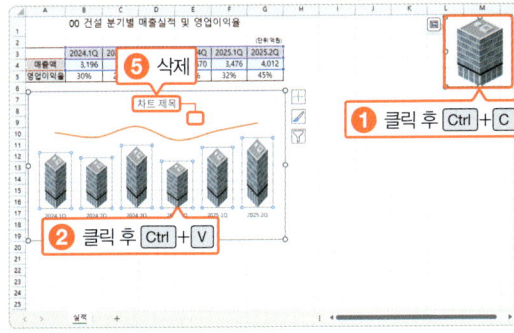
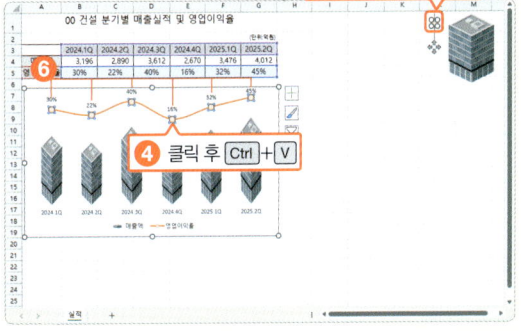

Tip Icograms UA 빌딩 사진은 Creative Commons Attribution 3.0 Unported 라이선스 하에 제공됩니다.

선버스트 차트로 사업 영역 한눈에 살펴보기

실습 파일 4장\080_차트_사업영역_선버스트.xlsx 완성 파일 4장\080_차트_사업영역_선버스트_완성.xlsx

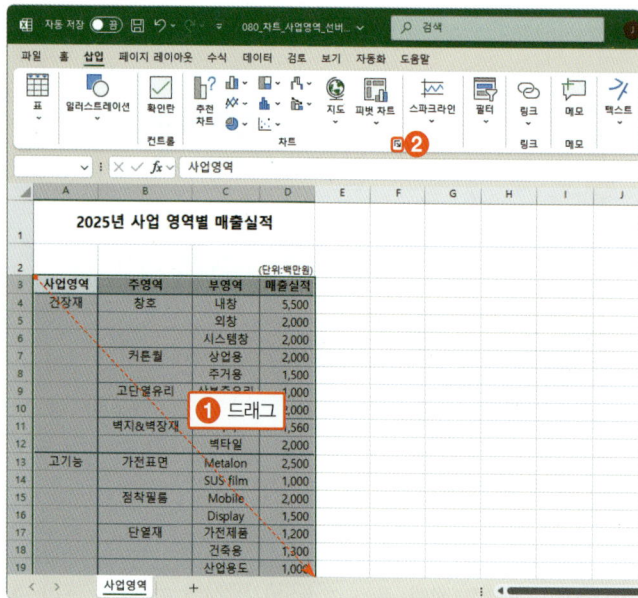

선버스트 차트 만들기 [2016 이상] [M365]

01 사업 영역별 구조와 매출실적을 한눈에 볼 수 있도록 선버스트 차트를 만들어보겠습니다.

❶ [A3:D23] 범위 지정
❷ [삽입] 탭-[차트] 그룹-[추천 차트 ▣]를 클릭합니다.

> **Tip** 선버스트 차트는 계층 구조로 데이터가 입력되어 있어야 합니다. 사업 영역에서 주영역-부영역-소영역 등의 항목을 계층 구조로 입력하고 항목의 내용이 없으면 빈 셀로 둡니다.

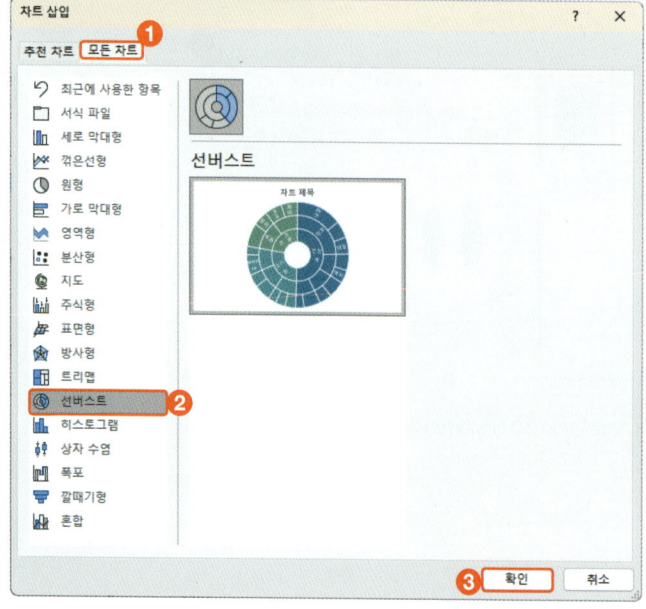

02 ❶ [차트 삽입] 대화상자에서 [모든 차트] 탭 클릭
❷ [선버스트] 클릭
❸ [확인]을 클릭합니다.

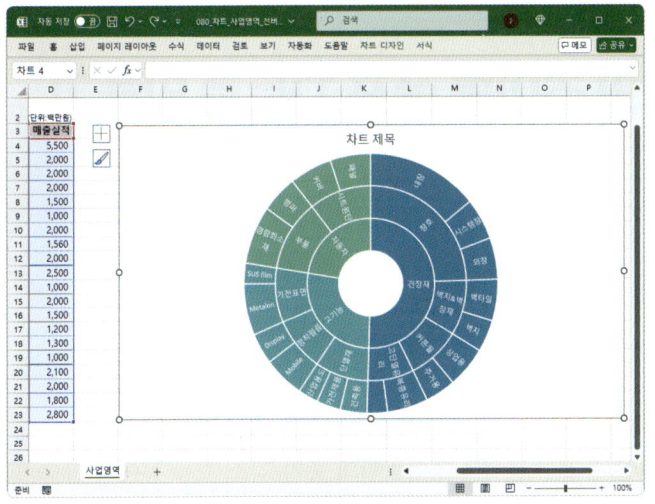

차트 위치와 크기 조절하기

03 삽입한 차트를 드래그하여 [F3] 셀 기준으로 배치하고 차트 조절점을 드래그하여 적당한 크기로 조절합니다.

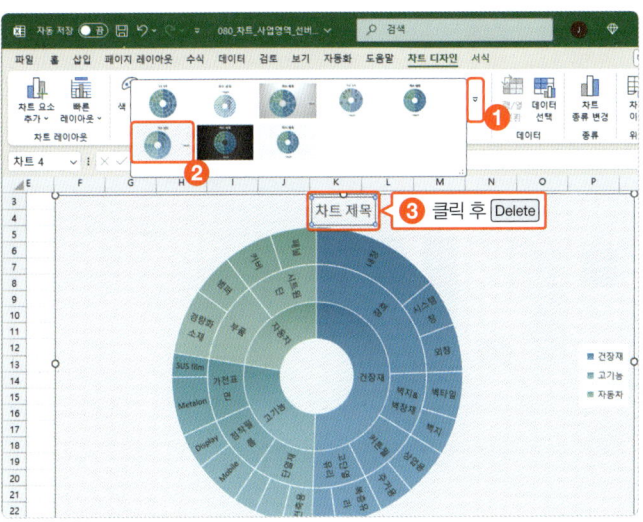

차트 스타일 변경하기

04 차트 스타일을 변경해보겠습니다.
❶ [차트 디자인] 탭-[차트 스타일] 그룹에서 [자세히 ▼] 클릭
❷ [스타일 6] 클릭
❸ 차트 제목을 클릭하고 Delete 를 누릅니다.

Tip 차트 제목을 삭제하면 제목 공간만큼 데이터 계열이 커집니다.

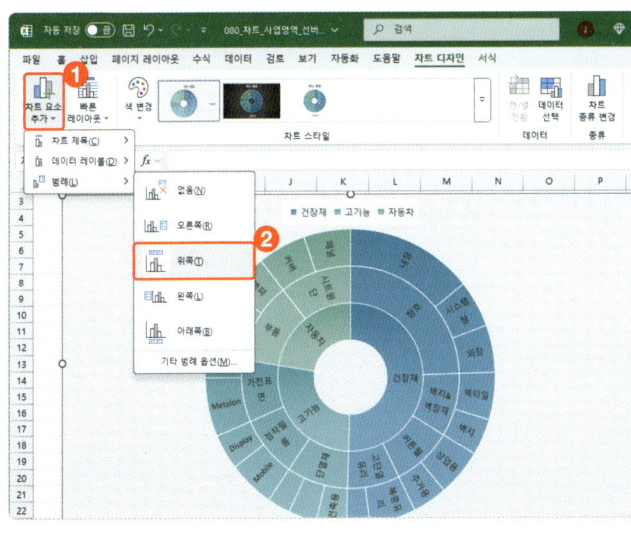

05 ❶ [차트 디자인] 탭-[차트 레이아웃] 그룹-[차트 요소 추가] 클릭
❷ [범례]-[위쪽]을 클릭합니다. 선버스트 차트가 완성되었습니다.

CHAPTER 04 차트 만들기 **251**

영업이익의 추이를 폭포 차트로 만들기

실습 파일 4장\혼자해보기\015_실적추이.xlsx   완성 파일 4장\혼자해보기\015_실적추이_완성.xlsx

예제 설명 및 완성 화면

폭포 차트는 재무 데이터처럼 자금의 유입/출입 흐름이나 영업이익의 증가/감소 흐름 등에서 양수 및 음수 값의 누적 효과를 막대로 표시합니다. 2023년 4분기~2025년 4분기 영업이익의 흐름을 폭포 차트로 작성해보겠습니다.

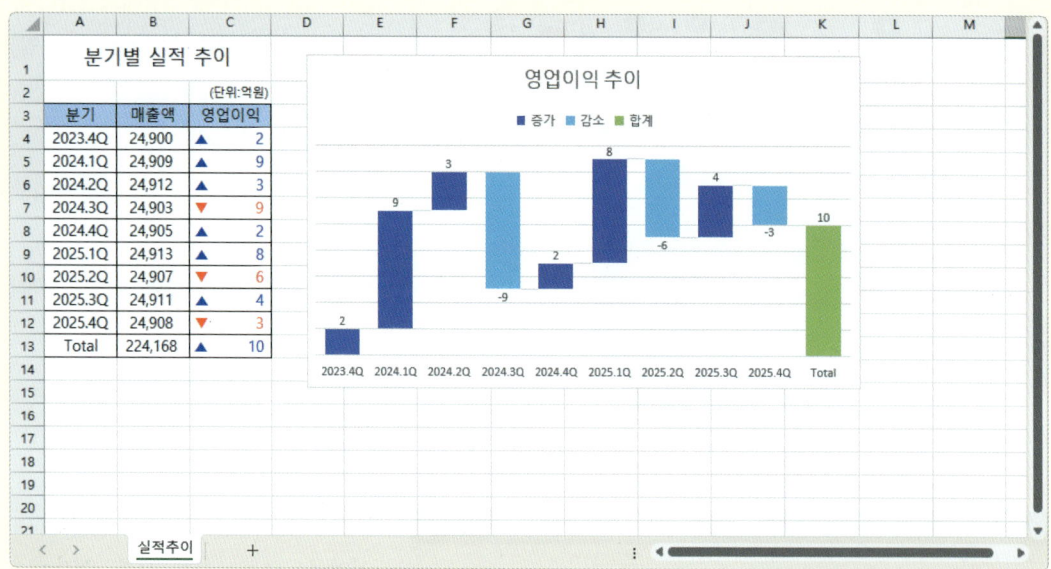

01 ❶❷ Ctrl 누른 채 [A3:A13], [C3:C13] 범위 지정 ❸ [삽입] 탭-[차트] 그룹-[추천 차트 📊] 클릭 ❹ [차트 삽입] 대화상자에서 [모든 차트] 탭 클릭 ❺ [폭포]를 클릭한 후 [확인]을 클릭해 차트를 삽입합니다.

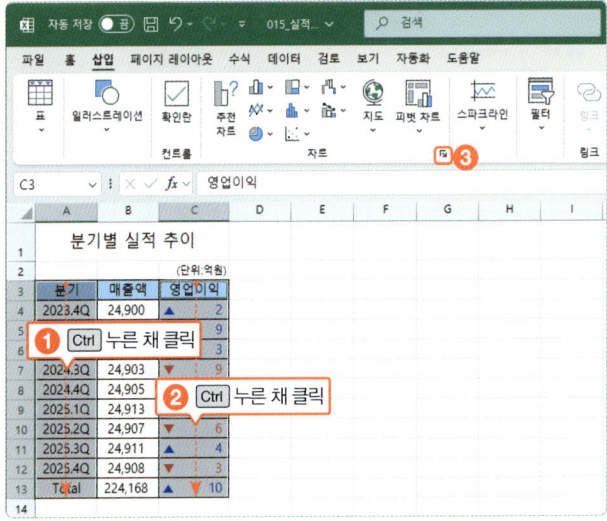
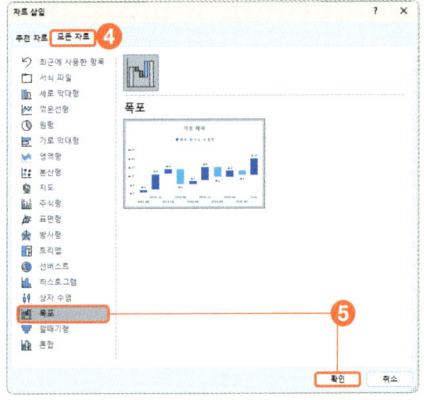

02 ❶ 차트 제목을 **영업이익 추이**로 변경
❷ 세로축을 클릭하고 Delete 를 눌러 세로축을 삭제합니다.

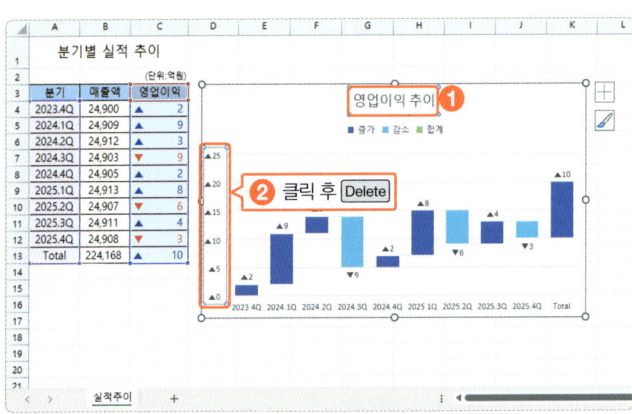

03 ❶ 데이터 레이블 더블클릭
❷ [데이터 레이블 서식] 작업 창에서 [레이블 옵션 📊] 클릭
❸ [표시 형식] 클릭
❹ [범주]에서 [숫자], [음수]에서 [-1,234] 클릭
❺ [닫기 ✕]를 클릭해 [데이터 레이블 서식] 작업 창을 닫습니다.

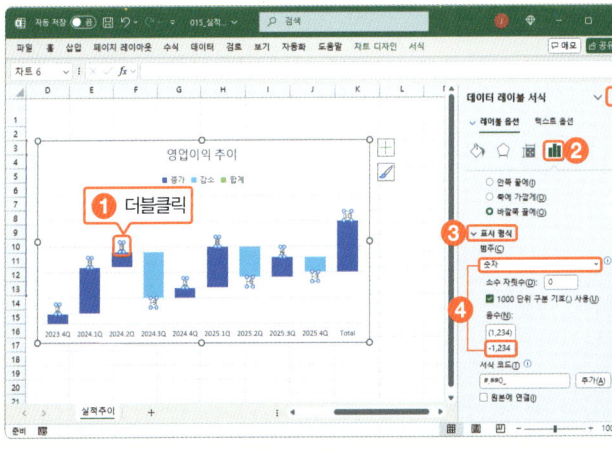

04 ❶ [Total] 데이터 계열 클릭 후 한 번 더 클릭, 마우스 오른쪽 버튼 클릭
❷ [합계로 설정]을 클릭합니다. 영업이익 합계(C13)의 데이터 계열을 합계로 설정하면 첫 번째 데이터 계열인 2023년 4분기를 기준으로 현재까지의 전체 영업이익을 막대로 표시합니다.

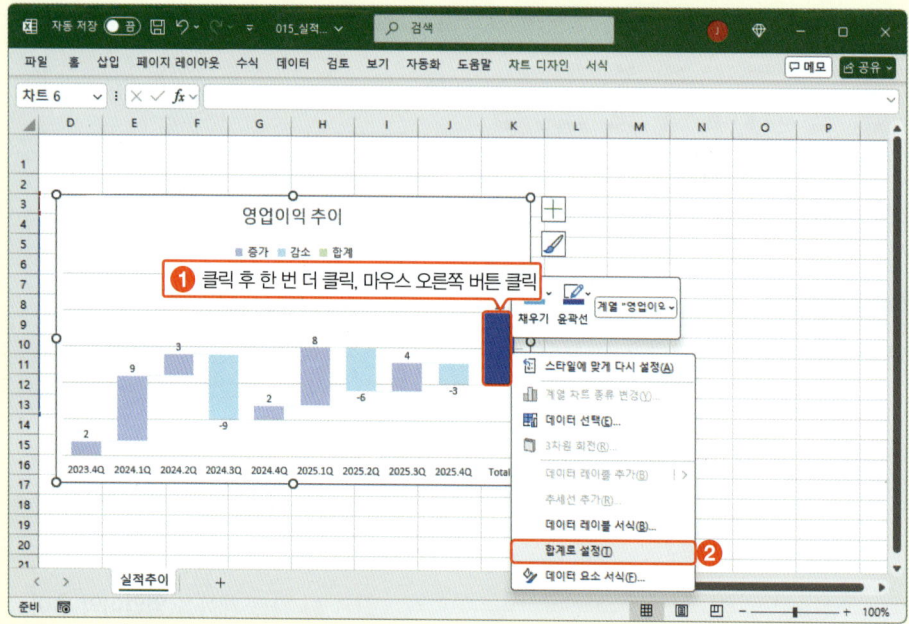

081 스파크라인 차트 삽입하고 종류 변경하기

실습 파일 4장\081_차트_스파크라인.xlsx [스파크라인1] 시트   완성 파일 4장\081_차트_스파크라인_완성.xlsx

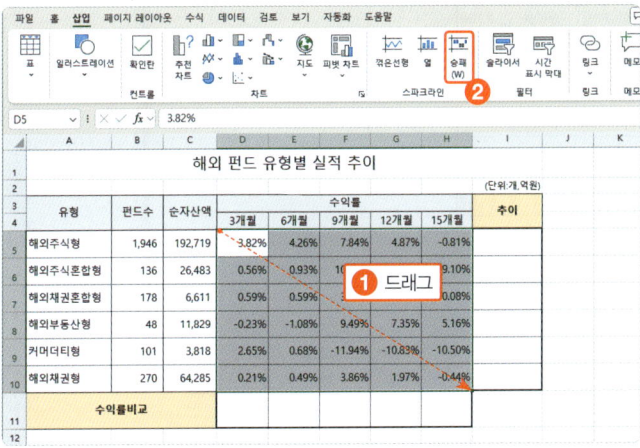

승패 스파크라인 차트 삽입하기

01 스파크라인 차트로 펀드 수익률을 비교해보겠습니다.

❶ [D5:H10] 범위 지정

❷ [삽입] 탭-[스파크라인] 그룹-[승패]를 클릭합니다.

02 ❶ [스파크라인 만들기] 대화상자에서 [데이터 범위]에 **D5:H10** 입력

❷ [위치 범위]에 **$D$11:$H$11** 입력

❸ [확인]을 클릭합니다.

Tip 수익률을 비교하는 승패 스파크라인 차트가 삽입됩니다.

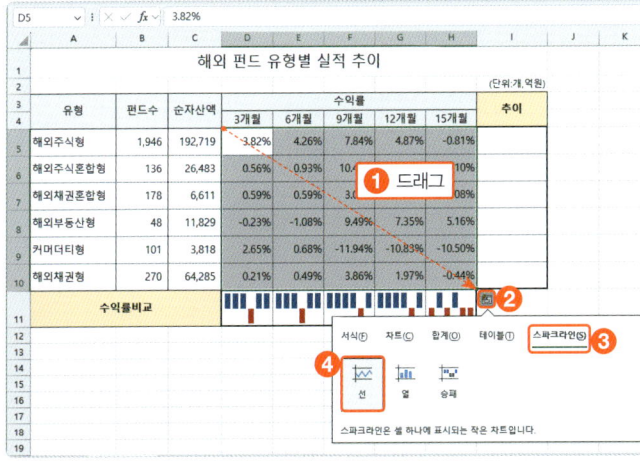

빠른 분석 도구로 스파크라인 차트 삽입하기

03 ❶ [D5:H10] 범위 지정

❷ [빠른 분석] 클릭

❸ [스파크라인] 클릭

❹ [선]을 클릭합니다.

Tip 지정한 범위의 오른쪽 열에 스파크라인 차트가 삽입됩니다.

CHAPTER 04 차트 만들기 **255**

04 [D11:H11] 범위에서는 각 펀드의 같은 기간 동안 수익률을 승패 차트로 비교할 수 있고, [I5:I10] 범위에서는 각 펀드의 전체 기간 수익률 추이를 선 차트로 확인할 수 있습니다.

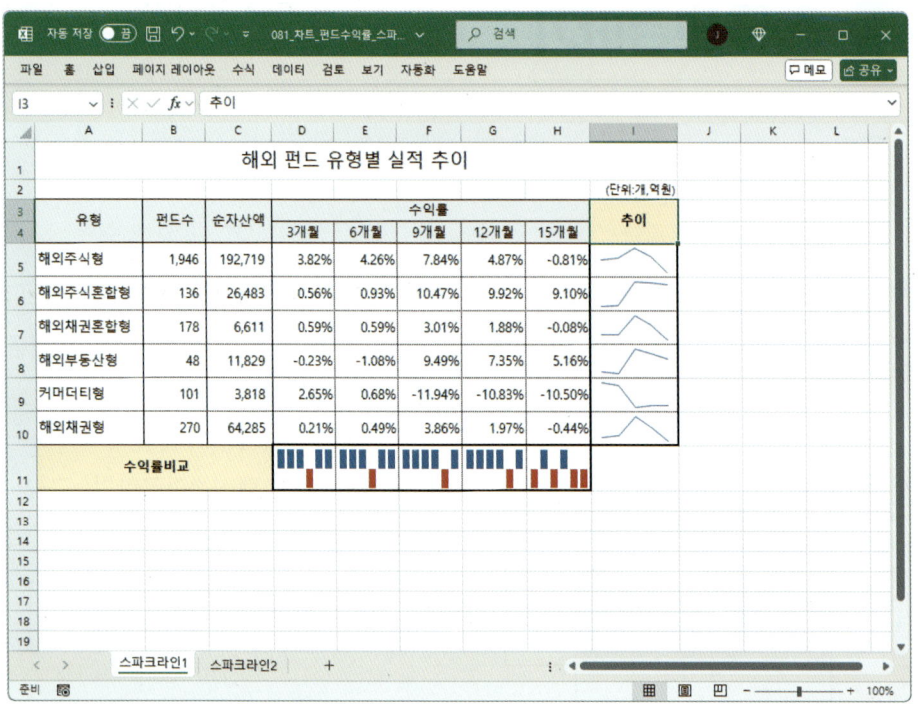

Note 스파크라인 차트란?

셀에 작은 추세 차트(선, 열, 승패)를 삽입해 데이터를 강조하고 비교합니다.

❶ 열 스파크라인은 데이터 값의 크기를 비교할 때 적합합니다.

❷ 선 스파크라인은 데이터의 추세를 나타낼 때 적합합니다.

❸ 승패 스파크라인은 음수를 표시해주므로 손익 등을 나타낼 때 적합합니다.

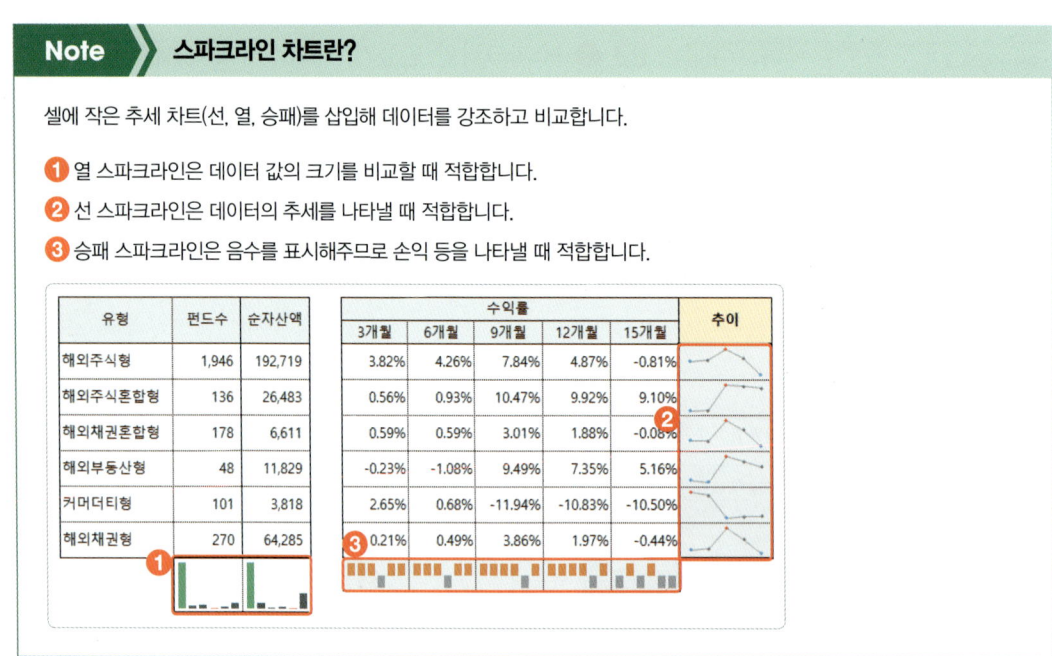

082 스파크라인 차트 스타일과 디자인 변경하기

실습 파일 4장\081_차트_스파크라인.xlsx [스파크라인2] 시트 완성 파일 4장\081_차트_스파크라인_완성.xlsx

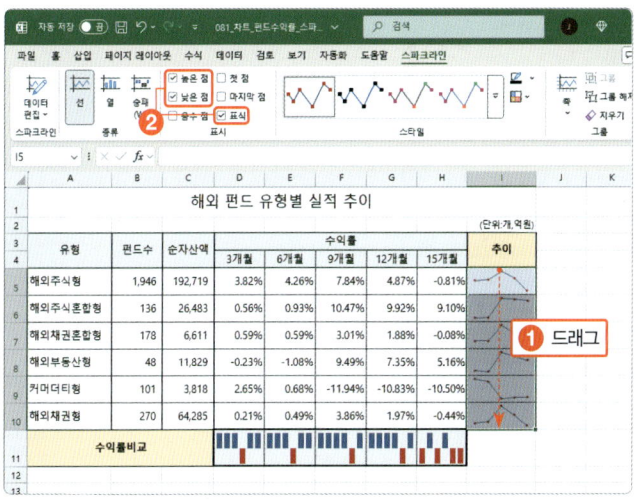

스파크라인 차트의 표시 강조하기

01 선 스파크라인 차트에서 표식을 강조해보겠습니다.

❶ [I5:I10] 범위 지정

❷ [스파크라인] 탭-[표시] 그룹에서 [높은 점], [낮은 점], [표식]에 체크합니다.

Tip 스파크라인 차트에서 표식이 나타나며 높은 점과 낮은 점이 강조됩니다. 엑셀 2019 버전에서는 [스파크라인 도구] 그룹-[디자인] 탭을 클릭합니다.

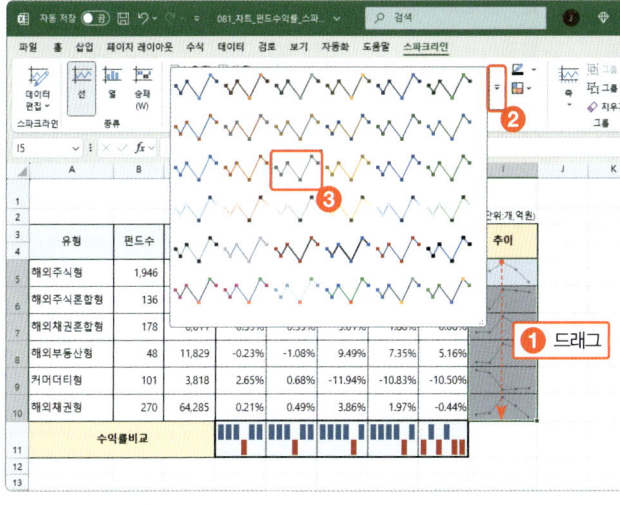

스파크라인 차트의 스타일 변경하기

02 ❶ [I5:I10] 범위 지정

❷ [스파크라인] 탭-[스타일] 그룹-[자세히 ▽] 클릭

❸ [회색, 스파크라인 스타일 강조 3]을 클릭합니다.

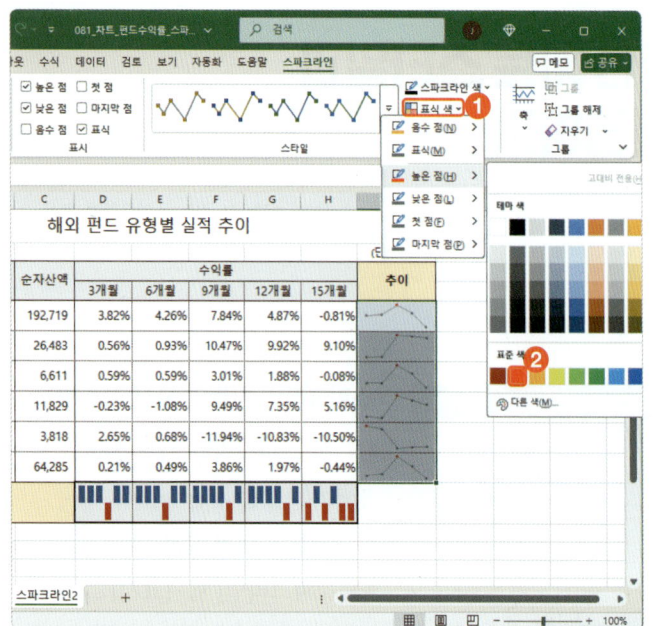

스파크라인 차트의 표식 색 변경하기

03 ❶ [스파크라인] 탭-[스타일] 그룹-[표식 색] 클릭

❷ [높은 점]-[빨강]을 클릭합니다.

Tip 스파크라인 차트에서 가장 높은 점이 빨간색으로 표시됩니다.

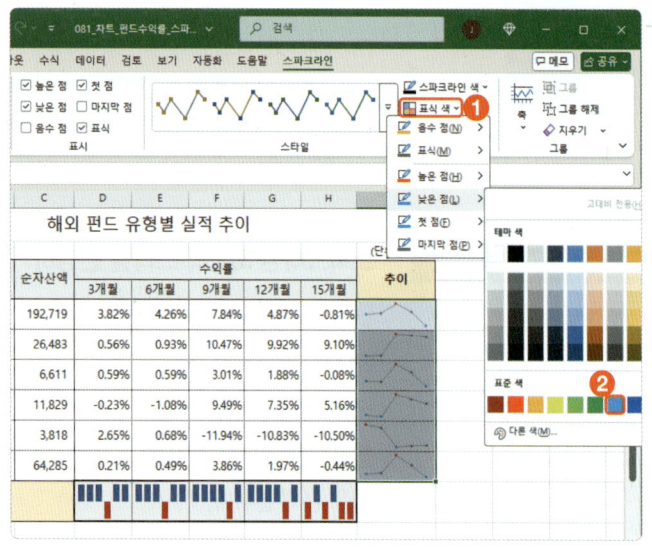

04 ❶ 다시 [표식 색] 클릭

❷ [낮은 점]-[연한 파랑]을 클릭합니다.

Tip 스파크라인 차트에서 가장 낮은 점이 연한 파란색으로 표시됩니다.

Tip 스파크라인 차트를 지우려면 [스파크라인] 탭-[그룹] 그룹-[지우기]를 클릭합니다.

CHAPTER
05

데이터베이스 관리/분석 및 ChatGPT 사용하기

083 텍스트 파일로 데이터베이스 만들기

실습 파일 5장\083_DB_텍스트_입출고.txt **완성 파일** 5장\083_DB_텍스트_입출고_완성.xlsx

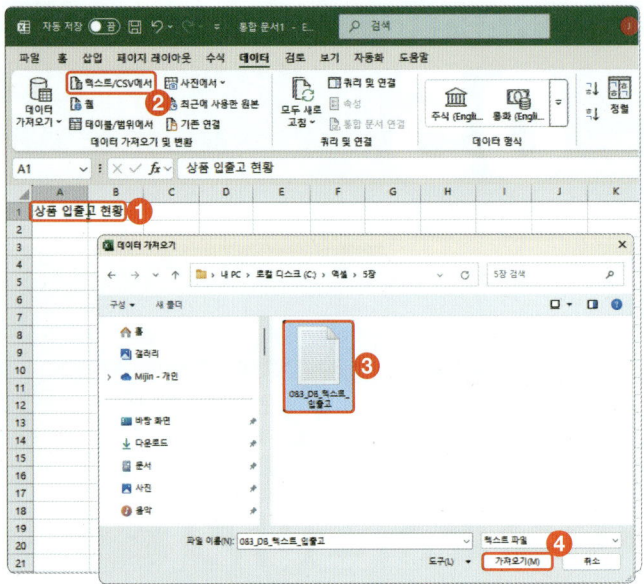

텍스트 파일 가져오기

01 ❶ 새 통합 문서에서 [A1] 셀에 **상품 입출고 현황** 입력

❷ [데이터] 탭-[데이터 가져오기 및 변환] 그룹-[텍스트/CSV에서] 클릭

❸ [데이터 가져오기] 대화상자에서 **083_DB_텍스트_입출고.txt** 텍스트 파일 클릭

❹ [가져오기]를 클릭합니다.

Tip 엑셀 2016 이전 버전에서는 [데이터] 탭-[외부 데이터 가져오기] 그룹-[텍스트]를 클릭합니다.

02 [083_DB_텍스트_입출고.txt] 작업 창이 열리면 [파일 원본]에서 언어 코드인 [949:한국어]와 [구분 기호]에서 [탭]을 자동으로 인식합니다.

❶ [로드] 클릭

❷ [다음으로 로드]를 클릭합니다.

Tip 엑셀 2016 버전에서는 [텍스트 마법사-3단계 중 1단계] 대화상자에서 원본 데이터의 파일 유형을 [구분 기호로 분리됨]으로 선택하고 [다음]을 클릭합니다. [텍스트 마법사-3단계 중 2단계] 대화상자에서 [구분 기호]의 [탭]에 체크하고 [다음]을 클릭합니다. [텍스트 마법사-3단계 중 3단계] 대화상자에서 [데이터 미리 보기] 목록의 첫 번째 열인 [일자]를 클릭하고 [열 데이터 서식]을 [날짜]로 선택합니다. [마침]을 클릭해서 텍스트 마법사를 완료합니다.

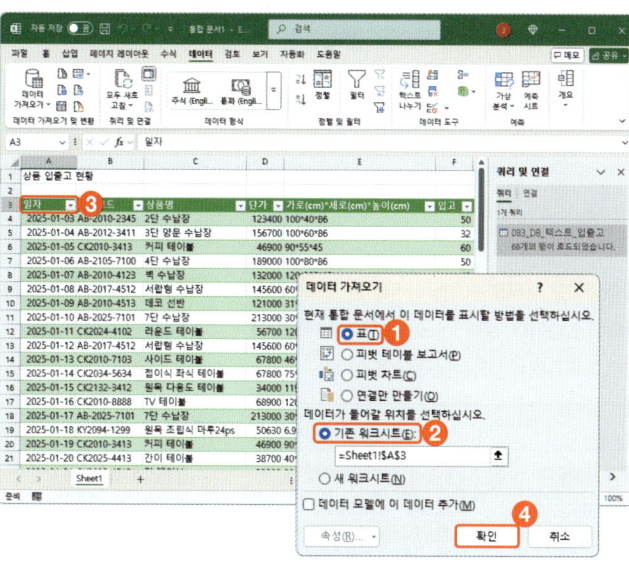

03 ❶ [데이터 가져오기] 대화상자에서 [표] 클릭

❷ [기존 워크시트] 클릭

❸ 데이터가 시작될 위치로 [A3] 셀 클릭

❹ [확인]을 클릭합니다. [A3] 셀부터 데이터가 입력됩니다.

Tip [A3] 셀 위치에 표로 변환된 데이터가 로드되고 [쿼리 및 연결] 작업 창에 68개의 행이 로드되었다는 메시지가 표시됩니다.

Note 외부 데이터가 수정되면 엑셀에 로드된 데이터도 수정되나요?

❶ 텍스트 파일을 워크시트로 로드하면 원본 텍스트와 표가 연결되어 있습니다. 따라서 원본 텍스트 파일을 수정한 후 [데이터] 탭-[쿼리 및 연결] 그룹-[모두 새로 고침 🔄]을 클릭하면 현재 워크시트에 담긴 표도 수정됩니다.

❷ 원본과 연결을 해제하려면 [쿼리 및 연결] 창의 [083_DB_텍스트_입출고]에서 마우스 오른쪽 버튼을 클릭하고 [삭제]를 클릭합니다. [쿼리 삭제] 경고 창에서 [삭제]를 클릭하면 텍스트 파일과의 연결이 끊어집니다.

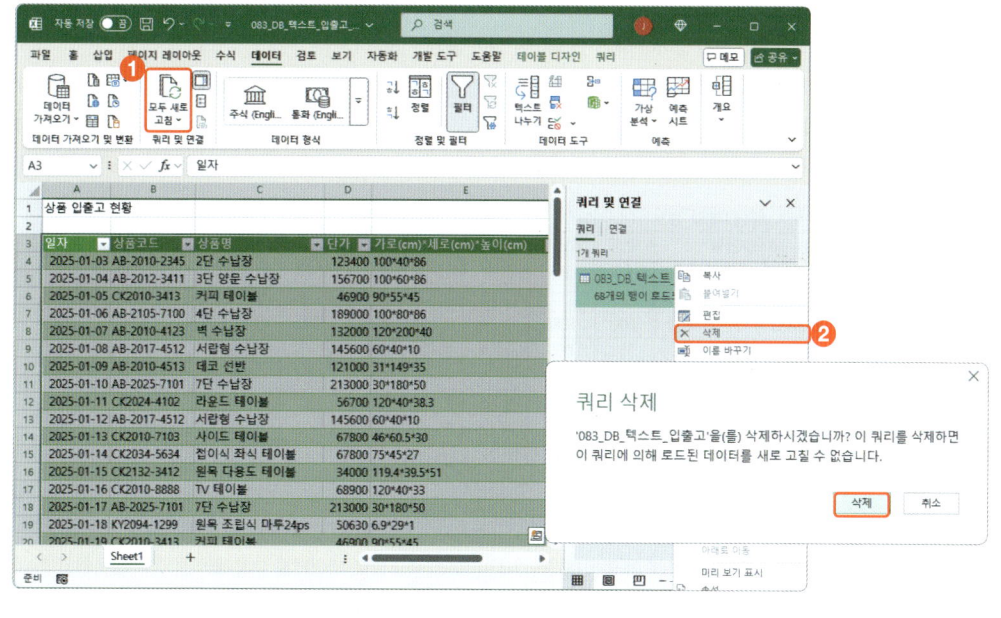

Note 엑셀 표(Table) 작성 규칙 알아보고 데이터 효율적으로 관리하기

엑셀에서 제공하는 데이터베이스의 기능은 방대한 표(Table) 구조의 자료를 관리하고 요약해서 데이터를 효과적으로 분석하기에 유용합니다. 텍스트 나누기, 중복 데이터, 통합 기능을 사용하여 데이터를 관리하고, 정렬, 부분합, 피벗 테이블로 데이터를 분석할 수 있습니다.

표(Table)

데이터를 특정 용도에 맞게 체계적으로 정리하여 데이터를 처리할 수 있도록 테이블 구조로 표를 만듭니다. 테이블의 구조는 필드명(머리글), 레코드(행), 필드(열) 등으로 구성되어 있습니다. 일반적으로 표 구조로 데이터를 입력하지만, 관련 데이터를 쉽게 관리하고 분석하려면 범위를 엑셀 표로 변환하고 등록해서 사용하는 것이 좋습니다.

일반 표	엑셀 표
(표 이미지)	(표 이미지)
머리글, 행, 열로 구성된 표로 범위가 고정적입니다. 범위의 이름을 정의하거나 함수를 사용해야 동적인 참조가 가능합니다.	머리글, 행, 열로 구성된 엑셀 표로 별도의 작업 없이 각 구성 요소를 참조할 수 있고, 데이터의 양에 따라 범위가 동적으로 변합니다.

엑셀 표(Table)의 작성 규칙

데이터베이스로 관리할 표(Table)를 작성할 때는 다음과 같은 사항에 주의합니다.

① 필드명은 한 줄로 입력하고, 필드명이 입력된 셀은 병합하지 않아야 합니다.

② 각 셀에 입력한 데이터는 병합하지 않아야 하고, 빈 행이나 열이 없어야 합니다.

③ 셀 하나에는 하나의 정보만 입력해야 합니다. 외부에서 데이터를 가져왔을 때 셀 하나에 여러 정보가 있으면 텍스트를 나눠서 여러 필드에 입력합니다.

④ 세로 방향으로 데이터를 누적해서 입력합니다.

▲ 잘못 작성된 표   ▲ 바르게 작성된 표

데이터베이스를 효율적으로 관리하고 분석하기

데이터를 효율적으로 관리하려면 열 하나에 여러 정보가 담기지 않도록 종류별로 데이터를 분류해야 합니다. 데이터가 중복되면 잘못된 결과가 나타나거나 검색 및 분석이 제대로 이뤄지지 않기 때문입니다. 데이터베이스를 관리 및 분석하는 방법에 대해 살펴보겠습니다. 각각의 관리 방법에 대한 자세한 내용은 083~098번 실습을 참고합니다.

❶ **텍스트 나누기** : 열 하나에 여러 정보가 담겨 있을 때 이를 종류별로 나눠 관리합니다.

입고	단가	가로(cm)*세로(cm)*높이(cm)
50	123,400	100*40*86
32	156,700	100*40*87
60	46,900	100*40*88
50	189,000	100*40*89
40	132,000	100*40*90

▲ 셀에 여러 정보가 있는 데이터

입고	단가	가로(cm)	세로(cm)	높이(cm)
50	123,400	100	40	86
32	156,700	100	40	87
60	46,900	100	40	88
50	189,000	100	40	89
40	132,000	100	40	90

▲ 텍스트 나누기로 셀에 하나의 정보만 있는 데이터

❷ **중복 데이터 삭제하기** : 잘못된 결과를 불러올 수 있는 중복 데이터를 삭제합니다.

코드	품명	입고단가	출고단가
H607	외장하드	85,000	97,750
EF345	출퇴근기록기	320,000	368,000
EF345	출퇴근기록기	320,000	368,000
BE500	지폐계수기	12,500	14,375
D204	문서 세단기	156,000	179,400
L451	코팅기	120,000	138,000
H607	외장하드	85,000	97,750
EF345	출퇴근기록기	320,000	368,000
RS130	제본기	450,000	517,500

▲ 상품코드, 품명 단가가 중복된 데이터

코드	품명	입고단가	출고단가
H607	외장하드	85,000	97,750
EF345	출퇴근기록기	320,000	368,000
BE500	지폐계수기	12,500	14,375
D204	문서 세단기	156,000	179,400
L451	코팅기	120,000	138,000
RS130	제본기	450,000	517,500

▲ 중복을 제거한 데이터

❸ **통합하기** : 여러 워크시트의 결과를 필드 항목 기준으로 통합하고 서식을 지정합니다. 여러 워크시트의 결과를 합계, 개수, 평균, 최댓값, 최솟값, 곱, 수치 개수, 표본 표준 편차, 표준 편차, 표본 분산, 분산 등으로 요약하고 집계합니다.

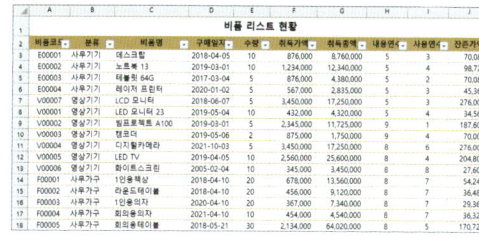

▲ 통합 전의 1월 ~ 3월 데이터   ▲ 품명을 기준으로 통합한 데이터

❹ **자동 필터를 이용한 필터링하기** : 전체 데이터에서 조건에 맞는 데이터 목록만 필터링합니다.

▲ 자동 필터를 적용하고 조건을 지정하기 전의 데이터   ▲ 필드에 조건을 지정해 특정 분류의 목록만 추출한 데이터

❺ **정렬 및 다중 부분합 작성하기** : 데이터를 분석하기 편한 기준으로 오름차순, 내림차순, 사용자 지정 순서로 정렬합니다. 정렬된 특정 필드를 그룹화해 분류하고 합계, 평균, 개수 등을 계산합니다.

▲ 고객 정보를 지점, 보험상품 순서로 오름차순 정렬

▲ 고객 정보에서 지점별, 보험상품을 그룹화하고 부분합을 계산한 데이터

❻ **피벗 테이블로 크로스 탭 집계표와 피벗 차트 만들기** : 기초 데이터를 분석해 행/열 구조의 크로스 탭 표로 요약하여 집계표를 작성합니다.

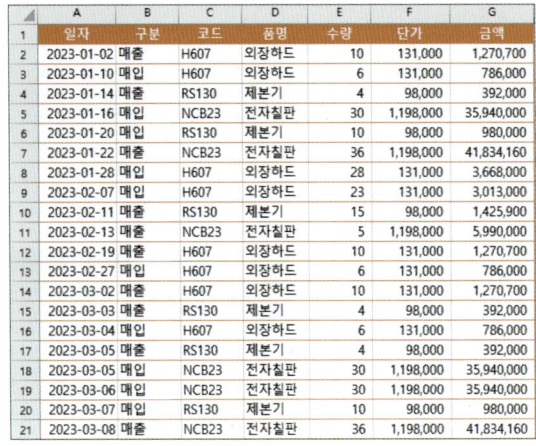

▲ 일자별, 매입, 매출 데이터

▲ 피벗 테이블로 분기/상품명 수량의 합계를 요약한 집계표

우선순위

084 구분 기호로 텍스트 나누기

실습 파일 5장\084_DB_텍스트_입출고.xlsx 완성 파일 5장\084_DB_텍스트_입출고_완성.xlsx

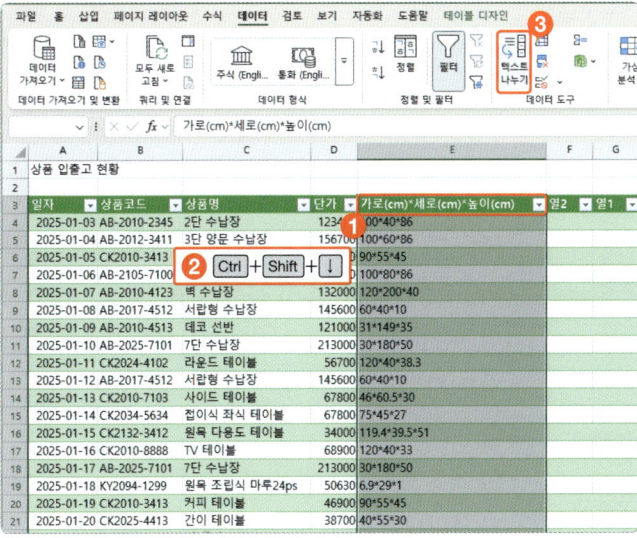

텍스트를 나눌 셀 범위 지정하기

01 일정한 너비나 기호를 기준으로 텍스트를 나눌 수 있습니다. 상품의 가로, 세로, 높이가 한 열에 입력되어 있으므로 각각 데이터를 나눠보겠습니다.

❶ [E3] 셀 클릭

❷ Ctrl + Shift + ↓ 를 눌러 [E3:E37] 범위 지정

❸ [데이터] 탭–[데이터 도구] 그룹–[텍스트 나누기]를 클릭합니다.

Tip 텍스트를 나누려면 나누려는 데이터 개수만큼 오른쪽에 빈 열이 있어야 합니다. 만약 빈 열이 없으면 나눠진 텍스트 값으로 오른쪽 열이 대치되므로 주의합니다.

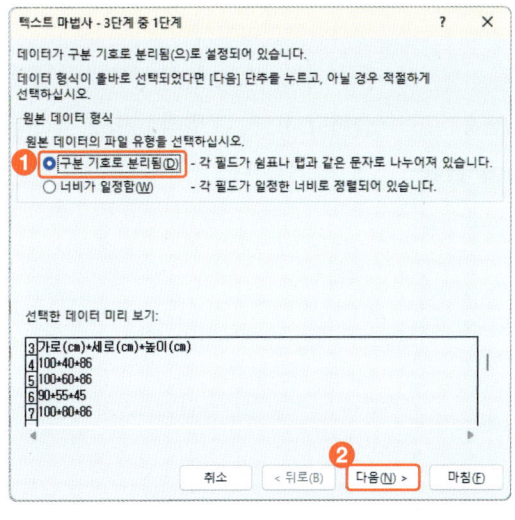

텍스트 마법사 – 3단계 중 1단계

02 ❶ [텍스트 마법사 – 3단계 중 1단계] 대화상자에서 [원본 데이터 형식]–[구분 기호로 분리됨] 클릭

❷ [다음]을 클릭합니다.

CHAPTER 05 데이터베이스 관리/분석 및 ChatGPT 사용하기 **265**

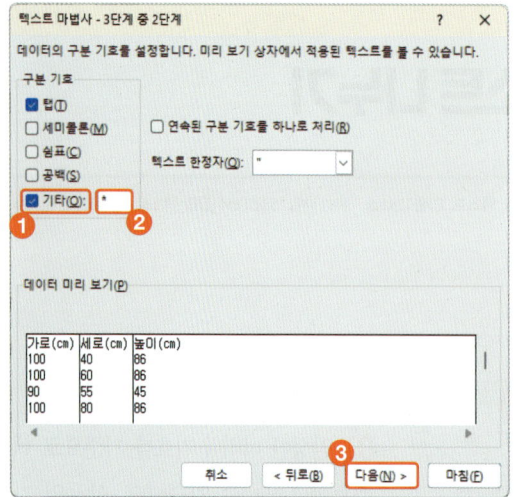

텍스트 마법사 - 3단계 중 2단계

03 ❶ [텍스트 마법사 - 3단계 중 2단계] 대화상자에서 [구분 기호]-[기타]에 체크

❷ * 입력

❸ [다음]을 클릭합니다.

Tip * 기호를 기준으로 텍스트가 분리됩니다.

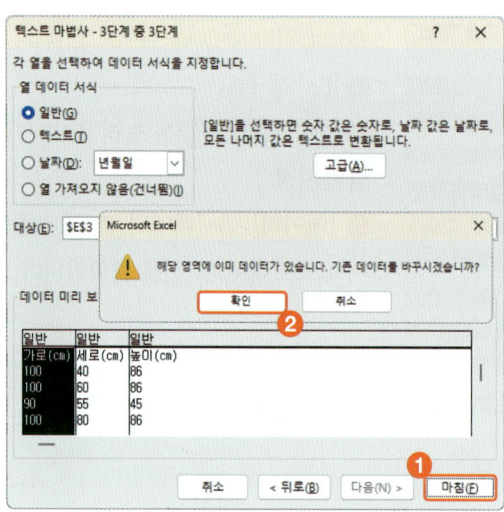

텍스트 마법사 - 3단계 중 3단계

04 [텍스트 마법사 - 3단계 중 3단계] 대화상자의 [데이터 미리 보기] 목록에서 서식을 지정합니다. 여기서는 지정할 서식이 없으므로 텍스트 마법사를 완료합니다.

❶ [마침] 클릭

❷ 기존 데이터를 바꿀 것인지 확인하는 대화상자가 나타나면 [확인]을 클릭합니다.

05 가로, 세로, 높이 항목이 나눠졌습니다. E, F, G 열의 너비를 적절하게 조절합니다.

중복 데이터 제거하고 상품 목록표 만들기

실습 파일 5장\085_DB_중복제거_입출고.xlsx 완성 파일 5장\085_DB_중복제거_입출고_완성.xlsx

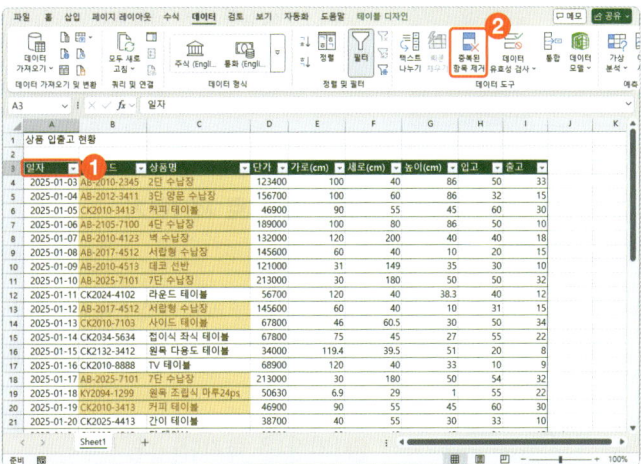

중복 데이터 제거하기

01 상품의 입출고 현황에는 일자별로 상품이 입고된 내역이 표시되어 있습니다. 목록에서 중복된 상품코드와 상품명 그리고 단가 등의 중복 데이터를 제거하여 상품 목록표를 만들어보겠습니다.

❶ [A3] 셀 클릭
❷ [데이터] 탭─[데이터 도구] 그룹─[중복된 항목 제거 📄]를 클릭합니다.

Tip [B4:C45] 범위에는 [홈] 탭─[스타일] 그룹─[조건부 서식]─[셀 강조 규칙]─[중복 값]이 지정되어 있습니다.

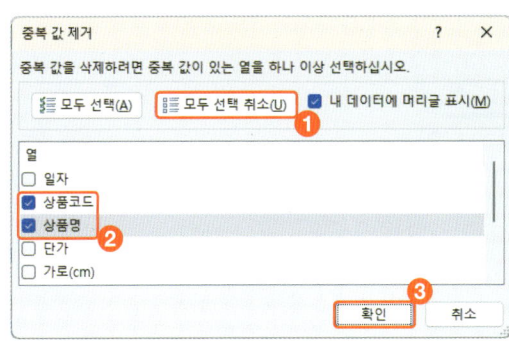

02 ❶ [중복 값 제거] 대화상자에서 [모두 선택 취소] 클릭
❷ [열]의 [상품코드], [상품명]에 체크
❸ [확인]을 클릭합니다.

Tip 체크한 항목에서 일치하는 레코드가 있을 때만 제거됩니다.

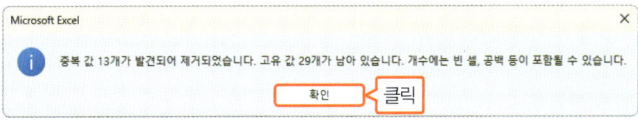

03 13개의 중복된 데이터가 제거되었다는 대화상자가 나타나면 [확인]을 클릭합니다.

Tip 중복된 데이터를 제거하면 첫 번째 레코드 하나만 남고 두 번째 레코드부터는 삭제됩니다. 중복 값이 제거되었으므로 조건부 서식 규칙이 지워집니다.

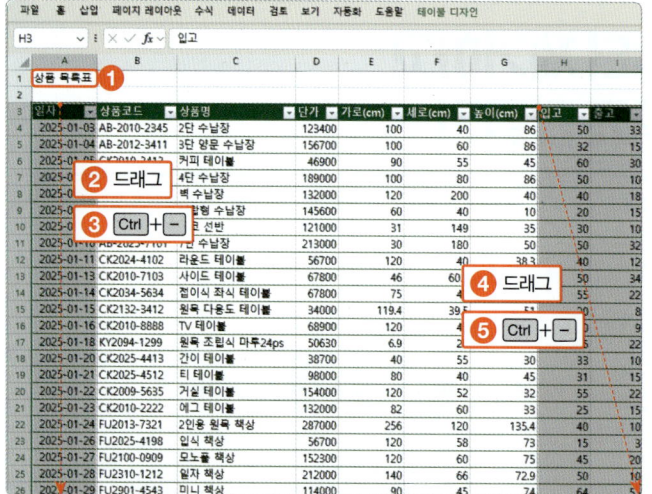

상품 목록표 만들기

04 ① [A1] 셀에 **상품 목록표** 입력

② [A3:A32] 범위 지정

③ Ctrl + - 눌러 일자 열 삭제

④ [H3:I32] 범위 지정

⑤ Ctrl + - 를 눌러 입고, 출고 열을 삭제합니다.

Tip 일자, 입고, 출고 열이 삭제되어 상품코드, 상품명, 단가와 상품 사양만 남습니다.

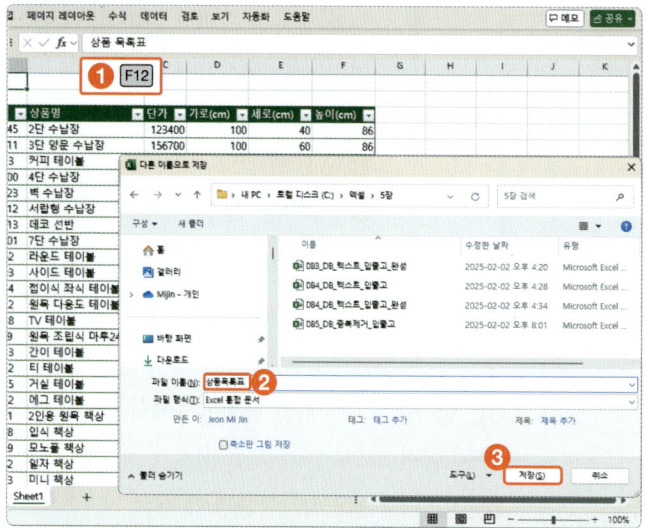

다른 이름으로 저장하기

05 ① F12

② [다른 이름으로 저장] 대화상자가 나타나면 [파일 이름]에 **상품목록표** 입력

③ [저장]을 클릭합니다.

우선순위
086 동일한 항목으로 데이터 통합하고 빠른 서식 적용하기

실습 파일 5장\086_DB_통합_월실적현황.xlsx 완성 파일 5장\086_DB_통합_월실적현황_완성.xlsx

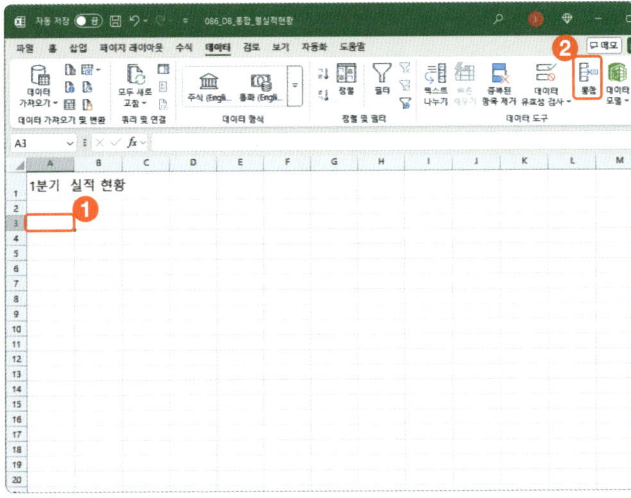

성명을 기준으로 1월~3월까지의 실적 통합하기

01 데이터를 통합하면 여러 워크시트에 담긴 결과를 요약하고 집계해서 볼 수 있습니다. 같은 통합 문서 내에 있는 [1월]~[3월] 시트의 데이터를 통합해보겠습니다.

❶ [통합] 시트에서 [A3] 셀 클릭
❷ [데이터] 탭-[데이터 도구] 그룹-[통합]을 클릭합니다.

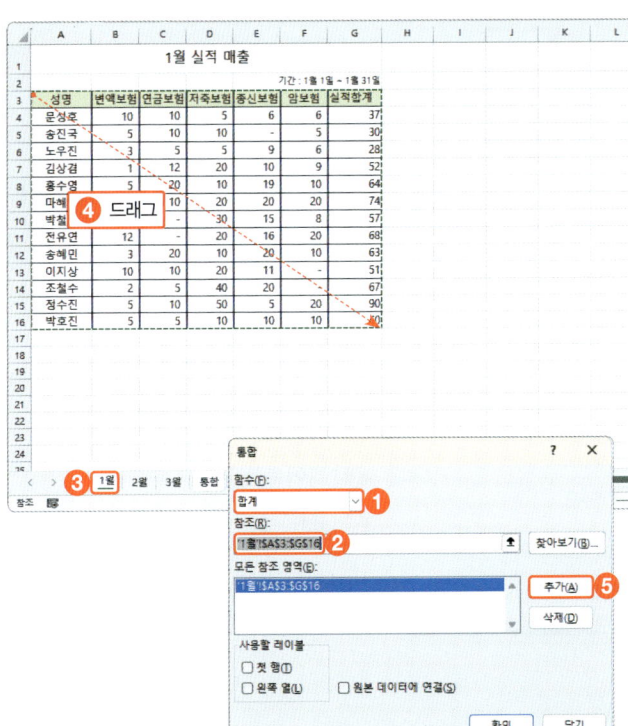

통합할 데이터를 범위 지정하기

02 ❶ [통합] 대화상자의 [함수]에서 [합계] 선택
❷ [참조] 클릭
❸ [1월] 시트 탭 클릭
❹ [A3:G16] 범위 지정
❺ [추가]를 클릭합니다.

Tip 데이터를 통합하면 첫 번째 열을 기준으로 여러 범위의 데이터를 하나로 합칩니다. 첫 번째로 통합할 범위(A3:G16)가 [모든 참조 영역]에 추가됩니다.

CHAPTER 05 데이터베이스 관리/분석 및 ChatGPT 사용하기 **269**

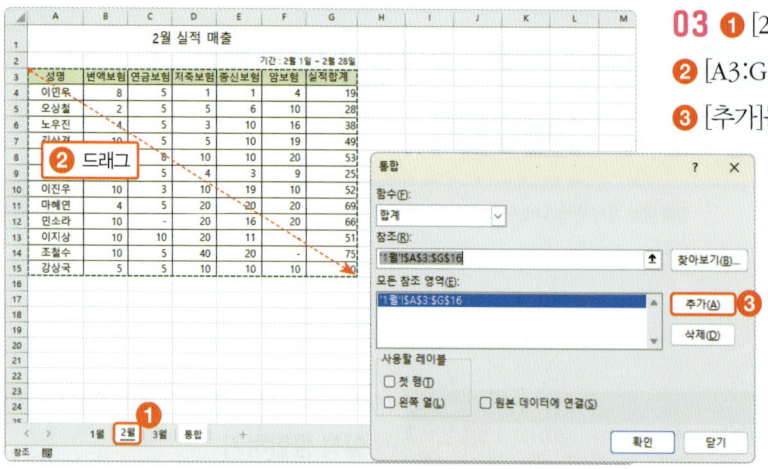

03 ① [2월] 시트 탭 클릭
② [A3:G15] 범위 지정
③ [추가]를 클릭합니다.

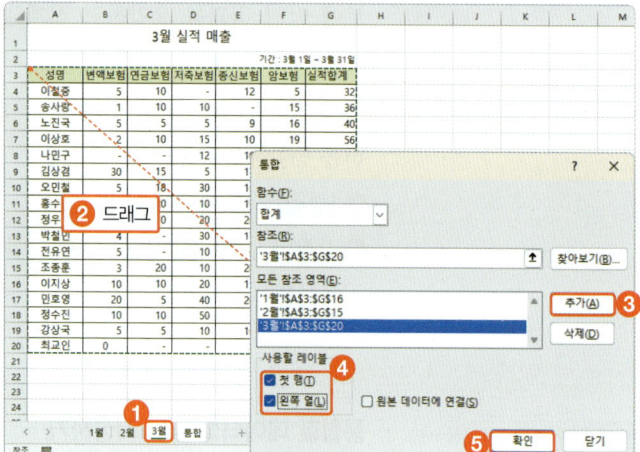

04 ① [3월] 시트 탭 클릭
② [A3:G20] 범위 지정
③ [추가] 클릭
④ [사용할 레이블]에서 [첫 행]과 [왼쪽 열]에 체크
⑤ [확인]을 클릭합니다.

Tip [사용할 레이블]에서 [첫 행]과 [왼쪽 열]에 체크하면 제목 행과 제목 열을 기준으로 통합됩니다. 그러나 레이블을 사용하지 않고 통합하면 행과 열 방향의 순서대로 통합하기 때문에 잘못된 결과를 얻을 수도 있습니다.

데이터 통합하여 표 서식 지정하기

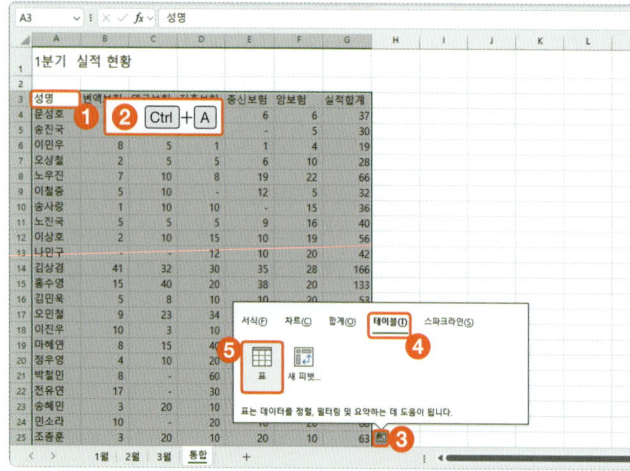

05 1월부터 3월까지의 데이터가 통합되어 [통합] 시트에 입력됩니다.

① [A3] 셀에 **성명** 입력
② Ctrl+A 눌러 [A3:G32] 범위 지정
③ [빠른 분석] 클릭
④ [테이블] 클릭
⑤ [표]를 클릭합니다.

Tip 데이터가 엑셀 표로 변환되며 표 서식이 적용됩니다.

상품명으로 입출고 데이터 통합하고 빠른 서식 적용하기

실습 파일 5장\혼자해보기\016_입출고현황표.xlsx
완성 파일 5장\혼자해보기\016_입출고현황표_완성.xlsx

예제 설명 및 완성 화면

[1월]~[3월] 시트에는 상품별 입출고 데이터가 입력되어 있습니다. [1분기] 시트에서 각각의 시트에 있는 입출고 데이터를 상품명으로 통합한 후 월별 입출고 수량을 하나의 표로 집계해서 볼 수 있도록 전체 데이터를 통합합니다.

CHAPTER 05 데이터베이스 관리/분석 및 ChatGPT 사용하기 271

01 ❶ [1분기] 시트 탭 클릭
❷ [A3] 셀 클릭
❸ [데이터] 탭-[데이터 도구] 그룹
-[통합]을 클릭합니다.

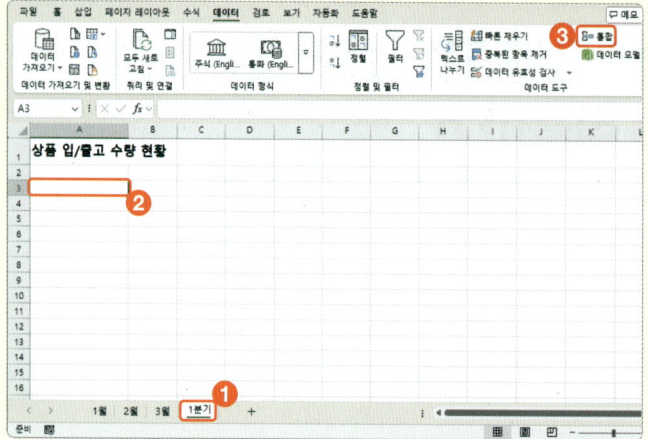

02 ❶ [통합] 대화상자에서 [함수]에 [합계] 선택
❷ [사용할 레이블]에서 [첫 행]과 [왼쪽 열]에 체크
❸ [참조] 클릭
❹ 다음 표를 참고하여 [1월]~[3월] 시트의 데이터 영역을 각각 지정해서 [추가] 클릭
❺ [확인]을 클릭합니다.

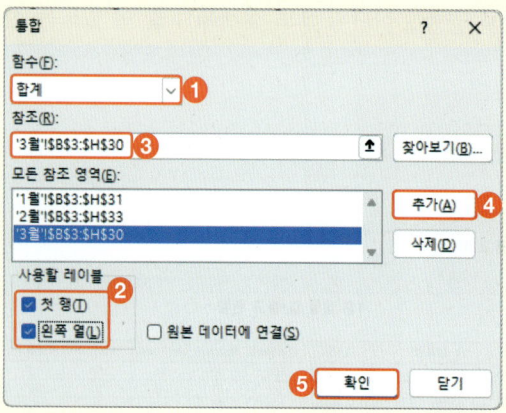

[1월] 시트	[B3:H31] 범위 지정
[2월] 시트	[B3:H33] 범위 지정
[3월] 시트	[B3:H30] 범위 지정

03 ❶ [A3] 셀에 **상품명** 입력 ❷ [B:E] 열 머리글 범위 지정 후 Ctrl + - 를 눌러 불필요한 열을 삭제합니다.

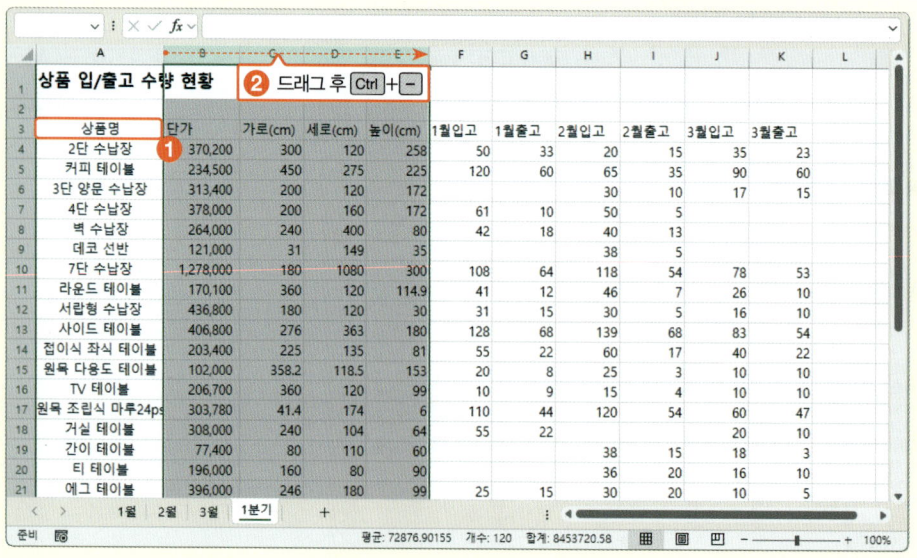

04 ❶ [A3:G32] 범위 지정 ❷ [빠른 분석] 클릭 ❸ [테이블]-[표]를 클릭하여 서식을 적용합니다.

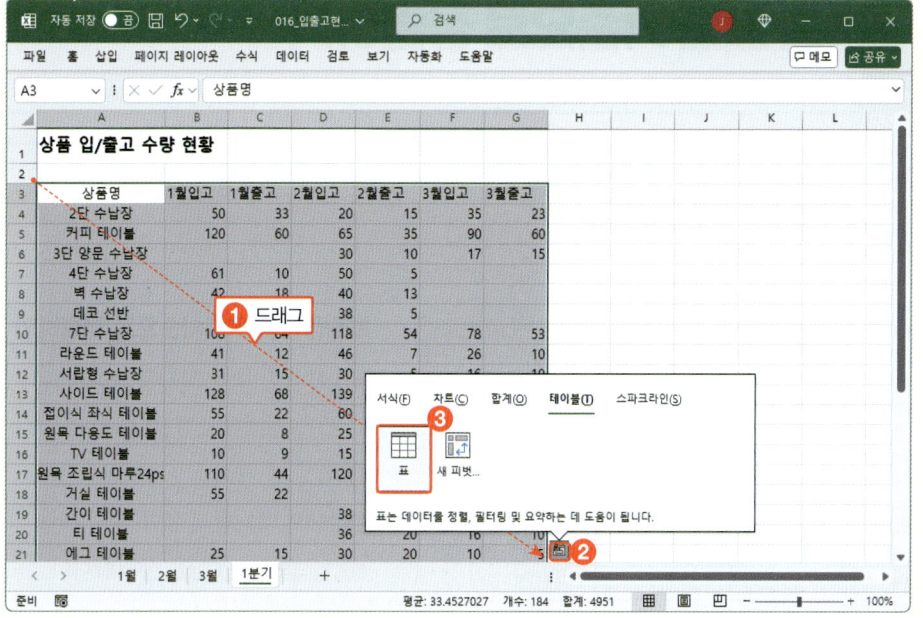

087 셀 값을 기준으로 정렬하기

실습 파일 5장\087_DB_정렬_회원명단1.xlsx 완성 파일 5장\087_DB_정렬_회원명단1_완성.xlsx

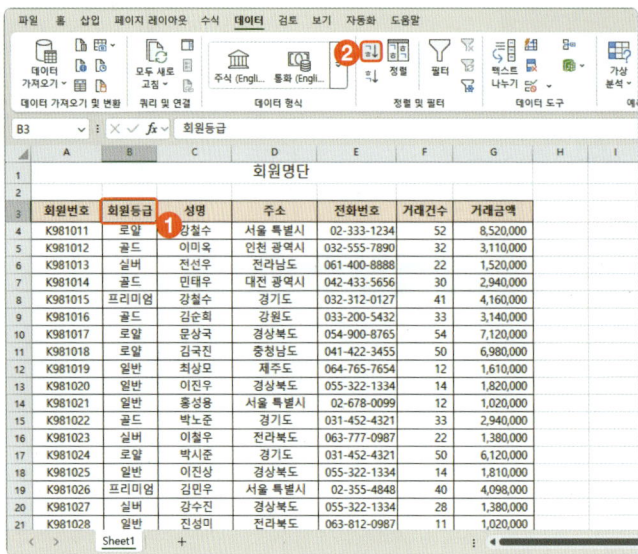

회원등급을 오름차순으로 정렬하기

01 회원명단의 회원등급을 기준으로 셀을 정렬해보겠습니다.

❶ [B3] 셀 클릭

❷ [데이터] 탭-[정렬 및 필터] 그룹-[오름차순 ↓]을 클릭합니다.

Tip 회원등급이 ㄱ~ㅎ 순서의 오름차순으로 정렬됩니다.

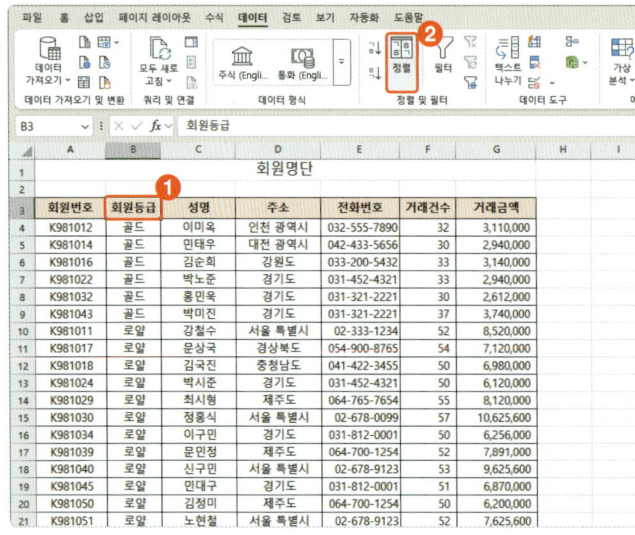

여러 조건으로 정렬하기

02 회원등급, 주소, 거래금액 순으로 정렬해보겠습니다.

❶ 데이터에서 임의의 셀 클릭

❷ [데이터] 탭-[정렬 및 필터] 그룹-[정렬]을 클릭합니다.

Tip [정렬] 대화상자를 이용하면 정렬 기준을 두 가지 이상으로 지정해서 정렬할 수 있습니다.

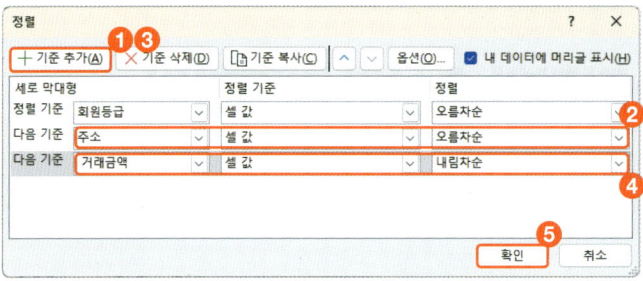

03 ❶ [정렬] 대화상자에서 두 번째 정렬 기준을 추가하기 위해 [기준 추가] 클릭

❷ [다음 기준]에서 [주소], [셀 값], [오름차순] 선택

❸ 세 번째 정렬 기준을 추가하기 위해 [기준 추가] 클릭

❹ [다음 기준]에서 [거래금액], [셀 값], [내림차순] 선택

❺ [확인]을 클릭합니다.

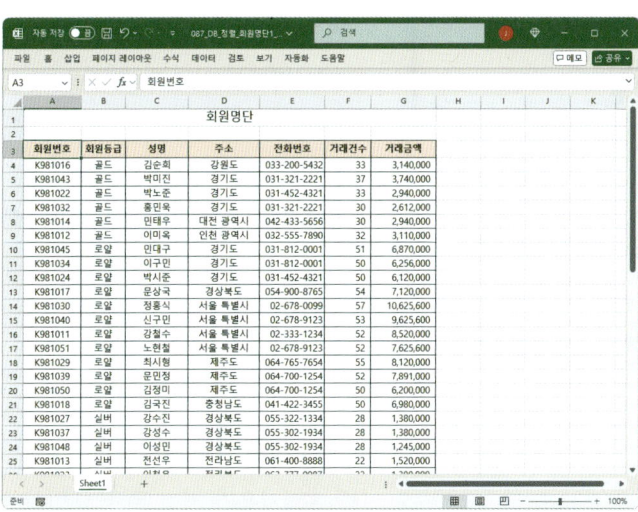

04 회원등급과 주소를 기준으로 오름차순, 거래금액을 기준으로 내림차순으로 데이터가 정렬됩니다.

Note 데이터를 정렬하는 순서

엑셀 데이터는 다음 표의 정렬 순서를 따릅니다.

숫자	가장 작은 음수에서 가장 큰 양수로 정렬됩니다.
날짜	가장 이전 날짜에서 가장 최근 날짜로 정렬됩니다.
문자 (문자와 숫자가 섞여 있는 경우)	0~9 (공백) ! # $ % & ( ) * , . / : ; ? @ [₩] ^ _ ` {	} ~ + < = > a-z, A-Z 순으로 정렬됩니다.
논리값	FALSE, TRUE순으로 정렬됩니다.
오류값	#N/A, #VALUE! 등의 오류값은 정렬 순서가 모두 동일합니다.

088 사용자가 지정한 순서로 정렬하기

실습 파일 5장\088_DB_정렬_회원명단2.xlsx 완성 파일 5장\088_DB_정렬_회원명단2_완성.xlsx

회원등급 사용자 지정 목록으로 정렬하기

01 회원등급을 사용자 지정 순서(로얄~일반)로 정렬해보겠습니다.

❶ 데이터에서 임의의 셀 클릭

❷ [데이터] 탭-[정렬 및 필터] 그룹-[정렬🔽] 클릭

❸ [정렬] 대화상자가 나타나면 [회원등급]의 [정렬]에서 [사용자 지정 목록]을 클릭합니다.

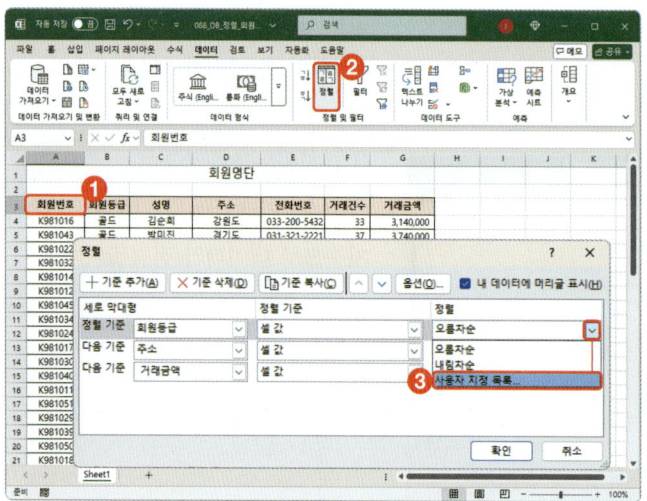

사용자 지정 목록 추가하기

02 ❶ [사용자 지정 목록] 대화상자의 [사용자 지정 목록]에서 [새 목록] 클릭

❷ [목록 항목]에 **로얄, 프리미엄, 골드, 실버, 일반** 순서대로 입력

❸ [추가] 클릭

❹ [확인]을 클릭합니다.

Tip [사용자 지정 목록] 대화상자에서 정렬 순서를 직접 입력하고 [추가]를 클릭하면 사용자 지정 순서가 등록됩니다.

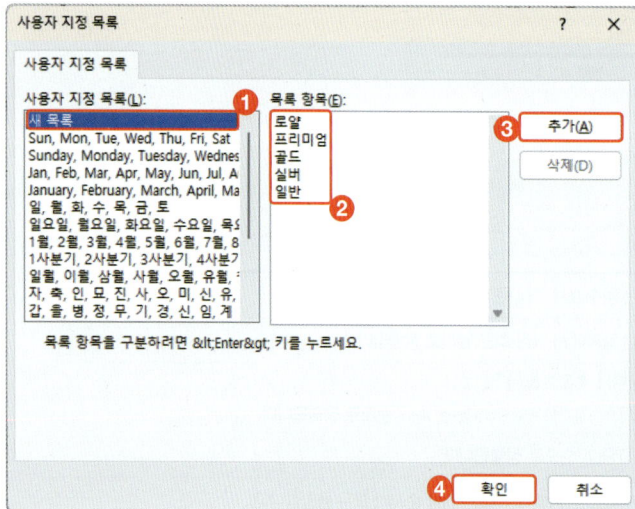

03 [정렬] 대화상자에서 [회원등급]의 [정렬]이 로얄~일반순으로 지정되었습니다. [확인]을 클릭해서 [정렬] 대화상자를 닫습니다.

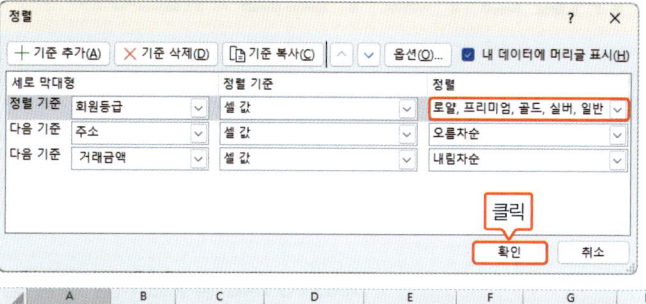

SUBTOTAL 함수로 부분합 계산하기

실습 파일 5장\089_DB_필터_비품목록1.xlsx 완성 파일 5장\089_DB_필터_비품목록1_완성.xlsx

SUBTOTAL 함수로 비품 수량 합계 계산하기

01 비품 수량의 합계를 구해보겠습니다.

❶ [H3] 셀에 수식 **=SUBTOTAL(9, E6:E82)** 입력

❷ Enter 를 누릅니다.

Tip SUBTOTAL 함수로 비품 수량(E6:E82) 범위의 합계(9)를 구합니다.

SUBTOTAL 함수로 비품 목록 개수 계산하기

02 전체 비품 목록의 개수를 구해보겠습니다.

❶ [J3] 셀에 수식 **=SUBTOTAL(3, C6:C82)** 입력

❷ Enter 를 누릅니다.

Tip SUBTOTAL 함수로 비품명(C6:C82) 범위의 개수(3)를 구합니다.

Tip 검색수량합계와 검색건수의 값은 전체수량합계와 전체건수와 같습니다. 하지만 자동 필터 기능으로 지정 조건에 맞는 데이터를 검색할 때 그 결과에 따라 SUBTOTAL 함수로 구한 검색수량합계와 검색건수의 값은 달라집니다. 이 결과는 다음 과정인 090번 실습을 참고합니다.

Note SUBTOTAL 함수는 SUM, COUNTA 함수와 무엇이 다른가요?

일반적인 SUM 함수나 COUNTA, AVERAGE 등의 함수는 숨겨진 데이터나 데이터 검색으로 일부 추출된 데이터 범위와 상관없이 전체 데이터 범위의 계산 결과를 표시합니다. SUBTOTAL 함수는 부분합을 계산하는 함수로 현재 화면에 보이는 데이터 범위의 계산된 결과를 표시합니다. 주로 필터 기능으로 숨겨진 데이터를 제외한 범위의 부분합을 계산할 때 SUBTOTAL 함수를 사용합니다.

SUM 함수
(전체 범위)

	A	B
1	비품명	수량
2	데스크탑	10
3	노트북 13	10
4	테블릿 64G	5
5	레이저 프린터	5
6	LCD 모니터	5
7	LED 모니터 23	10
8	빔프로젝트 A100	5
9	캠코더	2
10	디지털카메라	5
11		
12	합계	57

합계
수식 : =SUM(B2:B10)

SUBTOTAL 함수
(숨겨진 행을 제외한 범위)

	A	B
1	비품명	수량
2	데스크탑	10
4	테블릿 64G	5
5	레이저 프린터	5
7	LED 모니터 23	10
9	캠코더	2
10	디지털카메라	5
11		
12	합계	57
13	부 분 합 계	37

부분 합계
수식 : =SUBTOTAL(109,B2:B10)

SUBTOTAL 함수
(필터링된 범위)

	A	B
1	비품명	수량
3	노트북 13	10
6	LCD 모니터	5
7	LED 모니터 23	10
11		
12	합 계	57
13	부 분 합 계	25

부분 합계
수식 : =SUBTOTAL(9,B2:B10)

다음의 설명을 참고해 자세히 이해할 수 있습니다.

함수 범주	수학/삼각 함수			
함수 형식	=SUBTOTAL(함수 번호,범위1,범위2…) **함수 번호** : 데이터 범위나 목록에서 부분합을 계산할 함수를 1~11 또는 101~111까지 지정할 수 있습니다. **1~11** : 숨겨진 행의 셀 값을 포함하여 계산(필터 기능 이외에 일부 행 숨기기를 한 경우)합니다. **101~111** : 숨겨진 행의 셀 값을 포함하지 않고 계산(필터 기능 이외에 일부 행 숨기기를 한 경우)합니다.			
	fun_num(숨겨진 값 포함)	fun_num(숨겨진 값 무시)	함수 유형	계산
	1	101	AVERAGE	평균
	2	102	COUNT	수치 개수
	3	103	COUNTA	개수
	4	104	MAX	최댓값
	5	105	MIN	최솟값
	6	106	PRODUCT	수치 곱
	7	107	STDEV	표본 표준 편차
	8	108	STDEVP	표준 편차
	9	109	SUM	합계
	10	110	VAR	표본 분산
	11	111	VARP	분산

우선순위
090 자동 필터로 데이터 추출하기

실습 파일 5장\090_DB_필터_비품목록2.xlsx   완성 파일 5장\090_DB_필터_비품목록2_완성.xlsx

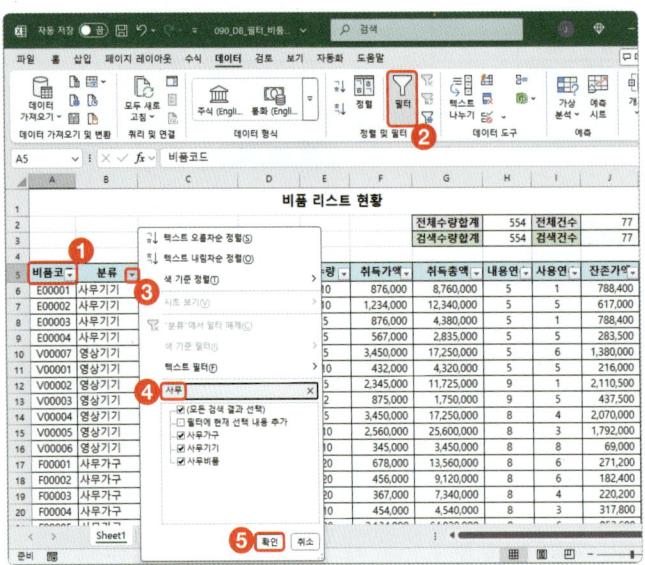

Tip 자동 필터 단축키는 Ctrl + Shift + L 입니다.

특정 문자가 포함된 데이터 표시하기

01 '사무'라는 문자가 포함된 레코드만 표시해보겠습니다.

① 데이터 목록에서 임의의 셀 클릭
② [데이터] 탭-[정렬 및 필터] 그룹-[필터] 클릭
③ [분류] 필드의 [필터 단추 ▼] 클릭
④ [텍스트 필터]의 검색란에 **사무** 입력
⑤ [확인]을 클릭합니다.

02 [분류] 필드에서 '사무'라는 문자가 포함된 레코드만 표시되면서 앞서 SUBTOTAL 함수로 수식을 입력한 [H3], [J3] 셀의 값이 검색된 레코드를 기준으로 다시 계산됩니다.

Tip 자동 필터의 필터 단추가 ▼면 아무 조건도 지정되지 않은 필드 열이라는 뜻이고, ▼면 필드 열에 조건이 지정되어 있다는 뜻입니다.

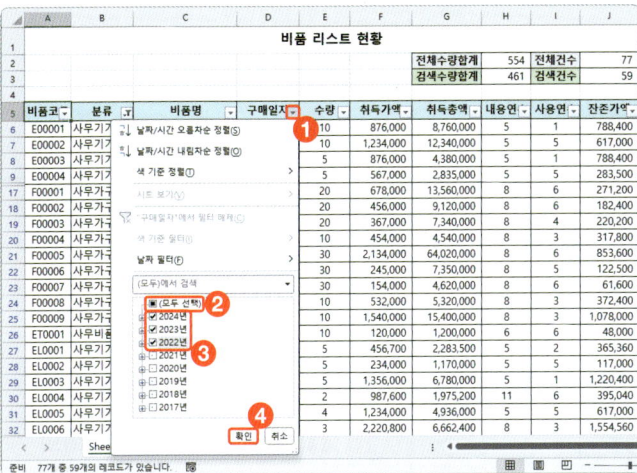

특정 날짜의 데이터 표시하기

03 2022년~2024년에 구입한 비품을 검색해보겠습니다.

❶ [구매일자] 필드의 [필터 단추 ▼] 클릭

❷ [모두 선택]의 체크 해제

❸ [2024년], [2023년], [2022년]에 체크

❹ [확인]을 클릭합니다.

Tip 2022~2024년의 데이터만 표시됩니다.

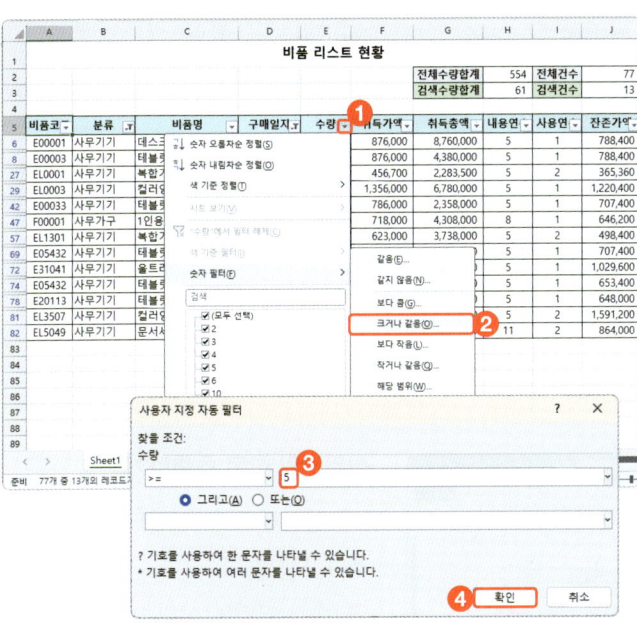

04 특정 수량의 데이터 표시하기

수량이 다섯 개 이상인 비품을 검색해보겠습니다.

❶ [수량] 필드의 [필터 단추 ▼] 클릭

❷ [숫자 필터]-[크거나 같음] 클릭

❸ [사용자 지정 자동 필터] 대화상자에서 [찾을 조건]에 **5** 입력

❹ [확인]을 클릭합니다.

Tip 수량이 다섯 개 이상인 비품만 표시됩니다.

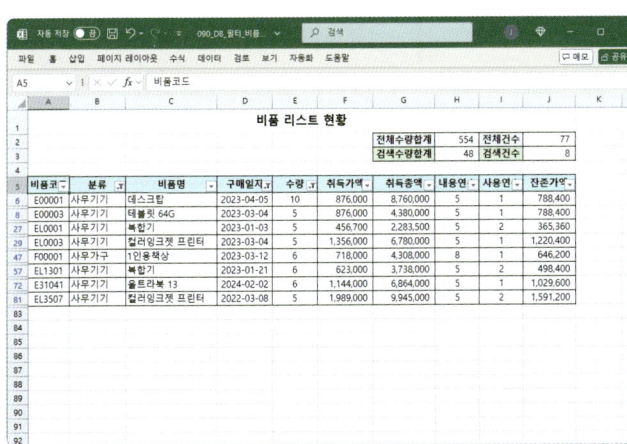

05 '사무'라는 문자가 포함되고, 구매일자는 2022년~2024년, 수량이 다섯 개 이상인 비품이 목록에 표시됩니다.

Tip [데이터] 탭-[정렬 및 필터] 그룹-[지우기 ▼]를 클릭하면 모든 데이터를 다시 표시합니다.

평균과 상위 10 기준으로 데이터 추출하기

실습 파일 5장\091_DB_필터_비품목록3.xlsx 완성 파일 5장\091_DB_필터_비품목록3_완성.xlsx

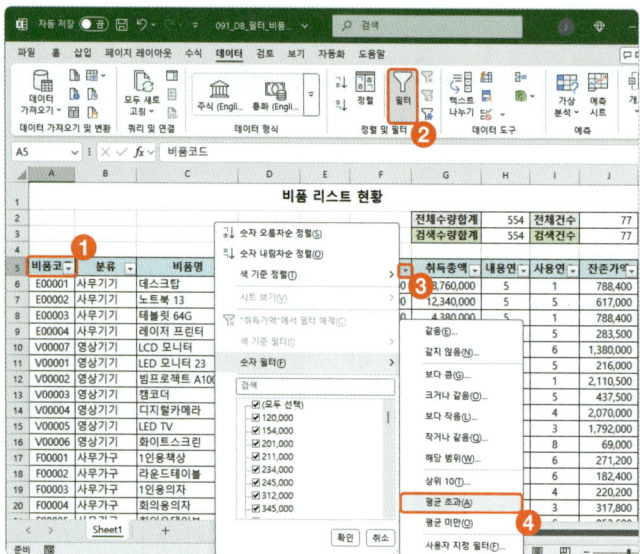

평균 초과 데이터 추출하기

01 ❶ 데이터 목록에서 임의의 셀 클릭
❷ [데이터] 탭-[정렬 및 필터] 그룹-[필터 ▽] 클릭
❸ [취득가액] 필드의 [필터 단추 ▼] 클릭
❹ [숫자 필터]-[평균 초과]를 클릭합니다.

Tip 취득가액이 평균 초과인 데이터를 추출합니다.

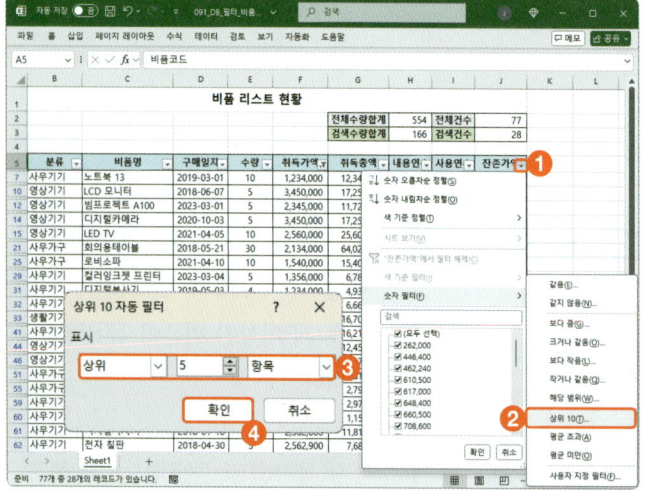

상위 5위 항목 추출하기

02 ❶ [잔존가액] 필드의 [필터 단추 ▼] 클릭
❷ [숫자 필터]-[상위 10] 클릭
❸ [상위 10 자동 필터] 대화상자의 [표시]에서 [상위], [5], [항목] 선택
❹ [확인]을 클릭합니다.

Tip 비품 목록에서 취득가액이 평균 초과이고, 잔존가액이 상위 5위에 해당하는 데이터가 추출됩니다.

Tip [데이터] 탭-[정렬 및 필터] 그룹-[필터]를 클릭하면 필터 조건과 [필터 단추]가 지워집니다.

092 여러 그룹으로 다중 부분합 작성하기

우선순위

실습 파일 5장\092_DB_부분합_고객정보1.xlsx 완성 파일 5장\092_DB_부분합_고객정보1_완성.xlsx

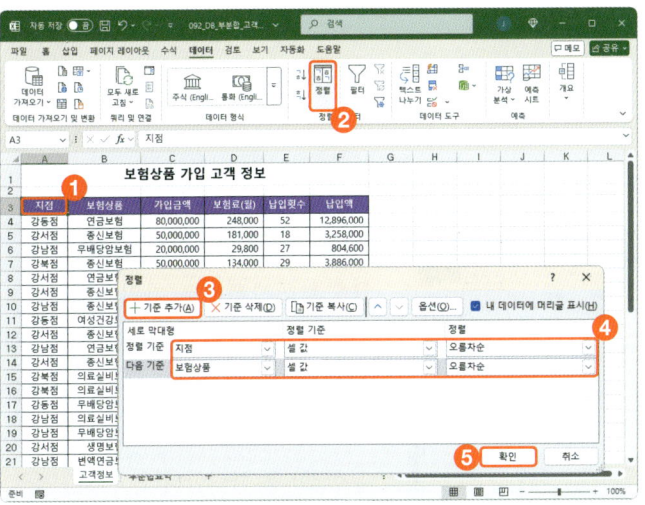

필드를 정렬하기

01 ① [고객정보] 시트의 데이터에서 임의의 셀 클릭

② [데이터] 탭-[정렬 및 필터] 그룹-[정렬] 클릭

③ [정렬] 대화상자에서 [기준 추가] 클릭

④ [지점]과 [보험상품]의 [정렬 기준]을 [셀 값], [정렬]을 [오름차순]으로 각각 선택

⑤ [확인]을 클릭합니다.

Tip 부분합을 작성하려면 반드시 그룹화할 항목을 정렬해야 합니다. 여기서는 지점, 보험상품을 기준으로 오름차순으로 정렬합니다.

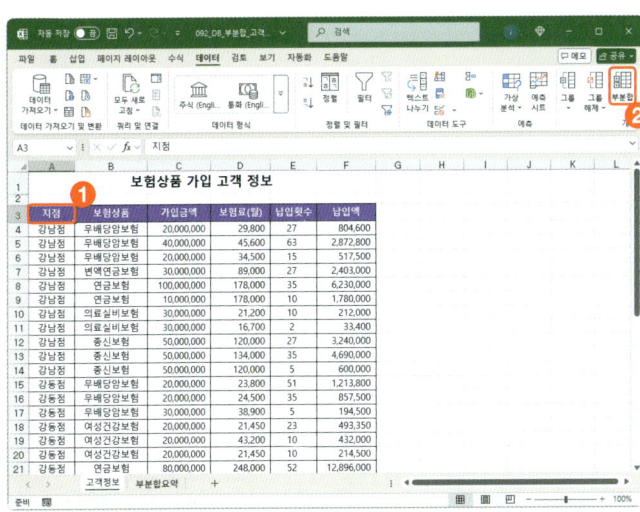

첫 번째 부분합 구하기

02 각 항목의 소계가 표시되는 첫 번째 부분합을 구해보겠습니다.

① 데이터에서 임의의 셀 클릭

② [데이터] 탭-[개요] 그룹-[부분합]을 클릭합니다.

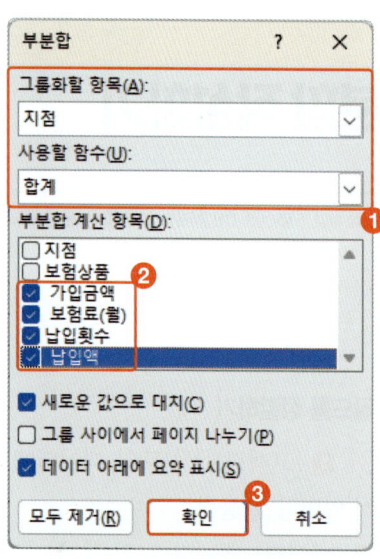

03 ❶ [부분합] 대화상자에서 [그룹화할 항목]을 [지점], [사용할 함수]를 [합계]로 선택

❷ [부분합 계산 항목]에서 [가입금액], [보험료(월)], [납입횟수], [납입액]에 체크

❸ [확인]을 클릭합니다.

Tip 체크한 항목의 지점별 부분합이 구해집니다. 엑셀 2016 이전 버전에서는 [데이터] 탭-[윤곽선] 그룹-[부분합]을 클릭합니다.

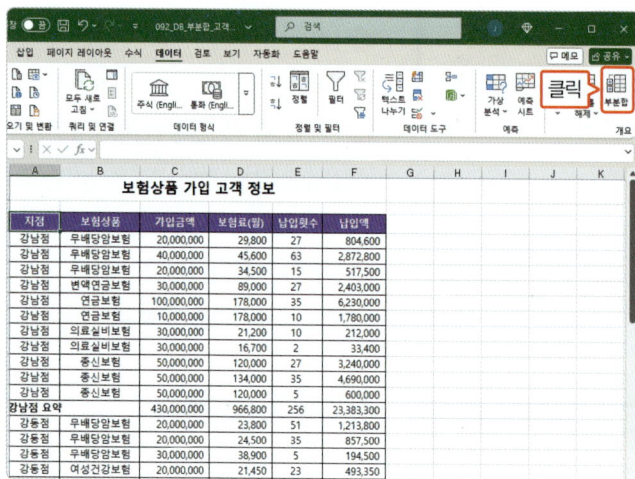

두 번째 부분합 구하기

04 보험상품별로 가입금액, 보험료, 납입횟수, 납입액의 소계가 표시되는 두 번째 부분합을 구해보겠습니다. [데이터] 탭-[개요] 그룹-[부분합]을 클릭합니다.

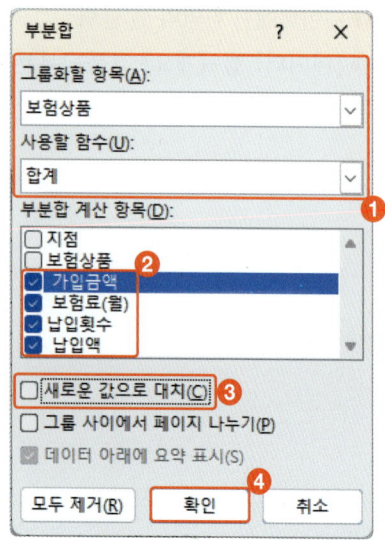

05 ❶ [부분합] 대화상자에서 [그룹화할 항목]을 [보험상품], [사용할 함수]로 [합계]를 선택

❷ [부분합 계산 항목]에서 [가입금액], [보험료(월)], [납입횟수], [납입액]에 체크

❸ [새로운 값으로 대치]의 체크 해제

❹ [확인]을 클릭합니다.

Tip [새로운 값으로 대치]의 체크를 해제하면 여러 그룹으로 부분합을 표시할 수 있습니다.

06 지점별, 보험상품별 가입금액 및 보험료, 납입횟수와 납입액의 합계가 나타납니다.

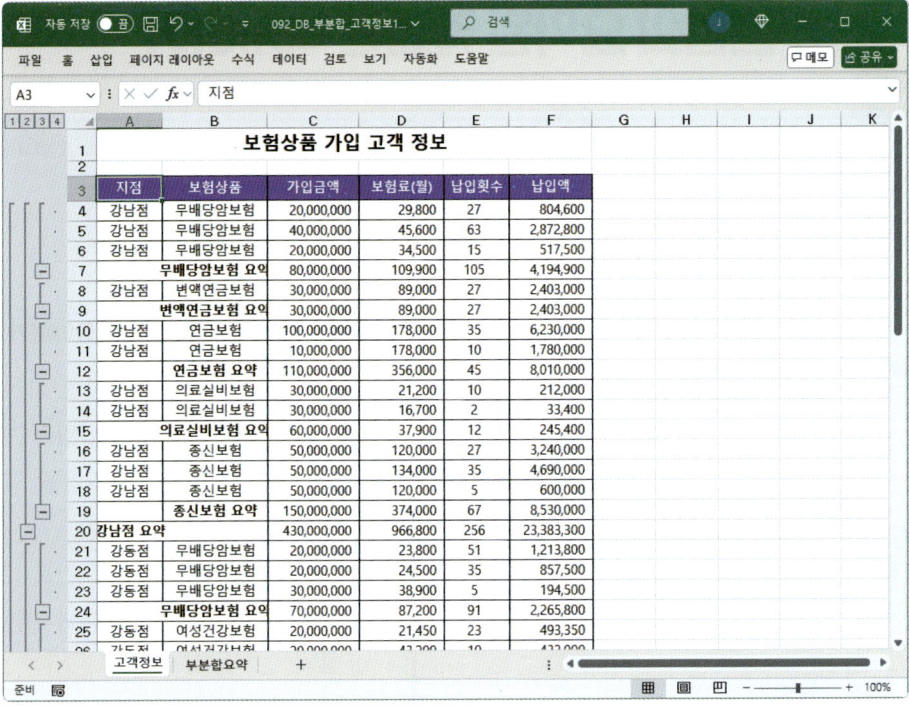

093 부분합의 요약된 결과만 복사하기

실습 파일 5장\093_DB_부분합_고객정보2.xlsx 완성 파일 5장\093_DB_부분합_고객정보2_완성.xlsx

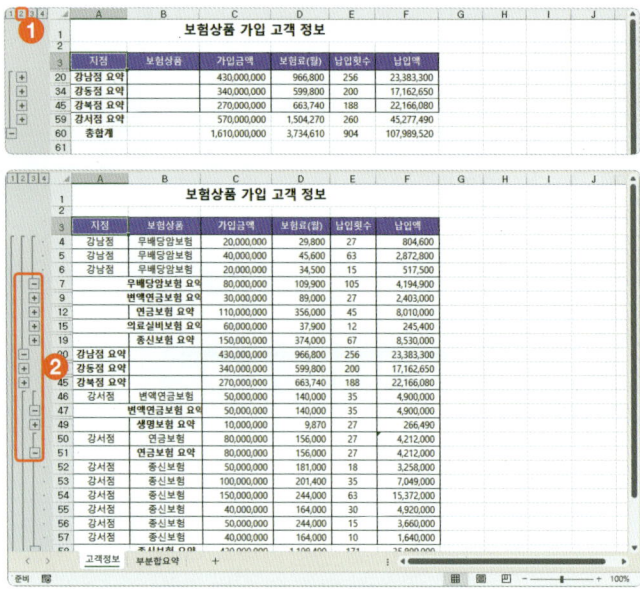

윤곽 기호를 이용해 데이터 요약하기

01 부분합을 작성하면 지점별, 보험상품별 가입금액, 보험료, 납입횟수, 납입액의 합계가 구해지고 윤곽 기호가 생깁니다.

❶ [고객정보] 시트의 윤곽 기호 [2번 ②]을 클릭해 지점별 부분합 결과만 표시

❷ [확장 +]이나 [축소 -]를 클릭해서 데이터를 확장하거나 축소할 수 있습니다.

Tip 윤곽 기호를 이용하면 그룹별로 하위 수준을 숨기거나 표시할 수 있습니다. 1 은 전체 결과(총합계), 2 는 지점 소계, 3 은 보험상품별 소계, 4 는 전체 데이터를 표시합니다.

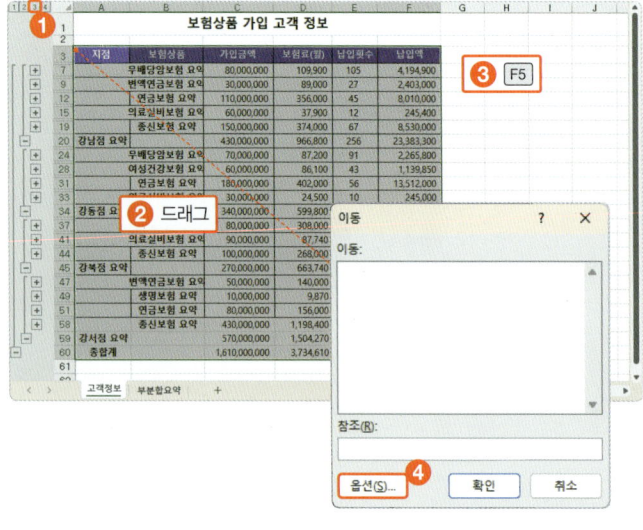

화면에 보이는 셀만 범위로 지정하기

02 ❶ 윤곽 기호 [3번 ③]을 클릭해 보험상품별 소계만 표시

❷ 요약된 결과만 표시된 상태에서 [A3:F60] 범위 지정

❸ F5

❹ [이동] 대화상자에서 [옵션]을 클릭합니다.

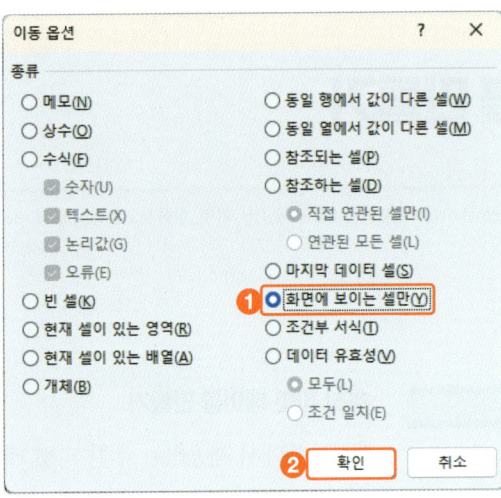

03 ① [이동 옵션] 대화상자에서 [화면에 보이는 셀만] 클릭

② [확인]을 클릭합니다.

Tip 화면에 보이는 셀만 범위로 지정합니다. 화면에 보이는 셀만 지정하는 단축키는 Alt + ; 입니다.

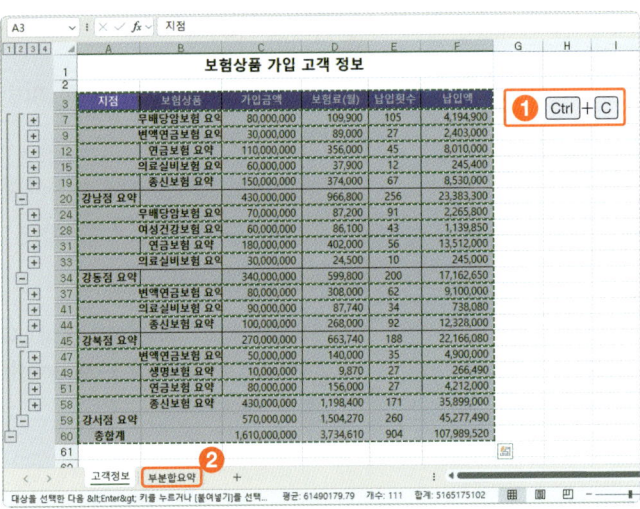

화면에 보이는 셀만 복사하기

04 화면에 보이는 셀만 선택된 상태에서

① Ctrl + C

② [부분합요약] 시트 탭을 클릭합니다.

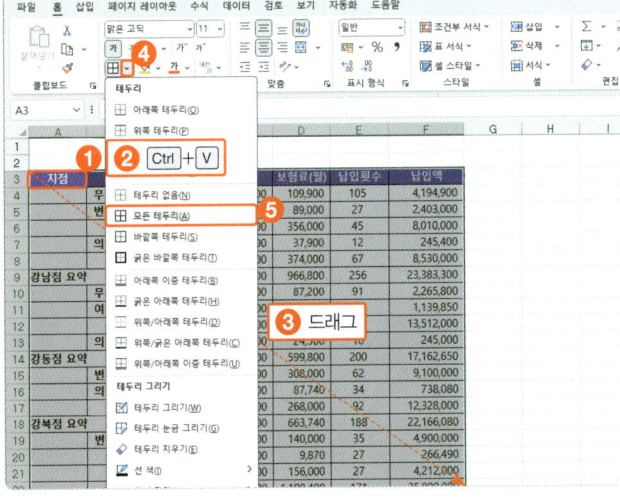

화면에 보이는 셀만 붙여 넣고 요약표 편집하기

05 ① [A3] 셀 클릭

② Ctrl + V 를 눌러 붙여 넣고 열 너비를 보기 좋게 조절

③ [A3:F24] 범위 지정

④ [홈] 탭-[글꼴] 그룹-[테두리 ▦]의 ▾ 클릭

⑤ [모든 테두리]를 클릭합니다.

Tip [고객정보] 시트의 부분합을 제거하려면 [데이터] 탭-[개요] 그룹-[부분합]을 클릭해 [부분합] 대화상자에서 [모두 제거]를 클릭합니다.

추천 피벗 테이블 만들기

실습 파일 5장\094_DB_피벗_상품재고관리1.xlsx　　**완성 파일** 5장\094_DB_피벗_상품재고관리1_완성.xlsx

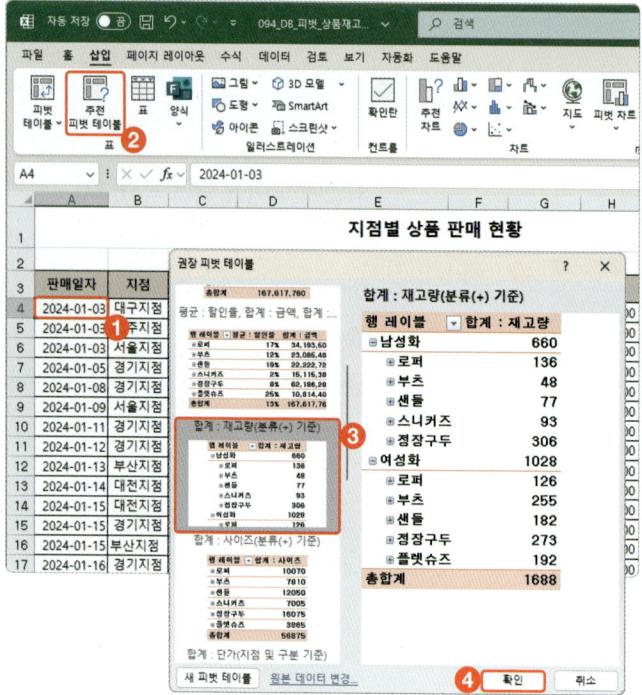

추천 피벗 테이블 만들기

01 엑셀에서 제공하는 추천 피벗 테이블로 피벗 테이블을 삽입해보겠습니다.

❶ 임의의 셀 클릭

❷ [삽입] 탭-[표] 그룹-[추천 피벗 테이블 📊] 클릭

❸ [권장 피벗 테이블] 대화상자에서 [합계 : 재고량(분류(+) 기준)] 클릭

❹ [확인]을 클릭합니다.

Tip [권장 피벗 테이블] 대화상자에서 [새 피벗 테이블]을 클릭하면 사용자 지정 피벗 테이블을 만들 수 있습니다.

02 새로운 시트가 삽입되면서 피벗 테이블이 만들어집니다.

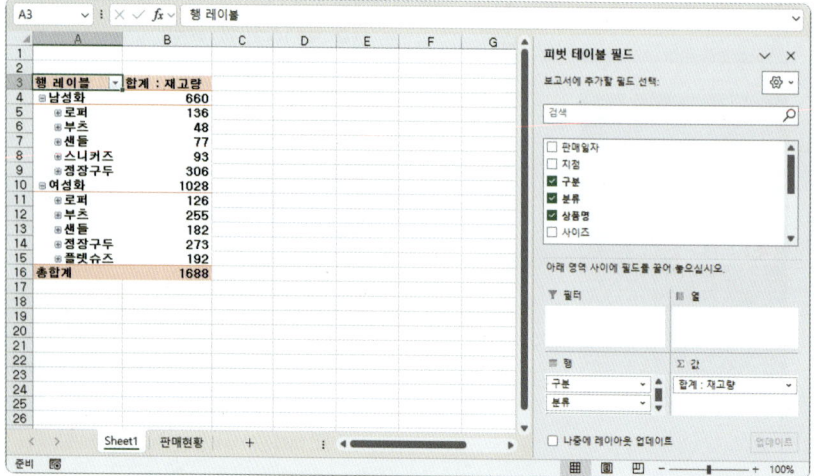

095 사용자 지정 새 피벗 테이블 만들기

실습 파일 5장\095_DB_피벗_상품재고관리2.xlsx   완성 파일 5장\095_DB_피벗_상품재고관리2_완성.xlsx

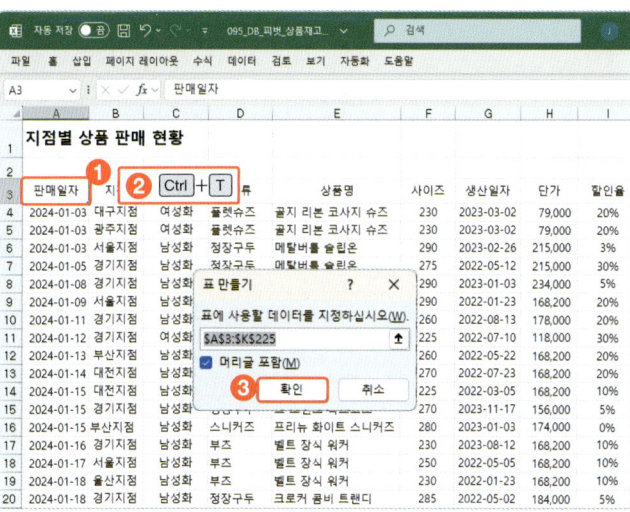

표로 변환하기

01 상품 재고 데이터의 범위를 표로 변환해보겠습니다.

❶ 임의의 셀 클릭
❷ Ctrl + T
❸ [표 만들기] 대화상자에서 전체 범위가 지정된 것을 확인하고 [확인]을 클릭합니다.

Tip 피벗 테이블 보고서의 범위를 고정하지 않고 동적으로 참조하려면 데이터의 범위를 표로 변환하는 것이 좋습니다. 표로 변환하면 데이터가 추가/삭제될 때 범위가 동적으로 변하므로 피벗 테이블 작성 시 매우 유용합니다.

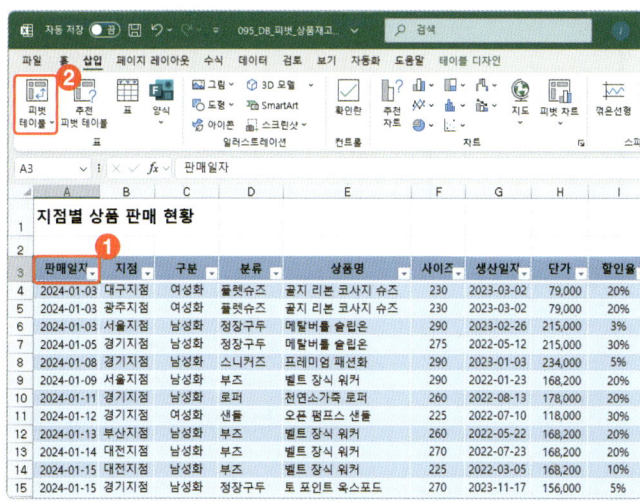

피벗 테이블 삽입하기

02 ❶ 데이터에서 임의의 셀 클릭
❷ [삽입] 탭-[표] 그룹-[피벗 테이블]을 클릭합니다.

Tip 피벗 테이블은 대화형 테이블로, 데이터를 나열하는 형태에 따라서 자동으로 집계표를 만듭니다.

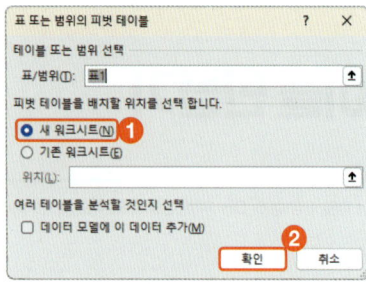

03 [표 또는 범위의 피벗 테이블] 대화상자의 [표/범위]에 데이터 범위인 '표1'이 자동으로 지정됩니다.

① 피벗 테이블 보고서를 배치할 위치로 [새 워크시트] 클릭
② [확인]을 클릭합니다.

Tip 피벗 테이블의 데이터 범위(A3:K255)는 표의 이름인 '표1'로 지정됩니다. 사용 환경에 따라 표의 이름은 다를 수 있으므로 [테이블 디자인] 탭-[속성] 그룹에서 표 이름을 확인합니다.

피벗 테이블 레이아웃 지정하기

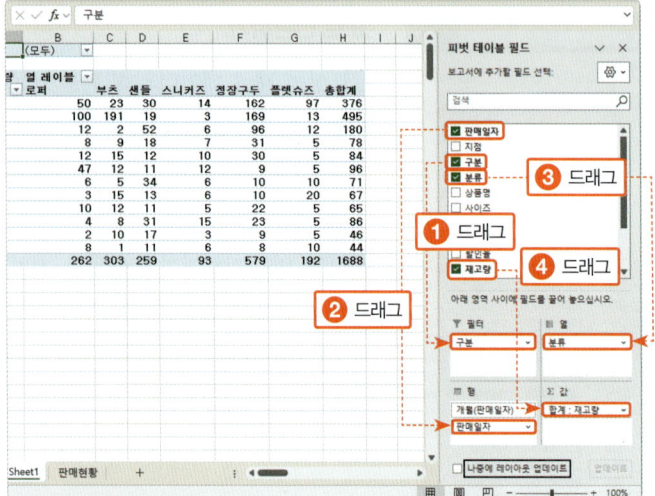

04 새로운 시트가 삽입되면서 왼쪽에는 피벗 테이블의 레이아웃을 설계할 영역이, 오른쪽에는 [피벗 테이블 필드] 작업 창이 나타납니다.

① 필드 목록에서 [구분]을 [필터] 영역으로 드래그
② [판매일자]를 [행] 영역으로 드래그
③ [분류]를 [열] 영역으로 드래그
④ [재고량]을 [값] 영역으로 드래그합니다.

Tip [피벗 테이블 필드] 작업 창에서 지정한 대로 피벗 테이블의 크로스 탭 형태로 표가 만들어집니다. 엑셀 2016 이후 버전에서는 개별 일자로 입력되어 있던 [판매일자]가 자동으로 [월] 단위로 그룹화됩니다.

필드 추가 및 이동하기

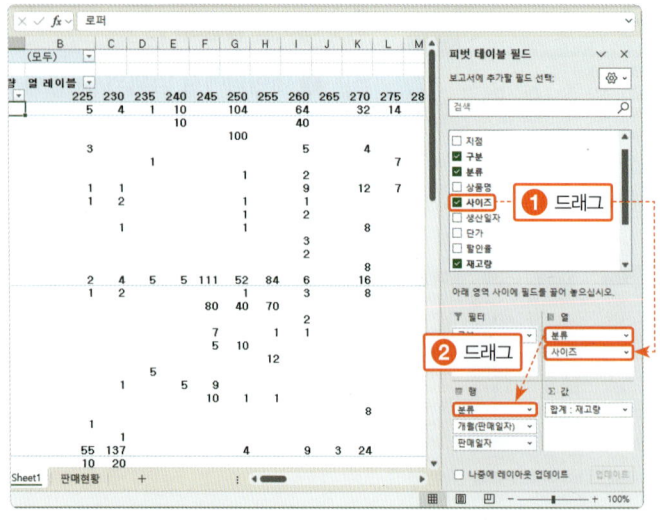

05 ① [사이즈]를 [열] 영역으로 드래그
② [열] 영역의 [분류]를 [행] 영역 맨 위로 드래그합니다. [피벗 테이블 필드] 작업 창에서 지정한 대로 피벗 테이블 레이아웃이 완성되었습니다.

Tip [필터], [행], [열], [∑ 값] 레이블 영역에 있는 필드를 제거하려면 원래 위치로 드래그하거나 필드를 클릭하고 단축 메뉴에서 [필드 제거]를 클릭합니다.

| Note | 원본 데이터를 추가하면 피벗 테이블에 자동으로 반영되나요? |

[판매현황] 시트의 원본 데이터를 수정, 삭제, 추가하면 피벗 테이블에 자동으로 반영되지 않습니다. 피벗 테이블 보고서에 반영하려면 [피벗 테이블 분석] 탭-[데이터] 그룹-[새로 고침]을 클릭합니다.

| Note | 피벗 테이블 구성 살펴보기 |

엑셀에서 제공하는 추천 기능을 이용하거나 직접 피벗 테이블을 만들고 레이아웃을 설계할 수 있습니다. 피벗 테이블을 만들면 나타나는 [피벗 테이블 필드] 작업 창에서 보고서에 추가할 필드를 [필터], [열], [행], [값] 영역으로 드래그하여 피벗 테이블 레이아웃을 설계합니다.

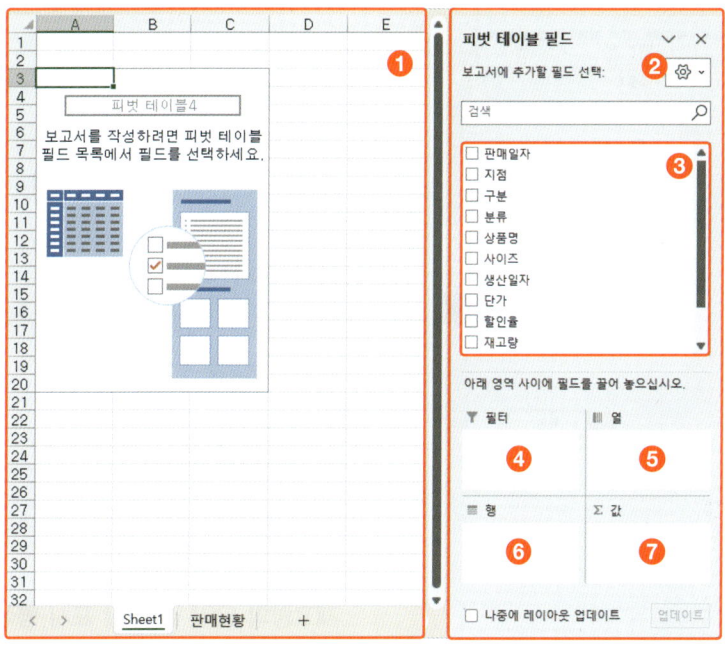

❶ 피벗 테이블 결과가 표시되는 영역입니다.
❷ 피벗 테이블 필드 : 피벗 테이블을 만들기 위한 레이아웃을 설계합니다.
❸ 필드 목록 : 피벗 테이블을 만들기 위한 원본 데이터의 필드 목록이 표시됩니다. 필드를 아래쪽의 [필터], [열], [행], [값] 영역으로 드래그합니다.
❹ 필터 : 보고서 필터 전체 데이터 영역을 요약할 보고서 필드입니다.
❺ 열 : 열 방향으로 그룹화할 필드로 필드의 데이터 항목이 중복 없이 목록으로 표시됩니다.
❻ 행 : 행 방향으로 그룹화할 필드로 필드의 데이터 항목이 중복 없이 목록으로 표시됩니다.
❼ 값 : 일반적으로 숫자 값 필드가 위치합니다. 행과 열 레이블에서 지정할 필드를 분석하여 행과 열이 교차하는 위치에서 소계, 평균, 최대, 최소, 총계, 비율 등을 계산합니다. 만약 문자 값 필드가 위치하면 문자의 개수가 계산됩니다.

096 피벗 테이블 그룹 지정/해제 및 필드 필터링하기

실습 파일 5장\096_DB_피벗_상품재고관리3.xlsx   완성 파일 5장\096_DB_피벗_상품재고관리3_완성.xlsx

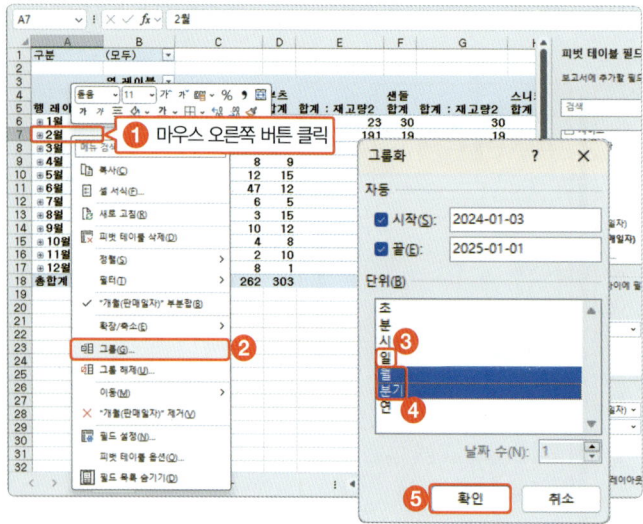

판매일자 필드 그룹화하기

01 날짜와 같은 숫자 데이터는 직접 그룹화할 수 있습니다. 월별로 그룹화된 [판매일자]를 분기별로 그룹화해보겠습니다.

❶ 행 레이블의 임의의 셀에서 마우스 오른쪽 버튼 클릭

❷ [그룹] 클릭

❸ [그룹화] 대화상자의 [단위]에서 [일]을 클릭해 선택 해제

❹ [월], [분기] 클릭해 선택

❺ [확인]을 클릭합니다.

Tip [판매일자] 필드가 분기별로 그룹화됩니다.

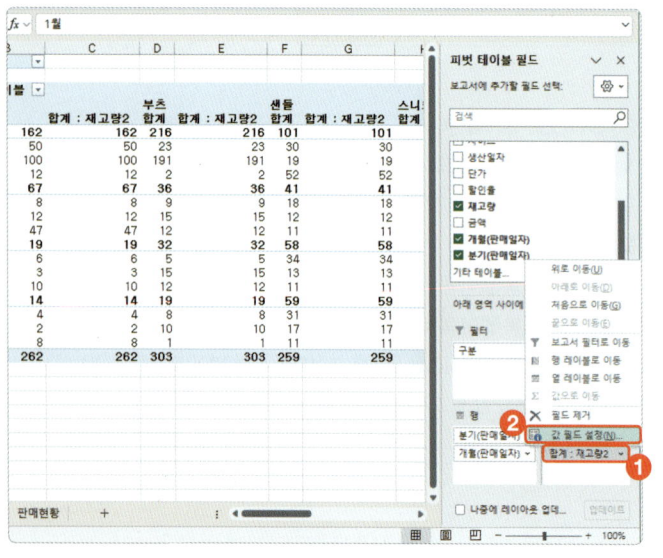

재고량의 요약 값을 값 표시 형식으로 변경하기

02 피벗 테이블은 기본적으로 합계로 요약됩니다. 요약 기준을 변경해 재고량을 총합계에 대한 비율로 표시해보겠습니다.

❶ [값] 영역에서 [합계 : 재고량2] 클릭

❷ [값 필드 설정]을 클릭합니다.

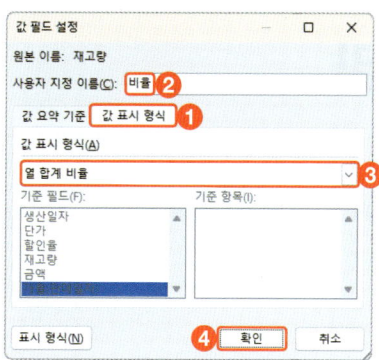

03 ❶ [값 필드 설정] 대화상자의 [값 표시 형식] 탭 클릭

❷ [사용자 지정 이름]에 **비율** 입력

❸ [값 표시 형식]에서 [열 합계 비율] 선택

❹ [확인]을 클릭합니다.

Tip [값 표시 형식]은 [값] 영역의 필드 값의 총합계, 열 합계, 행 합계 등의 비율이나 차이, 누계를 요약해서 보여줍니다. [열 합계 비율]은 상품 열의 총합계(100%)를 분기별로 나눠 비율로 표시합니다.

필드 필터링하기

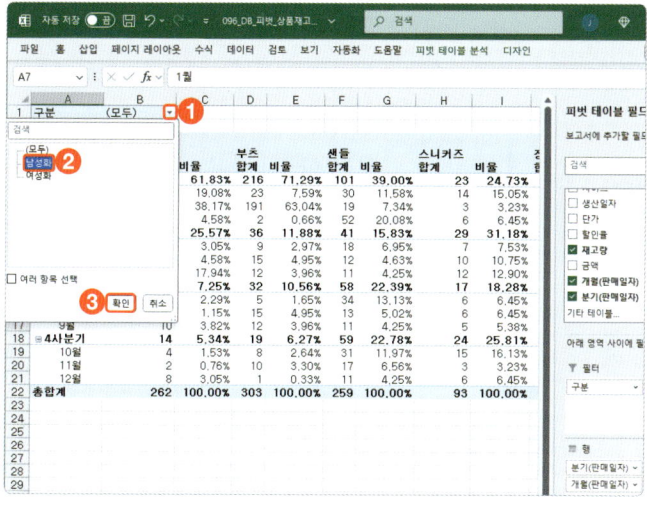

04 남성화 중에서 로퍼와 스니커즈, 정장구두만 표시해보겠습니다.

❶ [구분] 필드의 [필터 단추 ▼] 클릭

❷ [남성화] 클릭

❸ [확인]을 클릭합니다.

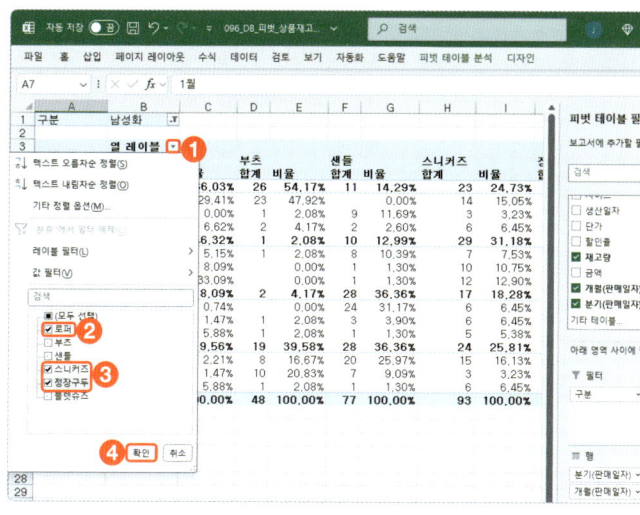

05 ❶ [열 레이블] 필드의 [필터 단추 ▼] 클릭

❷ [로퍼]에 체크

❸ [스니커즈], [정장구두]에 체크

❹ [확인]을 클릭합니다.

피벗 테이블 레이아웃 및 디자인 변경하기

실습 파일 5장\097_DB_피벗_상품재고관리4.xlsx 완성 파일 5장\097_DB_피벗_상품재고관리4_완성.xlsx

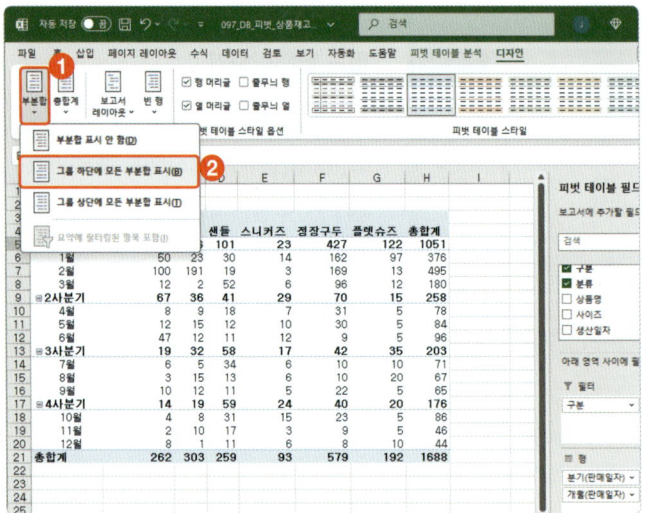

부분합 표시하기

01 분기별로 하단에 상품 재고량의 부분합을 구해보겠습니다

❶ [디자인] 탭-[레이아웃] 그룹-[부분합] 클릭

❷ [그룹 하단에 모든 부분합 표시]를 클릭합니다.

Tip 각 분기 하단에 분기별 재고량의 합계가 표시됩니다. 엑셀 2019 이전 버전에서는 [피벗 테이블 도구]-[디자인] 탭을 클릭합니다.

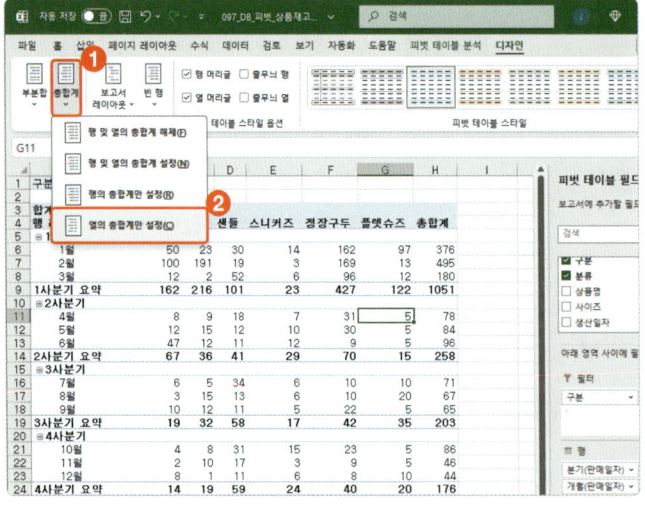

열의 총합계만 표시하기

02 피벗 테이블에는 기본적으로 행과 열의 총합계가 표시됩니다.

❶ [디자인] 탭-[레이아웃] 그룹-[총합계] 클릭

❷ [열의 총합계만 설정]을 클릭합니다.

Tip H열에 표시되었던 행의 총합계가 사라지고 열의 총합계만 표시합니다.

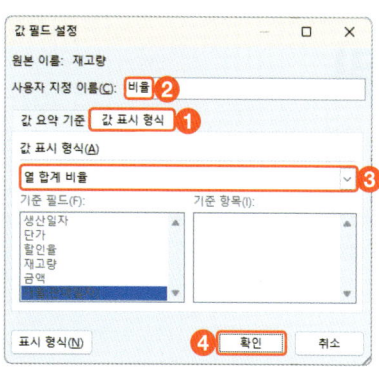

03 ❶ [값 필드 설정] 대화상자의 [값 표시 형식] 탭 클릭

❷ [사용자 지정 이름]에 **비율** 입력

❸ [값 표시 형식]에서 [열 합계 비율] 선택

❹ [확인]을 클릭합니다.

Tip [값 표시 형식]은 [값] 영역의 필드 값의 총합계, 열 합계, 행 합계 등의 비율이나 차이, 누계를 요약해서 보여줍니다. [열 합계 비율]은 상품 열의 총합계(100%)를 분기별로 나눠 비율로 표시합니다.

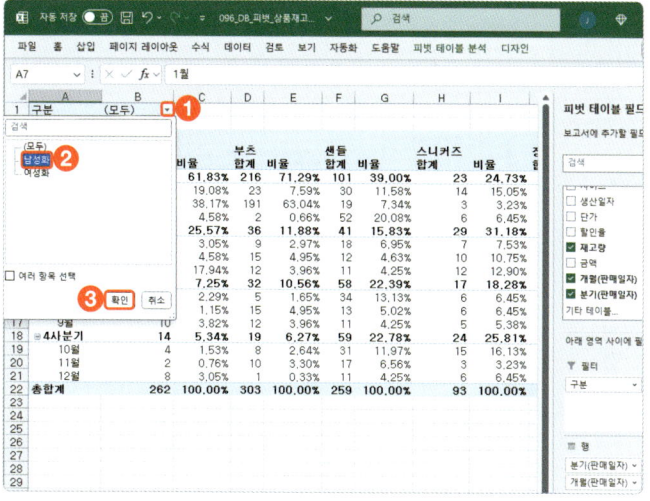

필드 필터링하기

04 남성화 중에서 로퍼와 스니커즈, 정장구두만 표시해보겠습니다.

❶ [구분] 필드의 [필터 단추▼] 클릭

❷ [남성화] 클릭

❸ [확인]을 클릭합니다.

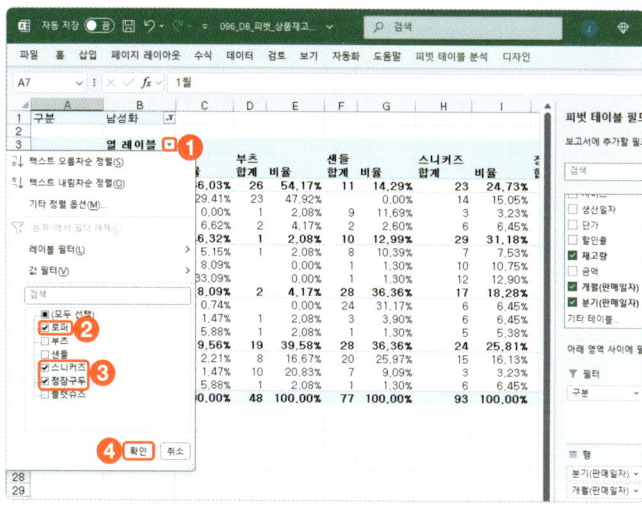

05 ❶ [열 레이블] 필드의 [필터 단추▼] 클릭

❷ [로퍼]에 체크

❸ [스니커즈], [정장구두]에 체크

❹ [확인]을 클릭합니다.

피벗 테이블 레이아웃 및 디자인 변경하기

실습 파일 5장\097_DB_피벗_상품재고관리4.xlsx 완성 파일 5장\097_DB_피벗_상품재고관리4_완성.xlsx

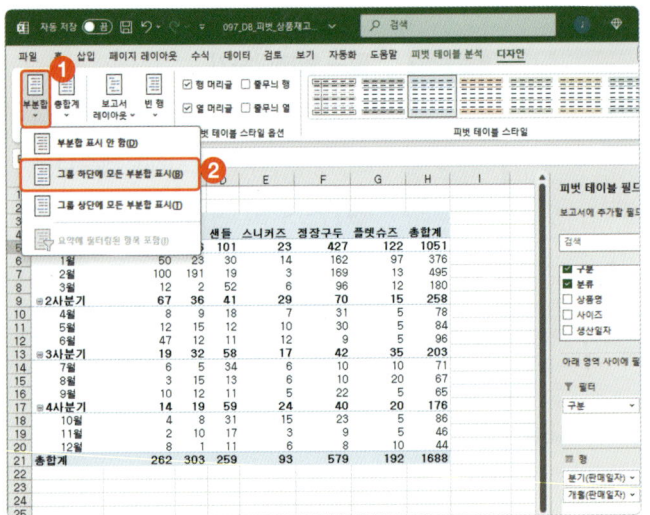

부분합 표시하기

01 분기별로 하단에 상품 재고량의 부분합을 구해보겠습니다.

❶ [디자인] 탭-[레이아웃] 그룹-[부분합] 클릭

❷ [그룹 하단에 모든 부분합 표시]를 클릭합니다.

> **Tip** 각 분기 하단에 분기별 재고량의 합계가 표시됩니다. 엑셀 2019 이전 버전에서는 [피벗 테이블 도구]-[디자인] 탭을 클릭합니다.

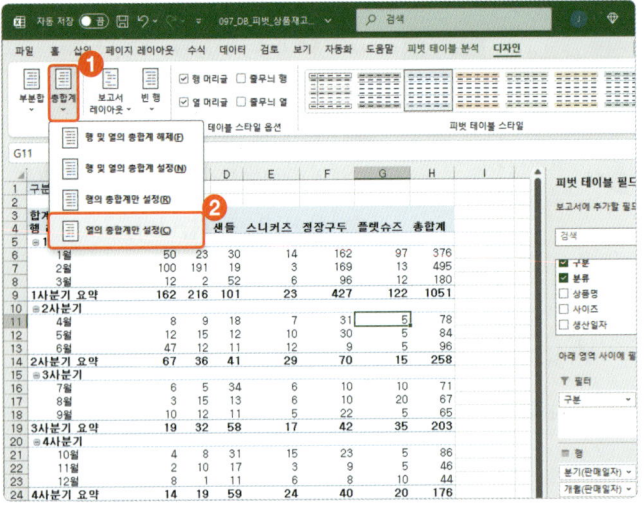

열의 총합계만 표시하기

02 피벗 테이블에는 기본적으로 행과 열의 총합계가 표시됩니다.

❶ [디자인] 탭-[레이아웃] 그룹-[총합계] 클릭

❷ [열의 총합계만 설정]을 클릭합니다.

> **Tip** H열에 표시되었던 행의 총합계가 사라지고 열의 총합계만 표시합니다.

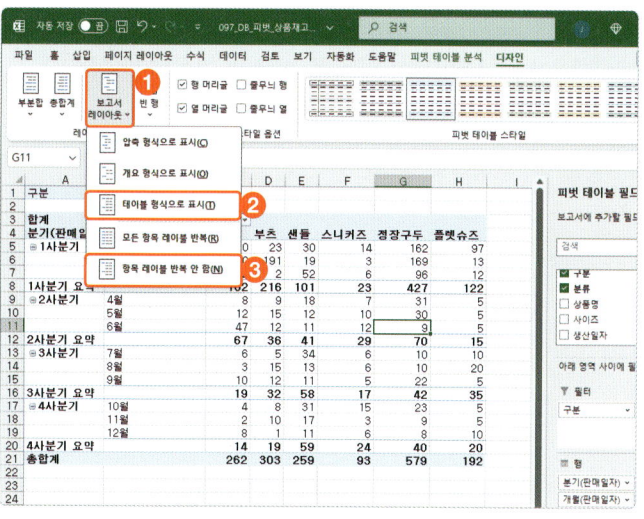

피벗 테이블을 테이블 형식으로 변경하기

03 ① [디자인] 탭-[레이아웃] 그룹-[보고서 레이아웃] 클릭

② [테이블 형식으로 표시] 클릭

③ [항목 레이블 반복 안 함]을 클릭합니다.

Tip 분기와 월을 분리하여 레이아웃을 테이블 형식으로 변경합니다. 분기명은 반복되지 않고 한 번만 표시됩니다.

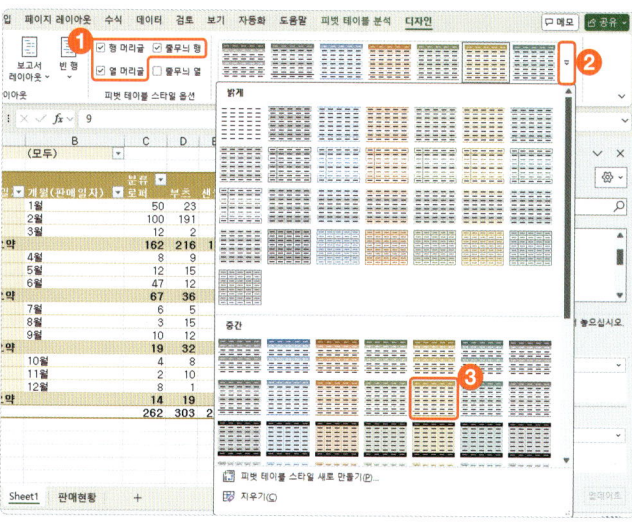

피벗 테이블 스타일 변경하기

04 ① [디자인] 탭-[피벗 테이블 스타일 옵션] 그룹에서 [행 머리글], [줄무늬 행], [열 머리글]에 체크

② [피벗 테이블 스타일] 그룹에서 [자세히] 클릭

③ [연한 노랑, 피벗 스타일 보통 12]를 클릭합니다.

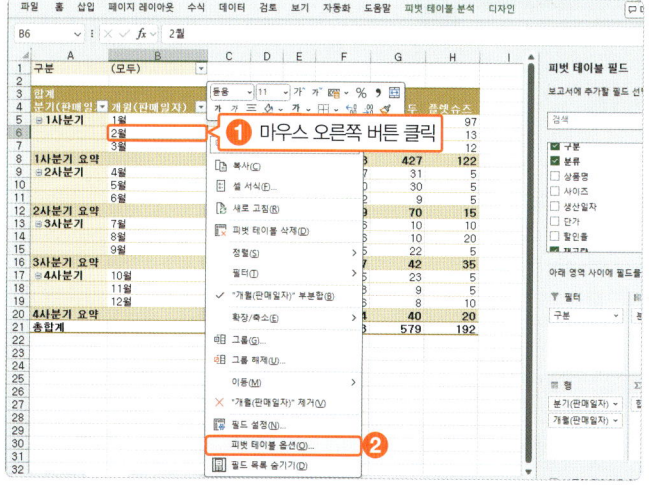

셀 병합하기

05 [행]과 [열] 영역에 두 개 이상의 필드가 있는 경우 첫 번째 항목으로 셀 병합을 할 수 있습니다.

① 피벗 테이블의 임의의 셀에서 마우스 오른쪽 버튼 클릭

② [피벗 테이블 옵션]을 클릭합니다.

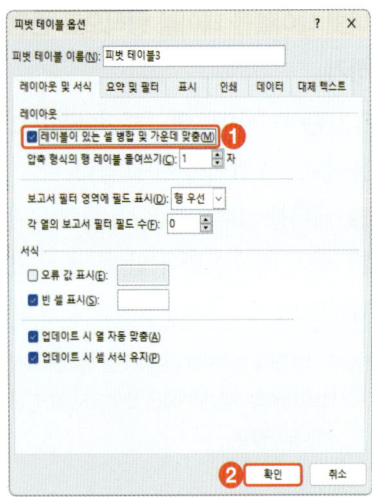

06 ❶ [피벗 테이블 옵션] 대화상자의 [레이아웃 및 서식] 탭-[레이아웃]-[레이블이 있는 셀 병합 및 가운데 맞춤]에 체크 ❷ [확인]을 클릭합니다.

Tip 행 레이블이 분기별로 병합됩니다.

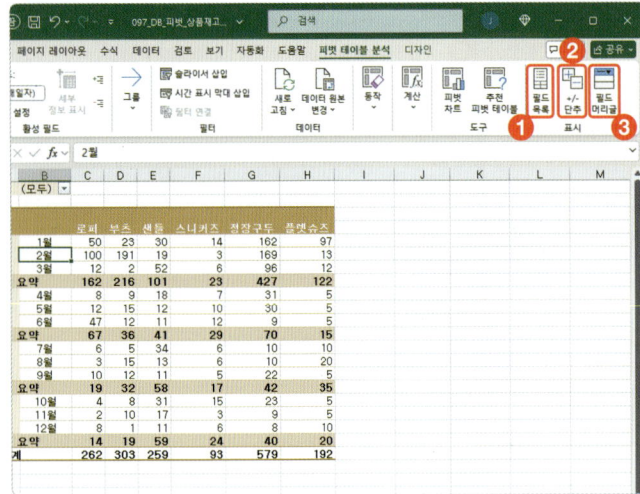

피벗 테이블 보고서 완성하기

07 ❶ [피벗 테이블 분석] 탭-[표시] 그룹에서 [필드 목록] 클릭 ❷ [+/- 단추] 클릭 ❸ [필드 머리글]을 클릭하여 각각 숨깁니다.

Tip 엑셀 2019 버전에서는 [피벗 테이블 도구]-[분석] 탭을 클릭합니다.

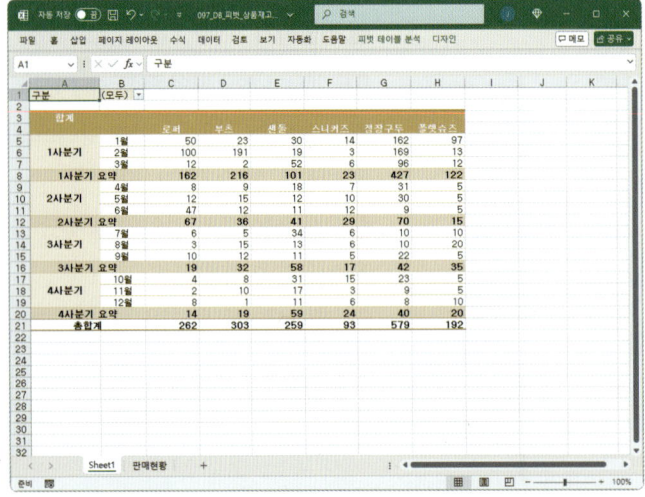

08 열 너비를 보기 좋게 조절하여 피벗 테이블 보고서를 완성합니다.

피벗 테이블을 사용하여 연도/등급별 거래내역 통계표 작성하기

실습 파일 5장\혼자해보기\017_거래내역3.xlsx
완성 파일 5장\혼자해보기\017_거래내역3_완성.xlsx

예제 설명 및 완성 화면

데이터를 회원등급과 가입연도로 분류하여 등급별 인원수, 비율, 거래건수합계, 거래금액합계를 피벗 테이블로 만들어보겠습니다.

	A	B	C	D	E	F
1	연도/등급별 거래내역 통계표					
2						
3	가입연도	회원등급	인원수	비율	거래건수합계	거래금액합계
4	⊟2024		26	100.0%	1,290	118,878,400
5		로얄	8	30.8%	590	75,697,400
6		골드	4	15.4%	232	15,802,000
7		실버	4	15.4%	168	8,217,000
8		일반	10	38.5%	300	19,162,000
9	⊟2023		24	100.0%	1,168	97,324,000
10		로얄	8	33.3%	572	59,766,000
11		골드	2	8.3%	104	7,469,000
12		실버	4	16.7%	180	8,246,000
13		일반	10	41.7%	312	21,843,000
14	⊟2022		24	100.0%	1,053	78,563,200
15		로얄	3	12.5%	246	20,235,000
16		골드	6	25.0%	360	28,305,000
17		실버	2	8.3%	96	4,508,400
18		일반	13	54.2%	351	25,514,800
19	⊟2021		32	100.0%	1,802	160,157,200
20		로얄	8	25.0%	570	65,425,200
21		골드	16	50.0%	934	77,925,000
22		실버	4	12.5%	176	8,290,000
23		일반	4	12.5%	122	8,517,000
24	총합계		106		5,313	454,922,800
25						

01 ❶ [거래내역] 시트에서 [A3] 셀 클릭 후 Ctrl + T
❷ [표 만들기] 대화상자가 나타나면 전체 범위를 확인한 후 [확인]을 클릭합니다.

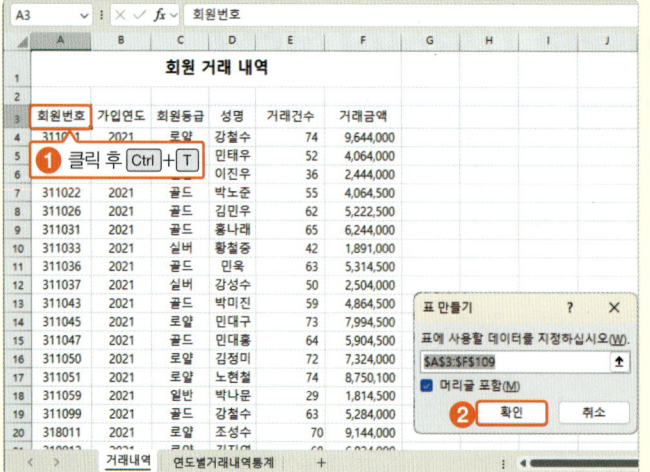

02 ❶ [삽입] 탭-[표] 그룹-[피벗 테이블] 클릭 ❷ [표 또는 범위의 피벗 테이블] 대화상자에서 [표/범위]에 자동으로 데이터 범위(표 이름)인 '표1'이 지정됩니다.

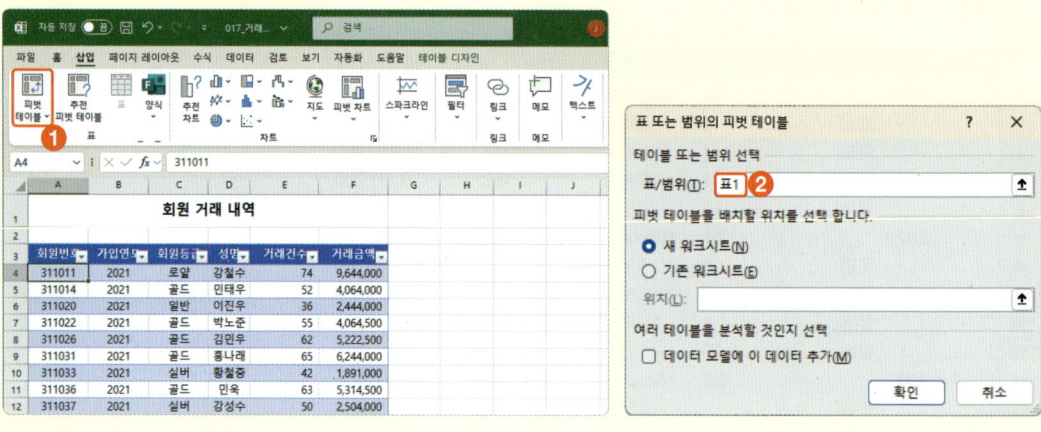

03 ❶ 피벗 테이블 보고서를 넣을 위치로 [기존 워크시트] 클릭 ❷ [위치]에 마우스 커서가 깜박이면 [연도별거래내역통계] 시트 탭 클릭 ❸ [A3] 셀 클릭 ❹ [확인]을 클릭합니다. [연도별거래내역통계] 시트에 피벗 테이블 보고서가 삽입됩니다.

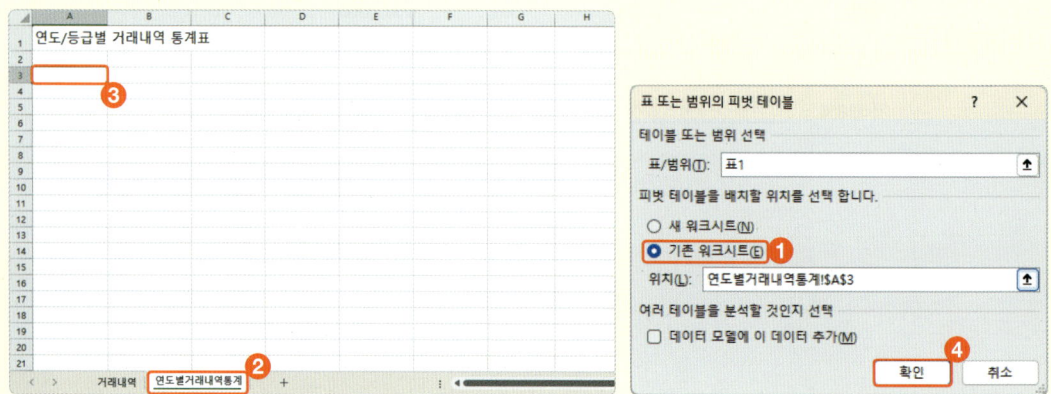

04 [피벗 테이블 필드] 작업 창에서 다음 표를 참고하여 피벗 테이블 레이아웃을 지정합니다.

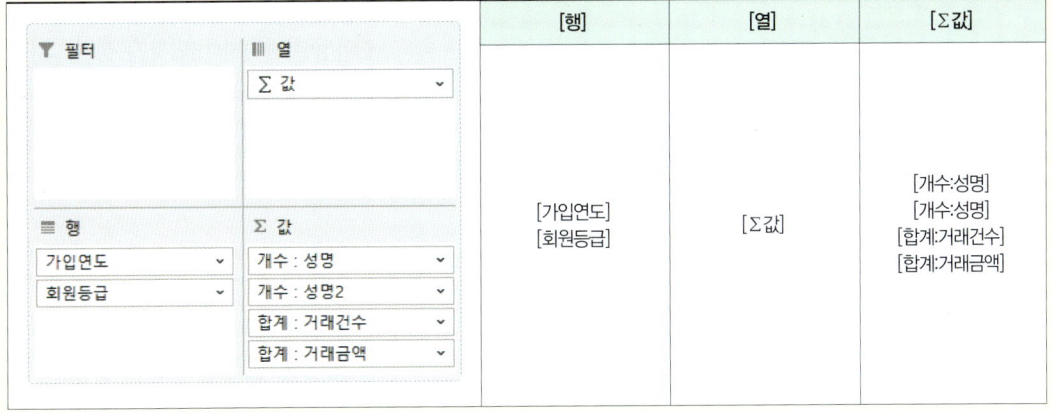

[행]	[열]	[Σ값]
[가입연도] [회원등급]	[Σ값]	[개수:성명] [개수:성명] [합계:거래건수] [합계:거래금액]

Tip [피벗 테이블 필드] 작업 창의 목록에서 해당 목록을 [행] 필드, [값] 필드로 드래그합니다.

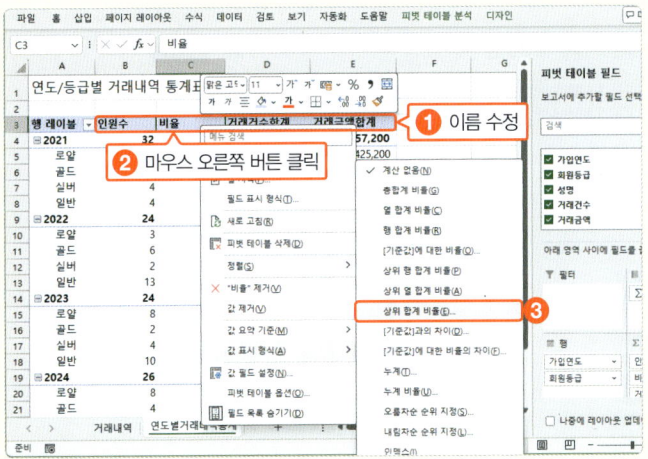

05 ❶ 피벗 테이블 보고서에서 [B3:E3] 범위의 이름을 각각 **인원수, 비율, 거래건수합계, 거래금액합계** 수정 ❷ [C3] 셀에서 마우스 오른쪽 버튼 클릭 ❸ [값 표시 형식]-[상위 합계 비율]을 클릭합니다.

Tip [값 표시 형식]은 [값] 영역의 필드 값의 총합계, 열 합계, 행 합계 등의 비율이나 차이, 누계를 요약해서 보여줍니다.

Tip [행 레이블] 열 순서가 위의 이미지와 달리 '골드, 로얄, 실버, 일반'으로 정렬된다면 276쪽 **'088 사용자가 지정한 순서로 정렬하기'** 실습을 먼저 하지 않은 경우입니다. 따라서 위의 이미지와 순서가 달라도 문제되지 않지만, 같은 과정으로 진행하고자 할 경우 276쪽을 먼저 실습해봅니다.

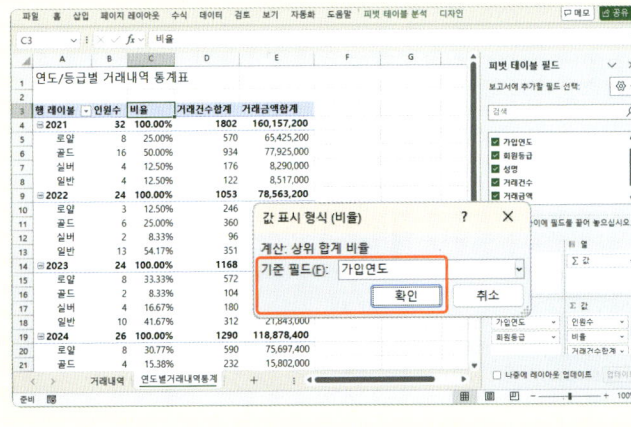

06 [값 표시 형식 (비율)] 대화상자에서 [기준 필드]를 [가입연도]로 선택하고 [확인]을 클릭합니다. [비율] 열에서 각각의 가입연도를 기준으로 회원등급별 가입 인원수의 합계 비율이 표시됩니다.

Tip [상위 합계 비율]은 각 연도의 인원수 합계 (100%)를 등급별 인원수로 나눠 비율을 표시합니다.

07 ① [A4] 셀에서 마우스 오른쪽 버튼 클릭 ② [정렬]-[숫자 내림차순 정렬]을 클릭해 내림차순으로 정렬합니다.

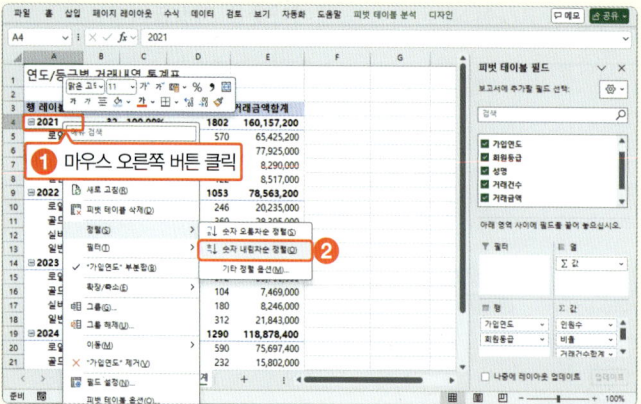

08 ① 피벗 테이블 보고서의 임의의 셀이 선택된 상태에서 [디자인] 탭-[레이아웃] 그룹-[부분합] 클릭 ② [그룹 상단에 모든 부분합 표시] 클릭 ③ [디자인] 탭-[레이아웃] 그룹-[보고서 레이아웃] 클릭 ④ [개요 형식으로 표시]를 클릭합니다. 피벗 테이블 보고서의 레이아웃이 보기 좋게 정리됩니다.

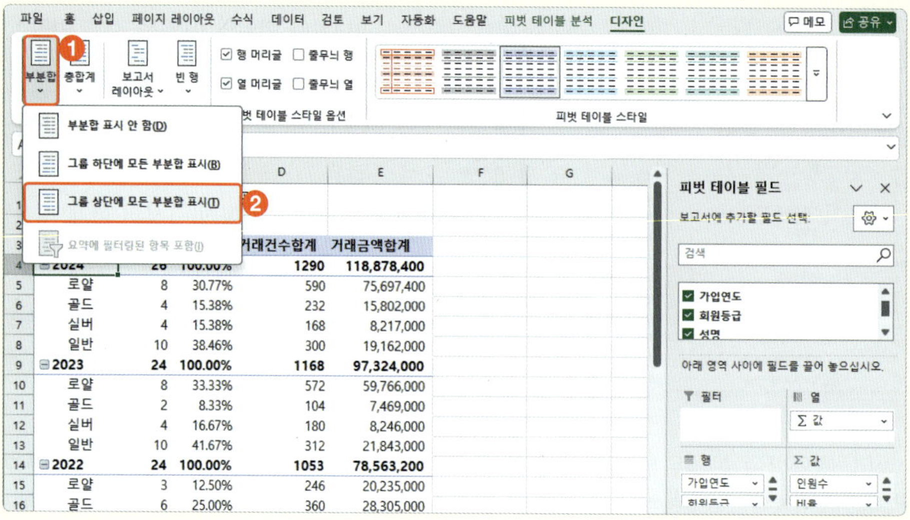

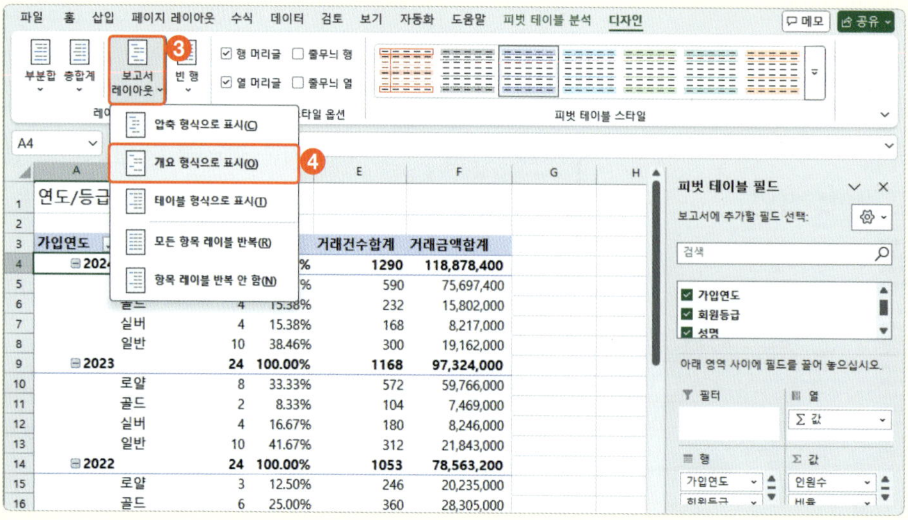

09 ① [C4:C24] 범위 지정 ② Ctrl 을 누른 채 [E4:F24] 범위 지정 ③ [홈] 탭-[표시 형식] 그룹-[쉼표 스타일] 클릭 ④ [D4:D23] 범위 지정 ⑤ [홈] 탭-[표시 형식] 그룹-[자릿수 줄임]을 클릭합니다.

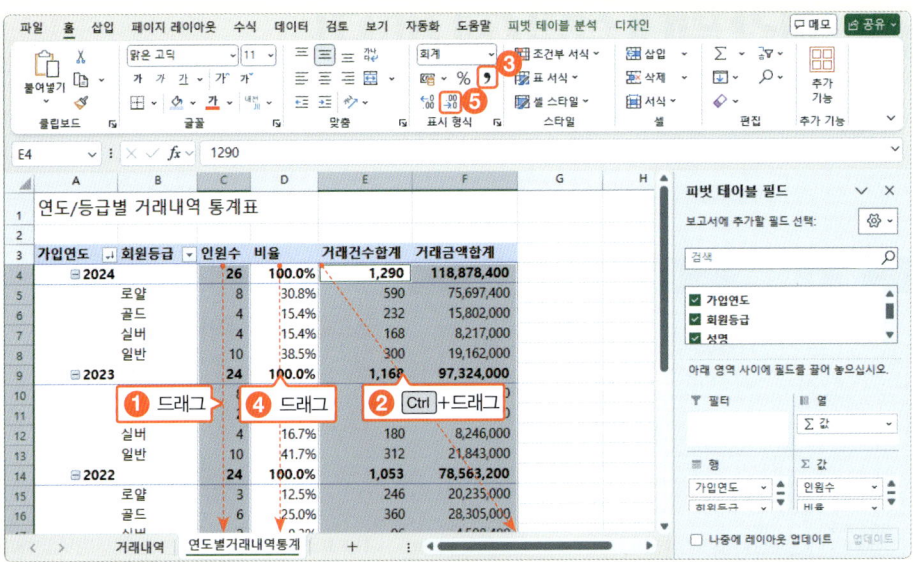

10 [디자인] 탭-[피벗 테이블 스타일] 그룹에서 원하는 스타일로 변경하고 열 너비를 조정하여 피벗 테이블 보고서를 완성합니다.

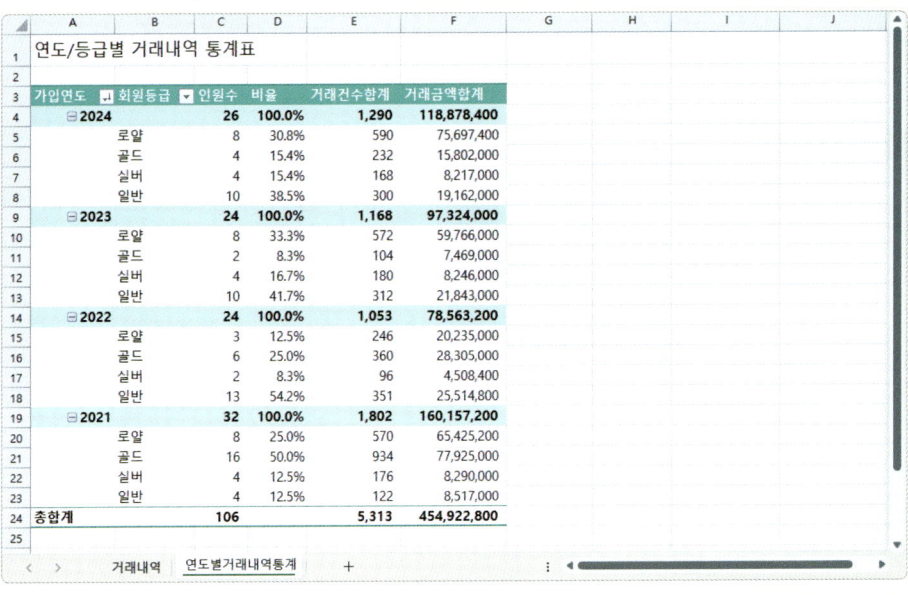

098 피벗 테이블 슬라이서와 시간 막대 삽입/제거하기

실습 파일 5장\098_DB_피벗_상품재고관리5.xlsx　완성 파일 5장\098_DB_피벗_상품재고관리5_완성.xlsx

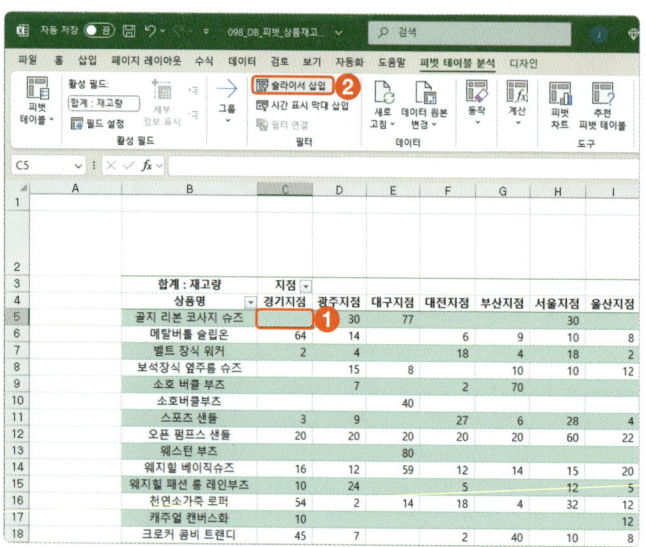

슬라이서 삽입하기

01 ① 피벗 테이블 목록에서 임의의 셀 클릭

② [피벗 테이블 분석] 탭-[필터] 그룹-[슬라이서 삽입]을 클릭합니다.

Tip 표와 피벗 테이블에서는 슬라이서를 삽입하여 필드를 목록 형태로 표시할 수 있습니다. 이를 통해 데이터를 쉽게 필터링하고, 결과를 한눈에 확인할 수 있습니다.

Tip 엑셀 2019 이전 버전에서는 [피벗 테이블 도구]-[분석] 탭을 클릭합니다.

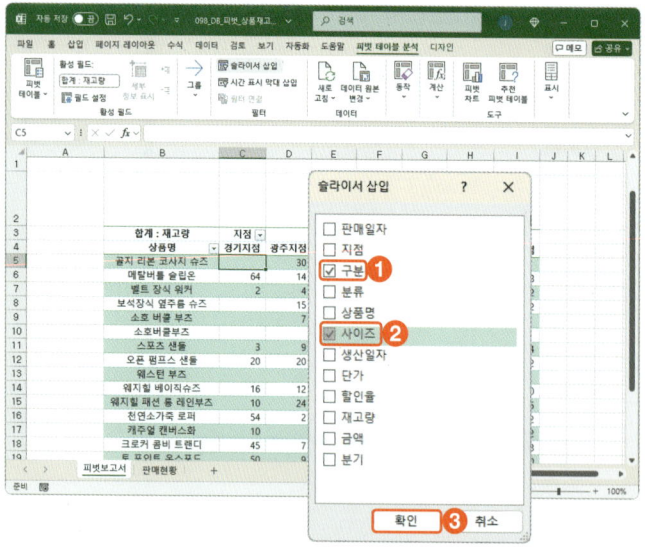

슬라이서 항목 표시하기

02 ① [슬라이서 삽입] 대화상자에서 [구분]에 체크

② [사이즈]에 체크

③ [확인]을 클릭합니다.

Tip [구분], [사이즈] 필드가 목록 형태로 슬라이서의 항목으로 표시됩니다.

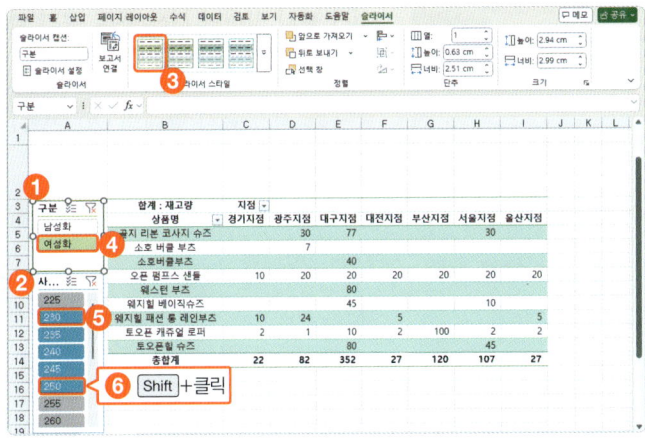

슬라이서 배치 및 필터링하기

03 ① [구분] 슬라이서를 A열에 배치

② [사이즈] 슬라이서를 A열에 배치

③ [슬라이서] 탭-[슬라이서 스타일] 그룹에서 원하는 스타일 클릭

④ [구분] 슬라이서에서 [여성화] 클릭

⑤ [사이즈] 슬라이서에서 [230] 클릭

⑥ Shift 를 누른 채 [250]을 클릭합니다.

Tip 여성화 중 230~250 사이즈의 지점별 상품 재고량이 표시됩니다.

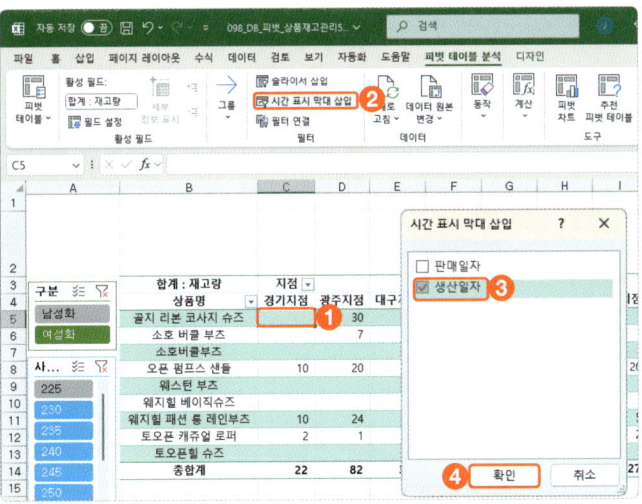

시간 표시 막대 삽입하기

04 날짜 필드인 '생산일자'를 시간 표시 막대로 삽입해보겠습니다.

① 피벗 테이블 목록에서 임의의 셀 클릭

② [피벗 테이블 분석] 탭-[필터] 그룹-[시간 표시 막대 삽입 📅] 클릭

③ [시간 표시 막대 삽입] 대화상자가 나타나면 [생산일자]에 체크

④ [확인]을 클릭합니다.

Tip 표와 피벗 테이블에서는 시간 표시 막대를 삽입해 날짜나 시간의 간격을 막대로 표시하여 사용자가 특정 기간의 데이터를 필터링할 수 있도록 도와줍니다.

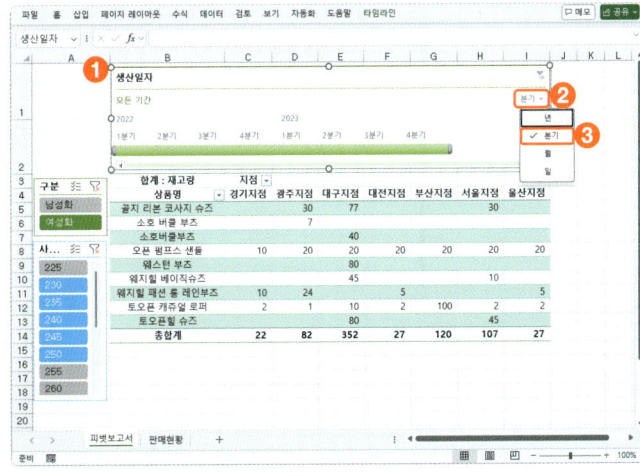

시간 표시 막대의 시간 수준 지정하기

05 ① [생산일자] 시간 표시 막대를 B열에 배치

② [월]로 표시된 시간 수준 항목 클릭

③ [분기]를 클릭합니다.

Tip 시간 표시 막대의 시간 수준이 연도와 분기 단위로 변경됩니다.

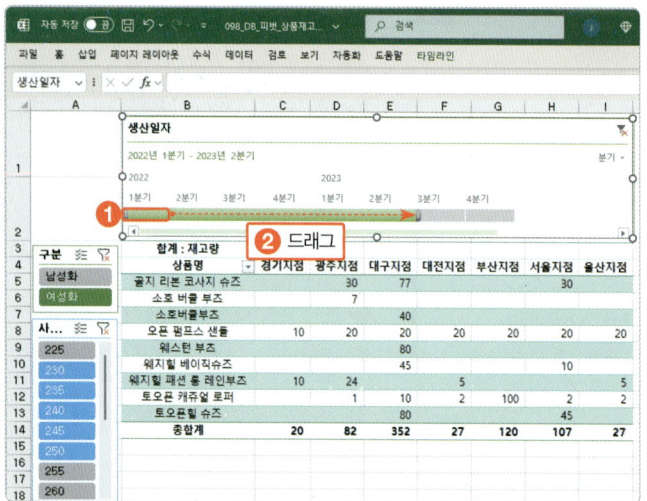

시간 표시 막대의 시작/종료 구간 설정하기

06 ❶ 시간 표시 막대의 [2022년 1분기] 클릭
❷ 종료 지점을 [2023년 2분기]까지 드래그합니다.

Tip 2022년 1분기~2023년 2분기에 생산된 상품의 재고량이 표시됩니다.

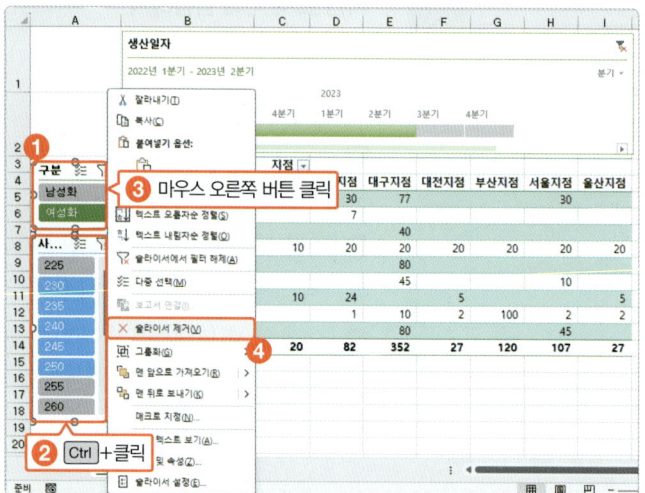

슬라이서와 시간 표시 막대 제거하기

07 ❶ [구분] 슬라이서 클릭
❷ Ctrl을 누른 채 [사이즈] 슬라이서 클릭
❸ [구분] 슬라이서에서 마우스 오른쪽 버튼 클릭
❹ [슬라이서 제거]를 클릭합니다.

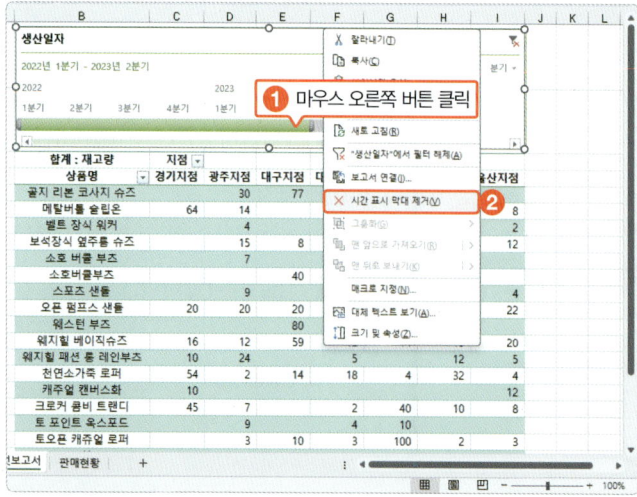

시간 표시 막대의 시작/종료 구간 설정하기

08 ❶ [생산일자] 시간 표시 막대에서 마우스 오른쪽 버튼 클릭
❷ [시간 표시 막대 제거]를 클릭합니다.

099 개발 도구 탭 추가 및 매크로 보안 설정하기

실습 파일 없음 완성 파일 없음

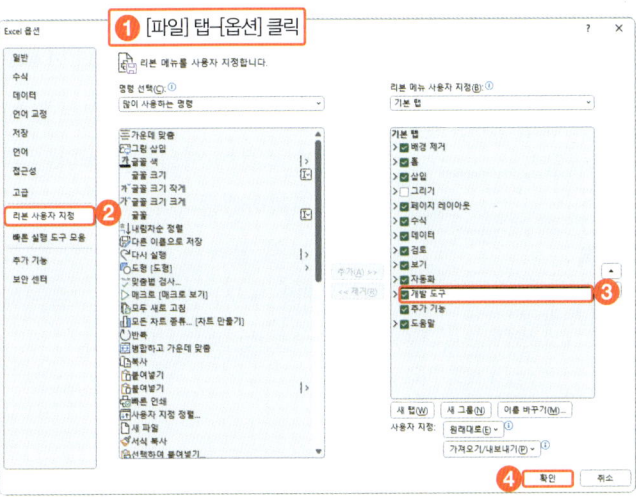

리본 메뉴에 개발 도구 탭 표시하기

01 ① [파일] 탭-[옵션] 클릭
② [Excel 옵션] 대화상자에서 [리본 사용자 지정] 클릭
③ [기본 탭]-[개발 도구]에 체크
④ [확인]을 클릭합니다.

Tip 리본 메뉴에 [개발 도구] 탭이 표시됩니다.

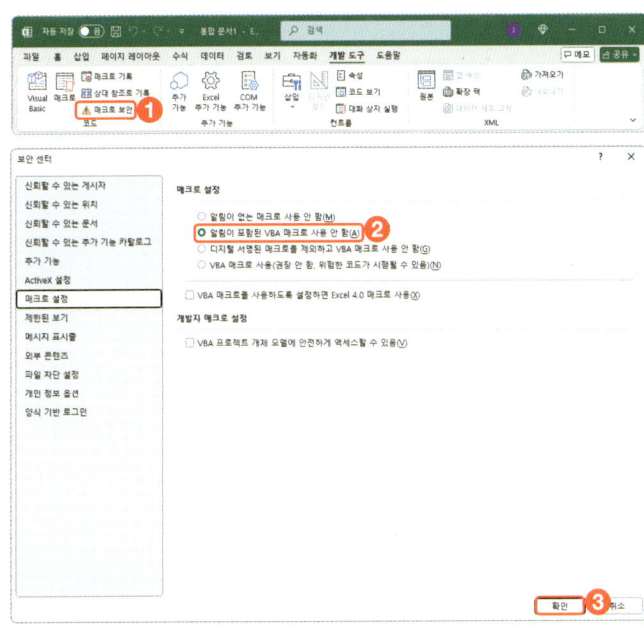

02 ① [개발 도구] 탭-[코드] 그룹-[매크로 보안 ⚠] 클릭
② [보안 센터] 대화상자의 [매크로 설정]에서 [알림이 포함된 VBA 매크로 사용 안 함] 클릭
③ [확인]을 클릭합니다.

Tip [알림이 포함된 VBA 매크로 사용 안 함]은 매크로 보안의 기본 설정으로 가장 많이 사용하는 보안 설정입니다. 매크로가 포함된 통합 문서를 열 때마다 보안 경고 알림 메시지가 나타나며 현재 문서가 신뢰할 만한 문서인지 확인한 후 매크로의 실행 여부를 상황별로 선택합니다.

Tip 엑셀 2019 이전 버전에서는 [매크로 설정] 목록의 [모든 매크로 제외(알림 표시)]를 클릭합니다.

100 자동 매크로 기록 및 저장하기

실습 파일 5장\100_매크로_도서목록1.xlsx 완성 파일 5장\100_매크로_도서목록1_완성.xlsm

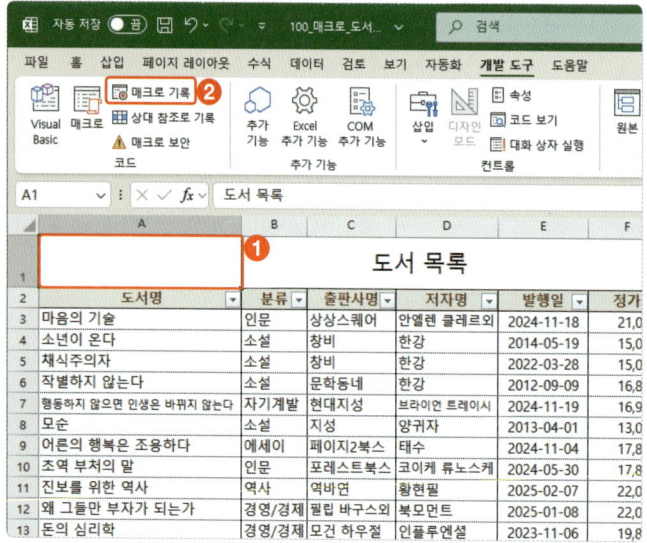

조건부 서식 적용 매크로 기록하기

01 두 개의 행마다 셀의 배경색이 반복해서 채워지도록, 매크로를 사용하여 조건부 서식을 적용하는 과정을 기록하겠습니다.

❶ [A1] 셀 클릭
❷ [개발 도구] 탭-[코드] 그룹-[매크로 기록 ]을 클릭합니다.

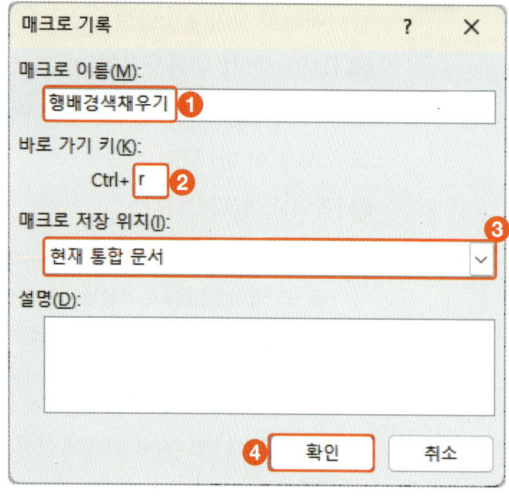

02 [매크로 기록] 대화상자에서 매크로의 이름, 바로 가기 키, 저장 위치를 지정합니다.

❶ [매크로 기록] 대화상자의 [매크로 이름]에 **행배경색채우기** 입력
❷ [바로 가기 키]에 **r** 입력
❸ [매크로 저장 위치]는 [현재 통합 문서]로 두고
❹ [확인]을 클릭합니다.

Tip [매크로 기록] 대화상자에서 [확인]을 클릭한 후부터는 셀과 관련된 명령어, 메뉴 클릭 등의 동작이 모두 매크로로 기록되므로 주의해서 매크로를 기록합니다.

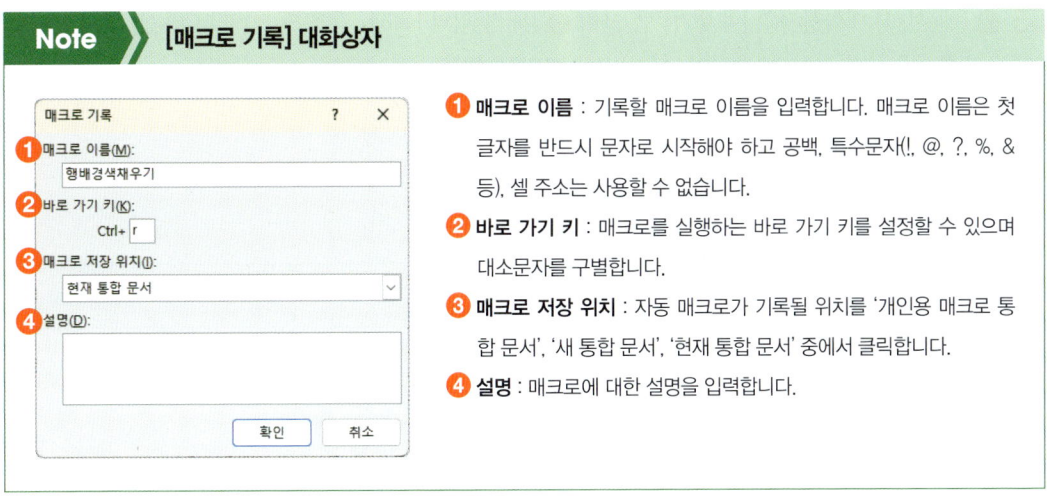

Note [매크로 기록] 대화상자

❶ **매크로 이름** : 기록할 매크로 이름을 입력합니다. 매크로 이름은 첫 글자를 반드시 문자로 시작해야 하고 공백, 특수문자(!, @, ?, %, & 등), 셀 주소는 사용할 수 없습니다.

❷ **바로 가기 키** : 매크로를 실행하는 바로 가기 키를 설정할 수 있으며 대소문자를 구별합니다.

❸ **매크로 저장 위치** : 자동 매크로가 기록될 위치를 '개인용 매크로 통합 문서', '새 통합 문서', '현재 통합 문서' 중에서 클릭합니다.

❹ **설명** : 매크로에 대한 설명을 입력합니다.

---

03 ❶ [A3] 셀 클릭

❷ [A3:H159] 범위를 지정하기 위해 Ctrl + Shift + → 누른 후 Ctrl + Shift + ↓

❸ [홈] 탭-[스타일] 그룹-[조건부 서식 🏭] 클릭

❹ [새 규칙 🏭]을 클릭합니다.

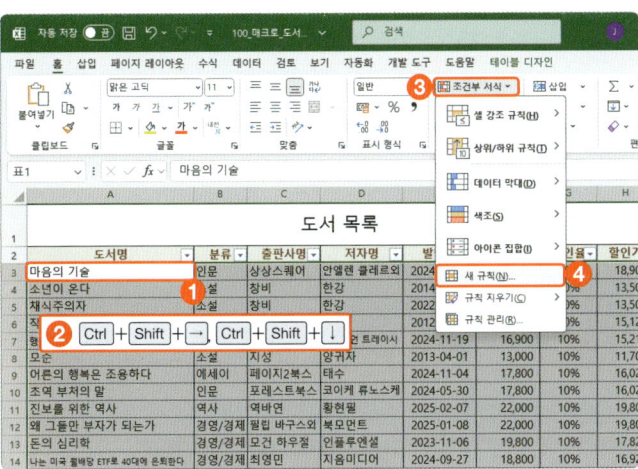

04 ❶ [새 서식 규칙] 대화상자에서 [수식을 사용하여 서식을 지정할 셀 결정] 클릭

❷ 두 개의 행마다 배경색을 지정하기 위해 수식 입력란에 **=AND(MOD(ROW(A1),4)>=1,MOD(ROW(A1),4)<=2)** 입력

❸ [서식]을 클릭합니다.

Tip 행 번호(ROW(A1))가 1이므로 행 번호를 4로 나눈(MOD(ROW(A1),4) 나머지 값이 1과 2일 때에만 규칙이 적용됩니다. 따라서 1~2행은 배경색을 채우고, 3~4행은 배경색을 채우지 않습니다.

05 ❶ [셀 서식] 대화상자의 [채우기] 탭 클릭 ❷ [배경색]의 [녹색, 강조 5, 80% 더 밝게] 클릭 ❸ [확인] 클릭 ❹ [새 서식 규칙] 대화상자의 [확인]을 클릭합니다.

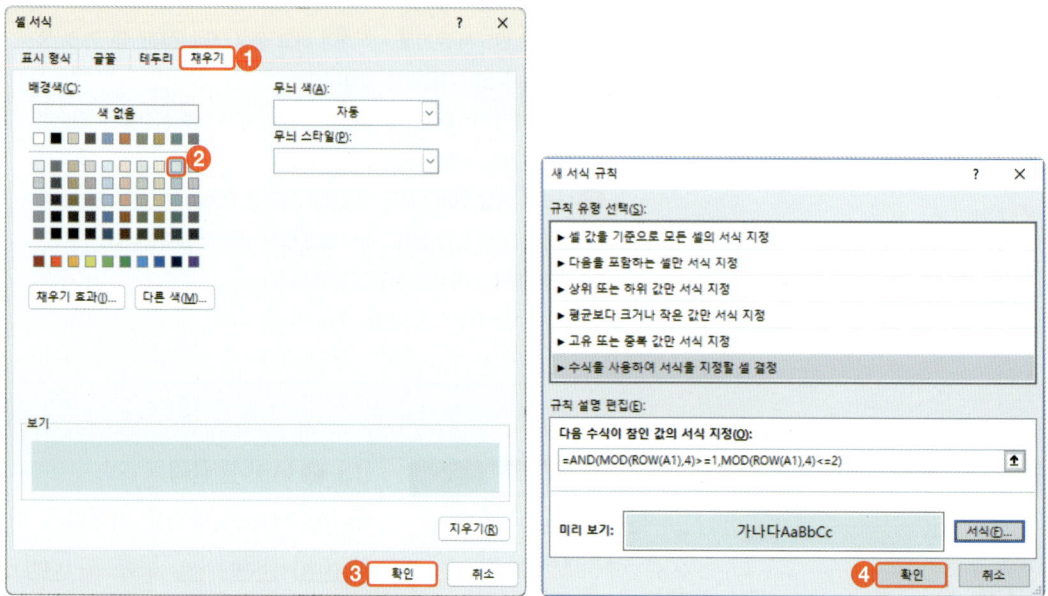

Tip 조건부 서식 규칙에 따라 셀에 강조색이 적용됩니다.

매크로 기록 중지하기

06 자동 매크로 기록을 중지해보겠습니다. ❶ [A1] 셀 클릭 ❷ [개발 도구] 탭–[코드] 그룹–[기록 중지]를 클릭하여 매크로 작성을 마칩니다.

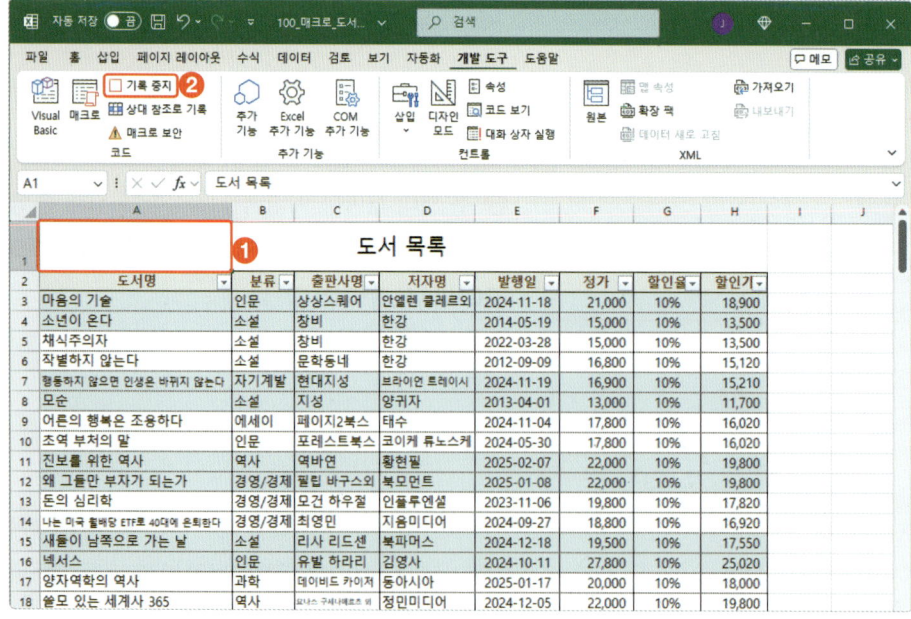

Tip 매크로 기록을 중지하면 기록된 '행배경색채우기' 매크로가 저장됩니다.

조건부 서식 제거 매크로 기록하기

07 조건부 서식의 규칙을 지우는 매크로를 기록하겠습니다. ❶ [A1] 셀이 선택된 상태에서 ❷ [개발 도구] 탭-[코드] 그룹-[매크로 기록 🔘] 클릭 ❸ [매크로 기록] 대화상자의 [매크로 이름]에 **행배경색지우기** 입력 ❹ [매크로 저장 위치]는 [현재 통합 문서]로 두고 ❺ [확인]을 클릭합니다.

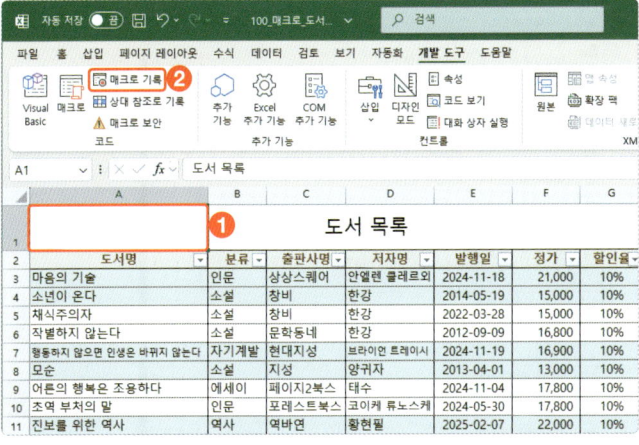
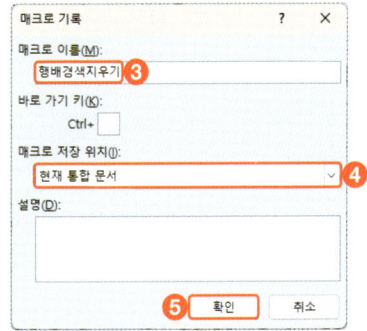

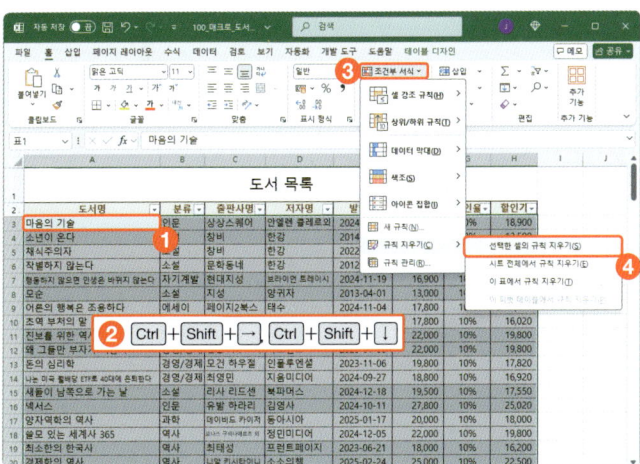

08 ❶ [A3] 셀 클릭
❷ [A3:H159] 범위를 지정하기 위해 Ctrl + Shift + → 를 누른 후 Ctrl + Shift + ↓
❸ [홈] 탭-[스타일] 그룹-[조건부 서식 🔳] 클릭
❹ [규칙 지우기 📝]-[선택한 셀의 규칙 지우기]를 클릭합니다.

매크로 포함 문서 저장하기

09 ❶ Ctrl + Home
❷ [개발 도구] 탭-[코드] 그룹-[기록 중지 ☐]를 클릭하여 매크로 작성을 마칩니다.

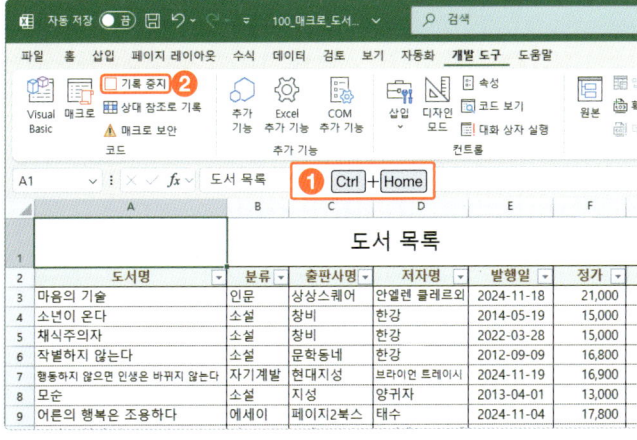

10 ❶ [파일] 탭-[내보내기] 클릭 ❷ [파일 형식 변경] 클릭 ❸ [매크로 사용 통합 문서(*.xlsm)] 클릭 ❹ [다른 이름으로 저장] 클릭 ❺ [다른 이름으로 저장] 대화상자의 [파일 이름]에 **100_매크로_도서목록1** 입력 ❻ [저장]을 클릭합니다.

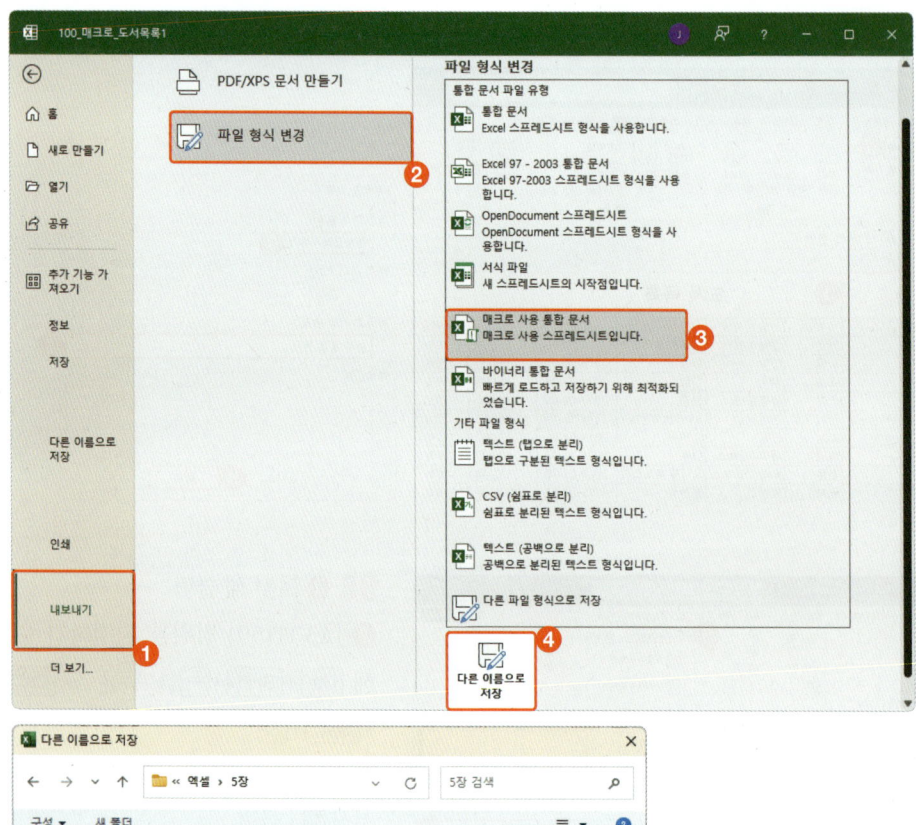

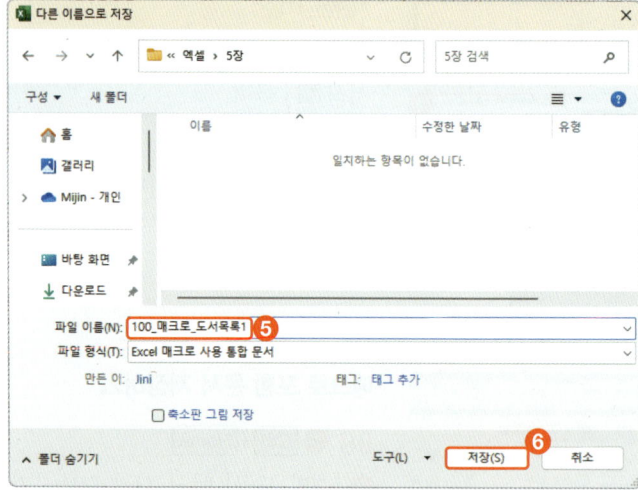

Tip 통합 문서(*.xlsx) 형식으로 저장하면 현재 통합 문서에서 작성한 매크로가 저장되지 않습니다. 반드시 매크로 사용 통합 문서(*.xlsm) 형식으로 저장합니다.

바로 가기 키와 양식 컨트롤로 매크로 실행하기

실습 파일 5장\101_매크로_도서목록2.xlsm   완성 파일 5장\101_매크로_도서목록2_완성.xlsm

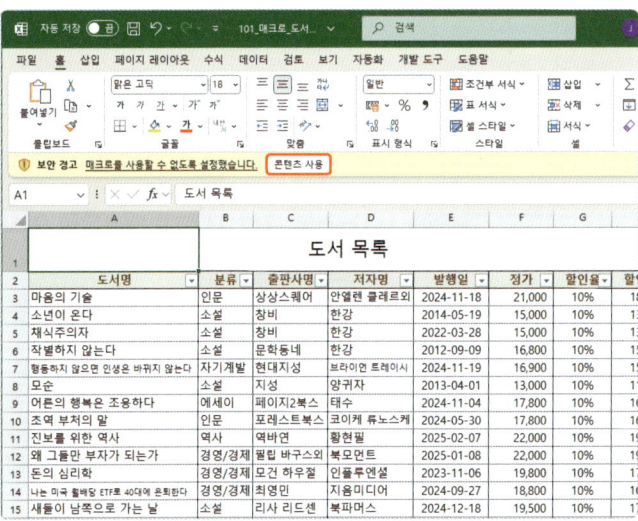

매크로 포함 통합 문서 실행하기

01 실습 파일을 열면 메시지 표시줄에 보안 경고 메시지가 나타납니다. [콘텐츠 사용]을 클릭해서 매크로를 사용할 수 있도록 설정합니다.

02 ❶ [개발 도구] 탭-[코드] 그룹-[매크로 📋] 클릭 ❷ [매크로] 대화상자에 앞에서 기록한 매크로 목록이 나타납니다. [취소]를 클릭하여 [매크로] 대화상자를 닫습니다.

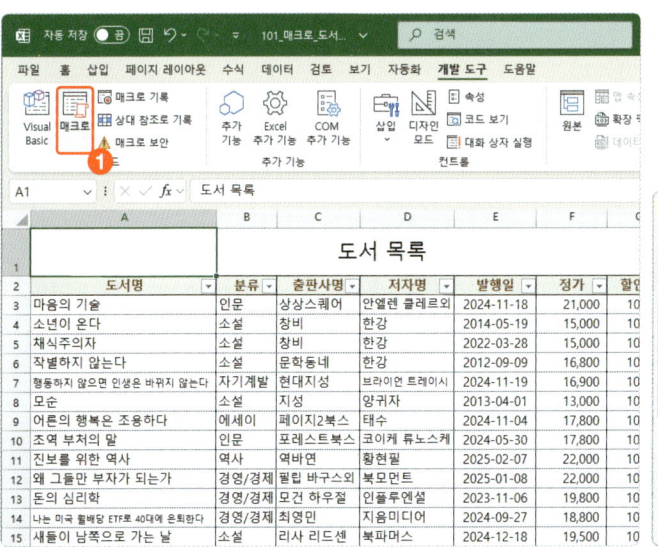
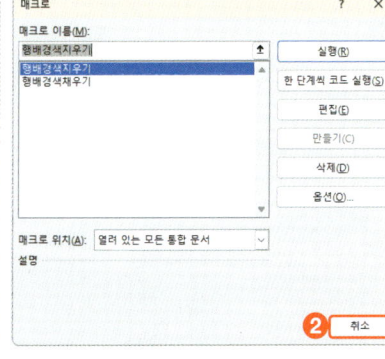

Tip [매크로] 대화상자에서 각각의 매크로를 편집, 삭제, 실행할 수 있습니다.

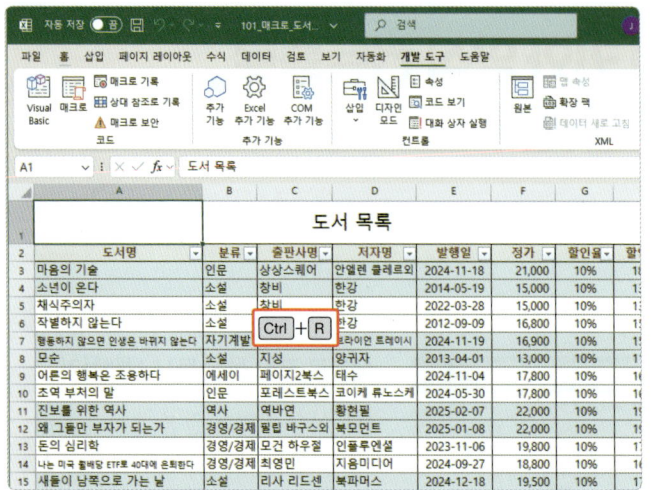

[행 배경색 채우기] 매크로를 바로 가기 키로 실행하기

03 [A1] 셀이 선택된 상태에서 Ctrl + R 을 눌러 매크로를 실행합니다. 2행마다 줄무늬 배경색이 반복해 채워집니다.

Tip [행배경색채우기] 매크로의 바로 가기 키는 소문자 'r'로 지정했습니다. 키보드로 매크로를 실행할 때는 Ctrl + R 을 누릅니다.

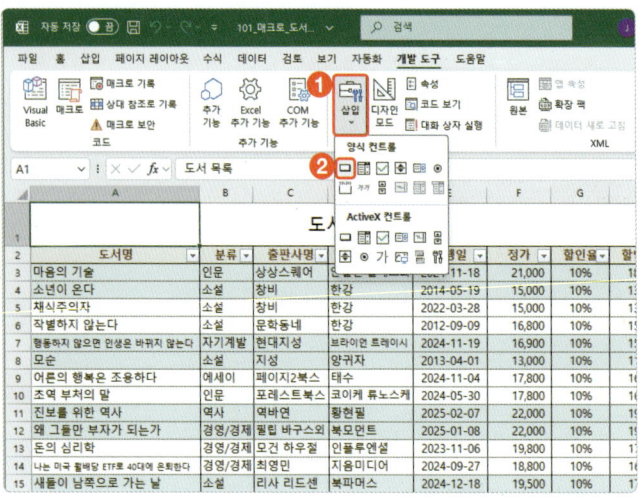

[조건부 규칙 지우기] 매크로를 양식 컨트롤로 실행하기

04 [A1] 셀이 선택된 상태에서
❶ [개발 도구] 탭-[컨트롤] 그룹-[삽입] 클릭
❷ [양식 컨트롤]의 [단추]를 클릭합니다.

05 ❶ [G1:H1] 범위에 드래그해 단추 삽입 ❷ [매크로 지정] 대화상자의 [매크로 이름] 목록에서 [행배경색지우기] 클릭 ❸ [확인]을 클릭합니다.

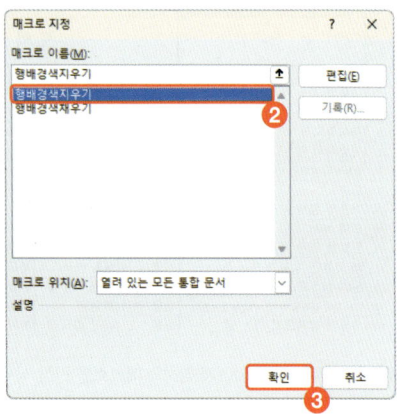

Tip 단추에 [조건부규칙지우기] 매크로가 연결됩니다.

06 ① 단추 안쪽을 클릭 후 **행배경색지우기** 입력

② 빈 셀을 클릭하여 단추 선택을 해제합니다.

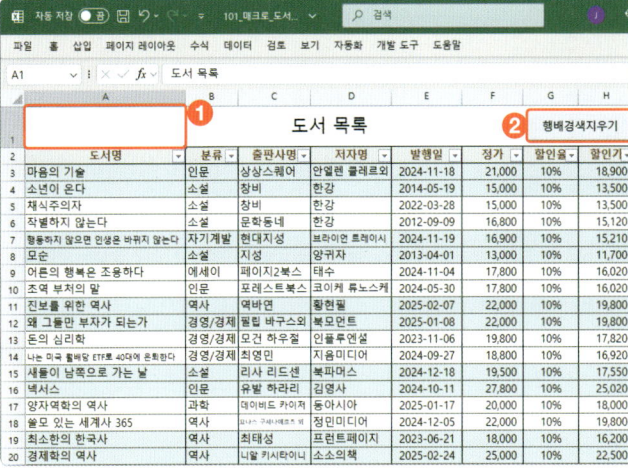

07 ① [A1] 셀 클릭

② [행배경색지우기] 단추를 클릭하여 매크로를 실행합니다.

08 지정된 서식이 지워집니다.

102 매크로 편집하기

실습 파일 5장\102_매크로_도서목록3.xlsm   **완성 파일** 5장\102_매크로_도서목록3_완성.xlsm

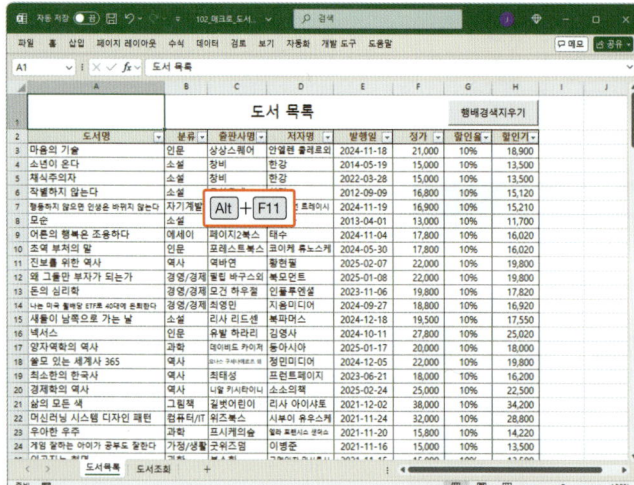

매크로 편집하기

01 앞서 기록한 매크로의 조건부 서식 규칙 조건은 =AND(MOD(ROW(A1),4)>=1,MOD(ROW(A1),4)<=2) 이므로 항상 두 개의 행마다 셀의 색을 채우는 매크로가 적용됩니다. 따라서 셀의 색을 채울 행의 개수를 입력하면 조건부 서식이 적용되도록 매크로를 수정해보겠습니다. Alt + F11 을 눌러 비주얼 베이식 편집기를 엽니다.

Tip [개발 도구] 탭-[코드] 그룹-[Visual Basic]을 클릭하거나 시트 탭에서 마우스 오른쪽 버튼을 클릭한 후 [코드 보기]를 클릭해도 비주얼 베이식 편집기를 열 수 있습니다.

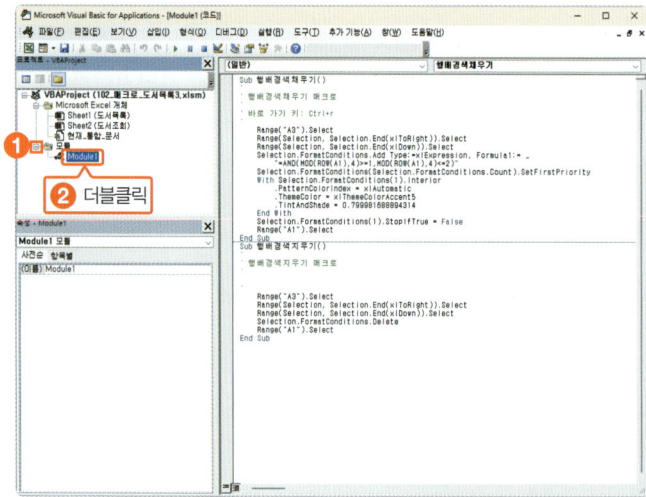

02 ❶ 프로젝트 창에서 [모듈] 폴더의 [확장 ➕] 클릭
❷ [Module1]을 더블클릭합니다.

Tip [행배경색채우기] 매크로 코드가 코드 창에 표시됩니다.

Note 비주얼 베이식 편집기 창의 화면 구성 살펴보기

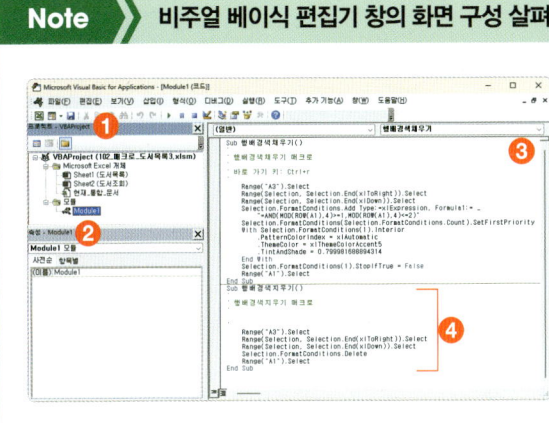

1. **프로젝트 탐색기 창** : 엑셀을 구성하는 통합 문서, 워크시트 그리고 모듈, 폼, 클래스 등의 개체를 계층 구조 형태로 표시합니다.
2. **속성 창** : 각 프로젝트 탐색기 창에 나타나는 개체들의 속성을 설정합니다.
3. **코드 창** : 매크로가 VBA 코드로 기록되어 나타나는 창으로 매크로를 직접 수행하거나 삭제할 수 있으며 매크로를 만들 수 있습니다.
4. **프로시저** : Sub로 시작해서 VBA 명령어 코드가 입력되어 End Sub로 끝납니다. 앞서 매크로 기록기로 기록한 매크로에 해당합니다.

03 [행배경색채우기] 코드 창에 다음과 같이 빨간색, 파란색으로 표기된 코드를 입력하여 매크로를 수정합니다.

```
Sub 행배경색채우기()
' 행배경색채우기 매크로
' 바로 가기 키: Ctrl+r
'
'변수 선언
① Dim rowno1 As Long, rowno2 As Long
② Dim con As String

'사용자에게 숫자 입력 받기
③ rowno1 = Val(InputBox("배경색을 지정할 행의 배수 값을 숫자로 입력해주세요", "숫자 입력창", 2))
④ If rowno1 <= 0 Then Exit Sub
⑤ rowno2 = rowno1 * 2

'조건부 서식의 조건
⑥ con = "=AND(MOD(ROW(A1)," & rowno2 & ")>=1,MOD(ROW(A1)," & rowno2 & ")<=" & rowno1 & ")"

'기존 조건부 서식 삭제
⑦ 행배경색지우기

'범위 지정
Range("A3").Select
Range(Selection, Selection.End(xlToRight)).Select
Range(Selection, Selection.End(xlDown)).Select
```

```
'조건부 서식
⑧ Selection.FormatConditions.Add Type:=xlExpression, Formula1:=con
   Selection.FormatConditions(Selection.FormatConditions.Count).SetFirstPriority
   With Selection.FormatConditions(1).Interior
        .PatternColorIndex = xlAutomatic
        .ThemeColor = xlThemeColorAccent5
        .TintAndShade = 0.799981688894314
   End With
   Selection.FormatConditions(1).StopIfTrue = False
   Range("A1").Select
End Sub
```

Tip 코드는 **102_매크로_도서목록_CODE.txt** 파일에서 복사하여 붙여 넣을 수 있습니다. 단, 코드를 붙여 넣을 때 전체를 복사해서 붙여 넣고 Ctrl + R 을 누르면 매크로가 실행되지 않습니다. 코드 창에 빨간색, 파란색에 해당하는 코드만 수정해야 Ctrl + R 이 실행됩니다.

Note 코드 설명

① **Dim rowno1 as Long, rowno2 as Long** 코드는 변수 rowno1, rowno2를 정수(Long)로 선언합니다.

② **Dim con as String** 코드는 변수 con을 문자(String)로 선언합니다.

③ **rowno1 = Val(InputBox("배경색을 지정할 행의 배수 값을 숫자로 입력해주세요", "숫자 입력창", 2))** 코드는 InputBox를 사용하여 사용자로부터 행의 수를 입력받아서 'rowno1' 변수에 저장합니다. 기본값은 '2'입니다. 행의 수는 숫자를 입력받아야 하므로 Val 함수를 사용해서 숫자로 변환합니다.

④ **If rowno1 <= 0 Then Exit Sub** 코드는 사용자가 입력한 값(rowno1)이 0 이하라면, 매크로 실행을 즉시 중단(Exit Sub)합니다.

⑤ **rowno2 = rowno1 * 2** 코드는 'rowno1'에 2를 곱한 값을 'rowno2' 변수에 저장합니다.

⑥ **con = "=AND(MOD(ROW(A1)," & rowno2 & ")>=1,MOD(ROW(A1)," & rowno2 & ")<=" & rowno1 & ")"** 코드는 조건부 서식에서 사용할 수식을 만들어 'con' 변수에 저장합니다. 사용자가 입력한 숫자(rowno1)에 따라 수식이 자동으로 변경됩니다. 예를 들어 5를 입력하면 rowno1=5, rowno2=10으로 수식 **=AND(MOD(ROW(A1),10)>=1,MOD(ROW(A1),10)<=5)**이 생성되고 **con** 변수에 저장됩니다. 이 수식은 모든 행을 10으로 나눈 나머지가 1~5인 경우에만 배경색을 적용하도록 조건부 서식을 설정합니다.

⑦ **행배경색지우기** 코드는 기존의 조건부 서식을 지워 초기화하는 매크로를 호출합니다.

⑧ **Selection.FormatConditions.Add Type:=xlExpression, Formula1:=con** 코드는 수식이 입력된 con 변수값을 조건부 서식 규칙에 적용합니다.

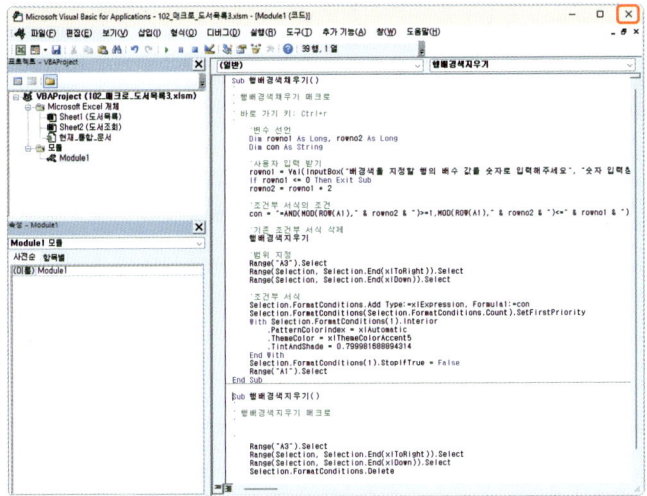

04 [닫기 ✕]를 클릭하여 비주얼 베이식 편집기를 닫습니다.

매크로 실행하기

05 [A1] 셀이 선택된 상태에서

❶ Ctrl + R

❷ [숫자 입력창] 대화상자가 나타나면 **5** 입력

❸ [확인]을 클릭합니다.

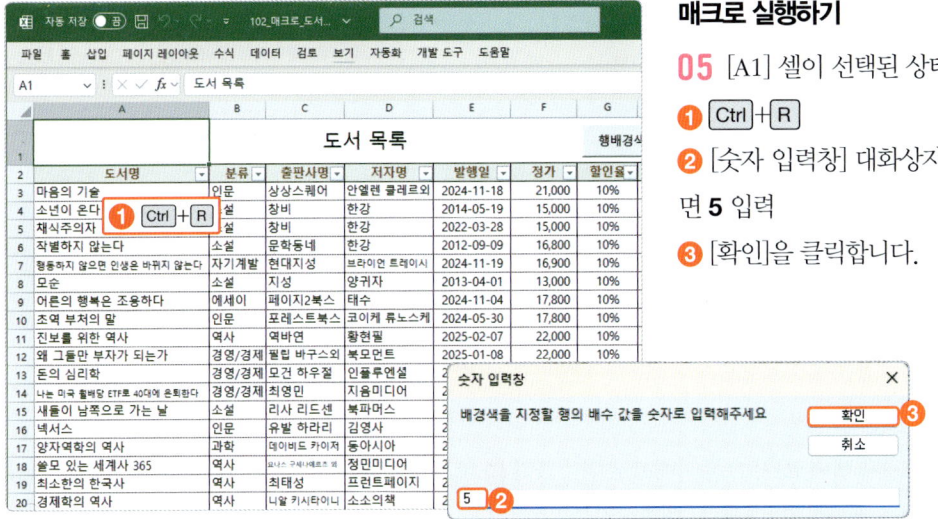

Tip 바로 가기 키로 매크로를 실행하면 반복해서 5행마다 배경색이 채워지는 매크로가 실행됩니다.

Tip Ctrl + R 을 눌러 매크로가 실행되지 않을 때는 [개발 도구] 탭-[코드] 그룹-[매크로]를 클릭하고 [매크로] 대화상자의 매크로 목록에서 [행배경색채우기]를 클릭하고 [실행]을 클릭합니다.

103 매크로 삭제하기

실습 파일 5장\103_매크로_도서목록4.xlsm 완성 파일 5장\103_매크로_도서목록4_완성.xlsm

매크로 삭제하기

01 ❶ [개발 도구] 탭-[코드] 그룹-[매크로 ] 클릭 ❷ [매크로] 대화상자의 매크로 목록에서 [행배경색채우기] 클릭 ❸ [삭제] 클릭 ❹ 매크로 삭제를 묻는 대화상자가 나타나면 [예]를 클릭합니다.

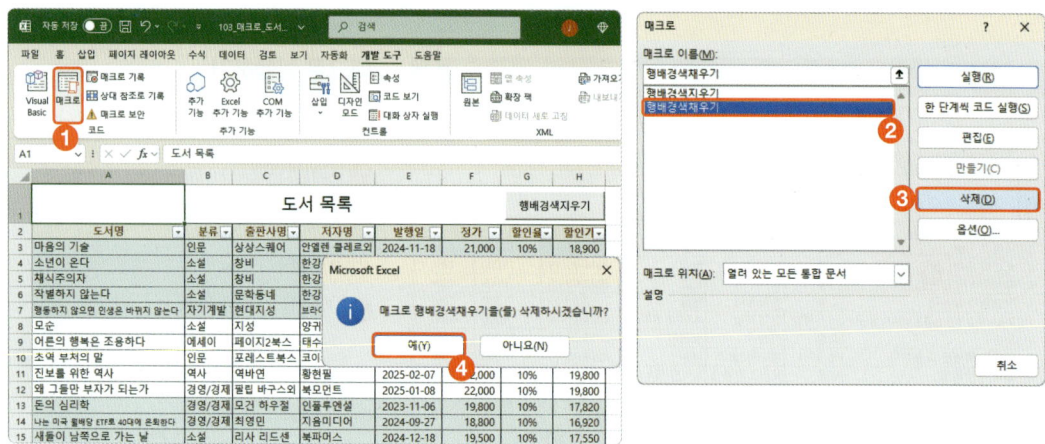

02 ❶ [개발 도구] 탭-[코드] 그룹-[매크로] 클릭 ❷ 매크로 목록에서 [행배경색채우기]가 삭제되었습니다. [취소]를 클릭하여 [매크로] 대화상자를 닫습니다.

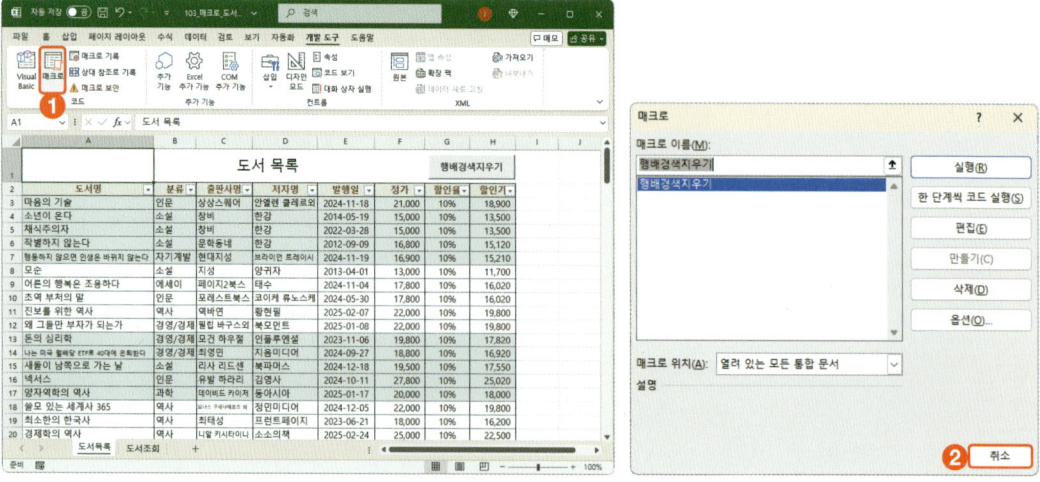

Tip 매크로가 삭제되어서 바로 가기 키인 Ctrl + R 을 눌러도 매크로가 실행되지 않습니다.

테두리 구분 매크로 기록하고 바로 가기 키로 실행하기

혼자 해보기

실습 파일 5장\혼자해보기\018_매크로_회원거래명부.xlsx
완성 파일 5장\혼자해보기\018_매크로_회원거래명부_완성.xlsm

예제 설명 및 완성 화면

회원 거래 명부에서 회원등급에 따라 테두리의 굵기를 구분하는 매크로를 기록합니다. 기록한 매크로를 편집한 후 바로 가기 키로 매크로를 실행하고 매크로 문서를 저장합니다.

▲ 매크로 실행 전

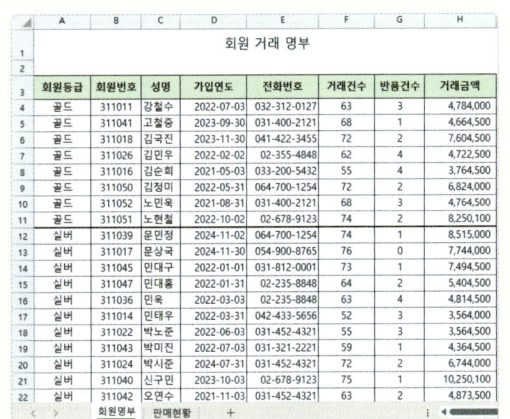

▲ [조건부서식테두리그리기] 매크로 실행

▲ 매크로 실행 전

▲ 바로 가기 키로 매크로 실행

01 ❶ [회원명부] 시트에서 [A4] 셀 클릭 ❷ [개발 도구] 탭-[코드] 그룹-[매크로 기록] 클릭 ❸ [매크로 기록] 대화상자에서 [매크로 이름]에 **조건부서식테두리그리기** 입력 ❹ [바로 가기 키]에 **t** 입력 ❺ [매크로 저장 위치]에 [현재 통합 문서] 선택 ❻ [설명]에 **셀의 값이 같으면 테두리를 점선으로 그리는 매크로**라고 입력한 후 [확인]을 클릭해 매크로 기록을 시작합니다.

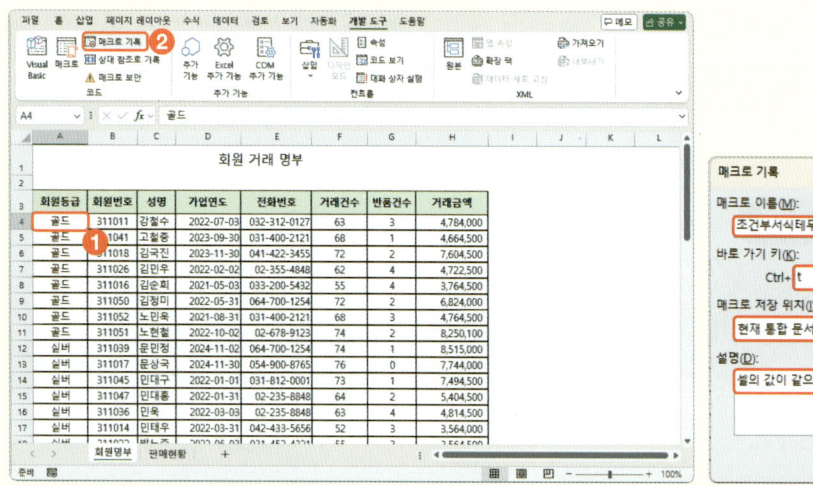
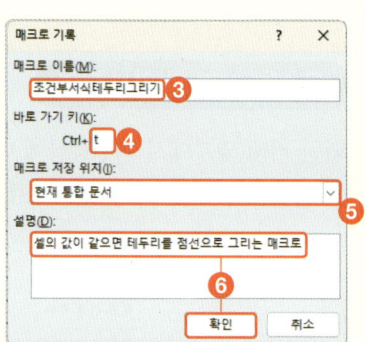

02 Ctrl + Shift + → 를 누른 후 Ctrl + Shift + ↓ 를 눌러 제목 행을 제외한 데이터 전체를 범위로 지정합니다.

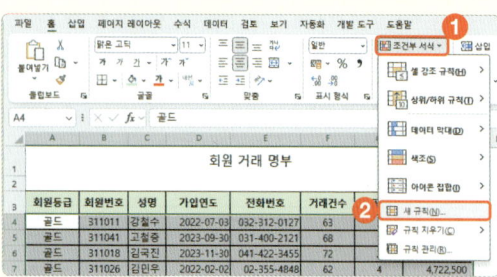

03 ❶ [홈] 탭-[스타일] 그룹-[조건부 서식] 클릭

❷ [새 규칙] 클릭

❸ [새 서식 규칙] 대화상자에서 [수식을 사용하여 서식을 지정할 셀 결정] 클릭

❹ 수식 입력란에 **=$A4=$A3** 입력 후 [서식] 클릭

❺ [셀 서식] 대화상자에서 [테두리] 탭 클릭

❻ [스타일]-[점선], [위쪽 테두리] 클릭

❼ [확인]을 클릭한 후 [새 서식 규칙] 대화상자에서도 [확인]을 클릭합니다.

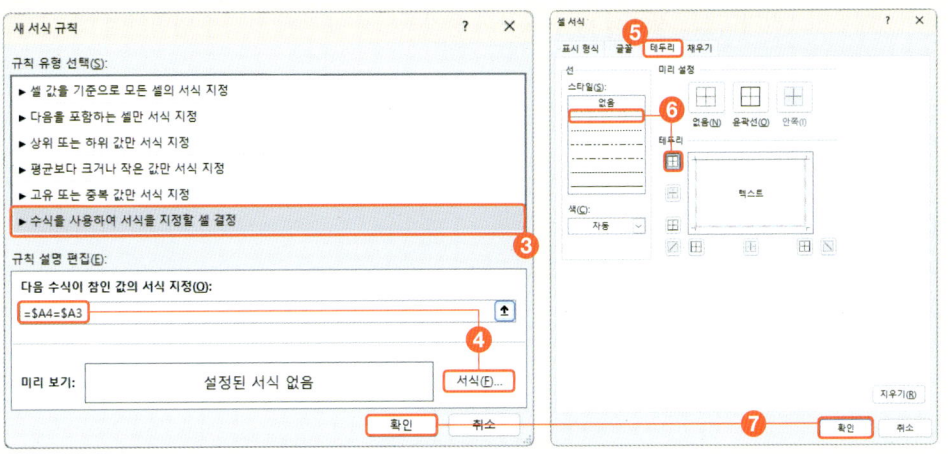

04 [개발 도구] 탭-[코드] 그룹-[기록 중지 ▢]를 클릭해 매크로 기록을 완료합니다.

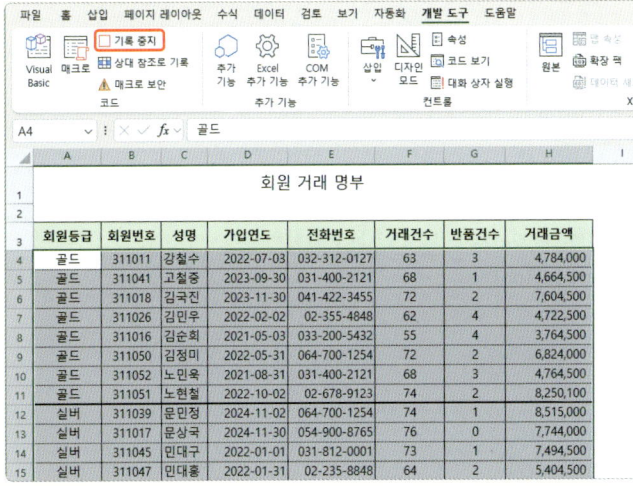

05 ❶ Alt + F11 을 눌러 비주얼 베이식 편집기 열기 ❷ 프로젝트 창에서 [모듈] 폴더의 [확장 ➕] 클릭 ❸ [Module1]을 더블클릭합니다.

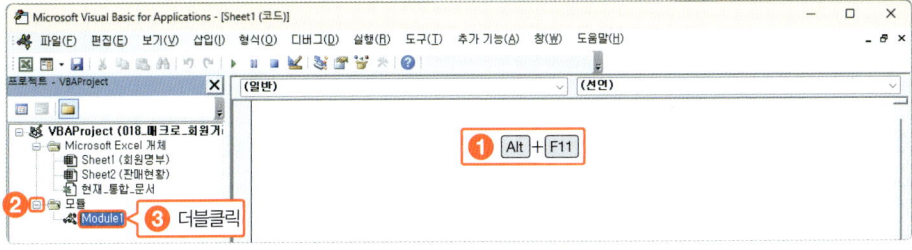

06 [조건부서식테두리그리기] 코드 창에서 다음과 같이 빨간색으로 표기된 코드를 입력하여 매크로를 수정한 후 [닫기 X]를 클릭합니다.

```
Sub 조건부서식테두리그리기()
'
' 조건부서식테두리그리기 매크로
' 셀의 값이 같으면 테두리를 점선으로 그리는 매크로
'
' 바로 가기 키: Ctrl+t
'

① Dim 조건수식 As String
② 조건수식 = "=" & ActiveCell.Cells(0, 1).Address(False) & "=" & ActiveCell.Address(False)

    Range(Selection, Selection.End(xlToRight)).Select
    Range(Selection, Selection.End(xlDown)).Select

    Selection.FormatConditions.Add Type:=xlExpression, Formula1:=조건수식
    Selection.FormatConditions(Selection.FormatConditions.Count).SetFirstPriority
    With Selection.FormatConditions(1).Borders(xlTop)
        .LineStyle = xlContinuous
        .TintAndShade = 0
        .Weight = xlHairline
    End With
    Selection.FormatConditions(1).StopIfTrue = False

End Sub
```

① **Dim 조건수식 As String**
변수 조건수식을 문자로 선언합니다.

② **조건수식 = "=" & ActiveCell.Cells(0, 1).Address(False) & "=" & ActiveCell.Address(False)**
현재 셀 한 행 전의 열 고정 셀(activeCell.Cells(0, 1).address(false))과 현재 셀(activeCell.address(false))의 열 고정 셀이 같다는 수식을 조건수식 변수에 넘겨줍니다.

③ Selection.FormatConditions.Add Type:=xlExpression, Formula1:=**조건수식**
조건부 서식 규칙에 조건수식 변숫값을 넘겨줍니다.

Tip 코드는 '018_매크로_회원거래명부_CODE.txt' 파일에서 복사하여 붙여 넣을 수 있습니다.

07 ❶ [판매현황] 시트 탭 클릭 ❷ [A3] 셀 클릭 ❸ [조건부서식테두리그리기] 매크로의 바로 가기 키로 소문자 't'를 입력했으므로 Ctrl + T 를 눌러 매크로를 실행합니다. 지점의 이름이 같으면 점선 테두리가 그려집니다. 지점 셀이 다르면 기존의 굵은 테두리가 표시되므로 지점별로 구분되어 표시됩니다.

Tip 파일을 저장할 때는 반드시 [파일 형식]을 [매크로 사용 통합 문서(*.xlsm)]로 저장합니다.

ChatGPT에 엑셀 함수 질문하고 도움받기

실습 파일 없음   완성 파일 없음

ChatGPT는 생성형 AI이기 때문에 같은 질문이라도 매번 다른 방식으로 답을 생성합니다. 따라서 책의 실습 화면과 실제로 실습하는 화면의 답변이 달라질 수 있습니다.

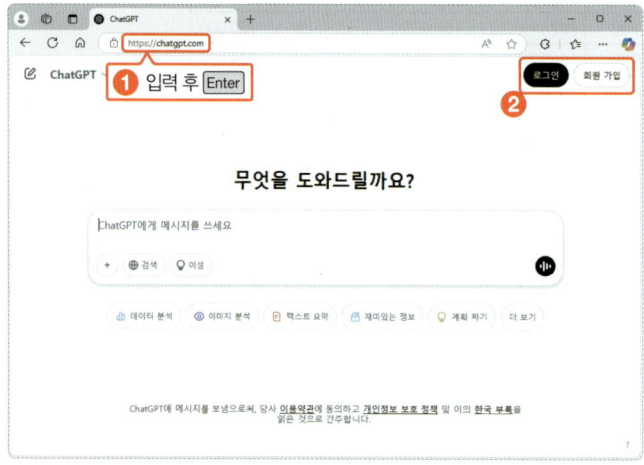

Tip ChatGPT 초기 화면은 사용하는 시점에 따라 달라질 수 있습니다. ChatGPT는 회원 가입 없이 무료로 사용할 수 있지만, 일부 기능에 제약이 있을 수 있습니다. 로그인을 원하지 않으면 이 단계를 건너뜁니다.

ChatGPT 웹사이트에 접속하기

01 ChatGPT는 OpenAI가 개발한 대화 전문 인공지능 챗봇입니다. ChatGPT 웹사이트에 접속해보겠습니다.

❶ 인터넷 브라우저의 주소 창에 **https://chatgpt.com** 입력 후 Enter

❷ ChatGPT 화면에서 [회원 가입]을 클릭하거나 이미 회원이라면 [로그인]을 클릭한 후 이메일 주소와 비밀번호를 입력해 로그인합니다.

Tip ChatGPT는 사용자가 프롬프트로 질문을 입력하면 이에 대해 자세한 응답을 제공하도록 훈련되었습니다.

Tip **ChatGPT질문.txt** 파일에서 해당 질문을 복사해서 붙여 넣을 수 있습니다.

ChatGPT 프롬프트로 질문하기

02 엑셀을 사용하면서 궁금한 내용이 있으면 ChatGPT에 질문하여 도움을 받을 수 있습니다. 엑셀 함수에 대해 물어보겠습니다.

❶ ChatGPT 프롬프트 창에 **IF 함수와 IFS 함수의 차이는?** 입력

❷ Enter 를 누릅니다.

03 잠시 후 ChatGPT의 응답 결과가 화면에 표시됩니다.

Tip ChatGPT질문.txt 파일에서 해당 질문을 복사해서 붙여 넣을 수 있습니다.

ChatGPT에 추가 질문하기

04 질문을 이어갈 수 있으므로 추가로 질문을 입력해보겠습니다.

❶ ChatGPT 프롬프트 창에 **IF 함수로 중첩할 때 사용하는 방법과 IFS 함수는 엑셀 버전과 상관없이 사용할 수 있어?** 입력

❷ Enter 를 누릅니다.

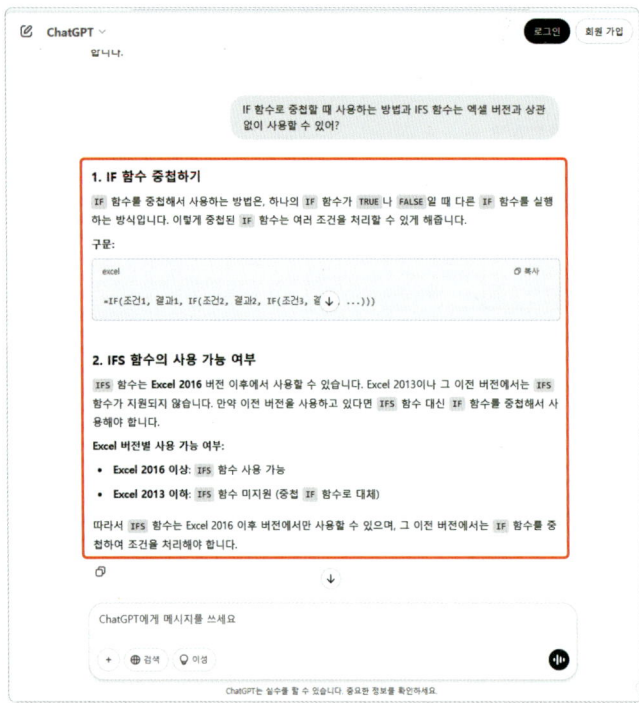

05 잠시 후 ChatGPT의 응답 결과가 화면에 표시됩니다.

Tip ChatGPT에서 새로운 주제로 대화를 이어가려면 [새 채팅 ☑]을 클릭합니다.

> **Note** ChatGPT 프롬프트 창에 질문할 수 있는 텍스트 길이

2025년 8월 기준으로, 로그인한 무료 사용자는 GPT-5를 기본적으로 사용할 수 있으며, 일정 사용량을 초과하면 자동으로 mini 버전으로 전환됩니다. 무료 사용자는 5시간당 최대 10개 메시지 전송이 가능하며, GPT-5 Thinking은 하루 1회만 사용할 수 있습니다. Plus 유료 사용자는 GPT-5를 사용할 수 있으며, 시스템이 자동으로 Chat 모드와 Thinking 모드를 선택합니다. Pro 유료 사용자는 GPT-5를 무제한으로 사용 가능하며, GPT-5 Pro 모드에 접근할 수 있습니다.

항목	무료 버전(로그인)	유료 버전(Plus)	유료 버전(Pro)
이용 가능 모델	GPT-5 (5시간당 10개 메시지, 초과 시 mini 버전 전환)	GPT-5 (3시간당 160개 메시지, 초과 시 mini 버전 전환)	GPT-5, GPT-5 Pro(무제한)
질문 텍스트 길이	최대 272,000토큰	최대 272,000토큰	최대 272,000토큰
응답 속도	보통(혼잡 시 다소 느려질 수 있음)	빠름	매우 빠름
대기 시간	있을 수 있음	거의 없음	없음
사용량 제한	있음(5시간당 10개 메시지)	있음(3시간당 160개 메시지)	없음
GPT-5 Thinking	하루 1회	주당 200개 메시지	무제한
대화 기록 저장	가능	가능(대화 검색 가능)	가능(대화 검색 가능)
응답 길이	표준	긴 답변 가능	매우 깊게(대용량 처리 가능)
기타 기능	기본 기능(코드 해석, 텍스트 대화, 웹 검색, 이미지 생성 등)	고급 기능(파일 업로드, 코드 실행, 대용량 분석, 고급 음성 모드)	모든 기능 + GPT-5 Pro 모드, 확장 에이전트 기능
사용자 지정 기능	기본 Custom GPT 접근	가능(Custom GPT, 파일 저장 등)	가능(고급 설정 포함)
Deep Research	경량 버전 월 5회	전체 모델 25회 + 경량 버전/월	전체 모델 250회 + 경량 버전/월
구독료	없음	$20/월(USD 기준)	$200/월(USD 기준)

우선순위 105

ChatGPT로 함수식 오류 수정 및 함수식 질문하기

실습 파일 5장\105_ChatGPT_함수1.xlsx, ChatGPT질문.txt 완성 파일 5장\105_ChatGPT_함수1_완성.xlsx

ChatGPT는 생성형 AI이기 때문에 같은 질문이라도 매번 다른 방식으로 답을 생성합니다. 따라서 책의 실습 화면과 실제로 실습하는 화면의 답변이 달라질 수 있습니다.

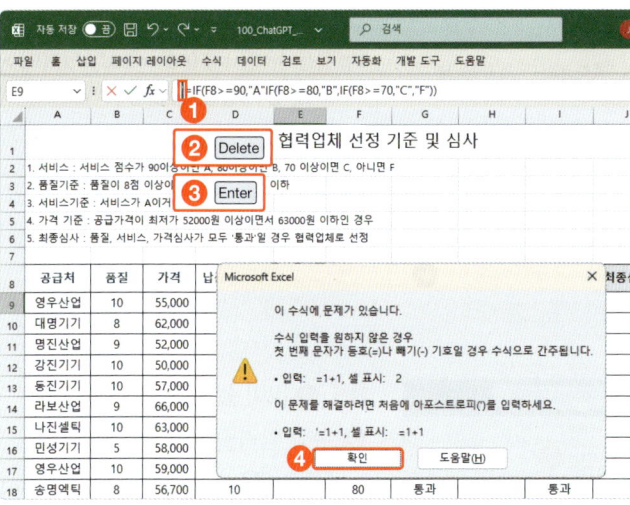

수식 오류 확인하기

01 ❶ [E9] 셀의 수식 입력줄에서 맨 앞의 '를 드래그

❷ Delete

❸ Enter

❹ 수식에 문제가 있다는 대화상자가 나타나면 [확인]을 클릭합니다.

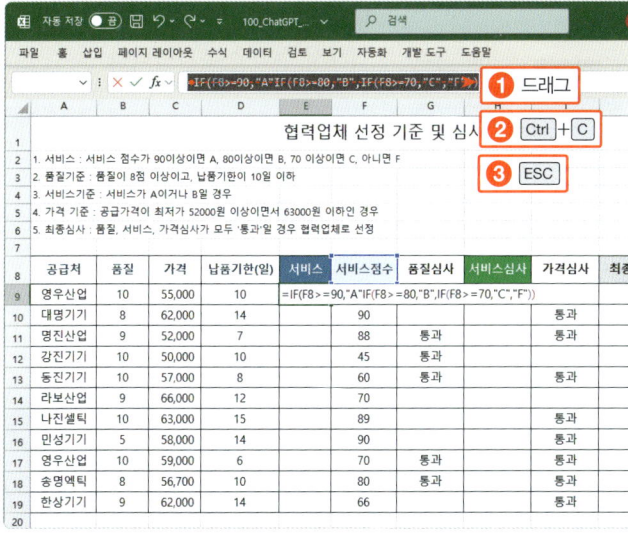

수식 복사하기

02 문제가 있는 함수식을 복사한 후 ChatGPT 프롬프트에 질문하여 수식의 오류를 수정해보겠습니다.

❶ [E9] 셀의 수식 입력줄에서 수식 전체 드래그

❷ Ctrl + C 를 눌러 수식 복사

❸ ESC 를 누릅니다.

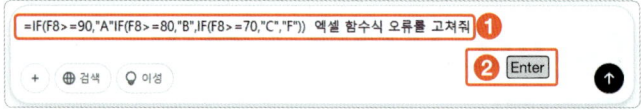

Tip ChatGPT질문.txt 파일에서 해당 질문을 복사해서 붙여 넣을 수 있습니다.

ChatGPT에서 수식 오류 질문하기

03 ❶ ChatGPT 프롬프트 창에 =IF(F8>=90,"A"IF(F8>=80, "B",IF(F8>=70,"C","F")) 엑셀 함수식 오류를 고쳐줘 입력

❷ Enter 를 누릅니다.

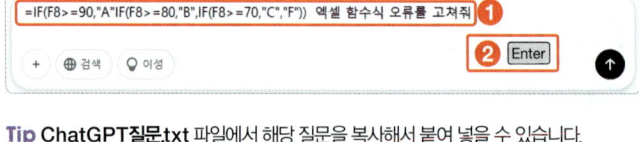

ChatGPT에서 함수식 복사하기

04 ChatGPT의 응답 결과가 화면에 표시되면 [복사]를 클릭하여 수식을 복사합니다.

Tip 완성 수식은 =IF(F8>=90,"A",IF(F8 =80,"B",IF(F8>=70,"C","F")))입니다.

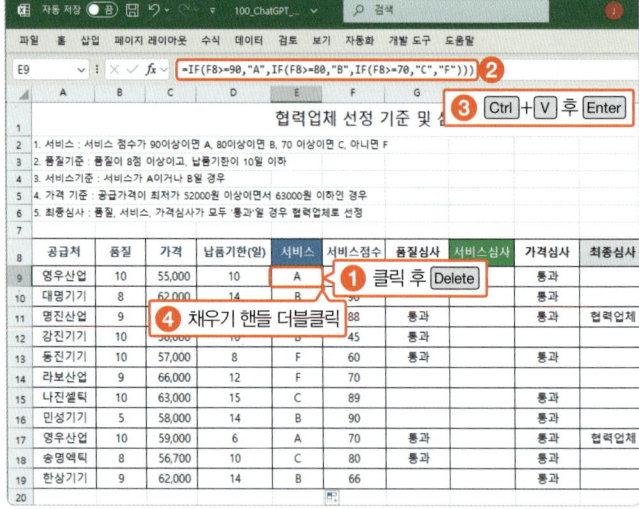

05 ❶ [E9] 셀 클릭 후 Delete

❷ 수식 입력줄 클릭

❸ Ctrl + V 후 Enter 를 눌러 수식 붙여넣기

❹ [E9] 셀의 채우기 핸들을 더블클릭해서 수식을 복사합니다.

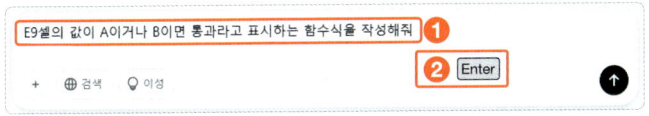

Tip ChatGPT질문.txt 파일에서 해당 질문을 복사해서 붙여 넣을 수 있습니다.

ChatGPT에서 함수식 질문하기

06 ① ChatGPT 프롬프트 창에 **E9 셀의 값이 A이거나 B이면 통과라고 표시하는 함수식을 작성해줘** 입력 ② Enter 를 누릅니다.

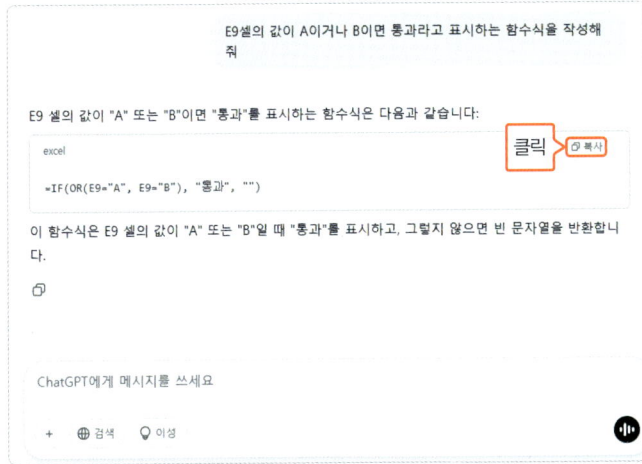

07 ChatGPT의 응답 결과가 화면에 표시되면 [복사]를 클릭하여 수식을 복사합니다.

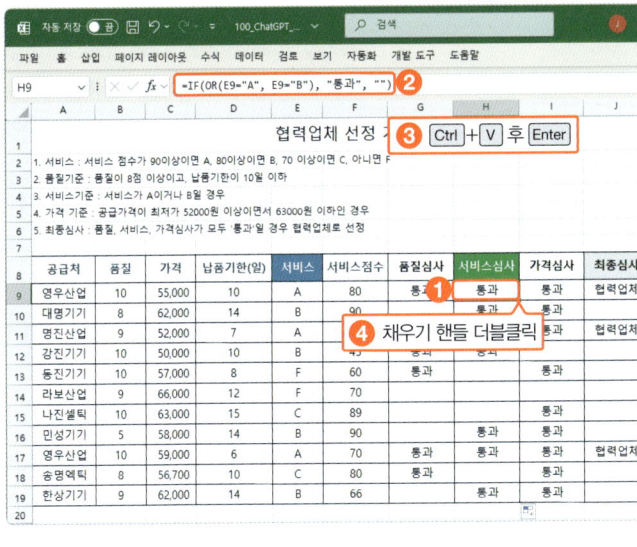

완성 수식 입력하기

08 ① [H9] 셀 클릭
② 수식 입력줄 클릭
③ Ctrl + V 후 Enter 를 눌러 수식 붙여넣기
④ [H9] 셀의 채우기 핸들을 더블클릭하여 수식을 복사합니다.

Tip 완성 수식은 =IF(OR(E9="A", E9="B"), "통과", "")입니다.

CHAPTER 05 데이터베이스 관리/분석 및 ChatGPT 사용하기 **329**

우선순위 106 ChatGPT에 데이터 전달하고 함수식 질문하기

실습 파일 5장\106_ChatGPT_함수2.xlsx, ChatGPT질문.txt 완성 파일 5장\106_ChatGPT_함수2_완성.xlsx

ChatGPT는 생성형 AI이기 때문에 같은 질문이라도 매번 다른 방식으로 답을 생성합니다. 따라서 책의 실습 화면과 실제로 실습하는 화면의 답변이 달라질 수 있습니다.

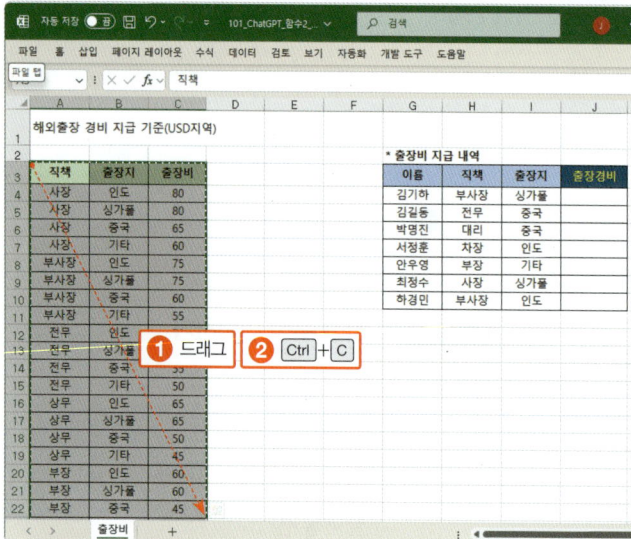

ChatGPT에서 수식 질문하기

01 ChatGPT를 활용해 직책과 출장지에 따른 출장비를 계산하여 출장경비를 찾는 수식을 입력해보겠습니다.
① [A3:C39] 범위 지정
② Ctrl + C 를 눌러 데이터를 복사합니다.

Tip 찾을 데이터의 범위와 구조를 ChatGPT에 알려주기 위해 데이터 범위를 복사하여 전달할 수 있습니다. 다만, 데이터 양이 많으면 나누어 복사한 후, 질문과 답변을 반복해야 합니다.

02 ① ChatGPT 프롬프트 창에서 Ctrl + V 를 눌러 데이터 붙여넣기
② Shift + Enter 를 눌러 줄 바꿈
③ A4:C39 범위에서 출장비를 찾고 싶은데 H4셀에 직책이 입력되어 있고, I4셀에 출장지가 입력되어 있습니다. 출장비를 찾는 함수식을 작성해줘 입력
④ Enter 를 누릅니다.

Tip ChatGPT에서 Enter 를 누르면 메시지가 바로 전송되지만, Shift + Enter 를 누르면 줄 바꿈이 되어 텍스트를 여러 줄로 나누어서 입력할 수 있습니다. **ChatGPT질문.txt** 파일에서 해당 질문을 복사해서 붙여 넣을 수 있습니다.

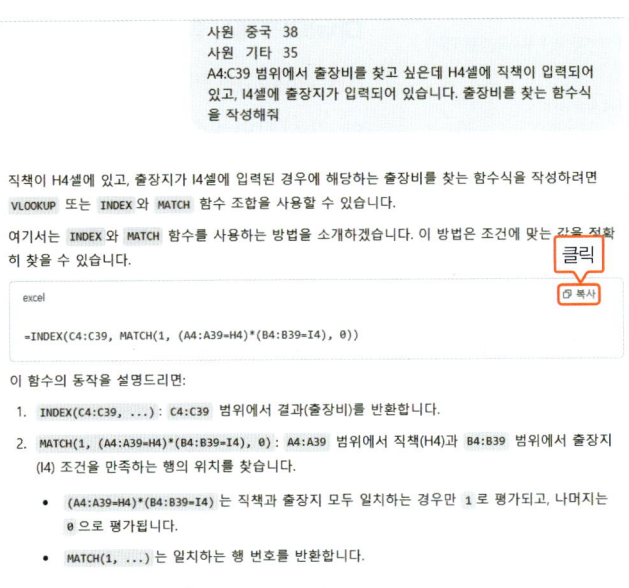

ChatGPT에서 함수식 복사하기

03 ChatGPT의 응답 결과가 화면에 표시되면 [복사]를 클릭하여 수식을 복사합니다.

Tip INDEX, MATCH 함수를 사용한 배열 수식을 작성하고, Ctrl+Shift+Enter를 눌러 입력해야 한다는 답변이 표시됩니다.

Tip 수식 =INDEX(C4:C39, MATCH(1, (A4:A39=H4)*(B4:B39=I4), 0))를 입력한 후 Ctrl+Shift+Enter를 누릅니다.

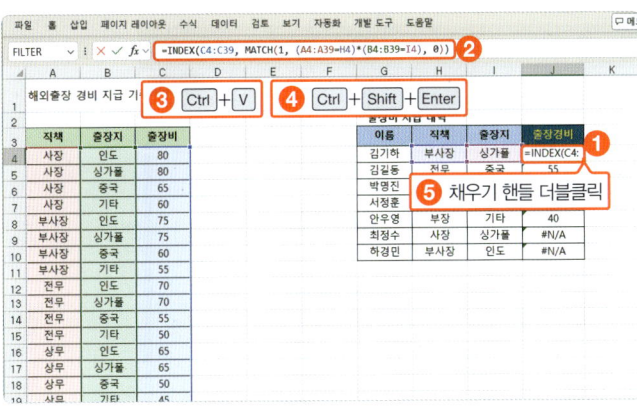

완성 수식 입력하기

04 ① [J4] 셀 클릭
② 수식 입력줄 클릭
③ Ctrl+V
④ Ctrl+Shift+Enter
⑤ [J4] 셀의 채우기 핸들을 더블클릭해서 수식을 복사합니다.

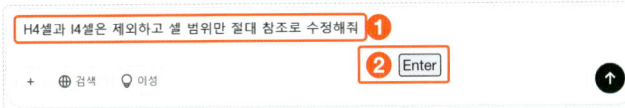

Tip ChatGPT질문.txt 파일에서 해당 질문을 복사해서 붙여 넣을 수 있습니다.

Tip 수식의 전체 범위([A4:A39], [B4:B39], [C4:C39])를 절대 참조로 응답한 경우에는 05에서 ChatGPT에 추가 질문할 필요 없이 05~07 실습 과정을 건너뜁니다.

ChatGPT에 추가 질문하기

05 수식을 자세히 보면 상대 참조로 구성되어 있어서 [J9], [J10] 셀에 잘못된 결과가 표시됩니다. 수식의 일부를 수정하기 위해 추가 질문을 해보겠습니다.

① ChatGPT 프롬프트 창에 **H4셀과 I4셀은 제외하고 셀 범위만 절대 참조로 수정해줘** 입력
② Enter 를 누릅니다.

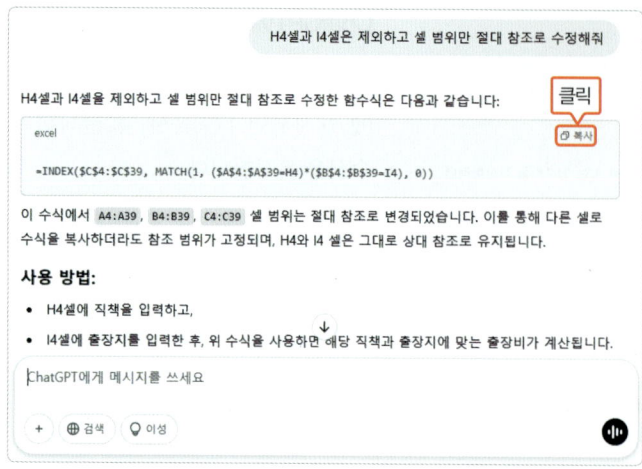

ChatGPT에서 함수식 복사하기

06 ChatGPT의 응답 결과가 화면에 표시되면 [복사]를 클릭해서 수식을 복사합니다.

Tip 완성 수식은 =INDEX($C$4:$C$39, MATCH(1, ($A$4:$A$39=H4)*($B$4:$B$39=I4), 0))입니다. 입력 후 Ctrl + Shift + Enter 를 누릅니다.

완성 수식 입력하기

07 ① [J4] 셀 클릭 후 Delete ② Ctrl + V ③ Ctrl + Shift + Enter ④ [J4] 셀의 채우기 핸들을 더블클릭해서 수식을 복사합니다.

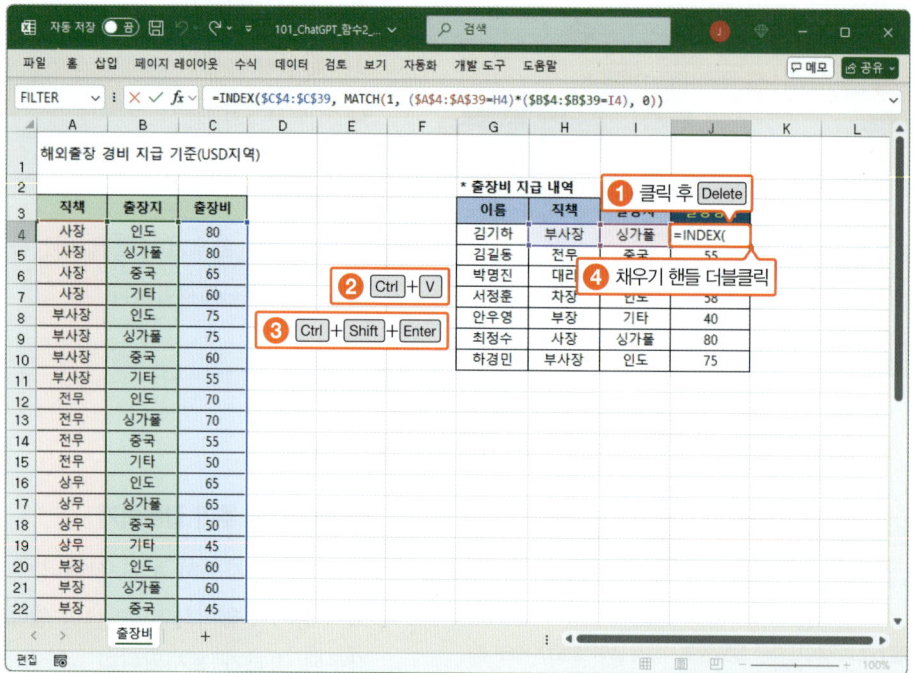

우선순위 107 ChatGPT로 데이터 분석하고 키워드 추출 및 분류하기

실습 파일 5장\107_ChatGPT_키워드분류.xlsx, ChatGPT질문.txt   완성 파일 5장\107_ChatGPT_키워드분류_완성.xlsx

ChatGPT는 생성형 AI이기 때문에 같은 질문이라도 매번 다른 방식으로 답을 생성합니다. 따라서 책의 실습 화면과 실제로 실습하는 화면의 답변이 달라질 수 있습니다.

키워드 추출하기

01 가습기 사용 상품평을 읽고 키워드를 추출해보겠습니다. ChatGPT에 질문하는 방법으로 여섯 개의 키워드를 뽑아보겠습니다.

❶ [C1:C23] 범위 지정

❷ Ctrl + C 를 눌러 데이터를 복사합니다.

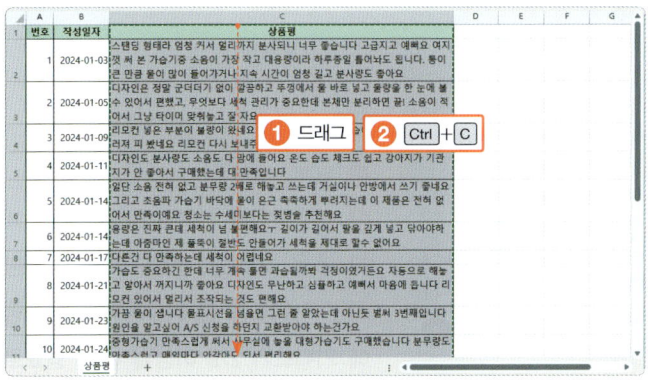

Tip 찾을 데이터의 범위와 구조를 ChatGPT에 알려주기 위해 데이터 범위를 복사하여 전달할 수 있습니다. 다만, 데이터 양이 많을 경우 나누어 복사한 후, 질문과 답변을 반복해야 합니다.

02 ❶ ChatGPT 프롬프트 창에서 Ctrl + V 를 눌러 데이터 붙여넣기

❷ Shift + Enter

❸ 상품평에서 6개 이하의 키워드를 추출해 주세요 입력

❹ Enter 를 누릅니다.

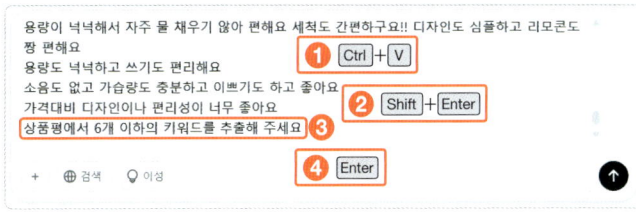

03 응답 결과로 여섯 개의 키워드가 추출됩니다. 분류에 용이하도록 일부를 수정한 키워드 여섯 개(디자인, 세척, 소음, 가습량, 용량, 고장)를 사용하겠습니다.

상품평에 맞는 키워드 분류하기

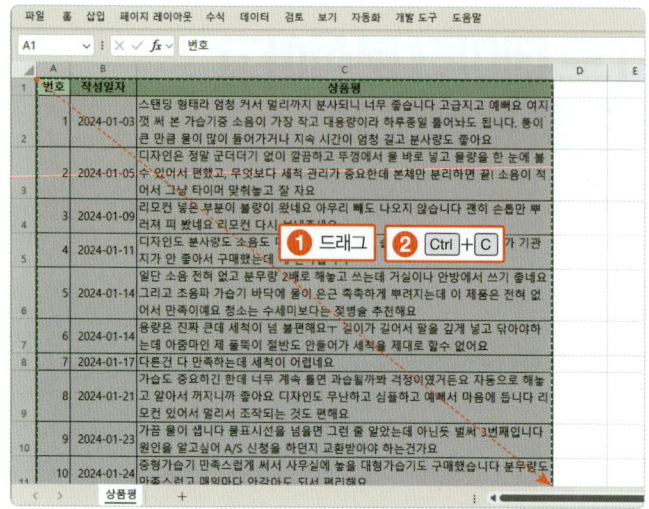

04 키워드를 여섯 개(디자인, 세척, 소음, 가습량, 용량, 고장)로 분류하기 위해 ChatGPT를 활용해보겠습니다.

❶ [A1:C23] 범위 지정

❷ Ctrl + C 를 누릅니다.

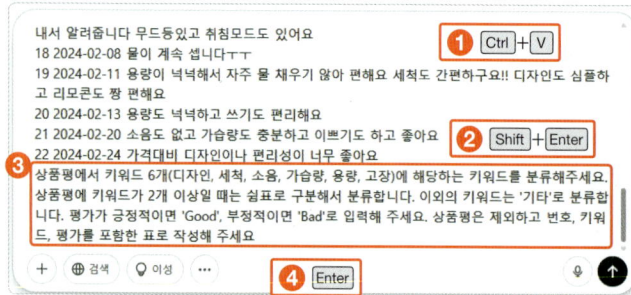

Tip ChatGPT질문.txt 파일에서 해당 질문을 복사해서 붙여 넣을 수 있습니다.

05 ❶ ChatGPT 프롬프트 창에서 Ctrl + V 를 눌러 데이터 붙여넣기

❷ Shift + Enter

❸ 상품평에서 키워드 6개(디자인, 세척, 소음, 가습량, 용량, 고장)에 해당하는 키워드를 분류해주세요. 상품평에 키워드가 2개 이상일 때는 쉼표로 구분해서 분류합니다. 이외의 키워드는 '기타'로 분류합니다. 평가가 긍정적이면 'Good', 부정적이면 'Bad'로 입력해 주세요. 상품평은 제외하고 번호, 키워드, 평가를 포함한 표로 작성해 주세요 입력

❹ Enter 를 누릅니다.

06 ChatGPT의 응답 결과가 표시되면 [복사]를 클릭해서 표 전체를 복사합니다.

Tip 표 이외 설명이 표시되면 표와 설명이 같이 복사되므로 표만 범위를 지정한 후 Ctrl + C 를 누릅니다.

07 ❶ [D1] 셀 클릭

❷ Ctrl + V

❸ D열 머리글 클릭

❹ Ctrl + − 를 눌러 [번호] 열을 삭제합니다.

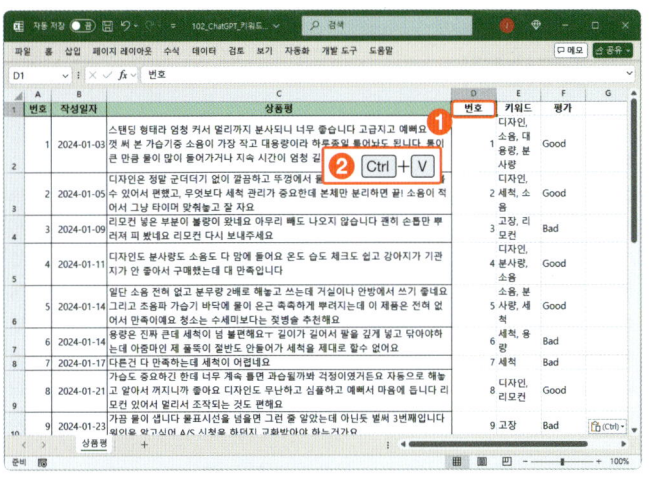

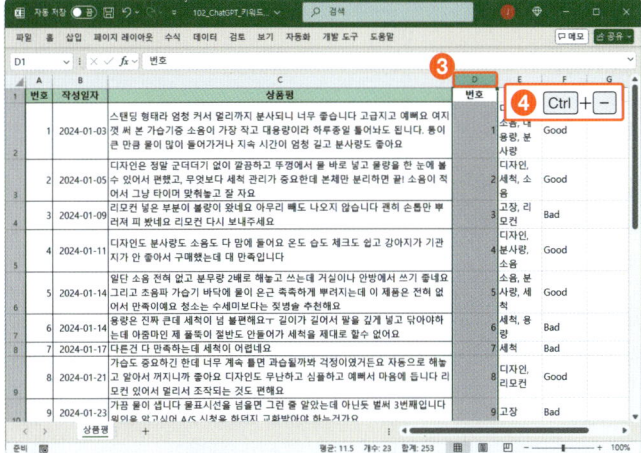

08 열의 너비를 적당하게 조절하고 테두리를 그립니다. 상품평을 분석하여 키워드를 추출하고 평가를 표시한 표를 완성합니다.

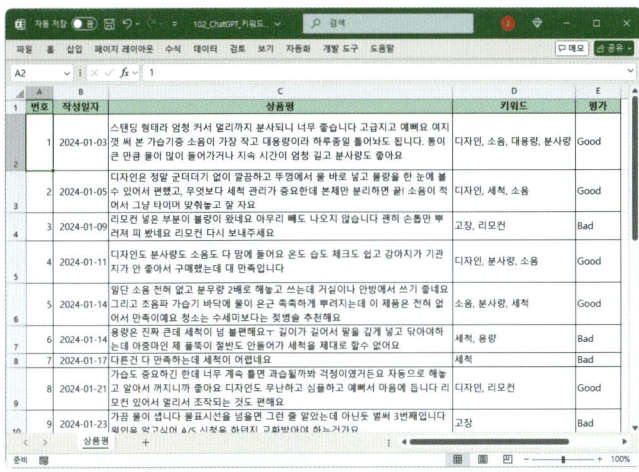

찾아보기

ㄱ-ㅂ

값 필드 설정	292
구분 기호	260, 265
구조적 참조	160, 203
그림 영역	236
날짜 및 시간 함수	215
논리 함수	180, 224
눈금자	027, 129
다시 실행	052
다중 부분합	264, 283
단축키	029, 035
데이터 유효성 검사	041, 073
데이터 정렬	229
데이터 형식	054, 097
리본 메뉴 표시 옵션	016, 027
매크로	305~318
머리글	017, 082, 132, 160
메모와 노트	061
미디어텍	244
바닥글	132, 134
범례	236, 239
범위로 변환	084, 203
병합하고 가운데 맞춤	030, 089
보고서 레이아웃	295
부분합	264, 278
붙여넣기	039, 043
비교 연산자	147
비주얼 베이직 편집기	315
빠른 분석 도구	122, 255
빠른 실행 도구 모음	016, 029
빠른 채우기	072

ㅅ-ㅇ

사용자 지정	031, 071, 281
상대 참조	142, 205
상태 표시줄	016, 129
새 서식 규칙	111, 190
새로운 값으로 대치	284
서식 규칙 편집	114, 120
서식 없이 채우기	070, 145
선 스파크라인	256
선버스트 차트	250
셀 강조 규칙	108, 267
셀 스타일	082
숫자 필터	281
슬라이서	302
시트 보호	050
실행 취소	052
여백 설정	126
열 레이블	291
열 스파크라인	256
이동 옵션	066
이름 상자	151, 182
이중 축 콤보	245
인쇄 미리 보기	029, 126
인쇄 제목	129, 138

ㅈ-ㅌ

자동 줄 바꿈	093
자동 채우기 옵션	145
자동 필터	263, 280
절대 참조	144
정렬	032, 089
조건부 서식	043, 108
중복 데이터 삭제	263
중첩 IF	182
차트	234~258
찾기/참조 영역 함수	208
채우기 핸들	017, 068
추천 피벗 테이블	288
쿼리 및 연결	261
코드	316
텍스트 마법사	260
텍스트/CSV에서	260
틀 고정	124

ㅍ-ㅎ

페이지 레이아웃	129
페이지 설정	127
표 서식	082, 122
프로시저	315
피벗 테이블	288~304
필드 목록	291
하이퍼링크	063
함수의 구조	165
행 삽입	062
혼합 참조	145

A-H

AND	185
AVERAGE	191
AVERAGEIF	191
ChatGPT	324
CHOOSE	206
COLUMN	226
COUNTA	168, 279
COUNTIF	196
DATE	212
DATEDIF	214
EOMONTH	214
FILTER	228
FIND	209
HLOOKUP	216

I-Q

IF	185, 325
IFERROR	223
IMAGE	231
INDEX	225
INT	170
LARGE	164
LEFT	209
MATCH	225
MAX	164
MID	206
MIN	194
MOD	173
OR	185
PDF/XPS 만들기	023
QUOTIENT	173

R-X

RANK	178
RANK.EQ	177
ROUND	170
ROW	175
SORT	228
SUBSTITUTE	209
SUBTOTAL	278
SUM	164
SUMIF	203
SUMPRODUCT	175
TEXTJOIN	209
TRIMMEAN	192
UNIQUE	203
VLOOKUP	216
XLOOKUP	216

기타

| #N/A | 219 |
| 3차원 서식 | 243 |